제3회 | 이폴연구소 죽음논문집

죽음교육의 필요성과 그 방법에 관하여

제3회 이폴연구소 죽음논문집
죽음교육의 필요성과 그 방법에 관하여

발행인 황명환
편집인 김상만
펴낸이 성상건
편집디자인 자연 DPS

펴낸날 2021년 5월 1일
펴낸곳 이폴출판사
등 록 제2019-000063호
주 소 (우) 06356 서울특별시 강남구 일원동 120 샘터마을아파트 101동 1203호
전 화 02-451-0620 팩 스 02-2226-3435
이메일 hmh54@hanmail.net
심사위원 위원장 황명환
          위 원 곽혜원, 노영상, 유영권, 정종훈
운영위원 김상만, 윤상철, 이승연
편집책임 성항건

ⓒ 황명환 외, 2021

ISBN 979-11-966460-2-8 03200

값 20,000원

※ 본 도서에 실린 글은 수서문화재단 이폴연구소 이폴출판사에 판권이 있습니다.
　무단으로 복사 혹은 전재하여 사용할 수 없습니다.

제3회 | 이폴연구소 죽음논문집

죽음교육의 필요성과 그 방법에 관하여

황명환 외 | 지음

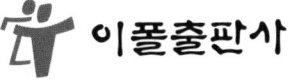
이폴출판사

목 차

◆ **발간사** | 황명환 소장
　　　　 제3회 죽음논문공모 논문평 …… 6

기조강연

황명환　죽음교육의 필요성과 그 방법에 관하여 …… 18

주제논문

박인조　기독교 교육과정에 따른 신앙교육으로서의 죽음교육 …… 32
이숙희　인간의 유한성과 죽음교육 …… 92
박미경　죽음교육을 실천하는 교회의 교육목회 커리큘럼 …… 136
김영효　공적신앙을 위한 죽음준비교육 …… 183

초대논문

노치준　목회자의 죽음학 세계관 교육 …… 238
최성수　죽음을 어떻게 적합하게 말할 것인가? …… 300

특별기고

곽혜원　죽음교육을 통한 영성회복, 인성회복, 사회회복 ······ **354**

노영상　죽음의 시점을 정하는 문제와 뇌사판정 ······ **395**

기획논문

황명환　자립대상교회 자립을 위한 1억 지원
　　　　수익사업 공모전 평가와 분석 ······ **418**

부록

◆ 1~6차 죽음세미나 광고 ······ **438**

◆ 1~3차 죽음워크북세미나 광고 ······ **444**

◆ 제1회~4회 논문현상공모 광고 ······ **446**

◆ 10억/1억 공모전 & 1억 공모전 결과발표 ······ **450**

◆ 수서문화재단 & 이폴연구소 소개 ······ **453**

| 발 간 사 |

황 명 환 박사
(이폴연구소)

제3회 죽음논문공모 논문평

들어가는 말

　제3회 죽음논문공모전 주제는 "죽음교육의 필요성과 그 방법에 관하여"인데, 이 주제를 택한 이유는 지금까지 주제가 모두 이론적인 내용이었기 때문입니다. 제1회 논문주제를 "과학은 죽음을 극복할 수 있는가?"로 선택한 것은 과학의 목표가 인류의 삶을 진보시킨다는 과거의 목표에서 방향을 바꾸어 죽음극복을 향해 나가고 있기 때문에, 현대과학의 현실을 인식하고 그 가능성을 타진해보려는 시도였습니다.

　제2회 논문주제는 "왜 우리는 죽음을 두려워하는가?"였는데, 이 주제를 택한 이유는 많은 사람들이 죽음에 대해 관심은 많으나 이 주제를 다루지 않는 이유는 죽음에 대해 잘 모르고 동시에 두려워하기 때문인데, 그렇다면 죽음을 두려워하는 이유는 무엇인가를 학문적으로 조명할 필요가 있었기 때문입니다.

그러나 오늘 교회의 현실은 너무 이론에 치우치기에는 다급한 상황입니다. 어떤 교회에서는 교회에서 가르쳐주기 원하는 프로그램이 무엇인가 설문조사를 했는데, 가장 원하는 것이 죽음에 대한 내용이었습니다. 이 세상 어떤 종교보다도 죽음에 대해 잘 알고 있어야 할 기독교가 실제로 교회 안에서 죽음 교육을 못하고 있다는 사실, 성도들은 원하고 있는데 가르치지 않는 현실은 심각한 상황이라고 할 수 있습니다. 물론 이론에서 시작해서 현실적인 주제로 접근하려고 생각은 했지만 이제는 한 번쯤 교회 현실에 맞는 주제를 다룰 필요가 있겠다고 판단해서 "죽음교육의 필요성과 그 방법에 관하여"라는 주제로 논문공모를 하게 된 것입니다.

이번 논문공모전의 특징은 죽음교육의 필요성을 이론적으로 다루는데서 그치지 않고 실제로 교회들이 죽음교육을 시작할 수 있도록 하기 위한 방법과 프로그램이 제시되어야 한다는 것이었습니다. 논문에서 주장하는 이론과 일맥상통하는 프로그램이 필요했기 때문입니다. 지금까지 죽음교육에 관한 논문이 많고, 거기서 제공하는 프로그램도 다양하고, 또 여기저기서 짜깁기를 하면 일정기간 운영할 프로그램은 만들어낼 수 있습니다만 이것을 운영할 목사님들이 나름대로 죽음에 대한 이론을 확보하고, 그 이론에 근거한 프로그램을 펼쳐가는 것이 중요하기 때문에 이런 기회를 통해 이론과 프로그램이 결합된 것을 제공하려 했던 것입니다. 더 나아가서 아직도 죽음에 대해 터부시하는 자세를 가진 교회도 있습니다. 이런 교회도 죽음교육을 받아야 할 필요가 있습니다. 그래서 죽음교육의 필요성에 대한 관심을 불러일으키고, 신학적으로 정제된 이론과 여기서 나온 구체적인 프로그램을 제공하는 것이 3회 논문공모전의 목적이었습니다.

그런데 사실 죽음교육에 대해 이론을 제시하고, 거기에 맞는 프로그램을 만들려면 본인이 죽음의 문제에 깊이 침잠한 경험이 있어야 하고, 자신이 극복한 가운데서 결과물이 나와야 하지만 현실적으로 이런 경험을 아무나 할 수 있는 것도 아니고, 이 분야에 관심을 가지는 것도 쉬운 일은 아니어서 제출된 논문을 읽어보니 겉도는 경향이 많았습니다. 제출된 논문 15편을 읽어보면서- 물론 제출자에 대한 정보는 철저히 차단된 가운데 심사하기 때문에 누가 썼는지는 전혀 모르는 가운데 - 이론과 실제가 균형 잡혀있는가? 이 부분에 강조점을 두었습니다. 그러니까 3편도 아니고 5편도 아니고 정확하게 4편이 나왔습니다. 그래서 일단 4편을 선정하고, 그 4편을 심사기준표에 의해 정밀심사를 해서 결과를 발표하게 되었습니다.

이런 심사평을 왜 공개하는가 하면 먼저는 논문발표 현장에서도 공개된 심사평이었고, 그 자리에 참석하지는 않았지만 이 책을 읽는 분들에게도 내가 읽는 이 논문이 어떤 장단점을 가지고 있는지를 알게 해주는 것도 좋겠다는 의견이 많아서 논문저자들의 동의를 얻어 내놓게 되었습니다. 읽어가면서 어떤 의도에서 논문공모가 이루어지고, 우리가 어떻게 논문을 써야 하고, 그 논문에서 나온 결과물을 어떤 자세로 사용해야 하는지를 깨닫는 기회가 되길 바랍니다. 아울러 두 분 교수님의 초대논문과 이폴연구소를 위해 애쓰시는 교수님들이 보내주신 논문들을 읽으면서 죽음에 대한 다양한 주제와 접근방법을 파악하는 계기가 되길 바랍니다.

박인조 목사 논문평

맨 먼저 장려상을 받은 박인조 목사님의 작품은 "기독교 교육과정에 따른 신앙교육으로서 죽음교육"인데, 저와 다른 교수님들도 모두 동의하셨지만, 선행연구에 대한 충분한 검토가 있어서 좋았습니다. 박인조 목사님은 연구하는 태도가 정직하고, 죽음학에 관한 기초가 잘 갖추어진 분이라고 생각합니다. 그래서 자료를 많이 모았고, 또 성실하게 논문을 쓰셨어요. 어떤 느낌이었는가하면 신학생들에게 죽음교육의 필요성에 대한 것을 강의할 수 있는 강의록으로 사용해도 되겠다는 생각을 했습니다. 내용이 충분해요.

그러나 내용이 많은 것이 꼭 좋은 논문은 아닙니다. 중요한 것은 밀도입니다. 밀도를 높이려면 과감한 생략이 필요합니다. 그런데 성실하게 모은 내용을 생략하기가 아까웠던 것 같아요. 그러나 버리지 못하면 집중력이 떨어지고, 지루해집니다. 빛이 바래집니다. 과감하게 생략하고 잘 버렸으면 훨씬 더 좋은 논문이 되었을 것입니다. 제출된 논문 중에 제일 길었어요.

또 하나 지적하자면 논문에 본인의 의견이 별로 나타나지 않았어요. 그렇다면 자료를 잘 모아놓은 것 밖에 되지 않아요. 자기주장을 펴고, 다른 사람들의 주장을 인용하고, 그것을 논리적으로 비평해야 합니다. 논문에는 정반합의 원리가 필요합니다. 누구는 이런 주장을 하는데, 그것에 대해 나는 이렇게 생각한다. 그런데 여기에는 이런 문제가 있다. 이런 식으로 정반합의 과정을 통해서 논지가 전개되어야 하는데, 좋은 정보를 나열할 뿐 본인의 주장과 인용하는 이론들과의 논쟁이 없다면 생동감 있고 치열한 논문이 되기는 어렵습니다.

마지막으로는 어느 분의 발달이론을 옮겨놓았는데, 그런 것은 생략해도 됩니다. 과감한 생략을 통해 논문의 밀도를 높이고, 자기 의견을 넣어 논리 싸움을 하고, 다른 이의 이론을 소개하더라도 최소한만 했더라면 더 좋았을 것입니다.

더욱 결정적인 것은 이론은 전개했지만, 그 이론을 가지고 프로그램을 만들지는 않았습니다. 그러나 목사님은 이론적 기초가 탄탄하기 때문에 앞으로 그것을 기초로 구체적이고 현실적인 프로그램을 만들어낼 수 있다고 생각합니다. 죽음교육의 필요성에 대한 다양한 연구를 귀하게 평가하고 싶습니다.

이숙희 목사 논문평

이숙희 목사님도 장려상을 받았는데, 시간이 없어서 중간에 가셨지만 논문 평가는 하겠습니다. 논문 구조를 보면서 어떤 생각을 했는가 하면 1장, 2장, 3장, 4장으로 구성되어 있는데 그 중에 한 장을 아예 생략해도 좋았겠다는 생각을 했습니다. 논문은 꼭 필요한 내용만 다루어야지, 길이를 채우려고 꼭 필요하지도 않은 것을 넣으면 안 됩니다. 장과 장 사이의 느슨한 연결이 아쉬웠습니다.

논문을 쓸 때는 항상 이론을 먼저 제시합니다. 그런데 다른 사람의 이론을 인용할 때는 따옴표를 사용해야 합니다. 자기 이론이 아니라 다른 사람의 이론이기 때문입니다. 그런데 우리는 이런 작업을 아주 소홀히 여기는 경향이 있습니다. 그래서 책을 읽다가 좋다고 생각하면 웬만하면 인용문 표시를 하지 않고, 그 내용을 자기의 말로 풀어나가는 경우가 너무 많습니다. 전문가는 다른 분의 이론을 인용할 때, 정확하게 누구의 이론이며 그 출처가 어디라는 것을 밝혀주어야 합니다. 이런 부분에서 보완할 필요가 있습니다.

그런데 마지막에 프로그램에 대한 제안이 있었는데, 그 내용이 아주 신선하고 함축성도 좋습니다. 어떤 프로그램을 만들려면 먼저 그것에 대한 개요나 설명이 있어야 하거든요. 6주 프로그램을 제시했는데, 개략적인 제안으로는 좋지만 구체적인 프로그램으로 완성되지는 못했습니다. 아마도 교단에서 많은 업무를 수행하다보니 필요성은 많이 느꼈지만 시간이 부족하지 않았나 생각합니다. 이런 내용을 가지고, 이런 틀로 짜면 되지 않겠는가? 다시 말하면 프로그램에 대해 제안은 했지만 완성하지 못했기 때문에 장려상을 드리게 되었습니다. 앞으로 그 제안을 구체적인 프로그램으로 만들어내는 기회를 가지면 좋겠습니다.

박미경 목사 논문평

우수상을 받은 박미경 목사님은 논문에서 논리적인 비약을 하지 않았습니다. 원래 논문은 논리적인 비약을 하면 좋지 않습니다. 그러니까 논리적인 비약을 하지 않았다는 것은 논리적 안정감이 있다는 뜻인데, 그런 면에서 점수를 높이 주고 싶습니다.

어떤 이론을 전개할 때 믿을만한 이론을 근거로 활용하는 것도 좋은 방법인데, 박목사님은 해리스의 교육목회 방법론을 근거로 전개했습니다. 물론 해리스의 방법론이 복잡한 이론은 아니고, 교회의 5가지 사역의 내용을 정리해놓은 것입니다. 그러니까 죽음교육이 교회 사역의 어느 한 부분으로만 작동되는 것이 아니라 교회 사역의 모든 부분에서- 케리그마에서부터 코이노니아까지- 죽음교육을 체계적으로 습득할 수 있도록 하려는 것이므로 확립된 이론을 이용해서 자기 이론을 전개하는 것은 지혜롭다고 생각합니다.

또한 제안된 커리큘럼이 교회 현장에서 수용되어야 하고, 또 교육을 담당하는 교사들이나 지도자들이 귀담아들을 내용이라고 생각합니다. 그런데 구체적인 프로그램은 나오지 않았습니다. 정돈된 제안일 뿐입니다.

제가 여러 목사님들을 만나서 "죽음교육을 원하면서도 왜 시작하지 않으세요?" 이렇게 물어보면 "어떤 프로그램을 가져다가 시작할 수는 있지만, 질문이 나오면 어떻게 합니까?" 이렇게 되묻습니다. 이해가 됩니다. 자신이 죽음에 대한 연구를 직접 해보지 않았기 때문에 질문이 나왔을 때 어떻게 답변할지 모르겠다는 말입니다. 그래서 구체적인 프로그램을 만들어줘야 합니다. 그리고 거기에 대한 가이드라인을 첨부해주어야 하는 것입니다. "이런 문제가 나왔을 때는 이렇게 할 수 있다. 이번 과에서는 이런 질문이 나올 수 있다." 프로그램을 만드는 사람들은 예측할 수 있거든요. 그런 예상된 질문과 답변을 제시하거나 기록해주면 훨씬 더 현장에서 프로그램을 운영하는데 도움이 되는 것입니다. 그래서 교회 현실을 알면 죽음교육의 필요성을 이론에서 끝내면 안 되고, 프로그램으로 완성시켜야 한다는 것입니다.

신학은 학문의 일종이고, 이성으로 하는 것이기 때문에 기본적으로 물론 가슴이 따라가야 되는 것이지만, 신학에도 독소가 있어요. 이 독소를 교회에서는 빼버리고 머리까지만 온 이론을 가슴으로 끌어내리는 프로그램으로 완성시켜야 합니다. 어떤 이론을 제시할 뿐 아니라 프로그램을 완성시키는 일은 엄청난 발전이고, 그 프로그램을 많은 교회들이 사용하고, 그것을 통해 성도들이 복음의 핵심인 죽음과 천국에 대한 내용을 정리하고, 고백하고, 자기들의 언어로 나누게 된다면… 그 일은 정말 가치 있는 사역이 될 것입니다. 그런 의미에서 우리는 교회들이 어떤 환경 속에서도 죽음교육을 시행할 수 있도록 구체적인 프로그램을 만들어줄 필요가 있다고 생각합니다.

그래서 논리적으로도 안정되었고, 또 교회의 여러 사역에 골고루 사용되는 다양한 관점의 제시도 좋지만, 죽음교육이 교회 안에서 하나의 독립된 내용으로 끝나지 않고 교회 사역 전반에 걸쳐 골고루 스며들도록 다양한 관점을 제시했다는 면에서 점수를 많이 주지만 미진한 것은 구체적인 프로그램에 이르지 못하고 제안으로 끝났다는 사실입니다.

김영효 목사 논문평

김영효 목사님은 이론제시와 함께 10주 과정 프로그램을 만들었는데, 10주 과정은 무척 긴 시간입니다. 처음부터 10주 짜리를 만들지 않아도 됩니다. 4주 정도에서 시작하면서 계속 발전시켜도 됩니다. 4

주에서 7주, 그 다음에 10주로 늘려도 좋은데, 처음부터 대단한 도전을 한 것입니다. 그것도 교회에서, 그리고 전교인을 대상으로 하기에는 어려운 것인데, 성공하셨으니 축하드립니다. 목사님의 10주 과정을 살펴보면서 초밥이 생각났습니다. 초밥 1인분이 10개인데, 그냥 10개가 나오는 것이 아니라 처음부터 마지막까지가 하나의 작품입니다.

처음에는 appetizer 역할을 하는 것이 나오면서 입맛이 돌게 합니다. 기승전결로 진행하면서 마지막에는 finish까지 시각, 미각, 후각, 청각…을 다 자극하고 그 결과 최고의 행복을 만들어내는 것입니다. 시작부터 마무리까지가 하나의 드라마라고 생각하면 됩니다. 그러니까 10개의 과를 어떻게 배치하는가? 간단한 문제가 아닙니다. 이런 생각을 하면서 한 과씩 살펴보았습니다. 교회에서 하는 프로그램이기 때문에 문화교실이라든가, 일반인을 대상으로 하는 것이라면 단순히 교양의 측면에서 다루면 잘 따라올 수 있지만, 교인을 대상으로 하는 것이라면 참여한 성도들의 구원 문제를 죽음을 다루면서 그냥 넘어갈 수 있겠어요? 자기의 죽음에 대한 고백을 하도록 만드는 시간이 필요하지 않을까요?

교인 중에는 죽음의 문제가 해결되지 않은 분들, 구원에 대한 확신이 없는 분들, 그래서 오늘이라도 하나님이 부르시면 하나님께로 간다는 확신이 없는 교인들이 많습니다. 이 문제는 실제로 직분과도 상관없고, 신앙의 연조와도 무관합니다. 그러므로 기독교 신앙과 죽음, 그리고 구원에 관한 문제를 프로그램 진행과정에서 다루었어야 한다고 봅니다.

또한 죽음교육 프로그램 안에 두 사람의 이론, 예를 들면 제임스 로더와 토마스 그룸의 이론적 개념이 녹아있다고 주장하셨는데, 그 이론이 어떻게 녹아있는지 확인하기가 어려웠습니다. 그래서 저는 두 분의 이론을 용어만 가져다가 사용한 것 아닌가? 두 분의 전문가가 그 용어를 통해서 나타내고 싶었던 내용이 각 과마다 어떻게 녹아있는지에 대한 기술이 있었으면 참 좋았겠다고 생각했습니다.

목사님의 10주간 프로그램은 잘 만든 것입니다. 그런데 매 과마다 개요설명이 정확해야 합니다. 그래야만 운영하는 분이 프로그램을 만든 분의 의도에서 빗나가지 않을 수 있어요. 다시 말하면 개요가 정확하지 않으면 같은 프로그램을 사용하더라도 운영하는 사람에 따라 상당히 다른 결과가 나타날 수 있습니다. 개요 설명을 통해 강조점을 말해주고, 가이드라인을 제시해주어야만 빗나가지 않을 수 있습니다.

제출된 논문이 자신의 박사학위 논문을 요약한 것이지요? 그렇다면 원래 논문과 간추린 논문은 같은 논문입니까, 다른 논문입니까? 그것은 또 하나의 새로운 논문이에요. 내 논문이라도 새로 제출할 때에는 새로운 작품이어야 한다는 것입니다. 이해되시나요? 그래서 줄인 것은 줄이고, 뺄 것은 빼고 해서 그 목적에 맞는 부분만 압축해서 논리를 전개하고, 그래서 짧지만 또 분명한 이론을 제시하고, 그 이론에 맞는 프로그램을 만들어내면 되는 것입니다. 그런데 논문을 축약하는데 시간이 부족했는지 오탈자가 꽤 많이 나오는 것을 확인했습니다.

목사님의 논문의 장점은 결국 그것을 가지고 프로그램을 만들어 냈다는 것입니다. 이론에 너무 많은 에너지를 사용하지 않은 것도 사실은 좋은 것입니다. 이런 입장에서 본다면은 "필립 아리아스(Philippe Aries)"의 죽음 역사에 대한 기술은 중요한 이론이기는 하지만 논문에서 다 설명할 필요는 없는 부분입니다. 삭제해도 상관없습니다.

지금까지 10과로 이루어진 프로그램을 사용했으니, 그 프로그램을 기초로 해서 다양한 파생 프로그램을 만들 수도 있습니다. 이렇게 계속 펼쳐 가시기를 바랍니다. 그런 과정에서 보충도 하고 가이드라인도 제시하면 많은 교회들이 도움을 받게 될 것입니다. 이렇게 간단하게 입상하신 분들에 대한 논문심사 평가를 마치겠습니다.[1]

나가는 말

이제는 서로 질문하거나 확인할 것 있으면 하시기 바랍니다. 내가 논문을 쓰고 발제하고 또 다른 사람들의 것을 들어보니까 더 선명해졌지요? 그리고 앞으로 논문을 발제하실 때는 발제용 자료를 제공해주는 것이 좋습니다.

지금 보면 논문 발제를 30분 정도 하는데, 원래 논문 자료를 그냥 읽으면 너무 지루합니다. 본인이 자기 논문을 충분히 소화했다면 그렇게 할 필요가 없습니다. 논문발표는 논문을 읽지 않고 먼저 개요를 짧게 설명한 후에, 압축한 자료를 보고 질문자들이 질문하는 것에 대답해주시면 좋겠습니다.

---

[1] 심사평 이후 본 서 발간을 위해 당선자들로부터 수정된 논문을 다시 받아 수록했습니다. 따라서 심사평에서 언급한 내용이 보완되었거나 삭제되어 있을 수 있습니다. 본 글은 원래 취지를 살리고자 당일 심사평 그대로를 담았습니다.

아무튼 좋은 작품도 써주셨고, 이렇게 발표해주시고, 또 들어주셔서 감사드립니다. 앞으로 제4회 죽음논문공모[2]에 많이 응모해 주시기 바랍니다. 더불어 앞으로 이폴연구소와 죽음과 천국에 대해 함께 연구하고, 한국교회를 섬기는 기회가 계속 이어지기를 바랍니다. 여러분, 감사합니다. 수고 많으셨습니다.

---

2) 부록에 "제4회 죽음논문공모"내용이 수록되어 있습니다.

| 기 조 강 연 |

황 명 환 박사
(이폴연구소)

죽음교육의 필요성과 그 방법에 관하여

　　어떤 교회의 장로님이 필자를 찾아와 이런 말을 한 적이 있습니다. "목사님, 제가 며칠 전에 병원에서 진단을 받았는데, 6개월 이상은 살 수 없다고 합니다. 앞이 캄캄하고 도대체 뭘 어떻게 해야 할지 모르겠습니다. 목사님이 생각나서 찾아왔는데, 어떻게 남은 시간을 보내야 할지 말씀 좀 해주세요." 나는 그 분의 손을 꼭 잡고 이렇게 말했다. "힘 드시죠? 끝까지 최선을 다해야 합니다. 그리고 생명의 주인은 하나님이심을 믿어야 합니다. 그러나 계속 악화되고 있다면 주님을 만날 준비를 해야 합니다. 죽음이란 이 세상에서의 삶을 끝내고, 하나님의 나라로 이사를 가는 것입니다. 이사를 가려면 준비해야 합니다.

　　① 먼저는 영적인 준비입니다. 가장 먼저 할 일은 하나님과 나와의 관계를 확인하는 것입니다. 내가 죽으면 어디로 가는가? 주님께로, 저

영원한 하늘나라로 간다. 어떻게 가나? 십자가를 붙들고 간다. 예수님과 나와의 관계는 바로 되었는가? 나는 정말 구원 받았는가? 확신이 없다면 예수님을 영접할 최고의 기회입니다. 복음을 배우세요. 내가 죽으면 가장 먼저 나를 만나줄 분이 예수님입니다. 예수님과 나와의 관계를 확인해야하지 않겠습니까?

② 둘째는 사람과의 관계를 잘 정리해야 합니다. 이 세상에 살면서 수많은 사람들과 관계를 맺었는데, 마무리를 잘못하면 편안히 가기 어렵습니다. * 먼저는 감사할 사람들에게 감사해야 합니다. * 그 다음에는 내가 누군가에게 잘못했다면 회개해야 합니다. 죄송했다고, 나를 용서하라고... * 마지막으로는 나에게 잘못한 사람들을 용서해야 합니다. 감사와 회개와 용서... 이것을 통해 인간관계를 풀어야 합니다.

③ 셋째는 재산에 대한 정리를 해야 합니다. 재산이란 하나님이 내가 사는 동안 맡겨주신 것입니다. 가지고 갈 수 없습니다. 그것과 나와의 관계만 가지고 가는 것입니다. 어떤 사람이라도 마음속에는 '이런 일을 한번 해보고 싶다'는 선한 소원이 있습니다. 그것을 위해 사용해야 합니다. 이것이 마지막에 할 일입니다. 만약에 내가 그 일을 못하고 간다면 이런 일을 위해 사용해달라고 분명하게 말해야 합니다. 물론 자녀에게도 남기겠지만, 그러라고 하나님이 내게 돈을 준 것은 아니지 않겠습니까?

④ 마지막으로는 자신의 몸에 대한 정리를 해야 합니다. 내가 죽은 후에 내 몸을 어떻게 할 것인가? 내 육체의 마지막을 어떻게 처리할지를 알려주어야 합니다. 매장인지, 화장인지... 시신기증을 하거나 장기기증

을 하겠다. 가족들에게도 미리 말해주어야 합니다. 특별히 내가 식물인간 상태가 된다면 어떻게 할 것인가? 내가 의식이 없어지면, 의학적으로 더 나아질 가능성이 전혀 없다면… 그것을 알면서도 언제까지 치료해야 하는가? 그래서 아무 소용이 없는 치료를 하느라고 대부분의 재산을 병원에 다 주고 맙니다. 지금은 의술이 발달해서 환자가 아무 의식이 없어도 상당 기간 동안 식물인간 상태로 살아있게 할 수 있습니다. 그럴 때 치료를 중단하라고 누가 말하겠습니까? 아무리 부담이 되어도 자식이 그렇게 말하기는 어렵죠. 더 이상 무모한 시도는 하지 말고, 더 이상의 치료가 불가능하면 나를 그냥 편히 두라. 이런 정리를 해주어야만 뒤에 남는 가족이 편합니다.

⑤ 이것을 위해서 유언장을 쓰는 것이 꼭 필요합니다. 힘들지만 유언장을 써보세요. 이렇게 말씀드리면서 종이에다 하나하나 메모를 해드렸더니, 그분이 다 듣고 나서 '왜 진작 이런 생각을 못했을까요? 그랬으면 훨씬 더 가치 있는 인생을 살았을 텐데.' 그러면서 우는 거예요. 그래서 말했습니다. 지금이라도 늦지 않았습니다. 6개월 동안 감사한 마음으로 이렇게 하세요. 6개월 후에 더 살게 해주시면 좋고, 그러나 꼭 기억하실 것은 장로님의 인생은 결코 실패가 아닙니다. 왜냐하면 예수 믿었잖아요? 그리고 영원한 생명, 부활의 약속이 있잖아요? 따라 해보세요. '나는 승리했다!' 그리고 내 상태를 가족이 아닌 누군가에게도 말해두는 것이 좋은데, 담임목사님에게 말씀해두세요. 제가 이런 상태이고, 이런 준비를 하려고하니 잘 감당하도록 기도해주세요. 그럼 진심으로 도와주실 겁니다."

보내놓고는 안심했는데, 그분은 그렇게 하지 않았습니다. 나중에 알게 되었는데, 신유은사를 가진 분들을 불러 기도를 받고, 그 지시를 따라 기도원에 들어가 약도 먹지 않고 있다가, 갑자기 위급하게 되어 응급실에 가서 가족들과 말 한마디 나누지 못하고 돌아가셨습니다.

병원에서 "더 이상 방법이 없습니다." 이런 소리를 듣고 상담할 때, 목사님이 죽음을 받아들이고 잘 준비하라면 서운해 합니다. "병원에서는 그렇게 말해도 더 살 수 있습니다. 믿고 기도합시다." 이렇게 말해야 좋아합니다. 물론 병원에서 죽는다고 말했다고 반드시 죽는 것은 아니지요. 생명은 하나님께 달려있기 때문입니다. 그러나 병원에서 손을 쓸 수 없게 되는 것이 하나님이 그 사람을 부르시는 방법이기도 하다는 것을 알아야 합니다.

내가 죽는다는 사실을 받아들여야 하는데 잘 받아들이지를 않습니다. 그래서 어떤 결과가 오는가? 마지막이 힘들어지고, 죽음의 질이 나빠집니다. 죽음의 질은 OECD 국가 중에 한국인들이 가장 나빠요. 가장 불행하게 죽는다는 입니다.

서울대학교 윤 영호 교수는 『나는 한국에서 죽기 싫다』라는 책을 썼습니다. 왜 이런 책을 썼을 까요? ① 세계 최고의 자살률 때문입니다. 1998년 이후 전 세계 최고입니다. 매년 2만 명 넘게 자살하는데 시도하는 것은 계산도 안 됩니다. ② 무의미한 연명의료가 가장 많습니다. 고칠 수도 없고 나아지지도 않는데 약만 쓰면서 의식도 없는 생명을 이어가고 있습니다. 이런 사람이 미국의 5배, 캐나다의 10배에 해당합니다. ③ 또한 가족과 격리되어 외롭고 고독하게 죽어갑니다.

더 부끄러운 통계는 기독교인들이 죽음을 맞이하는 방법이 믿지 않는 사람들보다도 못하다는 것입니다. 죽음을 받아들이지 않고, 잘 못된 희망을 가지고 의학 이외의 방법에 집착하고, 그러다가 잘 마무리할 기회마저 잃는 경우가 많습니다.

알폰스 데켄은 말했습니다. "생사학은 구석기 시대부터 있었다.[1]" 인간은 다른 동물과 달리 최초부터 죽음에 대해 생각해왔다는 것입니다. 고대는 물론이고, 중세에도 아르스 모리엔디Ars Moriendi(죽음의 기술, 서양에서 페스트 유행 이후 나타난 죽음에 관한 안내서. 요즘 말로 하면 죽음교육 교재라고 볼 수 있습니다), 바니타스 예술(vanitas는 라틴어로 '헛되다'는 의미, 구약 전도서에서 "헛되고 헛되니 모든 것이 헛되도다"에서 나온 말)이 면면히 이어져 왔으며, 근대까지 우리 삶에서 죽음은 낯선 것이 아니라, 공존하는 것으로 받아들였습니다.

그런데 현대로 들어오면서 과학이 발달하고 상업주의가 자리를 잡으면서 죽음은 인간의 무능과 실패를 의미하는 것처럼 여기게 되고, 우리 삶으로부터 배제되었습니다. 죽음배제의 문화는 사실 최근의 일이라고 할 수 있습니다. 필립 아리에스는 『죽음의 역사』에서 현대사회는 죽음을 회피하는 시대라고 했습니다. 죽음을 인정하고, 죽음에 대해 생각하고 말하고… 이런 것을 혐오합니다. 사회가 발전하면서 죽음은 없어져야 하고 멀리해야 하는 것, 죽음이란 인간의 나약함과 패배를 드러내는 수치스러운 것, 인간에 대한 폭력으로 인식하기 때문입니다. 가능하면 죽음에 대해 생각하지 않고… 살겠다는 것입니다.

이러한 죽음배제의 문화는 현세에 몰입하게 하면서 신앙을 변질

---

[1] 알폰스 데켄, 『죽음을 어떻게 맞이할 것인가』, (오진탁 역, 궁리), 2005. 13쪽.

시켰습니다. 이제는 호모 데우스(homo Deus, 신적인 인간- 과학기술을 활용하여 죽지 않는 인간, 혹은 아주 장수하는 인간을 의미한다), 포스트 휴먼(post human, 지금까지와는 다른 인간- 초자연적 능력을 가진 인간)에 대한 논의도 활발하게 이루어지고 있습니다. 그러나 인간에게 있어서 죽음은 그의 본질에 속합니다. 하이데거는 "죽음은 인간의 구조이다." 라고 말했는데, 인간은 죽음과 분리될 수 없는 죽는 존재(Sein zum Tode))라는 의미입니다.[2]

우리나라에서 죽음에 대한 교육을 가장 먼저 시작한 각당 복지재단의 김옥라 명예이사장은 죽음교육의 필요성에 대해 다음과 같이 말했습니다.[3] 첫째, 인생을 재인식하게 하려는 것이다. 죽음을 생각하면서 우리에게 주어진 시간이 한정되어 있다는 현실을 재인식한다. 둘째, 죽음에 대한 두려움을 불식시키기 위함이다. 죽음을 일상적인 문제로 받아들이고, 죽음에 대비하는 자세와 마음을 배우게 하려는 것이다. 셋째, 남은 시간을 어떻게 살아야 하는가에 대한 새로운 시각과 인식을 가지게 해주려는 것이다.

우리는 죽음을 생각함으로써 필요 이상의 공포에서 벗어나 인생을 전체적으로 바라보게 될 뿐 아니라, 주어진 현실의 가치를 알고 더 잘 살게 되고, 더 나아가 죽음과 관련되어 더 높은 생에 대한 인식과 소망을 가지게 된다. 결국 영원한 생명으로 인도되는 것입니다. 이것은 과거, 현재, 미래를 관통하여 가장 좋은 죽음의 준비가 됩니다. 가장 좋은 죽음의 준비는 가장 좋은 삶을 살아가는 방법입니다.[4]

---

2) 마틴 하이데거, 『존재와 시간』, 이기상 역, (서울: 까치, 1998), 336쪽.
3) 김옥라, "죽음준비교육의 목표와 필요성", 『웰다잉 교육 매뉴얼』, 각당복지재단, 2010.
4) 황명환, 『죽음인문학』, 두란노, 2019년, 22쪽.

현대에 들어와서 죽음교육이 필요하다는 것을 맨 먼저 강조한 사람은 시인 엘리엇(T. S. Elliot)인데, 그는 1955년 *Bereavement: Inevitable but not Insurmountable* (『사별: 피할 수는 없지만 이겨낼 수는 있다』)에서 이렇게 주장했습니다. "만약 성교육이 중요하다면 죽음교육도 마찬가지로 중요하다." 그 이후로 많은 대학과 중 고등학교, 최근에는 초등학교까지 죽음 교육이 퍼져나가고 있습니다. 그러나 우리의 관심은 교회의 죽음 교육입니다.

장로회신학대학의 장신근 교수는 노년기 그리스도인들의 죽음교육의 목적을 3가지로 제시했습니다. 첫째, 죽음에 대하여 올바른 성서적 신학적 지식을 소유하고 둘째, 죽음에 대한 종말론적인 태도를 유지하며 셋째, 은혜 가운데 죽음을 잘 맞이하기 위한 기술을 구비하는 것이다. 이처럼 올바른 지식, 태도, 기술을 구비하여 생의 마지막 순간까지 하나님 나라의 백성으로 종말론적 삶을 살도록 돕는 것이 기독교 노년 죽음교육이다.[5]

한국 교회 안에서의 죽음교육 프로그램은 크게 두 가지 형태로 이루어져 있습니다. 하나는 노인들을 대상으로 한 프로그램으로, 주로 노인대학을 통해서 이루어지고 있습니다. 또 하나는 예배를 통해 이루어지는 것입니다. 교회역사를 보면 성찬을 통해 교회는 죽음교육을 실시해왔습니다. 그러므로 죽음교육이 어렵다면 성찬식의 횟수를 늘리는 것도 하나의 방법입니다. 그런가하면 1년에 1-2주 정도를 정해놓고, 매년 그때가 되면 죽음에 관한 설교를 하는 목사님도 있습니다. 이것은 독일 교회에서 잘 활용하는 방법입니다. 잘 보면 성경에 죽음에

---

5) 장신근, "통전적 기독교 노년 죽음교육의 모색", 『장신논단』 Vol.50 No. 3 2018, 346쪽.

관한 설교가 얼마나 많은지 모릅니다.

　죽음교육을 하고는 싶은데, 잘 모르기 때문에 시도하기 어렵다는 분들도 많습니다. 그러나 다 알아야만 할 수 있는 것은 아닙니다. 윷놀이를 해보셨나요? 일단 시작하면 그 안에서 아주 다양한 사람들의 개성이 나타나고, 그래서 처음에 걱정하던 것과는 다르게 아주 재미있게 진행됩니다. 죽음교육도 마찬가지입니다. 시작하면 그 안에서 자기의 마음이 표현이 되고, 깊이 숨겨두었던 어디서도 표현하지 못했던 이야기들이 터져 나오고, 상처가 치유되는 일들이 너무나 많습니다. 그런 장을 만들어주면 되는 것입니다.

　교회들마다 나름대로 죽음교육을 위해 애를 쓰고 있고, 이것에 관한 논문들도 꽤 있습니다.[6] 안산동산교회에서는 65세 이상의 노인을 위한 실버대학에서, 광주동명교회는 교회 부설기관인 가정대학에서 천국 준비학교를 열고 죽음교육을 해왔습니다. 온누리교회는 모세교실이라는 노인학교 안에서 단편적으로 이루어지고 있습니다. 금호감리교회는 노인대학에서 '삶과 죽음에 대해 배우기'라는 제목으로 죽음준비교육이 이루어졌는데, 강의와 집단상담 혼합형이었습니다.

　평화성결교회는 2005년 매주 수요일 저녁예배 때 전 교인을 대상으로 11주 동안 '죽음예비학교'를 운영했는데, 담임목사님의 설교를 통한 일방적 교육이었습니다. 분당구미교회에서도 수요예배를 통해 4

---

[6] 김명희, "한국교회의 죽음준비교육 실태와 목회적 돌봄", 이화여자대학교 신학대학원 석사학위논문, 2004. 김선숙, "한국교회 노인을 위한 죽음준비 교육과정 개발에 관한 연구", 서울기독대학교 전문대학원 박사학위논문, 2006. 이 논문 외에도 같은 주제에 대한 다양한 논문들이 있다.

회에 걸쳐 전 교인에게 죽음교육을 실시했습니다.

마태교회에서는 60-90세 까지의 노인들을 대상으로 주일오후 예배시간에 설교와 집단 프로그램을 진행했습니다. 순복음 강남교회에서는 자원하는 교인들을 모아 '웰 다잉- 아름다운 죽음준비' 프로그램이 실시되었습니다. 또한 교회 내 노인대학을 중심으로 65세 이상 노인들의 접수를 받아 '본향 가는 아름다운 삶'이라는 주제로 죽음교육도 실시되고 있습니다. 전 교인을 대상으로 하는 경우와 65세 이상 노인대학을 대상으로 하는 프로그램이 공존하고 있습니다. 그 외에도 한신교회, 점촌시민교회, 안동서부교회, 마성침례교회, 지구촌교회, 왕십리교회(감리교) 등이 있고, 외부강사를 초청하여 특강형식으로 실시하는 교회는 점점 늘어가는 추세입니다. 그러나 아직도 노인대학 위주로 이루어지고 있으며, 체계적인 내용보다는 대부분 특강 형식으로 일회성으로 그치는 경우가 많아서 아쉬움이 남습니다. 그나마도 일부교회에 그치는 것은 안타까운 일입니다.

전북 익산의 삼일교회(진영훈 목사)는 '세상에서 가장 아름다운 여행'이라는 제목으로 죽음교육을 하고 있는데, 성경적 죽음관을 기반으로 체험적 프로그램이라는 것과 다른 교회 교인을 위해서도 죽음교육을 개방한다는 특징이 있습니다. 삼일교회의 죽음교육 프로그램을 연구한 석사학위 논문도 나왔습니다.[7] 시간은 단 4시간으로 주일 17:30 - 22:00까지 진행됩니다. 교육의 내용은 다음과 같습니다. 1. 오리엔테이션(10분)- 프로그램의 소개와 주의사항 등을 안내한다. 2. 이

---

7) 장경희, "기독교 죽음교육이 죽음 인식에 미치는 영향," 한림대학교 대학원 석사학위논문, 2016.

론 교육(40분)- 멀티미디어를 활용한 죽음교육의 필요성, 죽음이해 교육을 한다. 3. 최후의 만찬(40분)- 생의 마지막 식사라는 가정 하에 잘 차려진 정찬을 먹는다. 절대침묵 속에서 앞에는 가장 사랑하는 사람을 초청하는 자리로 비워두고, 그 사람과 마음의 대화를 나누며 식사를 하게 한다. 4. 유언장 작성(40분)- 가족이나 사랑하는 사람들에게 남기고 싶은 유언장을 작성한다. 5. 세족식(30분)- 예수님이 제자들에게 발을 씻기신 뜻을 따라 참여한 교회의 목사님이 성도들의 발을 닦아준다. 6. 입관체험(30분)- 실제로 자기의 죽음을 체험하는 시간으로 사망선고와 함께 입관체험을 한다. 이때 애도팀은 교육에 참가한 사람을 위하여 애도하며 눈물로 중보 기도한다. 7. 유언 나눔(50분)- 모든 체험을 마치고 모여서 미리 작성한 유언장을 한 명씩 나와서 읽는다. 그 유언장을 담임 목사님에게 전달하고 축복기도로 마친다.

충남 당진 삼화교회에서 60세 이상 노인 15명을 대상으로 12회에 걸쳐 기독교 죽음준비교육 프로그램을 실시하고, 동일한 수의 비교집단 노인과 죽음 불안과 삶의 만족도를 비교하는 연구도 나와 있습니다.[8]

저는 이폴연구소에서 매년 봄과 가을에 죽음세미나를 개최합니다. 가장 많이 받는 요청은 죽음교재를 만들어달라는 요구였습니다. 특히 교인들 중에 오래 믿었지만 구원의 확신이 없는 분들이 의외로 많다는 것입니다. 그런 분들에게 죽음을 가르칠 교재가 너무 필요한데, 찾아보기 어렵다는 것입니다. 그래서 만든 책이『죽음인문학 워크

---

8) 이진호, "기독교 죽음준비 교육프로그램의 효과성에 관한 연구" 목원대 산업정보대학원 사회복지학과. 2010년.

북』입니다.[9]

워크북은 12개의 스토리(12과)로 구성되어 있습니다. 1강, 왜 죽음을 생각해야 할까요? 2강, 역사적으로 죽음은 어떻게 이해되었을까요? 3강, 인간은 왜 죽을까요? 4강, 인간은 왜 죽음을 극복하려고 몸부림칠까요? 5강, 성경은 죽음을 이렇게 말한다. 6강, 죽으면 어떻게 될까요? 7강, 죽음문제를 어떻게 해결할 수 있을까요? 8강, 내가 죽어야 한다는 것이 무슨 의미일까요? 9강, 부활할 때 우리는 어떤 모습일까요? 10강, 가족들과 작별인사를 나누고 싶어요. 11강, 천국은 어떤 곳일까요? 12강, 죽음에 대해 공부한 우리는 어떻게 살아가야 할까요?

이론과 함께 활동부분도 포함되어 있습니다. 다른 종교들과 기독교의 차이도 잘 나와 있어 폭넓은 주제로 죽음을 통한 신앙교육을 할 수 있습니다. 책 뒤에는 진행을 위한 지도자 가이드가 67페이지나 들어있습니다. 교재 안에 죽음에 관한 100개 이상의 중요한 질문과 해답이 실려 있습니다. 질문을 가지고 얘기를 나누다 보면 할 말이 넘쳐나는 것을 경험할 수 있을 것입니다. 구역이나 가정에서 다루어도 무리가 없다고 생각합니다.

이 책을 다루는 방법을 알려주려고 몇 번에 걸쳐 "죽음인문학 워크북 1일 세미나"를 개최했습니다. 세미나에 참가했던 어떤 권사님은 이렇게 말했습니다. "죽음교육을 받고 얼마나 자유를 얻었는지 모릅니다. 하루의 죽음교육이 나의 노년을 바꿨습니다." 세미나를 하기 전후의 죽음에 대한 이미지의 변화를 보면 효과를 확실히 알 수 있습니

---

9) 황명환, 『죽음인문학 워크북』, 두란노, 2019.

다. 세미나를 시작하면서 '죽음'이라는 단어를 들을 때 떠오르는 단어를 10개를 써서 제출합니다. 그리고 오후에 세미나를 마무리하면서 똑같은 질문을 해보면 상당히 다른 대답이 나옵니다. 죽음에 대한 개념이 아주 긍정적으로 변하는 것을 확인할 수 있습니다.

저는 2019년 가을 "죽음 바로 알기"라는 제목으로 1주간 특별새벽기도회를 실시하고, 6번에 걸쳐 죽음에 대한 설교를 했습니다. 이것을 두란노에서 『죽음에서 삶을 배우다』라는 제목으로 출판했습니다.[10] 이 책은 모든 기독교인들이 반드시 알아야 하는 기독교 죽음학 개론입니다. 전 교인들에게 부활절 선물로 나눠주고, 소감문을 공모하여 시상하는 의미 있는 행사도 열었습니다. 내용은 총 6장으로 구성되어 있습니다.

1장, 죽음을 인정하세요. 2장, 왜 죽음을 두려워하는가 3장, 죽음에 대한 인간의 해결책 4장, 죽음에 대한 하나님의 해결책 5장, 근사체험에 속지 마세요(죽음을 두려워하지 말아야 하는 근거로 근사체험을 제시하는 사례가 빈번하다. 근사체험의 본질이나 위험성을 모르고 무조건 받아들이면 안 되기 때문에 근사체험에 대한 부분을 삽입하였다). 6장, 남은 시간을 어떻게 살 것인가?

교회 안에 문제들이 왜 생기는가? 죽음교육이 없기 때문이고, 천국을 가르치지 않기 때문입니다. 죽음교육을 받으면 성도들의 신앙이 성장하고, 교회에 충성하고, 어떤 일에도 흔들리지 않게 됩니다. 그러므로 우리는 용기를 가지고 죽음교육을 시작해야 합니다. 목회자 자신

---

10) 황명환, 『죽음에서 삶을 배우다』, 두란노, 2020.

이 먼저 스스로에게 질문해야 합니다. 내가 전하려는 기독교의 핵심이 무엇인가? 나는 정말 기독교 안에 삶과 죽음에 대한 답이 있다고 믿는가? 최선의 답이 있다고 믿으면서도 가르치지 않는다는 것이 얼마나 모순된 일인가요? 방법이 없다고 하는데, 사실 방법은 많습니다. 책도 많이 나와 있습니다. 이 글에서 제시하는 책만 참고해도 충분히 시작할 수 있습니다. 기독교의 핵심을 가르치고, 성도의 신앙을 성숙시키고, 죽음에 대한 이해를 깊게 하며, 남은 인생을 잘 살다가 천국으로 가게 하는 일보다 더 중요한 일이 어디 있겠습니까? 이 땅의 모든 교회들이 하루라도 더 빨리 죽음교육을 시작하기를 바라는 마음 간절합니다.

주제논문

박인조 • 기독교 교육과정에 따른 신앙교육으로서의 죽음교육

이숙희 • 인간의 유한성과 죽음교육

박미경 • 죽음교육을 실천하는 교회의 교육목회 커리큘럼

김영효 • 공적신앙을 위한 죽음준비교육

주제논문 ①

기독교 교육과정에 따른
신앙교육으로서의 죽음교육

박 인 조*
(예수소망교회 부목사)

[국문 초록]

인간은 죽음을 품고 살아가는 존재이다. 그럼에도 죽음을 먼 미래의 일로, 나와는 관계없는 사건처럼 대하려고 한다. 죽음에 대해 다 아는 것처럼 말하지만 그 앎은 너무 얕고, 죽음에 대처하는 방식은 극히 서툴다. 현대인 중에는 물리주의(physicalism)와 세속주의의 영향으로 영혼의 존재를 부정하거나 알 수 없다는 입장을 취하기도 한다. 죽음 이후의 세상에 대한 인식에 있어서도 마찬가지다. 그 결과 죽음을 단지 육체의 소멸로 보아 영적인 생명과 죽음 이후의 새로운 삶에 대한 전망을 잃고 살아간다.

죽음은 일반적인 교육주제와 달리 직접 체험을 통한 학습이 불가능하고, 먼저 경험한 사람도 없어 누군가에게 물을 수도 없다. 이러한 죽음에 대한 무지와 불확실성은 인간 삶에 불안을 일으키는데, 반면 죽음에 대한 바른 인식은 일상의 삶의 태도와 결과에 긍정적인 영향을 미친다. 그래서 죽음교육은 죽음과 죽어감의 과정, 상실과 애도에 대한 바른 이해를 통해 죽음불안을 감소시키고,

---

*논문 투고일: 2020년 10월 20일 *논문 수정일: 2021년 1월 14일
*게재 확정일: 2021년 3월 2일

일상의 삶에서 의미를 발견하게 하며, 죽음과 관련된 실제적인 지침을 제공한다. 그리고 죽음의 폭력성과 비인격성을 깨닫고 생명을 소중하게 여기며, 타인의 고통에 공감하고, 죽음을 앞둔 이들을 도우면서 존엄한 생의 마무리를 위한 안목을 갖게 한다.

그리스도인에게 있어 죽음교육은 예수 그리스도의 죽음과 부활로 성취하신 구원의 역사를 삶 속에서 깨닫고 경험하는 신앙교육의 과정이다. 그래서 죽음교육은 하나님의 부르심의 소명에 대한 확신과 청지기와 순례자로서의 삶에 대한 방향성을 제시한다. 죽음불안의 핵심인 죽음으로 인한 관계의 단절과 죽음 이후의 세상에 대한 불확실성에 대해 성경적이고 신학적이며 공동체적인 성찰을 제공해 성숙한 그리스도인의 삶으로 이끈다.

그러므로 신앙교육으로서의 죽음교육은 기독교 교육과정 요소의 종합적인 반영과 일상의 삶과 학습자의 생애사적인 경험을 바탕으로 한 체계성, 효과성, 정당성과 함께 성찰적인 과정으로 이루어져야 한다. 죽음의 문제에 대한 이론적인 부분과 실제적인 부분을 개인적인 차원과 동시에 공동체적인 차원에서 접근하여 신앙인으로 의미 있고 가치 있는 삶을 추구하도록 이끌어야 한다. 이를 위한 죽음교육 방법론으로 신앙공동체 안에서의 예배와 교제를 통한 실천적이고 성찰적인 죽음교육, 학습자와 교육현장이 반영된 소통적인 죽음교육, 다양한 학문과의 교류를 통한 통합적인 죽음교육이 이루어져야 한다.

| 주제어 |

교육과정, 기독교교육과정, 신앙교육, 죽음교육, 죽음교육방법, 체계성, 효과성, 정당성, 성찰, 죽음불안

들어가는 글

　　코로나바이러스감염증-19(COVID-19)가 전 세계적으로 죽음에 대한 두려움을 몰고 왔다. 최근에야 백신과 치료제가 개발되어 접종이 이루어지고 있지만 아직 미진하고 효과를 확신하지 못해 사람들은 여전이 이 바이러스에 대해 불안을 느끼고 외부활동을 차단당하며 다른 사람과는 일정한 거리를 두고 생활한다. 특히 바이러스에 감염되었을 때 기저질환자나 고령층에서 높은 사망률이 나타나면서 이 그룹에 해당하는 사람을 더욱 긴장시킨다. 코로나19로 인한 질병이 과거의 일이거나 또는 다른 지역의 사건이 아닌 바로 오늘, 그리고 내 주변에서 일어나고 있는 현재적인 사태라는데 더욱 불안하다. 죽음을 타인의 이야기로만 생각하고 일상에 파묻혀 살던 현대인에게 죽음이 나의 이야기일 수 있고, 먼 미래에나 일어날 일이 아닌 지금 당장이라도 맞닥뜨릴 수 있는 일임을 새삼 깨닫게 되었다.

　　인간의 역사는 질병의 원인을 밝혀내고 치료하며 확산을 통제함으로 생명연장을 이룩한 놀라운 여정이었다. 심지어 현대의 발달된 의학기술은 영원히 죽지 않을 불멸을 상상만이 아닌 현실에서 보여줄 것처럼 이야기 했다. 하지만 코로나19 사건으로 인간이 육체적으로 얼마나 연약한 존재이며 죽음이라는 절대적인 한계에 직면해야 하는 유한한 존재임이 분명히 들어났다. 또한 죽음의 두려움 앞에서 보인 갈등과 차별을 조장하는 초라한 행태의 인간 모습은 깊은 실망감까지 안겼다. 죽음에 대해 다 안다고 생각했는데 그 앎이 너무도 얕고, 죽음에 대처하는 방식은 너무도 서툴다는데 많은 사람이 공감한다.

　　다양한 주제의 교육은 현실을 바르게 인식함으로 문제를 밝히고 그

해법을 찾아 더 나은 삶을 추구해 가는 과정이다. 죽음이라는 주제를 다루는 죽음교육도 동일한 목적을 가진다. 그래서 먼저 죽음과 죽어감의 과정, 상실과 애도의 과정에 대한 바른 인식 그리고 이 앎이 삶을 더욱 풍성하게 하는데 도움이 되도록 다양한 경험을 제공하는데 목표가 있다. 죽음교육을 통해 죽음을 생각하고 준비하는 일은 인간의 유한성을 인식하면서 막연한 죽음의 불안을 극복하고 가치 있는 삶을 추구하게 한다. 무엇보다 죽음의 폭력성과 비인격성을 깨닫고 궁극적으로 생명을 소망하게 한다. 죽음을 앞에 둔 이들을 이해하고 돕는데 필요한 실제적인 지침도 제공한다.

성숙한 그리스도인의 삶을 위한 신앙교육에 있어 죽음교육은 중요한 역할을 한다. 하나님의 부르심의 소명을 깨닫고 청지기와 순례자로 세상을 살아가는 그리스도인에게 삶의 방향성과 긴장감을 제시한다. 죽음불안의 핵심인 죽음으로 인한 관계의 단절과 죽음 이후 세상에 대한 불확실성에 대해 성경적이고 신학적인 대답을 주어 일상의 삶에 안정감을 제공한다. 죽음까지도 다스리시는 하나님의 주권에 대한 인식 속에 그리스도인으로서의 정체성을 재확인하는 것은 물론, 세상을 향한 그리스도인의 사명인 하나님의 나라를 향한 복음증거와 이웃사랑을 실천하는데 중요한 동기를 부여한다.

그런데 이처럼 중요한 죽음교육이 지금까지 사회는 물론 교회 공동체 안에서도 소홀히 여겨졌다. 예수 그리스도의 죽음과 부활로 성취하신 구원의 역사와 천국에 대한 소망이 죽음을 터부시하는 문화와 성공과 자아실현에 최고의 가치를 두는 세상의 가치관으로 인해 희미해진 것이 현실이다. 과거로부터 예배 설교와 장례예배 등을 통한 죽음교육이 있었지만 체계적이거나 지속적이지 못했고 또 교수-학습 과정에 있어서도 효과적이지 못한 면이 많았다. 현대 사회에서 죽음의 권리와 무의미한 생명연장 등 다양한 이슈에 대한 담론이 이루어지고 있지만, 교회 현장에서는 이에 대한 신학적 이해가 낮은 상황이다. 그래서 신앙교육으로서 죽음교육의 역할이 더욱 중요해졌다. 다양한 교육과정의 요소를 반영하여 체계적이고 효과적이며 성찰적인 과정을 통해 죽음교육이 이루어진다면 개인의 삶만 아니라, 공동체의 삶에 있어서도 큰 유익이 된다. 이에 신앙교육에 있어 죽음교육의 역할을 고찰하고, 죽음교육의 특징을 반영하여 기독교 교육과정에 근거한 방법론을 본 논문에서 제시하고자 한다.

I.
삶에 있어서 죽음교육의 자리

죽음교육은 개인적이며 동시에 사회적인 차원에서의 앎과 삶에 대한 교육이다. 삶에 대한 이해와 조망을 확장시켜 인간의 본질적 불안을 감소시키고 죽음과 관련된 실제적인 문제를 준비할 수 있게 한다. 그래서 학습자의 연령과 학습자가 느끼는 죽음불안의 정도 등을 반영하여 실시되어야 효과적으로 삶에 안정감과 만족감을 줄 수 있다. 그리고 생명을 소중히 여기고 타인의 상실의 고통에 공감할 수 있는 전망을 갖게 하는 것도 죽음교육을 통해서이다. 죽음교육은 삶과 죽음의 의미를 새롭게 발견하고 존엄한 생의 마무리를 위한 성찰적 이해를 돕기에 교육적 가치가 높다.

죽음교육은 과거로부터 관습적으로나 문화적인 형태로 이루어져왔다. 그러다 1900년대 이후부터 다양한 연구와 함께 교육 프로그램으로 시행되고 있다. 죽음교육은 죽음불안 감소, 삶의 만족도 증진 등의 측면에서 긍정적인 효과가 입증되었다. 또한 현대사회의 좋은 죽음에 대한 관심으로 죽음교육의 필요성이 강조되고 있다. 이러한 죽음교육은 신앙교육 차원에서 그리스도인의 정체성 확립과 건강한 그리스도인의 삶의 형성에 중요한 역할을 한다.

1. 죽음교육의 의미와 필요성

웰다잉(well-dying), '잘 죽는 것'에 대한 관심이 높다. 누구라도 언제, 어디서, 어떻게 죽을지 알 수 없지만 필연적으로 맞게 될 죽음이므로 품위 있고 잘 준비된 모습으로 대면하려는 것은 인간의 공통된 바람이다. "죽음의 인식으로부터 삶은 가치 있게 시작 된다"는 알폰스 데켄(Alfons Deeken)의 말처럼, 죽음에 대한 인식은 어떻게 사느냐의 문제인 삶의 태도로 이어진다. 그래서 죽음에 대한 관심이 개인적으로만 아니라, 종교 및 시민단체 그리고 여러 기관에서 죽음교육으로 이루어지고 있는 것은 소중한 일이다.

사실 죽음에 대해서는 모른다는 것이 보다 정직한 대답이다. 사람은 자기 자신이나 누군가가 죽어가는 과정을 지켜보거나 또는 이미 죽은 시신을 조사하고 연구할 뿐이다. 더욱이 죽음에 대한 정의가 의학기술의 발달과 함께 변하고 있어 지속적으로 새로운 정의가 요구된다. 여기에 죽을 것에 대한 권리가 누구에게 있느냐는 논쟁까지 일어 죽음을 온전히 이해하는 것이 점점 어려워진다는 생각마저 든다.

결정적으로 죽음 이후에 대해서는 전혀 알 수 없다. 지금까지 인간은 다양한 방식의 경험을 통해 지식을 확장했다. 때로는 경험해 보지 못하는 것이라 하더라도 창조적인 사고실험을 통해서 이전에 알지 못했던 새로운 것들을 발견하고 증명했다. 그렇게 모아진 지식을 통합하고 분류하는 과정에서 새로운 안목이 형성되었다. 그것이 인간 삶의 씨줄과 날줄이 되어 사회 위에 세워진 것이 문화이고 문명이며 종교이다. 그런데 죽음 이후에 대해서는 어느 누구도 직접적이든 또는 간접적이든 경험할 수가 없다.[1] 죽음을 경험하고 다시 살아난 사람이 없으니 누구에게 묻거나 확인할 수도 없다. 이런 죽음에 대한 무지와 불확실성이 인간에게 불안을 일으킨다. 즉 죽음이야말로 인간존재 자체가 지닌 존재론적인 불안임과 동시에 그로 인해서 다양한 형태의 불안이 발생한다.[2] 고령사회가 되면서 현대인은 회복할 수 없는 신체 기능의 상실로 긴 신체적 장애와 그로 인한 고통을 겪다가 죽음이 이른다. 인위적 생명연장으로 의식을 상실한 채 중환자실에서 죽게 되거나 가족과 분리되어 낯선 사람에 둘러싸여 죽어가는 상황이다. 그러니 죽음의 현장을 항상 접하는 의사들조차도 죽음은 여전히 두렵고 불편한 경험이다.[3]

여기서 죽음교육의 필요성이 부각된다. 교육은 인지적인 차원에서

---

[1] '근사체험' 또는 '임사체험'(near-death experience)은 1970년대 중반부터 심장과 호흡이 멎은 사람을 되살리는 심폐소생술이 발전하면서 자주 보고된다. 엘리자베스 퀴블러-로스는 많은 어린이 환자의 임종을 지켜보면서 관찰한 공통된 현상과 세계 곳곳의 2만여 가지 근사체험 사례를 연구해 『사후생: 죽음 이후의 삶의 이야기』에서 소개하며 환자의 연령, 성별, 인종, 종교의 유무나 종류에 무관하게 근사체험이 나타난 것을 발견했다고 설명한다. Elizabeth Kübler-Ross, *On Life after Death*, 최준식 역, 『사후생: 죽음 이후의 삶의 이야기』 (서울: 대화문화아카데미, 2009), 4-8. 이런 경험은 이전과는 다른 의식과 가치관의 형성, 자살방지 상담효과, 죽음에 대한 불안과 공포를 덜어주는 효과가 있다고 평가된다. 하지만 죽음은 일반적으로 사람이 다시 깨어날 수 없는 상태를 가리키므로 근사체험은 죽음과는 다른 차원의 경험이다.
[2] 어니스트 베커(Ernest Becker)는 인간 행동의 근본적 동기는 자신의 기본적 불안을 다스리고 죽음의 공포를 부정하려는 생물학적 욕구라고 한다. 그래서 인간은 죽음의 공포에 압도되어 죽음을 무의식에 묻어두거나 아니면, 영속적 가치가 있는 일에 동참하고 희생함으로 가짜 불멸을 얻어 죽음을 초월하려는 태도를 취한다. 그리고 개인의 죽음에 대한 대처 과정에서 인류 역사의 다양한 갈등과 생사의 투쟁이 일어났다. 그러므로 죽음에 대한 자각을 통해 의식적으로 공포에 직면함으로 자신의 무능력과 연약함을 직시하고, 선택과 행위의 새로운 가능성과 변화와 만날 수 있다고 설명한다. Ernest Becker, *The Denial of Death*, 노승영 역, 『죽음의 부정』 (서울: 한빛비즈, 2019), 12-17.
[3] 아툴 가완디(Atul Gawaande)는 하버드 의과대학과 보건대학 교수로『어떻게 죽을 것인가』(*Being Mortal*)에서 의료현장에서 환자가 죽어가는 모습을 경험하는 것은 어렵고 두려운 순간이었는데, 죽음에 대해서 추상적으로 이해할 뿐 그것이 모든 사람, 내가 잘 아는 사람과 심지어 나에게도 적용될 수 있음을 받아들이지 못했다고 한다.

이전까지 알지 못했던 것을 알게 해주고 더 폭넓은 지식을 제공한다. 정서적인 차원에서는 불필요한 감정의 소진을 막고 긍정적인 감정을 활성화시켜 심리적인 만족감과 안정감을 부여한다. 의지적인 차원에서 바람직한 선택과 결정에 도움을 주고 예상하지 못한 일에 대해 미리 대비하게 하는 적극성을 준다. 그리고 사회적인 차원에서는 개인적인 차원을 넘어 공동체적 경험을 통해 이전과는 다른 새로운 전망을 갖게 한다. 교육의 역할이다.

이러한 교육의 필요성은 죽음교육에 있어 그대로 적용된다. 죽음은 누구나 경험하게 되지만 언제 일어날지 알 수 없는 사건이며 미리 경험할 수가 없다. 그래서 가장 큰 불안을 일으키고 또한 주변 사람의 죽음은 극심한 고통을 양산한다. 이에 죽음교육은 인지적으로, 정서적으로, 의지적으로 죽음과 죽어감의 과정에 대해 이해하고 준비하게 한다.[4] 불필요한 오해와 불안을 감소시키고, 지금의 삶에 대한 해석의 폭을 넓혀준다. 그리고 생명을 경시여기는 사회적인 분위기에 경각심을 불어넣고 공동체적인 연대를 모색하게 한다. 상실로 인한 슬픔의 감정을 다루는 애도의 과정에 공감할 수 있도록 해서 타인과의 협력과 일치감을 형성하는데도 죽음교육이 기여한다.

죽음교육은 죽음, 죽어감의 과정, 애도와 관련된 교육으로 범주화하여 설명할 수 있다.[5] 죽음과 관련된 주제에 대한 개인적인 경험과 사회에

---

4) 코르 부부(Charles Corr & Donna Corr)는 죽음교육의 네 가지 주요 차원을 상호 구별과 교육과정에서의 상호 연관으로 설명한다. ① 인지적 차원은 죽음 관련 경험들에 대한 실제적 정보 제공과 그 사건을 이해하거나 해석을 돕는 목표의 실현이다. ② 정서적 차원은 죽음, 임종, 그리고 사별과 관련해서 일어나는 감정, 정서, 그리고 태도와 관련된다. ③ 행동적 차원은 죽음 관련 상황에 왜 그렇게 행동하는지, 도움이 되는 행동과 그렇지 못한 행동이 무엇인지, 가능한 행동들과 의무적인 행동들은 어떤 것인지 탐구한다. ④ 평가적 차원에서는 인간의 삶을 지배하는 근본 가치들을 확인하고 연결시키며 지지하도록 돕는다. Charles Corr & Donna Corr, *Death & Dying, Life & Living*, 한림대학교 생사학연구소 역, 『현대 생사학 개론』 (서울: 박문사, 2018), 11-13.
5) 이이정, "죽음준비교육의 현황과 과제," 『노년교육연구』 Vol.2(2016), 75-77.

서 일어나는 현상을 해석하고 개입하기 위한 프로그램의 실행을 비롯한 일련의 과정이다. 이를 통해 죽음에 대한 불안감을 감소시키고 보다 안정된 정서적 태도를 통해 삶에 대한 통합적인 조망과 다른 사람과의 건강한 관계로 이끈다. 언제, 어디서, 어떻게 다가올지 모르는 죽음을 의식하면서 삶에 대한 이해가 확장되어 매사에 정성을 다해 삶을 살게 한다. 이처럼 죽음교육은 개인적인 측면만 아니라, 사회적인 측면에서는 사회 구조의 급격한 변화 속에 나타나는 생명경시 풍조와 윤리적 문제를 다루는데 중요한 역할을 한다.[6] 그래서 죽음교육은 개인적이면서 동시에 사회적인 차원에서의 삶의 교육이라고 할 수 있다.

2. 죽음교육의 역사와 관련 연구들

죽음교육과 관련된 용어인 '죽음학'은 러시아 생물학자 메치니코프(Ilya Ilyich Mechnikov)가 1903년에 출간한 『인간의 본성』(The Nature of Man)에서 쓰기 시작했다. 죽음교육(죽음준비교육, 웰다잉 교육)은 '죽음학'(Thanatology) 또는 '생사학'(生死學)과 연관되는데, 서양에서 죽음교육은 19세기 실존철학과 제2차 세계대전의 시대적 상황에서 삶의 의미와 함께 죽음의 문제가 부각되면서 제기되었다. 이후 1950년대 중반에는 죽음에 대한 학문적 관심이 높아졌고, 1960년대 들어서는 교육기관에서 죽음과 관련된 교과목을 개설하게 되었다.[7]

---

6) 이동윤·강선보, "죽음교육의 필요성에 관한 연구," 『교육문제연구』 통권제58집(2016), 124-32.
7) 알폰스 데켄 교수가 조치대학(上知大學)에서 실시한 '죽음철학' 수업 1년 커리큘럼은 다음과 같다. 제1회 철학적으로 본 죽음의 의의: '죽음에 대한 준비교육'의 필요성, 제2회 죽음에 이르는 과정 6단계와 그 이해, 제3회 비탄교육1(비탄교육의 필요성, 비탄과정의 12단계 설명, 배우자를 잃었을 때를 위해 대비하는 교육), 제4회 비탄교육2(복잡한 비탄: 돌연사, 교통사고, 과로사, 자살 등), 제5회 비탄교육3(사별 체험자의 이야기를 들어본다), 제6회 죽음에 대한 공포와 불안에 대해(죽음에 대한 공포와 불안의 9가지 유형, 그것을 극복하기 위해서는 어

독일에서 죽음교육은 종교수업 시간에 기초학교 1학년부터 고등학교 최종학년까지 철학, 의학, 심리학, 역사, 문학, 비교 종교학 등 다양한 측면에서 특정한 생사관을 강조하지 않고 학생 스스로 사고하도록 돕는 학습으로 실시된다. 여러 교과서가 출간되었는데, 그 중에 중학생을 위한 교과서 시리즈인 '가치와 규범'(Werte und Normen)의 제9권 『죽음과 죽음에 이르는 과정』(Sterben und Tod)은 '죽음과 장의', '청소년의 자살', '인간답게 죽는 방법: 그 윤리적 문제', '생명에의 위협: 죽음과의 대결', '죽음의 해석'을 주제로 다룬다.[8] 미국의 죽음교육은 성인을 대상으로 시작해서 현재는 초등학교 교과목에까지 파급되었다. 초기 미네소타대학 사회학부에서 설립한 '죽음의 교육 및 연구센터'에서 의학, 간호학, 교육학, 문화인류학, 사회학, 신학 등의 각 분야 전문가들을 통한 공동연구 형태로 집중적으로 이

떤 방법이 있을까?), 제7회 죽음과 유머(유머의 역할), 제8회 자살1(자살의 정의, 자살 통계, 자살 동기), 제9회 자살2(자살의 윤리적 평가, 자살 방지), 제10회 근사체험 나카야마 요시유키의 『사후의 삶』, 제11회 죽음보다 소중한 생명1(사후 생명을 둘러싼 문제: 소크라테스, 플라톤, 내세신앙, 칸트, 괴테 등의 학설), 제12회 죽음보다 소중한 생명2(영원한 생명에 대한 고찰『신약성서』의 영원한 생명을 묘사 등), 제13회 죽음의 역사(사생관의 변천, 후반에서 연습 '이별편지'), 제14회 말기 환자와의 대화, 제15회 호스피스 운동(호스피스의 역사, 이념, 호스피스 운동의 발걸음 등), 제16회 말기 환자에게의 원조(음악요법, 독서요법, 예술요법의 효용), 제17회 죽음과 사랑(역사와 문학에서), 제18회 문학에서의 죽음1(그리스, 독일, 러시아), 제19회 문학에서의 죽음2(미국, 일본 등), 제20회 음악에서의 죽음('레퀴엠'(Requiem), 죽음과 소녀, 죽은 아이를 그리워하는 노래 등), 제21회 예술에서의 죽음(회화, 조각, 미술 등 후반에서 연습 '만약 6개월밖에 못 산다면'이란 제목으로 작문 연습), 제22회 피할 수 없는 죽음과 피할 수 있는 죽음(교통사고, 전쟁, 민족분쟁, 핵무기, 환경오염, 지뢰 등), 제23회 죽음의 정의: 뇌사와 장기 이식에 대해, 제24회 장례식의 의의, 제25회 죽음을 앞에 둔 인간의 상황. Alfons Deeken, 生と死の教育, 전성곤 역, 『인문학으로서의 죽음교육』(고양: 인간사랑, 2008), 187-92.
8) 위의 책, 98-105. 독일의 민간단체 The German Society for Dying and Dignity(DGHS)는 삶의 의지 강화, 존엄한 죽음, 임종 시 인권 보호, 법률 개정 추진 등의 활동과 함께 교육과 정보 제공, 상담을 실시한다. 또한 언론, 책 출판과 인터넷 저널을 활용한 홍보, 언론을 활용한 보도, 지역사회 자원봉사자를 활용한 심리적 지원 활동도 한다. 이를 위해 그림(포스터), 영화, 인터넷 동영상, 책, 학생 대상 콘테스트 등을 활용한다. 또한 영국의 민간단체 Living Well Dying Well(LWDW)은 웰다잉 관련 교육에 특화된 단체로 생애말기 케어 전담가(End of Life Doulas) 양성을 비롯, 지역사회 내 웰다잉에 대한 인식 개선 캠페인, 지역사회 이벤트(임종 계획, 장례 계획, 죽음에 대한 논의를 할 수 있는 카페 운영, 사별 카페 및 정보 제공 등)를 진행한다. 정경희 외, 『웰다잉을 위한 제도적 기반 마련 방안』(세종: 한국보건사회연구원, 2019), 78-79/173-75.

루어졌다. 호주에서는 '상실과 변화'라는 제목으로 상실에 대한 광범위한 내용의 교육을 통해 성장과 변화를 위한 기회를 제공한다.[9]

대한민국에서 죽음교육은 1973년 김상태가 덕성여대에 정규과정 개설을 시작으로, 1990년대에 들어서는 대학교 평생교육원에서 일반인을 대상으로 그리고 1991년부터 '삶과 죽음을 생각하는 회' 등에서 죽음을 주제로 한 강연회가 열리면서 활발히 이루어지고 있다.[10] 초기에는 독일과 미국의 프로그램을 참고하여 철학적, 심리학적, 의학적인 주제가 주를 이루어 실시되었다. 이후 '존엄한 죽음을 위한 선언서'(living will)와 사전연명의료의향서를 교육 프로그램에 포함시켰고, 교육심리학 이론을 적용해 인지적 차원, 정서적 차원, 행동적 차원에서 교육효과를 얻을 수 있는 프로그램으로 개발되었다. 또한 화장(火葬) 및 장사(葬事)시설 견학 등과 같은 현장학습 프로그램이 추가되었다. 삶과 죽음의 의미를 찾고 죽음에 대한 실제적인 준비를 할 수 있는 내용의 프로그램으로 발전하고 있다.[11]

죽음교육에 대한 연구를 살펴보면, 이윤주·조계화·이현지(2006)의 "죽음 교육 모형 탐색", 이이정(2006)의 "노인 학습자를 위한 죽음준비교육 프로그램 개발 연구", 송양민·유경(2011)의 "죽음준비교육이 노인의 죽음

---

9) 이진호, "기독교 죽음준비 교육프로그램의 효과성에 관한 연구."(목원대학교 산업정보대학원 사회복지학과 석사학위논문, 2010), 16-17. 영국에는 『긍정적 비탄』(*Good Grief*)이라는 중·고등학생용 비탄교육 안내서가 있다. 바바라 워드(Barbara Ward) 여사가 남편을 교통사고로 잃는 실제 경험을 통해 저술한 것으로 누구에게나 찾아올 수 있는 상실 체험을 적극적으로 받아들여 성장의 기회로 삼기 위해서는 비탄에 대한 주위의 이해와 협력이 필요하다는 점을 강조한다. 이 안내서는 죽음의 역사나 가족의 죽음, 자살, 이혼, 장례식의 의의, 사후 생명에 대한 고찰, 비탄과정의 대처 등의 내용을 다룬다. Alfons Deeken, 『인문학으로서의 죽음교육』, 121-25.
10) 이이정, "죽음준비교육의 현황과 과제," 77-78.
11) 서이종은 대한민국의 죽음교육은 입문교양교육 성격을 지닌다면서, 죽음교육에 있어 생사학과의 관계, 죽음의 사회성, 절차/결정과정 교육, 생애사적 죽음교육의 다양화와 고령층 교육이라는 사회학의 필요성 등을 제시한다. 서이종, "고령사회와 죽음교육의 사회학-한국 죽음교육의 비판적 고찰," 『사회와이론』 통권제28집(2016), 80-81.

불안과 생활만족도, 심리적 안녕감에 미치는 효과연구", 김숙·한정란 (2012)의 "성인들의 죽음에 관한 인식, 죽음준비, 죽음불안", 김성희·송양민 (2013)의 "노인죽음교육의 효과 분석: 생활만족도 및 심리적 안녕감에 미치는 영향과 죽음불안의 매개역할", 서이종(2016)의 "고령사회와 죽음교육의 사회학-한국 죽음교육의 비판적 고찰", 이동윤·강선보(2016)의 "죽음교육의 필요성에 관한 연구", 이이정(2016)의 "죽음준비교육의 현황과 과제", 장신근(2018)의 "통전적 기독교 노년 죽음교육의 모색-Fin-Telos 모델을 중심으로", 윤득형(2020)의 "상실의 관점에서 보는 노년기 위기와 실천신학의 과제로서 죽음준비교육", 이나영·유지영(2020)의 "죽음준비교육 프로그램의 발달 단계적 분석" 등 다양한 논문들이 있다.[12]

이러한 연구에서 죽음교육이 학습자의 죽음불안과 우울감의 감소, 죽음에 대한 태도와 자살생각에 대한 긍정적인 영향, 생활만족도와 삶의 질의 향상 등에 효과가 있는 것으로 나타났다. 죽음교육의 초기 단계에서 죽어가는 환자를 보다 인격적으로 돌보는데 목적이 있었다면, 이후에는 주제가 삶과 죽음의 연관성을 인식함으로 삶의 이해를 확장하고 죽음과 관련된

---

[12] 이영선·장환영은 2010년에서 2019년 사이 등재후보 및 등재 학술지에 실린 죽음교육 관련 논문 100편을 분석해 연구동향을 살폈다. 여기서 연구동향을 ① 정의 단계(죽음교육의 필요성을 강조하고, 죽음에 대한 다양한 관점으로부터 죽음교육의 기반이 되는 철학을 명료화 하려는 노력을 기울인 시기), ② 개발 단계(죽음교육의 개념을 잡고 모델을 만들어 이를 기반으로 죽음교육 프로그램에 대한 다양한 사례 및 개발연구가 활발히 연구된 시기), ③ 확산·실천 단계(다양한 철학 및 문학적 관점의 문헌연구를 통해 죽음교육이 연구되고, 새로운 죽음교육 과정개발을 시도한 연구와 해외 사례고찰을 통해 죽음교육을 확산하고 실천하는 교육사회학적 접근의 사례 및 개발연구, 장례예식에 대한 비판적 고찰 등의 실천적 접근)로 나누어 설명한다. 이영선·장환영, "죽음교육 연구동향 분석: 평생교육의 관점에서," 『교육문화연구』 제26권 제2호(2020), 442-49. 김신향·변성원은 1990년에서 2014년 10월을 기준으로 석·박사 학위논문과 학술지논문의 죽음교육 관련 124편 연구물을 대상으로 연구동향을 분석했다. 특징적인 내용으로 연구대상별에 있어 노인이 40.7%로 가장 높은 비율을 차지했고, 2009년 이후 대학생, 장애인, 교사, 유가족, 자원봉사자, 요양보호사 등 다양한 대상으로 한 연구가 나타났다. 또한 연구방법별에서 약 50%가 문헌연구였고, 죽음교육 프로그램은 실험집단-통제집단의 사전·사후 설계가 81.8%로 나타난 반면 타대상간 비교설계의 연구는 1편에 불과했다. 김신향·변성원, "죽음준비교육의 연구동향 분석," 『디지털융복합연구』 제12권 제12호(2014), 473-74.

의사결정에 대한 이슈들로 넓어졌다. 그래서 죽음교육의 목적이 정보제공, 개인적 가치에 대한 이해증진, 죽음 관련 대처 행동증진, 시민·전문가·개인으로서 역할을 준비시키는 것 등으로 다양하게 제시되고 있다.[13]

죽음교육의 교육내용에 대한 연구에서 이윤주·조계화·이현지는 '인지영역', '정의영역', '실천 및 행동영역'으로 구분해 설명한다. ① 인지영역으로는 죽음의 이해, 개인적인 죽음 개념 및 철학 정립(삶과 죽음의 관계, 죽음과 임종에 대한 태도 정립), 비탄 반응 과정과 극복 과정(비탄의 역동성, 사별 가족의 심리 및 극복과정 이해, 발달단계별 이해), 죽음 관련 이슈들(법률/의학/윤리적 이슈들-유언 작성과 유족, 신체기증과 장기이식, 인공적 생명 연장 장치, 소극적·적극적 안락사 등) 등이다. ② 정의영역으로는 죽음 불안과 공포 다루기, 자신의 죽음에 대한 인정과 수용, 개인적 상실 및 사별 경험 정리 등이다. ③ 실천 및 행동영역으로는 임종자에 대한 돌봄과 조력(의사소통 기술 포함), 사별과 비탄에 대한 조력과 돌봄, 자살 사고의 이해와 조력 및 상담(자살예방 방법 포함), 장례의식의 역할과 자신의 장례절차 준비 등이다.[14]

죽음교육을 위한 프로그램 개발 과정의 모형으로 이이정은 ① 죽음교육 프로그램의 주제 영역 개발(죽음의 영역, 죽음의 과정 영역, 사별 영역), ② 죽음 불안의 통합적 모델에 기초한 내용 요소 추출(과거에 관련된 후회, 미래에 관련된 후회, 죽음의 의미), ③ 세미나를 통한 내용 배열과 교수 전략 결정(삶의 의미 탐색, 죽음의 의미 탐색, 죽음의 실제적 준비), ④ 프로그램 실행을 통한 수정·보완, ⑤ 프로그램 평가의 과정을 제시한다.[15]

---

13) 이윤주·조계화·이현지, "죽음 교육 모형 탐색," 『아시아교육연구』 7권 3호(2006), 127.
14) 위의 논문, 128-29. 죽음교육내용과 대인조력 전공 학생들의 의견에 대해 범주화 작업을 실시해 교육내용을 23개로 정리하고 인지, 정서, 실천 및 행동 측면으로 구분했다. 김성희·송양민은 죽음교육 주제와 관련해서 '죽음에 대한 부정적 인식 개선', '죽음에 대한 실질적 체험과 정보 제공', '삶에 대한 만족도 및 의지 제고'를 제시한다. 김성희·송양민, "노인죽음교육의 효과 분석: 생활만족도 및 심리적 안녕감에 미치는 영향과 죽음불안의 매개역할," 『보건사회연구』 Vol.33(2013), 201-2.
15) 이이정, "노인 학습자를 위한 죽음준비교육 프로그램 개발 연구," 『한국성인교육학회』

죽음교육 운영의 실제 사례로 동작노인복지관에서 실시한 17주 교육과정인 '아름다운 하늘소풍 이야기' 프로그램은 노인학습자를 고려해 세부 내용을 구성했다.[16] 편지를 영상으로 전달하는 '영상편지 작성', 그림과 색종이 등을 활용하여 이야기를 나누는 '집단 미술활동', 나눔의 삶을 실천하는 '1일 봉사활동', 삶에 대한 적극적인 의지를 다지는 '건강증진', 가족과의 화합을 다짐하는 '가족잔치', 그리고 기분전환을 위한 야외활동 프로그램 등을 실시했다. 특히 청년 자원봉사단을 참여시켜 노인들의 수업을 지원하고 함께 어울려 토론하게 하는 '세대 교류' 방식의 프로그램도 두었다. 그리고 노원노인종합복지관의 '아름다운 생애마감을 위한 senior 죽음준비학교',[17] 서울시설공단에서 실시하는 '추모힐링투어',[18]

Vol.9(2006), 38-49. 이이정은 워커(Walker)의 상호작용 이론(프로그램 개발자와 학습자의 상호작용과 프로그램 개발이 이루어지는 맥락을 중시하는 이론)을 중심으로 죽음학 관련 문헌과 논문 그리고 직접 참여한 관련강연과 호스피스 자원봉사자 양성교육의 내용을 바탕으로 주제 영역을 개발했다. 또한 토머(Tomer)와 엘리아슨(Eliason)의 죽음불안의 통합적 모델을 기본 가정으로 구체적인 내용요소를 추출했다. 이러한 과정을 통해 마련한 8회기의 본 프로그램은 다음과 같다. ① 자기소개 및 강좌의 이해, ② 노화와 노년기, ③ 죽음의 의미 탐색하기, ④ 사별과 상실을 어떻게 극복할까? ⑤ 평화로운 죽음을 맞이하기 위하여, ⑥ 내가 세상에 남긴 것은? ⑦ 나의 장례식 계획하기, ⑧ 나의 인생 정리하기 및 프로그램 평가. 위의 논문, 46.
16) 송양민·유경, "죽음준비교육이 노인의 죽음불안과 생활만족도, 심리적 안녕감에 미치는 효과연구," 『노인복지연구』통권54호(2011), 123-24. 17주 교육 프로그램의 주제는 다음과 같다. 1주 마음 열기/죽음준비의 필요성, 2주 나는 누구인가?, 3주 어르신 봉사활동, 4주 나의 인생 그래프, 5주 웰다잉 연극단 초청 공연, 6주 나의 사랑 나의 가족, 7주 죽음의 이해, 8주 버킷 리스트 및 나의 사망기 작성, 9주 영상편지 촬영/묘비명 쓰기, 10주 존엄한 죽음을 위한 준비, 11주 유언과 상속, 12주 영정사진 촬영, 13주 장기기증과 호스피스, 14주 장사 및 장묘시설, 15주 유언장 작성, 16주 건강관리, 17주 가족들과의 화해이다.
17) 2006년부터 진행된 이 프로그램은 1단계 나 알기(꽃그림 그리기, 인생그래프 그리기, 나의 가족, 사진으로 회고하고 자서전쓰기), 2단계 죽음 알기(묘비명 쓰기, 사망기 쓰기), 3단계 인생알기(생애주기에 대한 이해, 영상편지 남기기), 4단계 나눔 알기(유언장쓰기, 나의다짐 석고주먹 만들기)로 구성된다.
18) 서울의 다양한 삶과 죽음의 공간을 예술, 종교, 문화적 요소와 접목하여 견학하면서 지난 삶을 되돌아보고 반복되는 일상에 활력을 찾는 프로그램이다. 서울시립승화원과 서울추모공원처럼 죽음을 접할 수 있는 현장에서 삶에 대한 진지한 물음을 던지고, '웰다잉 강의', '검소하고 착한 장례 소개', '우리나라 장례문화 소개' 등의 프로그램을 진행한다. 최근 세워진 화장장 시설을 비롯한 장사공간은 예술적 조형물을 갖추면서 죽음에 대한 불안감 해소와 인식의 변화에 기여한다. 이러한 공간을 활용한 죽음교육 프로그램은 교육의 효과성을 높일 수 있다. 서울시공공서비스예약사이트 참고

기독교적 신앙과 성경적 죽음에 가치를 둔 삼일교회 죽음교육 프로그램이 있다.[19]

죽음교육의 교육-학습과정은 죽음을 주제로 한 강의 형태가 주로 이루어졌다. 여기에 개인 및 집단 상담과 활동이 추가되면서 심리, 정서적 측면이 보완되었다. 일반적으로 강의 중심의 프로그램보다 경험적 프로그램의 효과가 더 높게 나타나는데, 경험적 활동에 참여한 학습자가 죽음에 대한 공포와 불안, 슬픔과 우울 등의 수준이 감소한 것으로 나타났다.[20]

죽음교육은 다차원적 성격을 띠는데, 의학·생물학·유전공학 등의 의학-생물학계와 철학·종교학·사회학·심리학·인류학 등의 인문-사회과학계 학문이 그리고 죽음학 관련 지식과 연구 결과를 효과적으로 전달하기 위한 교육학적 지식이 융합되어 이루어진다.[21] 그리고 죽음교육의 진행 기간은 5~8회기, 주 1회, 1회기 활동시간은 100~120분을 가장 선호했고 주로 도시를 중심으로 이루어졌다.[22]

죽음이라는 주제는 개개인의 삶의 경험, 문화와 사회적 환경, 종교 신념에 따라 달라지거나 다르게 인식될 수 있다. 또한 프로그램의 유형에 따라 죽음에 대해 느끼는 감정에 차이를 보인다. 노인 대상 죽음교육의 경우 개념 중심의 강의보다, 장사(葬事) 방식 등의 선택과 같은 보다 실제적인 것

(http://yeyak.seoul.go.kr/reservation/view.web?rsvsvcid=S170329135313521437)
19) 2012년 삼일교회 장로와 권사 등 직분자들 30여명을 대상으로 1기 교육이 시작되었다. 프로그램은 죽음목회와 죽음준비교육의 필요성, 죽음에 대한 성서적·신학적 이해, 품격 있는 죽음과 상실의 치유와 같은 이론교육과 '최후의 만찬', '유언장 작성', '세족식', '입관체험', '유언 나눔'과 같은 체험 프로그램으로 이루어진다. 총회한국교회연구원, 『목회매뉴얼-죽음교육』(서울: 한국장로교출판사, 2018), 152-64. 이 교육의 참여자는 죽음의미 이해와 생명존중은 높게, 죽음불안은 낮게 나타났다. 교육내용 중 유언장작성, 입관체험, 최후의 만찬 순으로 의미 있다는 응답이 있었고, 참여자 81.6%가 죽음교육 후 신앙생활이 긍정적으로 변화된 것으로 나타났다. 장경희, "기독교 죽음준비교육이 죽음 인식에 미치는 영향-익산 삼일교회 죽음준비교육을 중심으로,"(한림대학교 대학원 생명교육융합학과 생사학전공 석사학위논문, 2016), 42-55.
20) 이이정, "죽음준비교육의 현황과 과제," 83.
21) 곽혜원, 『존엄한 삶, 존엄한 죽음』(서울: 새물결플러스, 2014), 45.
22) 김신향·변성원, "죽음준비교육의 연구동향 분석," 474.

을 죽음준비로 생각한다는 분석이 있다.[23] 그럼에도 지금까지 죽음교육은 학습자에 대한 다양한 고려와 프로그램의 개방성이 부족했다. 학습자의 고려와 자유로운 참여를 통해 죽음으로 인한 부정적 인식의 해소와 죽음에 대한 준비, 그리고 일상의 삶의 질과 만족을 높이는 다양한 죽음교육 프로그램의 구성과 실행이 필요하다.

II. 죽음교육에 대한 기독교 교육과정 접근

교육과정의 일반적인 의미는 교수자의 입장에서 수업을 위한 사전의 '계획', '문서나 자료', '교과목' 등이다. 그런데 교육과정 연구자들은 여기에 '경험'과 관련된 교육과정을 고려해야 한다고 설명한다. 교수자만이 아닌 학습자의 입장에 대한 고려를 강조하면서 학습자의 '학습경험', '학습능력' 등으로 교육과정을 정의한다. 그리고 최근에는 교육과정을 교수자와 학습자 그리고 교육에 참여하는 모든 교육주체들의 관계 속에서 일어나는 삶의 한 형식으로 보려고 하는데, 이를 재개념주의 교육과정이라고 한다. 교육과정에 있어 성찰적 측면을 강조한다.

---

23) 이이정, "노인 학습자를 위한 죽음준비교육 프로그램 개발 연구," 46-48. 이이정은 노인대상 교육프로그램의 경우 지식이나 정보를 일방적으로 제공하기보다는 노인들이 살아오면서 축적한 경험들을 이야기하며 나누는 과정에서 의미를 발견하고 유의미한 학습이 일어나는 프로그램을 구성하는 것이 바람직하다고 설명한다. 즉 노년 학습자의 생애사와 세대문화를 고려한 전문화가 필요하다고 지적한다. 위의 논문, 34-35.

이런 맥락에서 기독교 교육과정은 수업에서 사용할 교육 자료나 교육내용만을 가리키지 않는다. 교육내용의 체계적인 구성과 학습자를 고려한 효율적인 교수-학습 과정을 포함해서 성찰적인 삶의 이해를 포함한다. 또 이를 통한 교회 공동체의 실천을 강조한다.[24]

1. 교육과정의 논점과 기독교 교육과정

헨리 지루(Henry Giroux)는 교육과정 연구 형태를 '전통주의 접근', '개념-경험주의 접근', '재개념주의 접근'으로 구분해서 설명한다.[25] '전통주의 접근'[26]에 있어 랄프 타일러(Ralph Tyler)는 저서 『교육과정과 수업의 기본원리』(Basic Principle of Curriculum and Instruction)에서 다음 네 가지 질문과 대답을 통해 교육과정의 목표, 학습경험의 선정, 조직, 그리고 평가로 교육과정을 연구한다.[27]

첫째, '학교는 어떤 교육목표(educational purpose)를 달성하기 위해 노력해야 하는가?'이다. 명료하게 진술된 교육목표는 행동 측면과 내용 측면을 모두 담아야 한다. 둘째, '이러한 교육목표를 달성하는데 유용한 학습

---

24) 기독교 교육과정의 역사에서 교육과정의 개념은 주로 '조직화된 지식'(organized knowledge, content), '계획'(plan), '경험'(experience) 등으로 정의되었다. 이에 대해 손원영은 기독교 교육과정의 역사를 세 가지 교육과정의 개념 ① 교수자 입장에서 교수를 위한 '계획'과 '지식', ② 학습자 입장에서 '의도된 경험', ③ 교수자와 학습자 모두에게 숨어 있는 왜곡된 의식을 비판적으로 성찰하면서 보다 해방적인 교육을 지향하는 '순례과정'으로 구분한다. 손원영, 『프락시스와 기독교 교육과정』(서울: 대한기독교서회, 2001), 47-49.
25) Henry Giroux et al., *Curriculum & Instruction: Alternatives in Education*, 한중상 외 공역, 『교육과정 논쟁: 교육과정의 사회학』(서울: 집문당, 1988), 역자서문.
26) 프랭클린 보비트(Franklin Bobbitt)는 경영원리를 교육과정의 기본 구성 원리에 적용해 학교교육의 효과를 증대시키기 위해서는 교육과정이 체계적으로 구성, 조직되어야 한다고 주장했다. 이러한 주장이 전통주의자들(traditionalists)에게 영향을 미쳤고, 교육의 목적을 표준화된 행동변화에 초점을 둔다. 그래서 구체적이고 관찰 가능한 교육목표의 진술을 강조하고 그에 대한 평가로 목표달성이 확인되어야 한다고 주장한다. 위의 책, 역자서문.
27) Ralph Tyler, *Basic Principle of Curriculum and Instruction*, 진영은 역, 『교육과정과 수업지도의 기본원리』(서울: 양서원, 1996), 7-139.

경험(learning experiences)은 어떻게 선정될 수 있는가?'로 설정된 목표에 따른 교육경험을 선정하는 것이다. 셋째, '효과적인 수업을 위해서 학습경험은 어떻게 조직(organization)될 수 있는가?'인데, 선정된 학습경험을 효과적으로 조직하기 위한 조직 원리로 계속성(continuity), 계열성(sequence), 통합성(integration)을 제시한다. 넷째, '이러한 교육목표가 달성되었는지를 어떻게 평가(evaluation)하는가?'로 평가절차를 통해 학생들에게 어떤 변화가 실제로 일어나고 있는지, 어디에서 교육과정의 교육목표들이 달성되고 있는지, 그리고 효과적인 교육 프로그램을 얻기 위해서는 어디를 수정해야 하는지 알아내게 된다.

반면 '개념-경험주의 접근'은 1960년대 교육과정 개선에 대한 논의가 진행되면서 등장하는데, 이러한 접근에 해당하는 학자를 '개념-경험주의자들'(conceptual-empiricists)이라고 한다. 이들은 먼저 교육과정에 대한 전문적 또는 기술적 언어가 분명하게 개념 정의되고 그리고 교육과정의 구성과 조직은 검증된 사회과학적 경험을 근거로 마련되어야 한다고 설명한다. 교육과정의 엄밀한 '개념 정의'에 초점을 두면서 교육내용을 체계적으로 구성함에 있어 학습자의 능력을 인지적, 정서적, 운동기능적 능력으로 세분화한다. 그리고 그 결과인 '학습내용의 세분화'와 '학습능력의 세분화' 사이를 적절하게 연결시키는 것이 효과적인 구성원리라고 보았다.[28]

그리고 '재개념주의 접근'은 교육과정과 학교, 사회의 상호작용 속에서 교육과정에 접근하는데, 이들을 '재개념주의자들'(reconceptualists)이라고 한다. 이들은 교육과정의 문제를 사회와의 관계성 속에서 파악한다. 그래서 고정화된 텍스트의 개발보다 교육과정에 참여하는 학습자와 사회구조적 관계와 과정을 중요시 여긴다. 이를 통해 교육과정이란 무엇이고, 어떻

---

[28] 강희천, 『기독교교육의 비판적 성찰』(서울: 대한기독교서회, 1999), 58-63.

게 기능해 왔고, 왜곡된 인식으로부터의 해방이란 관점에서 교육과정의 바람직한 기능은 무엇인지 등에 대한 근본적인 물음을 제기한다. 그리고 그런 문제제기에 대한 비판적 성찰을 통해 기존의 교육과정을 재개념화 시켜야 할 필요가 있음을 강조한다.[29)]

재개념주의자들은 첫째, 전통주의자들과 개념-경험주의자들이 교육과정을 '수업계획'(plan), '의도된 학습 성과'(output), '체제'(system)로 정의한 것으로는 현대의 다양한 교육문제를 해결할 수 없다고 지적한다. 그래서 윌리엄 돌(William Doll)은 모더니즘에 의존한 '사전 계획'으로서의 교육과정이 아니라, 참여자와의 '관계성'에 중점을 둔 교육과정을 제안한다. 그리고 그 준거로 교육과정의 심도와 의미의 층의 다양한 가능성과 해석을 가리키는 '함축'(richness), 환경·타인·문화와의 반성적 상호작용인 '회귀'(recursion), 교육적인 측면과 문화적인 측면에서의 '관계'(relations), 개념의 재정의로서의 '엄격성'(rigor)을 제안한다.[30)] 둘째, 교육과정의 이론과 실제에 있어 이분법에 대한 부분이다. 즉 교육과정 연구가 이론중심으로 흐르면서 교사가 소외되고 교재출판업자나 교육정책 담당자 등이 의사결정에 큰 영향을 끼친다는 것이다. 셋째, 개념-경험주의 교육과정 연구가 기술공학적 효율성과 사회과학적 합리성에 관심을 둔 나머지 교육과정 현장의 사회적·정치적 문제를 간과함으로 '잠재적 교육과정'(hidden curriculum)의

---

29) 위의 책, 63-66.
30) William E. Doll, *A Post-modern Perspective on Curriculum*, 김복영 역, 『교육과정과 포스트모더니즘의 시각』(서울: 교육과학사, 1997), 295-307. 이러한 '포스트모던적 접근 방식'은 교육과정에 있어 관계성과 대화의 필요성을 반영한 것으로 21세기 정보화 시대의 디지털 환경에서 필요한 접근이다. 또한 다양한 문화에 대한 상호간 이해와 인정을 통한 다양성과 보편성의 조화를 추구하는 '다문화적 접근 방식'과 지성의 발달에 있어 상상력의 역할을 강조하며 다양한 경험과 관점 그리고 몸과 정신의 분리라는 이원론의 극복, 자아의 성찰과 관계성을 추구하는 '심미주의적 접근'도 디지털 환경에서 고려해야 할 교육과정의 방법론이다. 박인조, "디지털 환경과 기독교 교육과정 연구: 대한예수교장로회(통합) 고등부 공과분석을 중심으로,"(연세대학교 연합신학대학원 기독교교육학과 석사학위논문, 2005), 127-28.

중요성을 놓쳤다고 진단한다.[31] 이처럼 교육과정의 접근에 있어서 '전통주의 접근', '개념-경험주의 접근', '재개념주의 접근'은 교육의 체계성과 효율성, 성찰적 접근을 반영한다.

기독교 교육과정에서도 이러한 교육과정의 논의를 반영하는데, 캠펠 와이코프(Campbell Wyckoff)는 『기독교 교육과정의 이론과 설계』(Theory and Design of Christian Education Curriculum)에서 기독교교육의 과제는 기독교적 삶으로의 양육이고, 교회는 교육활동을 위한 합리적이고 계획성 있는 교수-학습과정을 채택해야 한다는 '전통주의 접근'을 따른다.[32] 기독교 교육과정에서 '개념-경험주의 접근'은 아이리스 컬리(Iris Cully)의 저서 『커리큘럼의 계획과 선택』(Planning and Selecting Curriculum for Christian Education)에 나타난다. '교육환경', '교육기간', '참여자의 연령'이 교육과정 설계에서 주요 요소라고 한다.[33] 반면 드웨인 휴브너(Dwayne Huebner)는 1982년 종교교육학회지인 『종교교육』(Religious Education)에서 교육과정을 '문화적 자산으로 축적되고 분배되는 것'으로 정의한다. 그는 사회에서 전수되는 전통이란 대부분

---

31) 손원영, 『프락시스와 기독교 교육과정』, 122-31.
32) D. Campbell Wyckoff, *Theory and Design of Christian Education Curriculum*, 김국환 역, 『기독교 교육과정의 이론과 설계』 (서울: 성광문화사, 1990), 17. 와이코프는 교육과정은 교수-학습과정이 체계적으로 책임을 담당하게 될 하나의 계획이라는 입장이다. 즉 교육과정은 기독교적 신앙과 삶을 알게 하고 받아들이게 해주며 살도록 하기 위한 교회의 교육사역 속에서 사용되는 신중하게 고안된 전달수단이다. 그는 교육과정을 위한 8가지 필수조건으로 기독교적 가르침과 학습을 위해 이성에 대한 명백한 개념, 진실 되게 활동하는 교회, 기독교 가정, 실질적 학교인 교회학교, 건전한 교육자료, 공동체에 대한 관심, 아동과 청소년 및 성인들을 기독교적 생활로 참여하게 초청할 장소와 시설, 지적이며 노련하고 헌신된 관리를 제시한다. 위의 책, 17-30.
33) Iris Cully, *Planning and Selecting Curriculum for Christian Education*, 고용수 역, 『커리큘럼의 계획과 선택』 (서울: 한국장로교출판사, 1993), 12. 컬리는 교육과정(커리큘럼)은 넓은 의미에서 학습을 위한 자료와 경험을 모두 포함하며, 구체적으로는 명문화된 학습과정이라고 한다. 커리큘럼 개발에는 목표와 평가, 신학적·교육적 전제들, 교수-학습 기회(환경), 시청각시설을 비롯한 자료들, 구성, 지도자 개발 등이 포함된다고 한다. 특히 커리큘럼을 생각할 때 인쇄된 자료나 보조 자료와 함께 교사의 얼굴이 떠오르도록 모든 자료들은 교사를 염두하고 쓰여 져야 한다고 설명한다. 위의 책, 129-49.

의 경우 역사적인 것이기 때문에 그 의미와 가치는 지속적으로 재성찰되고 재해석될 필요가 있다는 '재개념주의 접근'을 따른다.[34]

이러한 교육과정을 통한 접근 외에, 신학모델로 기독교 교육과정에 접근할 수 있다. 데니스 파우스트(Dennis Foust)는 기독교 교육과정 연구사를 데이빗 트레이시(David Tracy)가 분류한 다섯 가지 신학모델로 분석한다. 곧 전통주의신학, 자유주의신학, 신전통주의신학, 급진주의신학, 수정주의신학을 한 축으로 하고, 조지 뷰챔프(George Beauchamp)의 '교육과정 공학'을 또 한 축으로 하여 기독교 교육과정 연구형태를 다섯 가지로 분류한다. 즉 교육과정 학자들과 신학적 입장 사이의 관계성을 중심으로 기독교 교육과정을 분석한다.[35]

2. 죽음교육을 위한 기독교 교육과정

죽음교육은 일정한 형태를 갖추기 이전부터 비형식적 형태로 있어왔다.[36] 죽음은 일상에서, 언제든지 접할 수 있는 사건이기 때문인데, 먼저는 가정에서 부모로부터 이루어졌다. 부모 또는 조부모로부터 식구 중 누군가의 또는 가까운 친척의 죽음 소식과 함께 죽음이 무엇인지 또 죽음 이후 무슨 일이 있는지에 대한 이야기를 들었다. 이런 경우 고인과 유가족에 대해 어떤 태도를 보여야하는지에 대해 언어를 통한 지시적인 교육과 함께 부모의 행동을 따라하는 체험적 죽음교육을 경험한다. 그리고 거주 지

---

34) 강희천, 『기독교교육의 비판적 성찰』, 54-68.
35) 손원영, 『프락시스와 기독교 교육과정』, 93-96.
36) 죽음교육은 정해진 절차를 따라 '공식적이거나 조직적인 죽음교육'과 '비공식적 또는 무계획적 죽음교육'으로 진행된다. 후자의 경우가 더 전형적이고 널리 확산되어 있는데, 부모나 보호자의 품에 안겨 또는 사별에 대한 직접 체험이나 여행과 각종 미디어를 통해 학습이 가능한 다양한 순간에 자연스럽게 일어난다. 이것은 삶에 대한 통찰과 교훈을 깨닫게 하면서 인격적 성장의 소중한 기회를 제공한다. Charles Corr & Donna Corr, 『현대 생사학 개론』, 9-11.

역에서 장례식을 접하면서 자연스럽게 죽음에 대한 이해의 폭을 넓히는 계기가 있었다.

　보다 직접적인 형태로는 함께 사는 가족 중 한 사람이 질병이나 나이가 많아 죽어가는 모습을 옆에서 경험하는 경우이다. 또 키우던 동물이나 식물과 같이 관계를 맺고 있던 생물이 죽는 경험도 죽음교육이 이루어지는 기회가 되었다. 이렇게 죽음과 죽어감의 과정 그리고 사별에 대한 불안과 슬픔의 감정을 경험하고 표현하면서 일상에서 자연스럽게 체득해가는 죽음교육이었다.

　그런데 오늘날은 그런 경험의 기회가 줄어들었고, 죽음과 죽어감의 이해의 폭이 좁아졌다. 부모와 장례식장에 가거나 주변에서 장례를 경험하는 일도 현저히 줄어들었다. 미디어를 통해 자연재해와 사건과 사고로 많은 사람이 죽은 소식을 자주 듣지만, 그런 내용이 일상적인 뉴스에 섞여 전해지면서 주의 깊게 다가오지 않는다. 게임기나 인터넷 게임에서처럼 가상세계에서 손쉽게 생명을 죽이는 경험은 생명의 가치를 경시하는 왜곡된 사고와 행동을 낳기도 한다. 이처럼 가정에서의 비형식적 죽음교육이나 지역사회에서의 경험이 희박해지고 생명과 죽음에 대한 성찰적 이해가 미비한 상황에서 죽음교육은 보다 체계적이고 가치적 맥락을 고려하여 실제적으로 이루어질 것을 요청받고 있다.

1) 교육과정에서 반영할 죽음교육의 특징

　죽음이라는 주제는 다른 여러 교육주제와는 다른 특징을 가진다. 먼저 죽음교육에 대한 부정적인 인식의 재고(再考)로 거부감을 해소하고 필요성을 인식하는 배움에의 동기부여가 요청된다. 교육은 관심에서부터 시작되어 배움의 즐거움 속에 몰입 경험으로 이어진다. 하지만 사람들 중에는 죽음이라는 단어를 거론하기조차 꺼리는 경우도 있다. 죽음과 관련된 장소도 기피하는데 특히 묘지를 비롯하여 화장장 등의 장례, 장사 관련시설들은 혐오시설로 여겨져 멀리 떨어트려 두려고 한다. 이러한 불안감과 부정적인 인식이 죽음교육에 대한 거부감으로 나타나므로, 먼저 죽음과 죽음교육을 터부시하는 인식의 전환이 필요하다.[37] 그래서 죽음교육의 필요성에 따른 목적과 목표를 인식하고 관심을 이끌어낼 수 있는 자료개발의 과제가 있다.

무엇보다 죽음교육은 다른 교육주제와 달리 직접 경험을 통해 배울 수 없고 또 미리 경험한 사람의 설명이나 이야기를 들을 수도 없다. 일생을 통해 경험하는 생의 주요 사건은 먼저 경험한 이들의 가르침과 기록을 통해 미리 예측하고 필요한 것을 준비하는 과정과 함께 일상에서 친숙한 배움의 기회가 주어진다. 진학, 결혼과 출산, 육아 등의 교육이 그렇다. 하지만 죽음은 직접 또는 간접적인 경험을 통한 교육이 불가능하므로 교수-학습 과정에서 신중하고 체계적인 접근이 필요하다. 또한 이에 대한 지속적인 평가를 통해 학습자와 교육환경에 맞는 교수-학습 과정의 개발이 이루어져야 한다.

또한 죽음교육은 교육프로그램을 일반화하거나 표준화하는데 한계가 있다. 죽음에 대한 이해는 개인의 생애 경험이나 문화적 배경, 사회적 환경 또는 종교적 신념에 따라 다양하다. 더욱이 죽음에 대한 정의도 사람마다 의학적인 지식이나 시대적 상황에 따라 다르다. 즉 죽음에 대한 인상과 관련된 지식, 죽음에 대해 느끼는 감정의 유형, 죽음이 현실의 삶에 미

---

[37] 20세기 이후로 이전에 자택에서 가족이나 친구들이 지켜보는 가운데 죽음을 맞이하던 것과 달리 병원의 밀실에서 죽음을 맞이하게 되면서 죽음의 터부화가 더 강해졌다. 죽음의 터부화로 인간 본연의 자유로운 생각이 방해받고, 죽음에 대한 솔직한 대화와 슬픔과 고통의 근원적 체험을 나눌 수 있는 기회를 빼앗겼다. Alfons Deeken, 『인문학으로서의 죽음교육』, 44-45.

치는 영향, 죽음과 관련된 윤리적인 판단 등에 있어 개인마다 다양하기 때문에 학습자에 따라 개방적 교육과정의 구성과 적절한 교수자의 역할이 중요하다.

특히 죽음교육은 가치적 차원이 동반되는 특징이 있다. 말기 환자의 생명연장, 소극적 혹은 적극적 안락사, 죽음의 판정, 뇌사, 자살의 문제 등 인간 삶의 기본적인 가치와 관련된다. 죽음교육은 이러한 주제를 다루면서 스스로 자신의 가치관을 되돌아보고 재평가하여 삶과 죽음의 실존적인 문제와 만나게 한다.[38] 그래서 교육내용을 선정하고 조직하는데 있어 현재의 상황에 대한 고려와 함께 성찰적인 판단이 요청된다.

그리고 죽음교육은 죽음과 함께 그로 인한 상실과 사별경험을 다룬다. 이 때 경험하는 다양한 감정과 슬픔을 공감하고 해소하는 것은 죽음교육의 중요한 부분으로 그래서 죽음교육은 실천적인 교육과정을 특징으로 한다. 이론적인 접근만으로는 실제로 자신이 죽음을 앞두고 있을 때 또 타인의 죽음을 가까이에서 접하거나 돌봐야 할 때 충분한 교육적 효과가 나타나기 어렵다. 이처럼 실제적인 상황에서 도움을 주어야 함으로 교육과정은 구체적이면서도 여러 학문분야와의 협업이 필요하다.

2) 죽음교육의 특징에 따른 기독교 교육과정의 요소

신앙교육의 차원에서 죽음교육이 이루어지기 위해서는 죽음교육의 특징을 고려하는 것과 동시에 교육과정의 요소 중 교육목적과 목표에 있어서 성서와 신학적 근거를 바탕으로 해야 한다. 이것은 교육내용의 선정과 조직에서도 고려되어야 할 부분이다. 일반적인 차원의 죽음교육이라

---

38) 이이정, "죽음준비교육의 현황과 과제," 76-77.

기보다는 신앙성숙을 목적으로 하는 신앙교육의 차원에서 일상의 삶과 연관된 죽음교육이어야 하기 때문이다. 또한 이러한 목적과 목표의 실천은 고정된 틀을 가진 교수-학습 과정보다는 개방적인 형태에서 이루어져야 보다 효과적이다.

그리고 교육이 이루어지는 환경에 대한 고려가 필요하고 특히 연령과 같은 학습자의 이해를 반영하여 교육내용의 구성과 교육 자료의 개발이 이루어져야한다. 마지막으로 교육과정의 평가는 죽음 이해 차원의 일회성 강의만이 아닌, 실천적 차원을 포함해서 체계적이고 효과적이며 성찰적으로 진행되었는지 다루어야 한다.

(1) 교육과정의 목적과 목표

교육과정은 교육행위를 통해 실현하려는 궁극적인 가치인 교육목적(aim)과 그 목적의 성취를 위한 구체적인 교육목표(objectives)의 설정에서부터 시작된다. 그리고 이러한 교육과정의 목적, 목표에 맞는 교육내용을 선정하고 조직하는 과정이 따른다. 교육목표는 체계적이며 실천 가능한 구체적인 내용으로 선정하고 학습자에 대한 폭넓은 이해와 어떻게 학습자의 행동변화를 유도하며 그 변화를 확인할 것인지를 반영해야 한다. 그래서 교수자와 학습자가 소통하는 개방적 교수-학습 모델을 반영한 교육목표가 세워져야 한다.

신앙교육에 있어 교육목적의 근거는 성서인데, 이것을 설명하는 체계인 신학은 역사적 정황과 시대 상황을 반영함으로 신학적 근거의 타당성을 재확인해야 한다. 그래서 기독교 교육과정의 목표 설정에서 강희천은 ① 교육목적과 관련된 성서적, 신학적 근거의 타당성, ② 학습자에 대한 폭넓은 이해, ③ 교육목표 설정 방식의 개방성을 제시한다.[39]

죽음교육의 목적에 있어 제임스 에디(James Eddy)와 웨슬리 알레스

(Wesley Alles)는 죽음의 문제를 인식하고 효과적으로 대처하여 행복하고 의미 있는 삶을 영위하도록 돕고, 죽음을 앞둔 사람은 열린 마음으로 죽음을 준비하도록 돕는 것이라고 한다.[40] 이에 따른 세부계획으로서의 죽음교육의 목표는 죽음에 대한 가치관과 태도, 생의 시기에 따라 경험하는 죽음의 문제, 임종을 앞둔 이를 돌보는 것 등과 같이 구체적이며 현실적이어야 한다.[41]

신앙교육으로서 죽음교육의 목적과 목표도 사변적인 것이 아닌 인지적이고, 정서적이며, 의지적인 측면에서 구성되어야 한다. 그렇지 않으면 죽음교육이 오히려 죽음에 대한 두려움을 가중시키거나 주술적인 방식으로 죽음에 대처하는 문제를 낳을 수 있다. 특히 신앙교육으로서의 죽음교육의 목적에는 죽음 이후의 세계와 삶에 대한 인식이 반영되어야 한다.[42]

---

39) 강희천, 『기독교교육의 비판적 성찰』, 69-74.
40) 이와 같은 목적에 따라 에디와 알레스가 제시하는 죽음교육의 목표는 다음과 같다. ① 사람들이 죽음에 직면했을 때 당면하는 문제들을 잘 인식하고 효과적으로 대처할 수 있는 능력을 함양하는 동시에 죽음에 대한 공포와 충격을 극복할 수 있도록 돕는다. ② 일상생활에서 경험하고 대중매체에서 보도하고 있는 인간의 현실인 죽음을 외면하지 않고 직시하면서 그에 관한 다양한 견해와 입장을 논의할 수 있는 건강한 자세를 육성한다. ③ 죽음에 대한 사실과 지식을 전달함으로써 사람들이 자신의 삶을 평가하고 좀 더 행복하고 의미 있는 삶을 영위하도록 돕는다. ④ 사회구성원들이 죽어가는 환자와 그 가족에게 적절한 돌봄과 죽음과 죽어감에 대한 기본적 개념과 지식 그리고 현실을 전달함으로써 죽음에 대한 이해를 증진하도록 돕는다. ⑤ 죽음을 앞둔 사람들이 자신의 죽음에 대한 준비를 열린 마음으로 진행할 수 있도록 돕는다. 권석만, 『죽음의 심리학: 죽음을 바라보는 인간의 마음』 (서울: 학지사, 2019), 851-52.
41) 알폰스 데켄이 제시하는 세부적인 죽음교육의 목표는 다음과 같다. ① 죽음에 이르는 과정에 대한 이해, ② 인간답게 죽는 법을 생각한다, ③ 죽음의 터부 없애기, ④ 죽음의 공포와 불안에 대한 대응, ⑤ 생명의 위협: 자살을 방지하기 위해서, ⑥ 병명 통지와 스피리츄얼 케어(spiritual care), ⑦ 호스피스(hospice) 운동이란, ⑧ 안락사에 대해, ⑨ 장기이식에 관한 생각, ⑩ 장례식: 어린이를 참석시키는 것의 의미, ⑪ 유머 교육의 권장, ⑫ 사후에 대한 고찰: 철학적·종교적 입장. Alfons Deeken, 『인문학으로서의 죽음교육』, 36-37.
42) 임창복이 기독교 교육에서 죽음맞이 교육의 구체적인 목표로 제시하는 것은 다음과 같다. ① 정상적인 삶의 마지막으로써 몸의 죽음을 그리스도 예수를 믿는 신앙으로 평안히 맞게 한다. ② 언약 파괴의 결과로서의 죽음(하나님과의 관계 상실의 죽음 혹은 영적죽음)을 실존적으로 경험케 한다. ③ 생명의 공동체(가정, 교회, 사회) 안에서 능동적 기능의 상실과 회원 자격의 상실로 인한 죽음(사회적 죽음)을 알게 한다. ④ 어리석음의 삶이나 기를 잃은 삶(윤리적 죽음) 그 자체가 죽음임을 알게 한다. ⑤ 하나님의 창조질서를 거역한 인간의 선택에 대한 응보로써의 죽음을 알게 한다. ⑥ 죄와 범죄의 결과로써의 죽음의 구체적 사례들을 알

그래서 ① 인지적 측면에서 죽음과 죽어감의 과정과 죽음 이후에 대한 성서적이고 신학적인 이해를 가지는 것, ② 정서적인 측면에서 죽음과 죽음 이후에 대한 부정적인 태도, 불안 등을 극복하는 것, ③ 행동적인 측면에서 자신의 죽음을 다루고 대처하는 능력을 기르는 것, ④ 의지적이고 실천적인 측면에서 임종을 앞둔 이들과 공감하며 그들을 돌보는 것이 죽음교육의 목표가 될 수 있다.

여기서 중요한 것은 죽음교육의 목적과 구체적인 목표가 일상의 삶과 신앙성숙을 반영해야 한다는 점이다. 토마스 그룸(Thomas Groome)은 '프락시스'(Praxis)라는 개념을 통해 기독교교육의 목적을 성찰적인 앎과 실천적인 행동의 유기적인 일치 속에 일상생활과의 관련성에서 보았다.[43] 즉 사람들이 하나님과 하나님의 역사를 아는 신앙적 관점으로 현재의 삶을 해석하고 타인과 관계를 맺으며 세상 속에 참여하도록 하는 행위라고 설명한다. 그래서 교육내용의 초점이 성경내용의 전수만이 아닌, 일상생활에서의 변화와 연관되어야 하고 삶의 현장에서 진행되는 삶의 실제들, 당면하게 되는 현실들에 응답하는 것이어야 한다고 강조한다. 그리고 교육 목적의 대상과 구조가 개인이나 종교적 차원의 관심에서 확대되어 공동체와 일상적 삶의 영역으로 범위를 넓혀 가야 한다고 한다.

이런 점을 고려해 신앙교육을 위한 죽음교육은 나와 다른 사람이 직면하게 될 죽음을 일상의 사건들 속에서 신앙적으로 해석하도록 돕는 교육목적과 그것의 실현을 위한 구체적인 교육목표로 세워져야 한다. 죽음에 직면한 상황에서 어떤 태도를 취하며 다른 사람과 특히, 신앙공동체 안

게 한다. ⑦ 예수 그리스도의 죽음과 부활을 믿음으로 평안한 죽음을 맞이한다는 것을 알게 한다. ⑧ 몸의 죽음은 삶의 종점이 아니라 새 시대로 향하는 죽음임을 알게 한다. ⑨ 몸의 죽음뿐만 아니라 영혼의 죽음도 있음을 알게 한다. 임창복, "성경적 관점에 근거한 죽음맞이 교육," 『성경과 기독교 교육』 (서울: 장로회신학대학교, 2008), 134.
43) Thomas Groome, *Christian religious education*, 이기문 역, 『기독교적 종교교육』 (서울: 대한예수교장로회 총회교육부, 1983), 265-66.

에서 어떻게 관계를 맺을지 알게 해주는 것이어야 한다. 그리고 사회 속에서 다루어지는 죽음에 대한 담론을 신앙인의 관점에서 성찰할 수 있도록 이끌어야 한다. 여기서 죽음교육은 개인과 공동체의 신앙성장으로 이어질 수 있다.

(2) 교육과정의 내용선정과 조직

교육내용은 교육목표를 달성하기 위한 교과내용이나 학습활동으로 학습자의 연령이나 학습 현장을 고려해 미리 준비된 교육주제이다. 교수자와 학습자의 자율성과 가치부여에 따라 그리고 사회와의 상호작용을 통해 교육내용이 선정된다. 이러한 교육내용은 타당해야 하고, 유용해야 하며, 학습 가능해야 하고 그리고 구조적 위계성을 지녀야 한다.

죽음교육에서 목적과 목표가 설정되면 그에 따라 가르칠 교육내용을 세부적으로 선정하고 조직하게 되는데, ① 죽음 불안을 경감시키는 내용, ② 죽음과 죽어감의 과정을 이해하고 직면하게 되는 문제와 연관된 내용, ③ 학습자의 학습능력과 학습 환경을 고려한 인지, 정서, 행동 및 실천 차원의 내용으로 구성할 수 있다. 예를 들어 죽음에 대한 다양한 측면의 이해를 통해 죽음불안을 감소시키고 죽음을 일상의 삶과 연결해 성찰하게 하는 내용, 사전연명의료의향서와 유언서작성 및 장례식 계획 등과 같은 죽음을 준비하는 실제적 내용, 그리고 자살 예방이나 고독사와 안락사 등과 같은 사회적인 담론에 대한 내용 등이다.[44]

신앙교육 차원에서의 죽음교육은 기본적으로 성경과 신학적 측면에서의 죽음이해를 교육내용으로 한다. 그리스도인에게 죽음이 의미하는

---

44) 이이정, "노인 학습자를 위한 죽음준비교육 프로그램 개발 연구," 54-56. 죽음교육의 주제로 코르 부부(Charles Corr & Donna Corr)는 ① 통제와 한계, ② 개인과 공동체, ③ 취약성과 회복성, ④ 삶의 질적 수준과 의미 추구를 제시한다. Charles Corr & Donna Corr, 『현대 생사학 개론』, 15-17.

것이 무엇인지 그리스도의 죽음과 부활의 관점에서 이해하고, 그러므로 오늘의 일상의 삶을 어떻게 살아야 하는지 하나님 나라와 종말의 관점에서 다루어야 한다. 교육내용의 선정과 조직은 학습자의 연령과 신앙이해의 정도를 고려해야 하는데, 성경의 등장인물이나 사건에 대한 이전의 학습경험을 바탕으로 일상의 삶과 연관된 내용으로 구성하면 효과적이다. 그리고 교회 공동체가 어떻게 다른 사람의 죽음의 문제에 응답하고 그래서 다른 사람의 죽음으로 인한 상실과 애도의 과정을 어떻게 도와야 하는지에 대한 내용도 포함해야 한다.

(3) 교육과정에 있어 교수-학습과정

교수-학습과정에서 중요하게 고려해야 하는 것은 학습자의 참여이다. 메리 무어(Mary Moore)는 교사와 학습자의 상호작용을 통한 학습자의 참여를 강조하는 현상학적 방법을 제시한다. 여기서 교사의 역할은 학습자가 의미를 찾는 과정에서 용기를 북돋아 주는 것이다.[45] 학습자의 이전 지식을 반영하고 실생활의 경험을 바탕으로 다양한 질문과 논의가 충분히 이루어지도록 교수-학습과정이 준비되어야 한다.

이런 측면에서 죽음교육을 위한 교수-학습 과정에서 학습자 자신이나 죽음교육에 참여한 사람들이 각자의 삶에서 죽음과 관련해 경험한 것을 나누는 것은 중요하다.[46] 학습자가 죽음교육에 대해 부정적인 인식을

---

45) Mary Elizabeth Mullino Moore, *Teaching from Heart*, 장대연 역, 『심장으로 하는 신학과 교육』(충남: 한국신학연구소, 1998), 140. 현상학적 방법은 사람들이 자신과 다른 사람의 안으로 들어가서 의미를 끌어내는 방법으로, 교사와 학생이 인간의 삶 속에서 의미를 찾는 것이다. 상호주관적인 것으로 첫 번째 차원은 교사와 학생이 삶의 경험을 관찰하기 위해 자신과 타인 속으로 들어가 사람들의 이야기를 듣고 그들의 행동을 관찰하는 것이다. 두 번째 차원은 삶의 경험들 속에서 의미를 끌어내는 것으로 교사와 학생은 지각한 것을 나누고 이해하려는 시도를 하게 된다.
46) 학습자의 참여를 이끌어내는 학습활동으로 다음의 것들이 있다. ① 나의 '비문'(묘비명, 자녀에게 남기고 싶은 말씀이나 찬송), ② 내가 생각하는 '장례식'(나를 만나러 온 이들에게 전하는 마지막 인사말), ③ 내가 살아온 '인생 그래프', ④ 나의 '마지막 유언', ⑤ 내가 생각하는

가질 수도 있으므로 죽음을 불필요한 어쩔 수 없는 경험으로만이 아닌, 누구나 경험하는 일상의 사건으로 자신의 과거와 현재의 삶의 시간 속에서 살펴보게 하는 것이다. 이를 통해 죽음에 대한 선입견이나 거부적 태도를 극복하고 학습자의 참여를 이끌어낼 수 있다.

그리고 죽음은 미리 경험해볼 수 없는 사건이므로 이에 대한 이해나 교육은 추상적으로 진행되기가 쉽다. 그래서 일상에서 경험할 수 있는 익숙한 이미지를 사용하는 것이 교수-학습과정에 있어 효과적이다. 제임스 파울러(James Fowler)가 제시하는 '메타포'(metaphor)는 경험하지 않은 현상이나 새로운 대상을 이해할 때 다른 개념을 빌려 이해하는 방식인데, 신앙의 발달단계에 따라 하나님에 대한 이미지를 인지, 정서적으로 받아들이고 표현하는데 중요한 역할을 한다. 문자적인 하나님에 대한 이해를 넘어, 하나님과 인간 그리고 세상과의 관계 안에서 경험하게 되는 생동감 있는 본래적 의미를 정확히 이해하고 신앙적 결단으로 나가게 하는데 도움이 된다.[47]

즉 신앙교육을 위한 죽음교육에 있어 중요한 죽음 이후의 세상과 삶에 대한 것은 일상적으로 경험할 수 없는 일이므로 익숙한 경험에서 이끌어 낸 이미지를 사용하는 것이 효과적이다. 이를 위해 문학과 미술, 영화, 그림책 등의 교육 자료를 사용하거나 죽음에 대한 이야기를 자연스럽게 할 수 있는 현장방문을 교수-학습 과정에서 활용하면 학습자의 관심과 참여 그리고 공감을 보다 효과적으로 이끌어 낼 수 있다.[48]

'품위 있는 죽음', ⑥ 사랑하는 이들에게 남기는 '마지막 편지', ⑦ 내가 소개하는 '우리 가족', ⑧ '삶의 감사' 목록, ⑨ 내가 생각하는 '웰빙'(Well-Being), '웰다잉'(Well-Dying), ⑩ 내가 쓰는 나의 '부고'(訃告), ⑪ 나의 '마지막 48시간', ⑫ 나의 '버킷 리스트'(Bucket List), ⑬ 나의 '데스 클리닝'(Death Cleaning), ⑭ 지나온 나의 '일과 소명'. 박인조, 『성경에서 찾은 아름다운 마무리』 (파주: 지혜의샘, 2019), 38-243.
47) James Fowler, *Weaving the New Creation: Stages of Faith and the Public Church*, 박봉수 역, 『변화하는 시대를 위한 기독교교육』 (서울: 한국장로교출판사, 1996), 87-89.

(4) 교육과정에 있어 교육의 현장

신앙교육에서 교육의 현장이란, 하나님과의 만남의 사건이 일어나는 장소 또는 상황을 가리킨다.[49] 교수-학습 과정이 이루어지는 특정한 장소만 아니라, 넓게는 일상의 삶이 펼쳐지는 삶의 전 차원을 의미한다. 은준관은 기독교 교육현장의 원형을 성서적 공동체에서 찾고 구체적으로 예배 공동체, 가정 공동체, 학교 공동체, 사회 공동체의 네 가지 양식으로 설명한다. 이 네 가지 공동체에서 경험하는 신앙 경험은 구원의 동질성으로 나타나지만, 그 경험의 과정은 공동체의 성격에 따라 달리 표현되기에 이 다양성이 기독교교육의 현장과 내용이 되었다고 설명한다.[50]

신앙교육의 기본적인 교육 현장으로 가정을 꼽을 수 있는데, 양육과 돌봄을 기반으로 신앙적 가치와 태도를 익히는 삶의 장(場)이다. 또한 교회는 예배와 함께 구체적인 신앙교육이 이루어지는 교육 현장으로 물리적인 공간을 제공하고 연령에 따른 다양한 프로그램이 실시되는 곳이다. 그리고 교육적 행위가 중심이 되는 학교는 이성적인 논리에 따른 과학적인 사고와 세속주의가 주류를 이루지만, 인간의 보편적인 가치와 하나님의 일반 계시적 은총을 배울 수 있는 현장이다. 사회는 인간과 역사를 주관하시는 하나님을 경험하고 하나님이 주신 사명에 따른 책임적 그리스도인으로의 삶을 교육하는 신앙교육의 현장이다.

---

48) 이런 경우 불명료한 언어의 사용이나 통념적인 예화에 의존하는 교수법 등에 의해 야기되는 비의도적 학습결과가 발생하지 않도록 비판적 성찰이 필요하다. 명백하게 의도된 가치(manifest value)를 설명하는 과정에서 본래의 의도적 가치 이외에 '숨겨져 있는 가치 혹은 잠재적 가치'(hidden value)가 함께 전수될 수 있기 때문이다. 강희천, 『기독교 교육사상』 (서울: 연세대학교 출판부, 1991), 225-28.
49) 은준관은 기독교교육현장을 이렇게 정의한다. "기독교교육이 사람과 사람 사이에 임재하시는 하나님과의 만남 사건이라 한다면, 기독교교육 현장이란 그 만남의 사건을 교육적이며, 계획된 경험으로 구조화하려는 형태이고 디자인이다. 신앙적인 만남이 경험적인 만남으로 유도되는 의식적인 구조와 자리를 현장이라고 부른다." 은준관, 『기독교교육 현장론』 (서울: 대한기독교출판사, 1995), 25.
50) 위의 책, 28.

죽음교육에 있어서도 가정, 교회, 학교 그리고 사회는 핵심적인 교육의 현장이다. 특히 교회현장에서 예배 시간을 통해 전해지는 설교와 성만찬과 세례의 예전은 중요한 교육내용이고, 가정은 일상의 경험을 통해 죽음의 의미와 가치를 배울 수 있는 현장이다. 학교현장에서 가르치는 죽음에 대한 이해와 사회현장에서 삶과 죽음을 대하는 태도를 신앙적 관점에서 성찰적으로 해석하는 과정은 기독교 죽음교육의 중요한 내용이 된다.

(5) 교육과정에 있어 교수자

교육과정에서 교수자는 단순한 지식 전달자가 아니라, 공동 학습자라는 인식을 가지고 상호 존중의 태도를 가져야 한다. 신앙교육에 있어 교수자는 교실의 배치, 공동 독서, 강의 그리고 말과 침묵을 통해 '진리에 대한 순종이 실천되는 공간을 창조하는 일'을 하게 된다.[51] 그래서 교수자는 일방적인 지식 전수가 아닌, 학습자 각자가 자신의 영적 여정에서 신앙적 성숙에 도달할 수 있도록 도와주는 안내자, 조력자, 동행자의 역할을 해야 한다.

죽음교육에서 교수자는 죽음과 관련한 사실적인 정보 전달과 지식의 확장을 도와야 한다. 특히 죽음교육은 생명과 관련된 가치적인 태도의 선택에 영향을 미치므로 교수자는 일관성 있는 죽음에 대한 태도와 해석을 보여야 한다. 그리고 학습자의 다양한 경험을 고려한 상호소통적인 교수법과 교육과정에 있어 개방적인 태도를 유지하는 것이 필요하다.

---

51) 파커 팔머(Parker Palmer)는 배움의 공간은 개방성(openness), 경계(boundaries), 환대(hospitality)를 특징으로 한다면서 이를 위해서 의자를 원형으로 배치함으로 열린 공간을 만드는 '교실의 배치', 한 구절이나 한 줄을 여러 시간, 여러 날에 걸쳐 깊이 숙고하는 '공동독서', 비판적 정보와 해석학적 틀을 제공하는 '강의', '참된 말'과 참된 말을 낳는 '침묵', 그리고 공동체 형성에 도움을 주는 '감정을 위한 공간 만들기'를 제안한다. Parker Palmer, *To Know As We Are Known*, 이종태 역, 『가르침과 배움의 영성』(서울: IVP, 2006), 157-87.

(6) 교육과정에 있어 학습자

죽음은 특정 연령에만 국한되는 것이 아니므로, 죽음교육은 전 연령이 학습자가 된다. 다만 죽음이라는 개념을 이해하는 정도가 학습자의 연령[52]과 사전 경험에 따라 다르므로 죽음교육은 학습자의 생애 발달단계를 반영하여 이루어져야 한다.

① **아동기(12세 이하)**: 아동기는 보존개념 및 유목화(類目化, categorization)와 분류화(分類化, classification) 개념의 획득, 사회성발달, 의존성과 독립성이 공존하는 시기이다. 아동의 죽음에 대한 이해는 인지발달 수준, 아동 개인의 인성, 생활 속의 경험, 부모와 나누는 대화의 유형에 따라 다르게 나타난다. 이런 다양성을 반영하여 연령에 따라 모든 생명체는 죽는다는 보편성, 일단 신체가 죽는 경우 돌이킬 수 없다는 비가역성, 죽음을 맞이하면 살아있을 때 할 수 있는 모든 신체적 기능과 능력이 중단된다는 비기능성을 이해할 수 있도록 프로그램을 구성해야 한다.[53]

그리고 아동기는 점차적으로 자율성의 발달과 함께 타인의 입장에서 바라볼 수 있는 공감능력을 갖추게 된다. 또한 죽음 이후 일어날 일에 대해

---

[52] 죽음에 대한 태도는 연령차이 외에 학습자의 감정적 요소, 종교와 배우자 유무, 연구 시기와 상황 등 다양한 요소의 영향을 받는다. 여러 변수 중 하나인 학습자의 연령에 있어 연령이 높을수록 죽음불안이 커지는 것으로 나타나지만 결과가 일관되지 않은데, 노인의 경우에도 자아통합감이 높은 경우 죽음불안이 낮고 삶의 의미수준이 높게 나타난다. 임송자·송선희, "죽음에 대한 태도가 죽음불안에 미치는 영향," 『한국콘텐츠학회』 Vol.12 No.5(2012), 248-51.

[53] 변상해·이판근, "아동의 죽음에 대한 개념형성의 발달에 관한 연구," 『아동교육』 18권 1호 (2009), 212-14. 헝가리 심리학자 마리아 나기(Maria Nagy)는 아동의 연령에 따른 죽음 인식의 정도를 설명한다. 3세~5세는 죽음을 더 이상 돌아올 수 없는 현상으로 파악하지 못한다. 그래서 죽은 애완동물이나 전지가 다 닳아 움직일 수 없는 장난감을 똑같은 감각으로 받아들인다. 5세~9세는 한번 죽으면 결코 다시 살아 돌아올 수 없다는 인식이 생겨나지만, 아직은 자신이나 가족 등 주위 사람에게 죽음이 똑같이 올 수 있음을 인식하지 못한다. 10세가 지난 아동은 차츰 죽음의 보편성과 절대성을 받아들이게 된다. 나기는 아동은 죽음에 관해 대체로 세 가지 의문, '죽음이란 무엇일까?', '사람은 왜 죽는 것일까?', '죽은 다음에 사람은 어떻게 될까?'를 가진다고 설명한다. Alfons Deeken, 死とどう向き合うか, 오진탁 역, 『죽음을 어떻게 맞이할 것인가』(서울: 궁리, 2002), 162-63.

서도 관심이 생긴다. 그래서 죽음교육은 아동이 죽음에 대해 말하는 것을 두려워하지 않고 자유롭게 말할 수 있게 해준다. 또한 분리불안으로 인한 두려움과 죽음에 대한 비현실적인 마술사고(Magical Thinking)에 있어서도 올바른 개념 형성을 도와준다.

② **청소년기(13-24세)**: 청소년기는 사춘기성징과 함께 자아정체성을 확립하는 과정에서 삶의 의미와 목표를 생각할 수 있는 시기이다. 추상적 사고가 발달하지만 죽음에 대한 의미를 충분히 이해하기는 어렵고, 죽음에 대해 현실적인 인식보다 낭만적이거나 자신과 무관한 것으로 생각하는 경향을 보인다.

그래서 버킷리스트 작성과 같은 구체적인 활동과 자유로운 의사소통을 통해 죽음에 대한 자신의 생각이나 느낌을 충분히 표현할 수 있도록 기회를 주는 교육이 필요하다. 또한 상실로 인한 슬픔을 자연스럽게 이야기하고 구체적으로 해야 할 행동과 하지 말아야 할 행동을 분별할 수 있도록 도와주어야 한다. 이러한 활동은 간접적으로 죽음의 상황에 직면하는 경험을 통해 자신의 정체성과 삶의 긍정성을 확대시키는 기회가 된다.

③ **성인기(25-64세)**: 성인기는 생애 여러 과제를 성취하며 친밀감과 유대감 그리고 자녀를 양육하는 생산성 확장의 시기이다. 부모를 비롯한 주변 사람의 죽음을 경험하면서 생의 마지막 사건인 죽음이 실존적 사건임과 동시에 인간이 유한한 존재임을 인지하게 된다. 이 시기 죽음교육은 참여자들의 토론[54]을 통해 삶의 방식에 깊은 영향을 주고받을 수 있다. 직접 죽음에 대해 생각해보는 시간을 가지면서 지금까지의 삶을 재평가하고, 다양한 상실에 대한 이해를 확대하여 정서의 통합과 타인과의 공감활

---

54) 데켄은 토론을 위한 방법으로 다음 두 가지 방법을 소개한다. ① "만일 앞으로 자신의 수명이 반년밖에 남지 않았다면, 남은 시간을 어떻게 보내겠는가"라는 테마를 제시하고 짧은 논문을 써본다. ② 작별 편지 쓰기이다. 자신이 불치의 병으로 머지않아 죽게 되는 상황 설정과 함께, 남아 있는 사람에게 이별의 편지를 쓰는 시간을 가진다. 위의 책, 177-78.

동에 기여할 수 있다.

특히 성인기에는 인지적 차원과 함께 실천적 차원의 행동이 적극적으로 이루어질 수 있으므로 죽음교육도 구체적인 경험과 활동으로 진행할 수 있다. 그래서 유언장과 사전연명의료의향서작성, 장례기획을 포함한 죽음준비, 호스피스에 대한 이해와 봉사활동, 인생회고와 관계 개선, 견학 및 체험활동 등을 교육내용으로 구성할 수 있다.

④ **노년기(65세 이상)**: 노년기는 자아통합과 새로운 역할에 대한 적응을 특징으로 하는 시기이다. 은퇴와 그에 따른 가정과 사회에서의 역할 상실로 무기력과 고립감이 커지거나 또 신체의 노화와 질병으로 인해 죽음을 실제적으로 자각하면서 죽음에 대한 불안 심리가 높아지는 때이기도 하다.

이 시기의 죽음교육은 지난 삶을 회고하며 삶을 통합하는 기회를 제공한다. 이때 자신의 지난 인생을 의미 있는 것으로 인식하고 긍정적으로 수용하면 자아통합을 이루게 되고, 반대로 자신의 삶을 후회하고 무가치하게 생각하는 사람은 죽음불안 태도가 높아지고 우울증을 겪게 된다. 그래서 죽음불안이라는 부정적 심리를 극복하는 것이 성공적인 노화를 이루고 행복한 노년을 맞이하는데 중요하다.[55] 노년기의 죽음교육은 삶의 의미의 회복과 심리적 안정감의 증진에 효과가 있다.

---

55) 김성희·송양민, "노인죽음교육의 효과 분석: 생활만족도 및 심리적 안녕감에 미치는 영향과 죽음불안의 매개역할," 2013. 윤득형은 노년기 죽음교육과 관련된 주제로 다음의 것을 제시한다. ① 죽음에 대한 진솔한 이야기를 나눈다. 죽음에 대해 직접적으로 표현하는 것을 익숙하게 할수록 죽음이 더욱 친숙해지고 자신과 타인의 죽음을 받아들이는 데에 도움이 된다. 특히 철학, 문학, 예술, 의학 등 다양한 분야에서 죽음을 어떻게 이해하는지를 배우는 것은 도움이 된다. ② 삶을 정리하는 기회를 갖는다. 죽음을 생각하는 것은 오늘 나의 삶을 돌아보는 기회가 되는데, 버킷리스트와 사전연명의료의향서 작성을 비롯하여 자서전 쓰기를 통해 삶을 돌아보고 남아있는 삶을 잘 마무리 할 수 있도록 도울 수 있다. 또 하나는 인간관계인데, 세상을 떠나며 화해와 용서를 하는 것과 받은 사랑에 대한 감사를 표현하는 것은 남겨진 가족과 지인에게 줄 수 있는 선물이 된다. 윤득형, "상실의 관점에서 보는 노년기 위기와 실천신학의 과제로서 죽음준비교육," 『신학과 실천』 제68호(2020), 517-19.

오늘날의 죽음 회피, 죽음 부정의 문화 속에서 죽음에 대해 좀 더 개방적으로 자신의 생각을 나누며 죽음에 대한 가치를 성찰하여 어떻게 자신의 죽음을 받아들이고 맞이해야 할지 준비할 기회가 주어져야 한다. 특히 노인의 경우 지식이나 정보를 일방적으로 제공하기보다, 자신이 살아온 경험을 함께 나누는 과정에서 의미를 발견하고 유의미한 학습이 일어나므로 이와 관련된 프로그램이 필요하다. 또한 사회적·법적이슈, 노화와 질병 그리고 연명의료에 대한 이해를 높이는 프로그램이 요청된다.[56]

(7) 교육과정의 자료 개발

교육과정에 있어 자료 개발은 고정적인 것이 아니라 지속적으로 변화하는 학습자의 인지적, 정서적, 행동적 특성과 새로운 학문적 연구 결과 그리고 사회문화적 상황을 고려하는 맥락에서 수정, 개선되어야 한다. 기독교 교육과정의 자료 개발도 같은 맥락에서 학습자의 요구를 실제적으로 반영하는 요구사정(needs assessment)의 방법과 여러 사람으로 구성된 위원회의 조직과 참여를 통해 개발할 필요가 있다.[57]

죽음교육을 위한 자료개발에 있어 현재 사용되고 있는 자료가 신앙성장을 위한 죽음교육의 목적에 일치하는지 또한 학습자의 연령에 적절하고 효과적인지 평가해야 한다. 성서를 기초로 하고 학습자의 요구와 능력을 반영하여 영화와 그림, 문학작품, 그림책[58] 등 다양한 매체가 활용될

---

[56] 이나영·유지영, "죽음준비교육 프로그램의 발달단계적 분석," 『교육학연구』 제58권 제1호 (2020), 198-200. 곽혜원은 요양원이나 노인대학에서 진행되는 죽음교육 프로그램이 오락성이 짙은 내용으로 구성되는 현실은 젊을 때 삶을 성찰하는 기회를 가지지 못하고 노년이 되어 너무 늦게 죽음교육이 시작되기 때문이라고 지적한다. 곽혜원, 『존엄한 삶, 존엄한 죽음』, 47-48.
[57] 강희천, 『기독교교육의 비판적 성찰』, 82-84.
[58] 모든 연령에서 죽음에 대해 자유롭게 자신의 생각과 경험을 이야기할 수 있는 그림책 자료로 다음의 것들이 있다. ①『오소리의 이별 선물』(글/그림 수잔 빌리), ②『할머니가 남긴 선물』(글 마거릿 와일드, 그림 론 브룩스), ③『수호의 하얀말』(글 오츠카 유우조, 그림 아카바 수에키치), ④『너무 울지 말아라』(글 우치다 린타로, 그림 다카스 가즈미), ⑤『내가 함께

수 있다. 학습자를 위한 자료 개발뿐만 아니라, 교수자를 위한 자료개발도 필요하다.

(8) 교육과정의 평가

교육과정의 평가는 일반적으로 초기(진단)평가, 형성평가, 총괄평가 및 장기적 평가를 통해 학습자의 학업성취도를 측정하는 것이었다. 그런데 이처럼 설정된 교육 목표가 어느 정도 실현되고 성취되었는지를 확인하는 과정뿐만 아니라, 거시적인 차원에서 교육내용과 자료개발의 개선을 위한 환류 과정이 평가에서 이루어져야 한다.[59]

죽음교육 학습자의 학습활동에 대한 관찰을 통해 죽음과 죽음 준비에 대해 어떤 이해를 형성하고 있는지 질적으로 분석하고, 교육 전과 후에 질문지법을 이용해 프로그램에 대한 학습자의 반응과 태도의 변화를 확인할 수 있다. 일회적인 강의나 체험으로 끝나는 것이 아니라, 지속적인 학습이 이루어질 수 있도록 평가에 따른 발전학습과 자료개발이 지속적으로 이루어져야 한다.

있을게』(글/그림 볼프 에를부르흐), ⑥『우리 할아버지』(글/그림 존 버닝햄), ⑦『위층 할머니, 아래층 할머니』(글/그림 토미 드 파올라), ⑧『내가 가장 슬플 때』(글 마이클 로젠, 그림 퀜틴 블레이크), ⑨『이럴 수 있는 거야??!』(글/그림 페터 쇼우), ⑩『오래 슬퍼하지 마』(글 글렌 링트베드, 그림 샬로테 파르드), ⑪『마음이 아플까봐』(글/그림 올리버 제퍼스), ⑫『어느 날』(글 이적, 그림 김승연), ⑬『죽으면 아픈 것이 나을까요?』(글 유리 브레이바르트, 그림 피트 브레이바르트), ⑭『무릎딱지』(글 샤를로트 문드리크, 그림 올리비에 탈레크), ⑮『할아버지는 바람 속에 있단다』(글 록산느 마리 갈리에즈, 그림 에릭 퓌바레), ⑯『나는 죽음이에요』(글 엘리자베스 헬란 라슨, 그림 마린 슈나이더), ⑰『세상에서 가장 멋진 장례식』(글 울프 닐손, 그림 에바 에릭손), ⑱『할아버지, 이제 눈을 감아도 볼 수 있어요』(글/그림 아네 테 블라이), ⑲『아빠, 잘 있어요?』(글/그림 하세가와 요시후미), ⑳『할머니는 어디로 갔을까』(글 아르노 알메라, 그림 로뱅), ㉑『보고 싶은 엄마』(글/그림 레베카 콥)

59) 강희천, 『기독교교육의 비판적 성찰』, 85-88.

III.
신앙교육으로서의 죽음교육

현대인의 삶에 영향을 미치는 사상 중 하나인 물리주의(physicalism)는 현대과학을 근거로 물질로 이루어진 인간에게 죽음은 모든 것의 소멸이며 삶의 종말이라고 주장한다. 그러기에 현실의 삶이 중요하고, 영혼의 존재는 부정하거나 알 수 없다는 불가지론적 입장을 취한다. 즉 인간을 전인으로 보지 않고 죽음은 오직 육체의 소멸일 뿐이라고 주장하는 것이다. 동시에 인간은 물질로 구성되어 있어 과학기술로 죽음을 극복해 다시 환원시킬 수 있다는 입장을 취한다.[60] 그런데 이러한 왜곡된 인간 이해와 잘못된 죽음에 대한 인식과 태도는 그리스도인으로서의 정체성 확립, 하나님 나라를 향한 종말론적인 삶과 그리스도의 제자로서의 삶에 심각한 왜곡을 불러일으킨다.

신앙교육으로서의 죽음교육이 신앙성장에 있어 중요한 역할을 하는 것은 성경에 근거하고 현대의 시대적 상황을 통찰하는 신학적인 조망으로 전인적 인간이해와 죽음과 죽음 이후의 삶에 대한 인식을 주기 때문이

---

60) 장신근, "통전적 기독교 노년 죽음교육의 모색-Fin-Telos 모델을 중심으로," 『장신논단』 Vol.50 No.3(2018), 330-33. '포스트휴먼'(Post human) 시대는 '생명연장술'과 같은 과학과 의료 기술로 인간을 향상시켜 질병, 노화, 죽음에서 해방되려고 한다. 또한 스스로 죽음의 결정권을 가질 뿐만 아니라, 불멸을 추구하려고까지 한다. 여기서 인간 몸의 안과 밖을 연결하는 여러 기계 장치들까지 동원하는 것을 트랜스 휴머니스트는 '인간의 사이보그화'라고 부른다. 이것은 과거에 죽음을 금기시하던 것을 넘어 죽음을 거부하고 차단하려는 경향이다. 이은경, "포스트휴먼 시대의 죽음과 포스트휴먼을 위한 죽음교육," 『신학사상』 186집(2019), 357-64.

다. 무엇보다 신앙교육으로서의 죽음교육은 죽음 이후의 삶에 대한 인식을 통해 영생의 의미를 더욱 풍성하게 한다. 육체적인 생명만이 아닌 영적인 생명과 죽음 이후의 새로운 삶에 대한 전망을 준다.

동시에 신앙교육으로서의 죽음교육은 현재적인 삶과의 단절이나 포기를 조장하는 것이 아니라, 그리스도인의 삶은 순례자의 삶[61]이라는 인식 속에 바른 삶을 살도록 자극한다. 이처럼 죽음교육은 그리스도인의 삶의 성숙을 이끌기에 신앙교육에 있어 중요한 의미와 가치를 지닌다. 그러므로 그리스도인에게 죽음교육은 단지 죽음과 죽어감의 과정에 대한 기술적인 설명이나 임종준비와 관련된 방법론을 가르치는 것 이상이어야 한다. 신앙교육이라는 더 큰 맥락에서 죽음교육은 삶의 교육으로 다루어져야 한다.

1. 신앙교육에 있어서 죽음교육의 자리

신앙교육은 하나님과 예수님과 성령, 교회와 성도의 삶에 대한 바른 앎과 삶을 통한 신앙의 성장을 목적으로 한다. 성경을 근거로 예수 그리스도 안에 있는 진리가 무엇인지 알려주고, 진리를 따라 살게 함으로 참된 자유를 경험하고 구원에 이르게 한다.[62] 그래서 신앙교육은 성경을 기초로 하여 신학적 성찰과 교회에서의 생활을 교육내용으로 해서 성경적 가치관과 세계관에 따른 삶[63]을 살게 한다. 이에 대해 마리아 해리스(Maria Harris)

---

61) 그들이 이제는 더 나은 본향을 사모하니 곧 하늘에 있는 것이라 이러므로 하나님이 그들의 하나님이라 일컬음 받으심을 부끄러워하지 아니하시고 그들을 위하여 한 성을 예비하셨느니라(히 11:16)
62) 예수께서 이르시되 내가 곧 길이요 진리요 생명이니 나로 말미암지 않고는 아버지께로 올 자가 없느니라(요 14:6)
63) 1.그러므로 형제들아 내가 하나님의 모든 자비하심으로 너희를 권하노니 너희 몸을 하나님이 기뻐하시는 거룩한 산 제물로 드리라 이는 너희가 드릴 영적 예배니라 2.너희는 이 세대를 본받지 말고 오직 마음을 새롭게 함으로 변화를 받아 하나님의 선하시고 기뻐하시고 온

는 기독교 교육과정을 객관적 자료물이나 실행으로 보기보다, 그것을 통합하는 교회생활의 과정 또는 절차로 이해했다.[64] 즉 '하나의 자료'나 '계획'으로 보지 않고 그것을 통합하는 앎과 삶의 측면에서 신앙교육을 본 것이다. 죽음교육도 신앙교육의 차원에서 앎과 삶의 측면이 함께 고려된 전체의 과정으로 이해하고 이루어져야 한다.

(1) 죽음교육은 신앙교육의 차원에서 인간이 누구이고 또 그리스도인의 정체성이 무엇인지 분명하게 밝힌다. 성경은 인간이 죄의 결과로 죽음을 품고 세상에 태어났고 그래서 죽음에 이르게 될 유한한 존재임을 분명히 밝힌다.[65] 죽음에 이르게 될 생명의 시간이 한정되어 있다는 인식 속에 인간이 스스로 죄와 죽음의 문제를 해결할 수 없다는 것,[66] 그래서 하나님의 은혜를 구하고 그 은혜 가운데 살아야 한다는 그리스도인의 정체성을 깨닫게 한다.[67] 이처럼 신앙 안에서의 죽음교육은 성경적인 인간 이해 속에 삶과 죽음에 대한 인식을 준다.

(2) 죽음교육은 생명의 주인이신 하나님의 주권과 하나님의 나라에 대한 이해를 새롭게 한다. 죽음을 상업화하고 비인간화, 비인격화하는 것

전하신 뜻이 무엇인지 분별하도록 하라(롬 12:1-2)

[64] Maria Harris, *Fashion Me a People: Curriculum in the Church*, 고용수 역, 『(회중형성과 변형을 위한)교육목회 커리큘럼』 (서울: 한국장로교출판사, 1997), 12-13. 마리아 해리스는 교회교육의 교육과정은 유동적이고, 학교교육보다 넓고, 여러 상황에서 경험하는 학습경험의 총체라고 설명한다. 특히 보다 완전하고 광범위한 교육과정이 교회를 중심으로 하는 신앙공동체 안에서 이루어진다면서, 교회에서의 교육내용으로 ① 공동체의 교육과정으로서의 코이노니아(Koinonia), ② 기도의 교육과정으로서의 레이투르기아(Leiturgia), ③ 가르침의 교육과정으로서의 디다케(Didache), ④ 말씀선포의 교육과정으로서의 케리그마(Kerygma), ⑤ 봉사의 교육과정으로서의 디아코니아(Diakonia)를 말한다. 위의 책, 73-75/89-199.

[65] 그러므로 한 사람으로 말미암아 죄가 세상에 들어오고 죄로 말미암아 사망이 들어왔나니 이와 같이 모든 사람이 죄를 지었으므로 사망이 모든 사람에게 이르렀느니라(롬 5:12)

[66] 한번 죽는 것은 사람에게 정해진 것이요 그 후에는 심판이 있으리니(히 9:27)

[67] 죄의 삯은 사망이요 하나님의 은사는 그리스도 예수 우리 주 안에 있는 영생이니라(롬 6:23)

을 극복하는 것은 신앙교육 차원에서 죽음교육이 이루어질 때이다. 인간이 하나님의 형상[68]으로 창조되었고, 하나님이 생명을 주셨을 뿐만 아니라 죽음까지도 다스리심을 인식하면서 생명의 가치를 발견한다. 신앙교육 측면에서 죽음교육이 이루어질 때 죽음에 대한 진실한 대화와 하나님 나라를 지향하는 삶의 올바른 판단과 결정이 가능해진다.[69]

(3) 죽음교육은 그리스도인의 삶의 특징을 예수 그리스도의 죽음과 부활을 통해 설명한다.[70] 예수 그리스도가 죽음을 이기고 부활했듯이 그리스도인은 죽음을 극복하고 부활에 참여하게 됨을,[71] 그래서 죽음은 더 이상 끝이 아닌 하나님 안에서의 새로운 삶의 시작임을 죽음교육을 통해 배울 수 있다. 즉 그리스도인은 그리스도를 구주로 영접해 그리스도와 함께 죽은, 이미 죽은 존재임과 동시에 이후로 날마다 죽어야 하는 존재임

---

[68] 황명환은 창세기 1장 27절의 '하나님의 형상'을 네 가지 요소로 정리한다. ① 영원 지향성으로 인간은 죽음과 함께 영원히 사라지는 것을 원하지 않고, 죽고 난 뒤에 자기 존재가 이어지길 원한다. ② 신성지향성으로 인간은 신과의 관계를 끊임없이 갈망한다. ③ 아가페 사랑을 추구한다. 상호 간에 인격적인 교제를 원한다. ④ 다스림의 성격이다. 하나님 앞에서 청지기로 이 땅에서 필요한 존재가 되어 자기 사명을 감당하려고 한다. 황명환, 『죽음 인문학』 (서울: 두란노, 2019), 386-87.

[69] 손원영은 지금까지 죽음을 이해하는데 중요한 역할을 해온 영혼불멸사상, 죽은 자의 부활사상, 그리고 현대의 자연적 죽음사상을 하나님의 나라 사상과 연결시켜 비판적으로 종합한다. 그러면서 하나님 나라를 지향하는 기독교적 죽음교육의 교육목적으로 ① 죽음에 대한 다양한 해석의 가능성 앞에 서서 죽음을 깊이 이해하도록 돕는 '해석학적 프락시스', ② 인간의 삶과 연관되어 사회에 만연한 죽음 문화로부터 해방되도록 교육하는 '해방적 프락시스', ③ 자신이 죽음을 두려워하지 않고 거룩하게 맞이할 수 있게 하는 '죽음맞이 교육'과 타인이 죽음을 잘 맞이하도록 돕는 '죽음도우미 교육'을 통해 삶 속에서 영적 성숙을 지향하는 '영성적 프락시스'를 제시한다. 손원영, "기독교적 죽음 교육의 연구 유형과 새 방향," 『한국문화신학회』 Vol.7(2004), 243-60.

[70] 황명환, 『죽음 인문학』, 370-372. 황명환은 다양한 죽음이해를 예수 그리스도의 죽음과 부활사건을 통해 바라보아야 하는데, 오늘날 기독교 죽음이해는 이것을 잃어버렸다고 지적한다. 예수님의 십자가와 부활의 빛 속으로 들어가 거기서 죽음과 죽음 이후를 바라볼 때 가장 정확하게 죽음이 무엇이고 또 미래가 어떤 것인지를 알 수 있다고 강조한다. 위의 책, 46-47.

[71] 20.그러나 이제 그리스도께서 죽은 자 가운데서 다시 살아나사 잠자는 자들의 첫 열매가 되셨도다 21.사망이 한 사람으로 말미암았으니 죽은 자의 부활도 한 사람으로 말미암는도다 22.아담 안에서 모든 사람이 죽은 것 같이 그리스도 안에서 모든 사람이 삶을 얻으리라(고전 15:20-22)

을 보여준다. 또한 그리스도인의 삶은 죽음에 머무르지 않고 부활로 나간 다는 것도 함께 인식시킨다. 이처럼 날마다 죽는 실존적 경험이야말로 신앙교육에 있어서 죽음교육이 차지하는 자리이다.[72] 즉 기독교적 죽음이해가 바로 설 때 그리스도인의 삶이 온전히 열매 맺을 수 있다.

(4) 죽음교육은 죽음 이후의 삶에 대한 전망과 영생에 대한 소망을 구체화할 수 있도록 돕는다. 죽음 이후의 상태와 세상의 종말에 대한 이해는 신앙적인 차원에서만 가능하므로 신앙교육을 위한 죽음교육에 있어 중요한 부분이다. 성경은 모든 그리스도인이 육체적 죽음 이후 잠들어 그리스도와 영원히 함께 있음을 그리고 깨어나 부활에 이르게 됨을 설명한다.[73] 이러한 죽음 이후의 상태와 마지막 날에 대한 대답은 죽음에 대한 불안을 극복하고 일상의 삶을 적극적으로 신앙 안에서 살도록 이끈다.

(5) 죽음교육은 나에 대한 바른 인식을 넘어 교회 공동체의 가치를 깨닫고 이웃에 대한 관심과 사랑을 실천하는 삶을 살도록 격려한다. 죽음교육은 신앙공동체를 눈에 보이는 교회로만 아니라, 눈에 보이지 않는 우주적인 교회로 확장시켜 이해시킨다. 살아 있는 성도와 이미 하나님의 품에 안긴 성도가 함께 하나님을 예배하는 온전한 교회 공동체를 전망하게 한다. 그리고 하나님이 주신 십계명과 예수님이 말씀하신 새 계명을 따라 이웃, 특히 죽음을 앞둔 이를 위한 사랑의 돌봄의 가치를 깨닫게 한다. 또한 생명을 경시하고 물화하는 세상에 경종을 울리는 역할도 한다.[74] 그래

---

72) 내가 그리스도와 함께 십자가에 못 박혔나니 그런즉 이제는 내가 사는 것이 아니요 오직 내 안에 그리스도께서 사시는 것이라 이제 내가 육체 가운데 사는 것은 나를 사랑하사 나를 위하여 자기 자신을 버리신 하나님의 아들을 믿는 믿음 안에서 사는 것이라(갈 2:20)
73) 13.형제들아 자는 자들에 관하여는 너희가 알지 못함을 우리가 원하지 아니하노니 이는 소망 없는 다른 이와 같이 슬퍼하지 않게 하려 함이라 14.우리가 예수께서 죽으셨다가 다시 살아나심을 믿을진대 이와 같이 예수 안에서 자는 자들도 하나님이 그와 함께 데리고 오시리라(살전 4:13-14)
74) 현대 인공지능 시대에 죽음과 죽어감에 대한 교회의 역할은 '공동체적 돌봄과지지'(community care and support), '죽음의 의료화로부터의 탈출', '영혼의 순례길 안내자',

서 죽음교육은 곧 신앙교육이다.

2. 신앙교육으로서의 죽음교육 방법론

신앙교육은 신앙의 여러 측면을 다루는데, 리처드 아스머(Richard Osmer)는 신앙을 ① 신념(Belief), ② 관계(Relationship), ③ 헌신(Commitment), ④ 신비(Mystery)의 네 가지 면을 가진 입방체로 설명한다.[75] 그리스도인의 믿음에 기초가 되는 하나님에 대한 신념, 신앙 안에서 타인과의 관계로 인도해 주는 하나님과의 지속적인 관계, 그리스도인의 삶의 우선순위를 결정하게 하는 하나님을 향한 헌신, 그리스도인의 이성적 판단으로 다 알지 못하는 하나님을 둘러싸고 있는 신비이다.

죽음교육이 신앙교육으로 자리매김하려면 이러한 다면적인 측면이 고려되어야 한다. 죽음교육이 하나님에 대한 앎과 무관한 것이 아니라, 하나님이 어떤 분인지 또 하나님의 주권이 무엇인지 깨닫게 하는 교육이 되어 신념의 측면에서 하나님에 대한 지식과 이해의 폭이 넓어지는 기회가 되어야 한다. 동시에 죽음이 하나님과 사람 사이의 관계 단절이 아니라, 새로운 관계와 더 깊은 신뢰의 관계로 나가게 하는 것임을 알게 하는 죽음교육이 요청된다.

또한 죽음교육이 주어진 삶의 시간의 가치를 새롭게 깨달아 하나님의 나라를 위한 새로운 헌신의 삶을 살게 하는 교육이 될 때 신앙교육으로서의 역할을 하게 된다. 그래서 우리를 위해 십자가에 죽으심으로 새로운

'희망의 문으로 초대하는 일'로 설명할 수 있다. 김난예, "인공지능 시대, 죽음과 죽어감에 대한 교회의 역할," 『기독교교육논총』 제59집(2019), 259-67.

75) Richard Osmer, *Teaching for faith: a guide for teachers of adult classes*, 사미자 역, 『신앙교육을 위한 교수방법: 성인교육 교사를 위한 안내서』 (서울: 한국장로교출판사, 1995), 24-28.

생명을 허락하신 하나님의 역사에 대한 우리의 응답이 어떠해야 하는지 죽음교육은 질문하게 한다. 이를 위해서는 배우려는 의지, 오랫동안 갖고 있던 관념들에 대한 재고, 다른 사람들의 말의 경청, 그리고 새로운 신념들에 입각하여 행동하는 일 등이 포함되어야 하는데 여기에서 헌신이 요구된다.[76] 동시에 나의 죽음을 통해 누군가를 살리는 죽음이 되어야 한다는 새로운 차원의 헌신으로 이끈다.[77]

무엇보다 죽음교육은 신앙교육으로서 신비임을 인식해야 한다. 사랑하는 사람의 죽음, 재난과 재해와 같은 예기치 못한 죽음의 사건은 인간의 이성으로 이해하기 어려운 위협적이고 폭력적인 사건이다. 동시에 하나님의 존재와 역사성에 대한 믿음이 흔들리는 혼란의 순간이기도 하다. 이 때 그럼에도 불구하고 하나님의 뜻이 있음을 인정하는 것, 죽음이나 고통으로 끝이 아니라 인간을 둘러싼 하나님의 돌보심이 있음을 믿음으로 고백하는 것은 신비의 영역에 해당하는 일이다. 이것이야말로 죽음교육이 전할 수 있는 신앙교육의 특별한 차원이다. 이러한 신앙의 다면적 측면을 고려한 죽음교육이 되기 위한 방법론으로 다음의 교육과정을 제안한다.

(1) 예배와 예전을 통한 신앙공동체적 죽음교육

기독교의 대표적인 예전인 세례와 성만찬은 그리스도의 죽음과 부활을 그 내용으로 한다. 세례는 예수 그리스도를 영접함으로 그와 함께 죽고

---

76) 위의 책, 38.
77) 헨리 나우웬은 이 부분에서 죽음이 다 같은 죽음이 아니라 '생명을 주는 죽음'과 '그저 죽음으로 끝나는 죽음'이 있다고 설명한다. "나는 깨달았다. 가장 깊은 차원에서, 죽음이야말로 가장 중요한 삶의 행위이다. 우리는 죽음을 통하여 다른 사람들을 죄책감으로 묶어놓을 수도 있고, 자유로이 감사할 수 있는 상태에 놓아둘 수도 있다. 이 차이는 두 가지 죽음 사이의 선택에서 오는 것이라 할 수 있다. 하나는 '생명을 주는 죽음'이고, 또 하나는 '그저 죽음으로 끝나는 죽음'이다." Henri Nouwen, *Beyond the Mirror*, 윤종석 역, 『거울 너머의 세계』 (서울: 두란노, 1991), 43-44.

그리고 다시 새로운 생명을 얻는 거듭남을 의미한다. 성만찬은 예수 그리스도의 몸과 피를 받아먹음으로 예수 그리스도의 죽음과 부활에 동참하는 것과 동시에 하나님의 나라에서 누릴 잔치를 미리 경험하는 사건이다. 이러한 예전은 하나님의 자녀로서의 정체성과 함께 그리스도인 공동체의 하나 됨을 가시적으로 경험하게 한다.

죽음교육에서 세례와 성만찬은 예수 그리스도의 죽음과 부활 사건에 동참하는 경험을 통해 자신의 죽음과 부활의 의미를 구체적으로 생각하게 하는 중요한 교육내용이다. 알렉산더 슈메만(Alexander Schmemann)은 죽음의 문제가 기독교 메시지의 중심적이고 핵심적인 위치를 차지하는 것은 죽음에 대한 그리스도의 승리를 선포하기 때문이라고 한다. 그는 기독교는 그리스도인에게 단지 죽음과의 화해만이 아닌, 생명이신 예수 그리스도를 계시한다고 설명한다. 여러 종교가 사람을 죽음과 화해시키고 위로하는데 도움을 주거나 또는 세속주의가 삶의 절대적 긍정과 죽음을 자연스러운 일로 받아들이도록 해 결국 죽음의 현존을 부인하게 하는 것과는 다르다고 강조한다. 예수 그리스도가 생명이기에 죽음에 대한 승리가 계시되는데, 세례와 성만찬 사건이 바로 이것을 보여준다. 그리스도를 참 생명으로 소유하는 것, 즉 예수 그리스도와 교통하는 임재의 확신 속에 그리스도의 죽음에 대한 선포와 부활에 대한 고백은 죽음교육의 중요한 주제가 된다.[78]

동일하게 예배, 특히 장례예배는 성도와 유가족에게 죽음의 현재성과 원수됨,[79] 그리고 하나님의 위로를 전하는 순간이다. 동시에 예수 그리스도의 부활과 그 안의 생명이 이제 내 안에서 왕 노릇함을 선포함으로 신

---

78) Alexander Schmemann, *For the Life of the World*, 이종태 역, 『세상에 생명을 주는 예배』 (복있는 사람, 2008), 139-56.
79) 맨 나중에 멸망 받을 원수는 사망이니라(고전 15:26)

앙교육으로서의 죽음교육이 이루어지게 된다. 성경말씀과 설교 그리고 성도의 교제 속에서 예수 그리스도안의 생명과 성도와 유가족을 향한 소망을 만날 수 있다. 세례와 성만찬, 그리스도인의 예배는 죽음교육이 이루어지는 가장 핵심적인 교육현장이다.

(2) 임종을 앞둔 이들과의 관계를 통한 실천적 죽음교육

신앙교육은 이론적인 탐구만 아니라, 삶의 경험으로 이루어져야 한다. 교회 공동체는 임종을 앞둔 사람들과의 교제를 통해 일상과는 다른 차원의 삶을 경험하게 된다.[80] 이들의 이야기를 듣고 그들의 고통에 공감하며 그리고 그들의 남은 삶의 시간을 돕는 구체적인 경험은 죽음에 대한 이해가 실천을 통해 또 다시 새로운 앎으로 나아가는 기회를 만든다.

엘리자베스 퀴블러-로스는 『죽음과 죽어감』(On Death and Dying)을 쓰면서 부제를 "죽어가는 사람이 의사, 간호사, 성직자 그리고 가족에게 가르쳐주는 것들"이라고 했다. 그녀는 이 책에서 죽음에 대응하는 기제를 "우리가 죽어가는 환자들로부터 배운 것들"[81]이라고 하면서 임종을 앞둔 이들은 죽음의 실재성과 새로운 소망에 대해 알려준다고 설명한다. 헨리 나

---

[80] 교회 역사에는 '좋은 죽음' 전통이 있어 죽음을 앞둔 성도가 있으면 그 자리에 가족과 친구들이 모여 사랑하는 사람의 죽음을 기록으로 남기고, 그 자리에 함께 하지 못한 공동체 일원에게 그가 한 이야기를 들려줬다. 설교자는 임종을 기회로 회중에게 죽음의 근원이 죄이며 예수 그리스도 안에서 영생을 얻어 죽음의 문제를 해결할 것을 상기시켰다. 이러한 교회의 전통은 죽은 사람도 교회의 구성원으로 여겼고, '성도의 교제'가 식탁 교제나 소그룹 모임 이상을 의미함을 보여주었다. Rob Moll, *The art of dying*, 이지혜 역, 『죽음을 배우다』(서울: IVP, 2014), 59-60.
[81] Elisabeth Kübler-Ross, *On Death and Dying: What the Dying have to Teach Doctors, Nurses, Clergy and Their Own Families*, 이진 역, 『죽음과 죽어감』(파주: 청미, 2018), 84. 1965년 가을, 시카고 신학대학원생 네 명이 '인간 삶의 위기'라는 논문 쓰는 것을 도우면서 임종을 앞둔 이들의 인터뷰를 시작해 이후 2년여에 걸쳐 만난 200여명을 통해 『죽음과 죽어감』을 썼다. 이러한 인터뷰를 포함한 세미나에 참여한 사람들은 죽음이 다른 사람이 아닌 바로 자기 자신에게 일어날 수 있는 현실로 받아들여야 함을 절감했다고 평가했다. 위의 책, 69.

우웬(Henri Nouwen)은 죽어가는 사람을 돌보는 일, 즉 다른 사람이 죽음과 친해지도록 돕는 일의 중요성을 설명한다. 이것을 통해 죽음과 친해지고, 우리가 하나님의 자녀이며 또 앞으로 올 세대의 부모라는 영적 진리를 깨닫게 된다고 강조한다.[82]

앎을 구체화하기 위해서는 실천이 필요하며, 그 실천은 이후 또 다시 보다 구체적인 앎과 헌신이 동반된 실천으로 이어진다. 죽음을 앞둔 이들과의 돌봄과 배려의 관계를 생각하고 그들을 돕는 실천적인 교육으로 죽음교육이 이루어질 때, 이론교육으로 다 설명할 수 없는 죽음의 신비적인 차원을 경험하게 된다.

(3) 삶과 죽음의 이야기를 나누는 성찰적 죽음교육

삶의 의미를 찾는 과정은 삶의 체계를 세우고 과거에 겪었던 불편한 사건을 새로운 눈으로 바라보게 하는 계기가 된다. 삶만 아니라 죽음의 의미를 찾는 과정에서 죽음을 두려운 것으로만 생각하지 않고 죽음이 가진 긍정적인 의미를 탐색하고 과거의 경험을 재정립하며 죽음에 효과적으로 대처하는 능력을 배울 수 있다. 특히 지난 삶에서 겪었던 상실의 고통이나 질병으로 인해 신체적으로나 심리적으로 제한된 삶을 살았던 이야기는 죽음교육에 있어 삶과 죽음의 의미를 새롭게 조망하는 기회를 준다.[83] 그

---

[82] Henri Nouwen, *Our Greatest Gift: A Meditation on Dying and Caring*, 『죽음, 가장 큰 선물』 (서울: 두란노, 1998), 24. 죽어가는 이를 돌보는 것의 핵심은 사랑의 관심으로 죽음에 다가가는 이들이 여전히 하나님이 주신 소명가운데 있음을 깨닫게 하고, 더욱더 온전히 하나님의 아들과 딸이 되어야 한다는 것을 일깨워주는 것이라고 설명한다. 위의 책, 90-94.

[83] 아스머는 삶의 이야기의 재해석으로 ① 기억하기(교수에 초점을 맞추어서 학생들이 자신의 삶의 이야기의 중요한 부분을 회상해 보도록 요청), ② 성찰하기(학생들이 중요한 양식이나 주제를 식별할 수 있도록 그들의 삶으로부터 물러서 있도록 요청), ③ 대면하기(학생들이 기독교의 이야기, 특히 예수 그리스도에 의하여 초점이 맞추어진 이야기의 몇 측면에 관여하도록 요청), ④ 나누기(학생들로 하여금 다른 사람들에게 비밀로 했던 자신의 이야기의 부분들을 공개하도록 초청), ⑤ 결정하기(자신에 대한 새로운 이해에 기초하여 학생들이 지금까지와는 다른 삶을 살도록 요청)의 모형을 제시한다. Richard Osmer, 『신앙교육을 위한 교

리고 신앙 안에서 지난 삶의 의미를 재해석할 수 있는 죽음교육은 앞으로의 삶에 있어 새로운 용기를 선물한다.

그런 의미에서 죽음교육은 이론 강의만이 아닌, 자신의 삶의 이야기를 나눔으로 새로운 관계를 만들고 삶을 재구성하는 과정이 되어야 한다. 일상적인 식탁[84]을 비롯하여 다양한 삶의 현장에서 자신이 경험했던 죽음과 관련된 경험이나 이야기를 나눔으로 다양한 죽음교육의 장(場)이 펼쳐질 수 있다. 이러한 죽음교육은 단선적인 차원의 논리가 아닌 다양한 차원의 삶과의 연결 속에서 삶과 죽음의 의미를 성찰하는 기회를 준다. 동시에 다른 사람의 죽음을 이해하고 공감하는데 긍정적인 영향을 끼친다.

(4) 학습자와 교육의 현장이 반영된 소통적 죽음교육

교육과정은 학습자의 참여와 학습자의 삶 속에서 이루어지는 과정이므로 학습자의 능력과 환경에 깊이 연계된다. 그래서 죽음교육이 학습자의 연령과 학습능력을 고려해서 진행되어야 효과적인 교육이 이루어질 수 있다. 그만큼 교육과정에 있어 일률적이고 반복적인 형태보다 학습자의 상황을 반영한 개방적인 교육과정이 고려되어야 한다.

수방법』, 126-28.
84) 미국의 요리사 겸 자유 기고가인 마이클 헵(Michael Hebb)은 2013년부터 저녁식사를 하며 죽음을 이야기하는 데스오버디너(DeathOverDinner)라는 단체를 이끌고 있다. 그는 수천 번 만찬을 열어 낯선 사람, 친구, 동료들과 죽음이라는 불편해 보이는 주제에 관해 대화를 나누었다. 그는 대화의 물고를 트는 22가지 질문과 함께 실제 그 질문을 가지고 나누었던 이야기를 소개한다. 질문 중에는 '살날이 한 달밖에 남지 않았다면 남은 시간을 어떻게 보내고 싶은가요?', '사랑하는 고인이 해 준 요리 중 기억나는 음식은 무엇인가요?', '좋은 죽음은 어떤 모습일까요?' 등이 있다. 그리고 진행에 있어서의 몇 가지 조언을 제시한다. ① 음식은 단순하게 준비하라. ② 도움을 받으라. 작은 부분도 같이 준비하면 서먹서먹한 분위기를 없애는데 도움이 된다. ③ 사랑하는 고인을 환대하며 만찬을 시작하고 처음 떠오르는 사람에 대해 각자 1분 정도 이야기하도록 격려하라. ④ 저녁 식사를 마치기 전에 차례대로 돌아가며 자신의 왼편에 앉은 사람을 칭찬하는 시간을 가져라. Michael Hebb, *Let's Talk about Death(over Dinner)*, 박정은 역, 『사랑하는 사람과 저녁 식탁에서 죽음을 이야기합시다』 (서울: 을유문화사, 2019), 52-53/61-87/213-23.

또한 교육이 이루어지는 장소를 소통적인 의사소통이 가능한 구조로 만드는 것이 필요하다. 죽음에 대한 거부감을 해소하고 정보전달 차원을 넘어 삶을 재구성하고 신앙성장을 이루는 데는 자유로운 의소소통 환경이 요청된다. 또한 가정, 교회, 학교, 직장과 같은 일상의 공간만 아니라, 죽음에 대한 새로운 인상을 줄 수 있는 공간과 그러한 공간에서의 죽음교육은 교육적 효과를 높이는데 도움이 된다.

그리고 학습자와 교육현장을 반영하여 교수-학습과정에서 강의와 함께 토론, 체험활동 등이 복합적으로 구성되어야 한다. 특히 자신의 경험을 나누는 과정에서 서로의 관계의 정도에 따라 나눔의 수준과 진행방식이 결정되어야 효과적인 교육이 이루어질 수 있다.[85]

(5) 다양한 학문과의 교류를 통한 통합적 죽음교육

죽음교육은 다양한 학문과의 교류를 통해 체계성[86]과 효과성을 극대화할 수 있다. 죽음교육은 성서학, 역사신학, 조직신학, 실천신학 등 다양한 신학적인 접근을 통한 다면적 이해를 통해 도움을 받을 수 있다. 동시에 의학, 심리학, 사회학, 교육학, 사회복지학 등의 일반학문과의 협업을 통

---

85) 아스머는 관계를 위한 교육에 도움이 되는 토의법을 제시하면서 나눔의 네 가지 수준을 제시한다. ① 비공식적인 잡담, ② 정보와 아이디어를 나눔, ③ 개인적인 통찰과 나눔, ④ 사람을 취약하게 해주는 자기 노출. Richard Osmer, 『신앙교육을 위한 교수방법』, 101-2.
86) 신앙교육의 체계성에 있어 손원영은 그리스적인 프락시스(praxis)의 개념을 기독교적 의미로 해석한 개념인 테오프락시스(theopraxis) 숙고 모형으로 다음의 네 가지 과정(4 movements)을 제안한다. ① 교육과정의 계획(curriculum planning)으로 교육과정위원회 조직 후 선호되는 지식의 선정, 조직, 작성 작업, 바람직한 교육과정 실천을 토의하고 기도하는 과정을 통한 설계, ② 자료 산출(data production)로 참여자의 토론과 녹음, 비디오 촬영, 인터뷰, 자서전 쓰기 등의 경험적 자료와 학문적인 비평적 연구 성과들과 역사 기행, 사료와 같은 전통적 자료, ③ 성찰적 숙고(reflective deliberation)는 이성적 추론능력과 합리적 사고에 따른 자료의 회의-질문-비교-대조-판단하기, 협상과 합의, 수업계획으로서의 문서화와 교재로서의 문서화 같은 문서화, ④ 교육과정 실천(curriculum praxis)이다. 이것은 정형화나 단절된 형태가 아닌 계획, 행동, 관찰, 성찰로 이어지는 과정의 개념으로 변화와 개방성을 가진다. 손원영, 『프락시스와 기독교 교육과정』, 201-5.

해 보다 폭 넓은 교육을 진행할 수 있다. 죽음에 대한 의학적 이해와 윤리적 차원에서의 생명연장과 안락사, 심리학과 상담학과의 연계에서 불안의 조절과 애도과정의 이해와 지지, 그리고 사회학적인 접근으로 죽음에 대한 사회현상을 다루는 것 등과 같이 죽음교육은 통합적으로 다루어져야 한다.

나가는 글

"시내에서 올라오는 환희의 외침 소리에 귀를 기울이면서, 리유는 그러한 환희가 항상 위협을 받고 있다는 사실을 상기하고 있었다. 왜냐하면 그는 그 기쁨에 들떠 있는 군중이 모르는 사실, 즉 페스트균은 결코 죽거나 소멸하지 않으며, 그 균은 수십 년간 가구나 옷가지들 속에서 잠자고 있을 수 있고, 방이나 지하실이나 트렁크나 손수건이나 낡은 서류 같은 것들 속에서 꾸준히 살아남아 있다가 아마 언젠가는 인간들에게 불행과 교훈을 가져다주기 위해서 또다시 저 쥐들을 흔들어 깨워서 어느 행복한 도시로 그것들을 몰아넣어 거기서 죽게 할 날이 온다는 것을 알고 있었기 때문이다."[87]

코로나19의 확산이 진정되는 것 같아 사람들 사이의 거리두기가 완화되고 일상이 회복되는 듯 했다. 하지만 다시 확진자가 늘어나면서 긴장감이 높아지고 언제라도 대유행이 올 수 있다는 안타까운 전망들이 나오고 있다. 알베르 카뮈(Albert Camus)의 소설 『페스트』(La Peste)의 마지막 부분에서처럼 사람들은 죽음이란 존재가 없는 것처럼 여기고 가능한 한 생각하지 않고 또 자신과 무관한 것이라는 태도를 보이며 살아간다. 하지만 죽

---

87) Albert Camus, *La Peste*, 김화영 역, 『페스트』 (서울: ㈜민음사, 2011), 401-2.

음은 예측할 수 없는 것이라고 가볍게 여기거나 무시할 수 없다. 과거로부터 현재까지 죽은 사람은 모두 죽음을 이해하고 대하는 태도에 따라 죽음 앞에서 불안해하거나 평안한 모습을 또는 당황하거나 준비된 모습을 보였기 때문이다. 그래서 가장 확실한 지식인 누구나 언젠가 죽는다는 사실을 인지하고, 그로 인해 생기는 정서를 관리하며, 삶의 의미와 가치를 깨닫고 의지적으로나 행동적으로 건강한 삶을 살도록 돕는 죽음교육은 인생에서 경험해야 할 필수 교육과정이다.

지금까지 죽음교육은 죽음에 대해 터부시 여기는 부정적인 인식의 개선에서부터 시작해, 사람마다 다양한 생애사적인 죽음이해의 특성을 반영해서 이론적인 부분과 실천적인 부분이 함께 이루어져야 함을 살펴보았다. 그리고 죽음이라는 교육내용의 특성인 경험적 학습의 한계를 고려하면서도 체계적이고 효과적인 교육과정을 구성하는 것이 중요함을 지적했다. 또한 개인적 차원만 아니라, 사회적 차원으로 이해의 폭을 넓히면서 죽음으로 인한 문제를 진단하고 공동의 해결책을 모색하는 성찰적인 교육이 이루어져야 한다고 제안했다.

신앙교육으로서의 죽음교육은 전인적 인간이해, 하나님의 주권과 하나님 나라에 대한 앎과 종말론적인 그리스도의 제자로서의 삶에 중요한 방향성을 제시한다. 특히 죽음교육은 신앙교육의 차원에서 다루어질 때 죽음으로 인한 불안의 극복과 죽음 이후의 삶에 대한 인식을 제시해 줄 수 있다. 이러한 교육과정을 통해 죽음교육은 영생에 대한 소망뿐만 아니라, 현재적 삶의 의미와 가치를 깨닫게 해준다. 그래서 죽음교육은 신앙교육의 차원에서 삶의 교육이기도 하다.

죽음교육은 일상의 삶의 경험과 맥을 같이 할 때 보다 구체적이고 실제적인 교육이 이루어질 수 있다. 즉 죽음교육은 지난 삶의 경험을 신앙의 차원에서 재구성하고, 현재의 삶을 인간의 유한성의 관점에서 성찰하며,

생명과 영생의 가치를 발견하는 종말론적 삶에 대한 전망 속에서 구성되어야 한다. 이를 위한 방법론으로 신앙교육으로서의 죽음교육은 신앙공동체 안에서의 예배와 예전의 경험, 임종을 앞둔 이들과 함께하는 돌봄과 배움의 경험, 삶과 죽음에 대한 나눔을 통한 성찰적 경험, 학습자와 교육현장을 반영하는 소통적 경험, 그리고 다양한 학문과의 통합학문적인 경험을 반영한 프로그램으로 구성할 것을 제안한다.

참고문헌

곽혜원. 『존엄한 삶, 존엄한 죽음』. 서울: 새물결플러스, 2014.
권석만. 『죽음의 심리학: 죽음을 바라보는 인간의 마음』. 서울: 학지사, 2019.
강희천. 『기독교 교육사상』. 서울: 연세대학교 출판부, 1991.
_____. 『기독교교육의 비판적 성찰』. 서울: 대한기독교서회, 1999.
김난예. "인공지능 시대, 죽음과 죽어감에 대한 교회의 역할". 『기독교교육논총』 제59집(2019), 239-273.
김성희·송양민. "노인죽음교육의 효과 분석: 생활만족도 및 심리적 안녕감에 미치는 영향과 죽음불안의 매개역할". 『보건사회연구』 Vol.33(2013), 190-219.
김신향·변성원. "죽음준비교육의 연구동향 분석". 『디지털융복합연구』 제12권 제12호(2014), 469-475.
박인조. 『성경에서 찾은 아름다운 마무리』. 파주: 지혜의샘, 2019.
_____. "디지털 환경과 기독교 교육과정 연구: 대한예수교장로회(통합) 고등부 공과분석을 중심으로". 연세대학교 연합신학대학원 기독교교육학과 석사학위논문, 2005.
변상해·이판근. "아동의 죽음에 대한 개념형성의 발달에 관한 연구". 『아동교육』 18권 1호(2009), 211-223.
서이종. "고령사회와 죽음교육의 사회학-한국 죽음교육의 비판적 고찰". 『사회와이론』 통권제28집(2016), 69-103.
손원영. 『프락시스와 기독교 교육과정』. 서울: 대한기독교서회, 2001.
_____. "기독교적 죽음 교육의 연구 유형과 새 방향". 『한국문화신학회』 Vol.7(2004), 233-274.

송양민·유경. "죽음준비교육이 노인의 죽음불안과 생활만족도, 심리적 안녕감에 미치는 효과연구". 『노인복지연구』 통권54호(2011), 111-134.

윤득형. "상실의 관점에서 보는 노년기 위기와 실천신학의 과제로서 죽음준비교육". 『신학과 실천』 제68호(2020), 501-526.

은준관. 『기독교교육 현장론』. 서울: 대한기독교출판사, 1995.

이나영·유지영. "죽음준비교육 프로그램의 발달단계적 분석". 『교육학연구』 제58권 제1호(2020), 187-219.

이동윤·강선보. "죽음교육의 필요성에 관한 연구". 『교육문제연구』 통권제58집(2016), 113-137.

이영선·장환영. "죽음교육 연구동향 분석: 평생교육의 관점에서". 『교육문화연구』 제26권 제2호(2020), 435-455.

이윤주·조계화·이현지. "죽음 교육 모형 탐색". 『아시아교육연구』 7권 3호(2006), 121-140.

이은경. "포스트휴먼 시대의 죽음과 포스트휴먼을 위한 죽음교육". 『신학사상』 186집(2019), 355-387.

이이정. "죽음준비교육의 현황과 과제". 『노년교육연구』 Vol.2(2016), 69-88.

_____. "노인 학습자를 위한 죽음준비교육 프로그램 개발 연구". 『한국성인교육학회』 Vol.9(2006), 33-65.

이진호. "기독교 죽음준비 교육프로그램의 효과성에 관한 연구". 목원대학교 산업정보대학원 사회복지학과 석사학위논문, 2010.

임송자·송선희. "죽음에 대한 태도가 죽음불안에 미치는 영향". 『한국콘텐츠학회』 Vol.12 No.5(2012), 243-255.

임창복. 『성경과 기독교 교육』. 서울: 장로회신학대학교, 2008.

장경희. "기독교 죽음준비교육이 죽음 인식에 미치는 영향-익산 삼일교회 죽음준비교육을 중심으로". 한림대학교 대학원 생명교육융합학과 생사학전공 석사학위논문, 2016.

정경희. 『웰다잉을 위한 제도적 기반 마련 방안』. 세종: 한국보건사회연구원, 2019.

장신근. "통전적 기독교 노년 죽음교육의 모색- Fin-Telos 모델을 중심으로". 『장신논단』 Vol.50 No.3(2018), 327-355.

총회한국교회연구원. 『목회매뉴얼-죽음교육』. 서울: 한국장로교출판사, 2018.

황명환. 『죽음 인문학』. 서울: 두란노, 2019.

Camus, Albert. *La Peste*. 김화영 역. 『페스트』. 서울: ㈜민음사, 2011.

Corr, Charles & Corr, Donna. *Death & Dying, Life & Living*. 한림대학교 생사학연구소 역. 『현대 생사학 개론』. 서울: 박문사, 2018.

Cully, Iris. *Planning and Selecting Curriculum for Christian Education*. 고용수 역. 『커리큘럼의 계획과 선택』. 서울: 한국장로교출판사, 1993.

Becker, Ernest. *The Denial of Death*. 노승영 역. 『죽음의 부정』. 서울: 한빛비즈, 2019.

Deeken, Alfons. *死とどう向き合うか*: 오진탁 역. 『죽음을 어떻게 맞이할 것인가』. 서울: 궁리, 2002.

_____. *生と死の教育*. 전성곤 역. 『인문학으로서의 죽음교육』. 고양: 인간사랑, 2008.

Doll, William. *A Post-modern Perspective on Curriculum*. 김복영 역. 『교육과정과 포스트모더니즘의 시각』. 서울: 교육과학사, 1997.

Fowler, James. *Weaving the New Creation: Stages of Faith and the Public Church*. 박봉수 역. 『변화하는 시대를 위한 기독교교육』. 서울: 한국장로교출판사, 1996.

Gawaande, Atul. *Being Mortal*. 김희정 역. 『어떻게 죽을 것인가』. 서울: 부키, 2015.

Giroux, Henry et al. *Curriculum & Instruction: Alternatives in Education.* 한중상 외 공역. 『교육과정 논쟁: 교육과정의 사회학』. 서울: 집문당, 1988.

Groome, Thomas. *Christian religious education: sharing our story and vision.* 이기문 역. 『기독교적 종교교육』. 서울: 대한예수교장로회 총회 교육부, 1983.

Harris, Maria. *Fashion Me a People: Curriculum in the Church.* 고용수 역. 『(회중 형성과 변형을 위한)교육목회 커리큘럼』. 서울: 한국장로교 출판사, 1997.

Hebb, Michael. *Let's Talk about Death(over Dinner).* 박정은 역. 『사랑하는 사람과 저녁 식탁에서 죽음을 이야기합시다』. 서울: 을유문화사, 2019.

Kübler-Ross, Elisabeth. *On Death and Dying.* 이진 역. 『죽음과 죽어감』. 파주: 청미, 2018.

_____. *On Life after Death.* 최준식 역. 『사후생: 죽음 이후의 삶의 이야기』. 서울: 대화문화아카데미, 2009.

Moll, Rob. *The art of dying: living fully into the life to come,* 이지혜 역, 『죽음을 배우다』. 서울: IVP, 2014.

Moore, Mary. *Teaching from Heart.* 장대연 역. 『심장으로 하는 신학과 교육』. 충남: 한국신학연구소, 1998.

Nouwen, Henri. *Beyond the Mirror.* 윤종석 역. 『거울 너머의 세계』. 서울: 두란노, 1991.

_____. *Our Greatest Gift: A Meditation on Dying and Caring.* 『죽음, 가장 큰 선물』. 서울: 두란노, 1998.

Osmer, Richard. *Teaching for faith: a guide for teachers of adult classes*. 사미자 역. 『신앙교육을 위한 교수방법: 성인교육 교사를 위한 안내서』. 서울: 한국장로교출판사, 1995.

Palmer, Parker. *To Know As We Are Known*. 이종태 역. 『가르침과 배움의 영성』. 서울: IVP, 2006.

Schmemann, Alexander. *For the Life of the World*. 이종태 역. 『세상에 생명을 주는 예배』. 복있는 사람, 2008.

Tyler, Ralph. *Basic Principle of Curriculum and Instruction*. 진은영 역. 『교육과정과 수업지도의 기본원리』. 서울: 양서원, 1996.

Wyckoff, D. Campbell. *Theory and Design of Christian Education Curriculum*. 김국환 역. 『기독교 교육과정의 이론과 설계』. 서울: 성광문화사, 1990.

<ABSTRACT>

Death education as a faith education through christian curriculum

Park In Zo
(Th. M.)

Human beings are living with death. Nevertheless, people regard death as a distant future affair and as if it were unrelated to people. As if to know all about death, the knowledge is too shallow, and the way to deal with death is extremely clumsy. Due to the influence of physicalism and secularism, some modern people deny or take the agnostic position of the existence of the soul. The same is true of the perception of the world after death. As a result, death is merely seen as the body's demise and lives without the prospect of spiritual life and a new life after death.

Unlike the general topics of education, death is impossible to learn through hands-on experience, and no one has experienced it first, so one cannot ask anyone. The ignorance and uncertainty about death cause anxiety and instability in our life, while the proper perception of death positively affects the attitudes and consequences of everyday life. So death education reduces the anxiety of death through the process of death and dying, and an appropriate understanding of loss and mourning, leading to the discovery of meaning in everyday life and provides practical guidance related to death. Realizing the violence and inhumanity of death, cherishing life, empathizing with the suffering of others, and helping those who are about to die, giving them a world-view for the end of life with dignity.

For Christians, death education is a process of faith education that realizes and experiences the work of salvation achieved by the death and resurrection of Jesus Christ in life. So death education presents the conviction for God's calling and the direction for life as a good steward and pilgrim. It provides a biblical and theological perspective on the disconnection of relations caused by death and uncertainty about world after death, leading to a mature Christian life.

Therefore, death education as a faith education should include a holistic application of Christian curriculum elements. Also, it should be a reflective course including systemicity, effectiveness, and justice based on everyday life and personal history of learners. The theoretical and practical parts of the issue of death should be approached at the community level at the same time as at the individual level, leading to the pursuit of a meaningful and valuable life as a believer. To this end, the methodology of death education should provide practical and reflective death education through worship and relationships within the faith community, and communicative death education with applicable learners and educational contexts. Integrated death education through interdisciplinary exchange needs.

| **Keyword** |

curriculum, christian curriculum, faith education, death education, method of death education, systemicity, effectiveness, justice, reflection, anxiety of death

주 제 논 문 ②

인간의 유한성과 죽음교육

이 숙 희*
(총회상담학교 담당목사)

[국문 초록]

　본 연구의 목적은 죽음이라는 인간의 유한한 실존을 깨닫게 하고 이를 기반으로 죽음교육의 필요성을 널리 알리는 데 있다. 이 시대는 코로나바이러스감염증-19(COVID-19)로 인해 죽음불안과 공포를 경험하고 있으며 공직자의 자살로 인해 충격에 휩싸였다. 인간이 유한하기에 느끼는 죽음불안과 공포를 극복하기 위해 죽음교육은 필요하다. 죽음교육은 죽음을 삶의 일부로 인식하고 직면하게 하기에 죽음불안과 공포에 대한 대안이 될 수 있다. 본 연구의 방법은 죽음불안과 공포를 경험하는 현장을 뉴스보도와 통계를 통해 파악했으며 인간의 유한성에 대한 고찰은 성서와 철학자의 문헌을 연구했다. 본 연구의 내용은 2장에서 죽음에 대한 심리적 문제인 죽음불안과 공포 그리고 사회적 문제인 자살 문제를 다루었고, 3장에서 죽음이라는 인간의 유한성에 대해 성서적 고찰 및 철학적 고찰을 시도하였다. 4장에서는 죽음교육의 구체적인 방법으로 '죽음과 삶의 의미를 찾아서' 프로그램을 제시하였다. 이 죽음교육 프로그램은 죽음체험과 죽음이해를 골자로 삶의 가치와 의미를 찾게 해준다는 점에서 죽

*논문 투고일: 2020년 10월 20일　　*논문 수정일: 2021년 1월 14일
*게재 확정일: 2021년 3월 2일

음불안과 공포에 대한 대안이 되기에 충분하다. 본 연구는 늙어감과 병듦 그리고 죽음에 이르는 인간의 실존을 인식하고 수용하여 삶의 의미와 가치를 알게 해주며, '죽음과 삶의 의미를 찾아서' 죽음교육 프로그램을 통해서 죽음교육의 구체적인 방법을 얻게 된다는 점에서 연구 목적을 달성하였다.

| 주제어 |
죽음, 죽음교육, 죽음불안, 삶의 의미, 인간의 한계성

제1장
서 론

제1절 연구 동기

우리는 코로나바이러스감염증-19(COVID-19)로 인해 그 어느 때보다 죽음불안과 공포를 경험하고 있다. 사회적으로 전염병으로 인한 우울과 분노로 인한 심리적 문제를 겪고 있으며 이 심리적 문제는 자살이라는 극단적인 사회현상으로 드러나고 있다. 질병으로 느끼는 불안과 공포는 죽음에 대한 공포이다. 교회는 죽음불안과 공포를 느끼는 성도들과 지역사회를 위해 어떤 대안을 제시할 수 있을까?

지난 7월 한국사회는 (고)박원순 서울시장의 자살로 인해 충격에 휩싸였다. 우리는 그의 죽음을 어떻게 보아야 할까? 공직자의 자살로인한 파장은 한국사회와 다음 세대에 지속적으로 영향을 미칠 것이며 그 파장은 미미하다고 말할 수 없다.

죽음교육이 중요한 이유는 죽음이해는 곧 생에 대한 이해와 연결되어 있기 때문이다. 황명환은 죽음을 생각해야 하는 이유에 대해 "죽음을 대면할 때 삶을 제대로 볼 수 있다"[1)]고 말한다. 이런 점에서 죽음에 대한 물음은 보다 나은 삶을 위한 궁극적 물음이 된다. 그러므로 우리는 죽음교

---
1) 황명환, 『죽음 인문학』 (서울: 두란노, 2019), 1장 참조.

육을 통해 죽음과 삶에 대한 물음에 대해 적극적으로 응답해야 하며 그 대안을 널리 알려야 한다.

제2절 연구 목적

본 연구를 통해 우리는 인간의 유한한 실존과 이로 인한 죽음교육의 필요성을 알게 될 것이다. 누구나 예외없이 죽음을 맞이해야 하는 인간의 유한성에 대한 실존적 인식은 늙어감과 병듦 그리고 죽음에 대해 보다 긍정적으로 수용하게 하며 삶의 의미와 가치를 명확하게 깨닫게 한다. 늙어간다는 것은 움츠려들거나 부인할 부분이 아니라 우리 인생사의 한 부분이며 병든다는 것은 유한한 인간이 경험하게 되는 실존적 체험이다. 늙어감과 병듦은 죽음과 연결되어 있기에 불안과 공포로 다가온다. 죽음교육은 이에 대한 풍성한 혜안과 통찰을 가져다 줄 것이다.

또한 본 연구를 통해 죽음교육의 구체적인 교육방법을 얻게 될 것이다. 사랑하는 이를 떠나 보내야 하는 유가족을 이해하고 돕는 법을 배우게 되며 입관체험을 통해 삶에 대한 가치와 의미를 깨닫게 되고 죽음에 대한 성서적 이해와 배움을 통해 삶에 대한 바른 이해와 조망을 가지게 됨으로서 지난 날의 삶을 돌아보고 현재의 삶과 미래의 삶을 보다 의미있고 활기찬 삶으로 나아가게 될 것이다.

제 2 장
죽음에 대한 심리·사회적 문제

 제 2 장에서는 죽음에 대한 불안과 공포라는 심리적 문제와 자살이라는 사회적 문제를 통해 죽음교육의 필요성을 보여주려고 한다. 죽음교육에 대한 인식의 부족은 우리로 죽음을 삶의 한 부분으로 받아들이기보다 공포로 느끼게 하며 자살과 같은 극단적 선택을 하게 한다. 죽음불안과 공포 그리고 자살은 한 개인의 문제가 아니라 사회적 문제이기에 간과되어서는 안된다.

제1절 죽음불안과 공포

 죽음에 대한 불안은 인간이 가진 근원적인 심리이다. 많은 경우 인간은 이 불안한 심리를 극복하기 위해 재화나 물질을 축척하고 명성을 얻는데 힘과 시간을 투자한다. 전 인생을 걸쳐 진행되는 물질과 명예를 얻고자 하는 이 불안한 심리는 인간이 유한하지 않다는 것을 반증한다.
 죽음 수밖에 없는 존재임에도 불구하고 인간은 영원히 살 것처럼 더 많은 성장과 생산에 몰두한다. 곽혜원은 이 같은 현대 사회의 가치관을 지적하면서 현대 사회는 목표 달성에 이바지하는 것만 의미 있는 것으로 여기는 나머지 이를 방해하는 모든 요소는 제거하고자 하는데 질병과 죽음은 사회 발전을 저해하는 죄악의 요소로 여긴다고 말한다.[2] 더 많은 능률과 성장을 최고의 가치로 여기는 현대 사회에서 죽음은 격리된다.

죽음에 대한 격리는 심리적 현상으로 드러나고 있다. 그 어느 시기보다 현대 사회는 눈부신 의학의 발전으로 많은 질병이 퇴치되고 사망자 수는 급격히 감소하고 있다. 그러나 죽음은 여전히 우리 인간에게 공포이다. 그 공포는 현대이상심리의 형태로 드러나고 있다. 많은 자들이 불안장애의 일종인 공항장애를 호소하고 있으며 섭식장애를 겪고 있다.[3] 이에 대해 퀴블러로스(Kubler-Ross)는 생사를 다투는 치명적인 질환을 앓은 환자의 수가 줄어든 대신 심리 장애나 발달 장애의 환자의 수의 증가를 언급하면서 이 사회의 어떤 변화가 죽음에 대한 인간의 두려움을 증폭시켰는지 즉 어떤 변화가 여러 가지 정신적 질환을 유발하게 했는지 파악해야만 죽음의 문제를 제대로 이해하고 대처할 수 있다고 말한다.[4]

빠른 변화와 불확실성의 시대를 살아가는 우리에게 죽음은 곧 생존의 문제이다. 살아낸다는 것은 낙오자(실패자)가 되어 사회로부터 추방될지 모른다는 불안과의 싸움이다. 그 속에서 우리 모두는 심리적으로 불안하다.

흥미로운 것은 죽음을 기피하지만 인간은 피할 수 없는 죽음, 그 죽음을 인식할 수 있다는 것이다. 모든 인간은 반드시 죽으며 자신의 연수가 얼마인지 명확히 알지 못하고 어디서 어떤 방식으로 죽을지 알지 못한다는 사실은 인지하고 있다. 이 인식은 생존하려는 인간에게 피하고 싶은 죽

---

2) 곽혜원, 『존엄한 삶, 존엄한 죽음: 기독교 생사학의 의미와 과제』 (서울: 새물결플러스, 2014), 22.
3) 보건복지부가 발표한 주요정신 질환 평생유병률을 살펴보면, 니코틴, 알코올 수치는 낮아졌으나 불안장애 수치는 증가세를 보이고 있다. 정신질환 평생유별율은 25.4퍼센트로 남성이 28.8퍼센트, 여성이 21.9퍼센트이다. 이 수치는 성인 4명중 1명이 평생 한번 이상 정신건강 문제를 경험하고 있는 것이다. 2016년 한 해 동안 정신건강문제를 경험한 사람은 470만 명으로 추산된다. 2006년 불안장애는 전체 6.4퍼센트(남성이 4.2퍼센트, 여성이 8.6퍼센트), 2011년 8.7퍼센트(남성이 5.3퍼센트, 여성이 12.0퍼센)로 증가했으며 2016년에는 9.3퍼센트로 증가했다. 이는 2006년 대비 26.1퍼센트 증감율이다.
보건복지부, 서울삼성병원, 『2016년도 정신질환상태 조사』 (서울: 2017), 29.
4) Elisabeth, Kubler-Ross, On Death & Dying, 이진 역, 『죽음과 죽어감』 (파주: 이례, 2008), 9.

음에 대한 무거움이다. 셸리 케이건(Shelly Kagan)은 죽음의 무거움에 대해 인간은 반드시 죽는다는 죽음의 필연성, 얼마나 살지 모른다는 죽음의 가변성, 언제 죽을지도 모른다는 죽음의 예측 불가능성, 어디서 어떻게 죽을지 모른다는 죽음의 편재성을 말한 바 있다.[5] 이같은 죽음의 무거움을 인식할 수 있음에도 불구하고 영원히 살 것처럼 행동하는 것은 모순이다.

죽음에 대한 외면은 죽음불안과 공포에 대한 인간의 생존 양상이다. 죽음이 너무나 공포스럽기에 이를 외면함으로써 마음의 평안을 유지하고자 하는 것이다. 김열규는 이에 대해 '죽음에 대한 백치'라 명하면서 죽음이 두렵기에 죽음에 대하여 바보인척, 모른 척 하는 것이라 말한다.[6]

죽음에 대한 우리의 태도는 3가지 즉 부정, 인정, 무시로 나타난다.[7] 뉴스와 주변인의 장례를 통해 타인의 죽음을 간접적으로 경험하면서도 자신은 죽지 않을 것이라 부정하는 자, 어떤 이는 죽음을 염두 하고 삶의 의미를 자각하고 살아가고자 하는 자가 있는 반면 죽음을 무시하는 자도 있다. 문제는 죽음에 대한 인식 부재는 죽음불안과 공포를 더욱 야기 시킨다는 것이다. 이 점에서 죽음교육은 필요하다.

죽음에 대한 외면은 삶의 기준을 잃게 한다. 실천신학대학교 교수이자 자살예방센터 대표인 조성돈은 죽음을 외면하는 현대인에게 종교는 더 이상 진리를 이야기 할 수 없게 되었다고 말하면서 죽음의 의미와 현실을 잃어버린 현대인들은 결국 죽음과 함께 삶의 기준마저 잃어버리게 되었다고 말한다.[8] 절대적인 기준을 잃어버리게 되면 매 순간 새로운 기준과 진리를 세워야 하고 이 불안한 기준은 정신적으로 혼란과 불안은 가중시킨다.

---

5) Shelly Kagan, Death, 박세연 역, 『죽음이란 무엇인가』 (서울: 웅진씽크빅, 2013), 375-392.
6) 김열규, 『메멘토 모리, 죽음을 기억하라』 (서울: 궁리, 2001), 47.
7) Shelly Kagan, 『죽음이란 무엇인가』, 399.
8) 조성돈, "기독교의 죽음 이해와 자살예방," 『종교문화학보』 제 17권(2020), 16.

그러나 죽음에 대한 바른인식과 준비는 죽음불안을 감소시킬 수 있다. 양소명과 황은희는 '예비노인의 사전연명의료의향서 작성 여부에 따른 죽음불안과 죽음태도의 차이'라는 연구에서 사전연명의료의향서를 작성한 예비노인은 비작성 대상자에 비해 품위 있는 죽음 태도 점수가 더 높은 것으로 나타났다[9]고 발표하였다. 이 연구 결과는 사전연명의료의향서를 작성하면서 죽음을 예견하고 준비했을 때 정서적으로 안위를 유지하고 사회적 관계를 정리하고 고통에 대해 대비하고 자율적 의사 결정을 할 수 있음을 뜻한다.

퀴블러로스는 말기 환자들이 죽음에 이르는 과정에서 심리적인 변화를 5가지 단계로 설명한다. 1단계는 자신이 죽는다는 사실(현실)을 받아들이거나 인정하지 않는 것이고 2단계는 죽는다는 사실이 현실로 다가오면 분노하며 3단계는 죽는다는 사실이 돌이킬 수 없는 현실로 다가오면 타협하게 되고 4단계는 죽어감의 상황이 진행되면서 환자는 우울하게 되며 결국 죽음을 수용하는 단계(5단계)에 이르게 된다.[10]

죽음에 대한 불안과 공포는 질병 앞에서 느끼는 심리적 반응과 연관되어 있다. 25세 전후 성장은 멈추고 노화가 시작되면서 장기의 기능은 약화되고 신체는 퇴화하기 시작한다. 늙어가는 인간에게 있어 질병은 필연적이다. 자연적인 퇴화와 함께 나타나는 신체적 질병 그리고 외부로부터 세균이나 바이러스의 침투로 인한 질병 앞에서 인간은 공포를 느낀다.

질병으로 느끼는 공포는 죽을 수밖에 없는 유한한 인간의 한계를 여실히 드러낸다. 질병 앞에 느끼는 공포는 죽음의 공포와 맞닿아 있기 때문이다. 이 공포는 질병으로 인해 죽을지도 모른다는 심리적 불안감이다. 전

---

9) 양소명, 황은희,"예비노인의 사전연명의료의향서 작성 여부에 따른 죽음불안과 죽음태도의 차이," 『한국보건간호학회지』 34(2)(2020): 259.
10) Elisabeth, Kubler-Ross, 『죽음과 죽어감』, 제 3장- 제 7장 참조.

세계적으로 '신종 코로나바이러스 감염증(코로나19)'으로 인해 인류는 전염병의 공포를 그 어느 때보다 크게 경험하고 있다. 코로나 19로 인해 느끼는 불안은 질병에 걸려 죽을 수도 있다는 것과 전염병이 끝나지 않을지도 모른다는 불안한 생각으로 더욱 극대화된다. 윌리엄 바커스(William Backus)는 불안이 우리 삶에 대한 대응 방식을 혼란스럽게 만들고, 행동의 즐거움과 만족을 빼앗게 된다고 말한다.[11]

연합뉴스에 따르면, 코로나 19로 인해 10명 중 7명이 불안을 느낀다.[12] 보도에 의하면 사랑의전화복지재단 상담센터(이하 사랑의 전화)는 세계자살예방의 날(10일)을 앞두고 '신종 코로나바이러스 감염증(코로나19)이 만들어 낸 마음의 병'이란 주제로 실시한 사회조사 연구 결과를 8일 발표했는데 조사에서 코로나 19 감염자와 접촉했거나 이미 감염됐을지 모른다는 불안을 느꼈느냐는 질문에 응답자의 약 67퍼센트가 '가끔 불안하다'고 답했다. 응답자들은 또 코로나19 상황에서 '감염에 대한 두려움'(37.1%), '생계에 대한 걱정'(25%), '예방수칙을 지키지 않는 사람들에 대한 분노'(17.1%) 등의 감정이 크게 와 닿는다고 답했다. 질병은 죽음과 함께 우리 일상에 존재한다. 질병으로 느끼는 불안과 공포는 우리와 사회가 함께 해결해야 할 심리적 문제이다.

죽음교육은 죽음불안과 공포에 대한 실질적 대안이 될 수 있다. 왜냐하면 죽음교육은 죽음을 삶의 일부로 수용할 수 있게 하며 죽음을 인식하고 준비할 수 있게 하기 때문이다. 박충구는 죽음을 삶의 일부로 받아들이는 것을 시각의 전환이라고 말하면서 죽음을 삶의 일부로 받아들이는 것에 대해 '용기'라고 언급한 바 있다.[13] 죽음을 삶의 일부로 인식하고 받아

---

11) William Backus, LEARNING TO TELL MYSELF THE TRUTH, 김재서, 신현경 역, 『부정적 감정을 치유하는 진리요법』(서울: 예산사, 2004), 185-186.
12) 김정진, 2020년 9월 8일자, "10명 중 7명 코로나19로 불안 느껴…심리방역 관심 가져야," 연합뉴스. https://www.yna.co.kr/view/AKR20200908127500004?input=1179m

들이는 것은 용기임이 틀림없다. 죽음 교육은 인간이 죽음을 직면하는 용기를 갖게 한다는 점에서 죽음교육 부재의 심리적 문제에 대한 해결책이 될 수 있다.

제2절 자살

국민일보 보도에 따르면 코로나 19 우울로 인해 2030대 여성의 극단적 선택이 늘었다. 보도에 따르면 "올해 들어 지난 6월까지 모두 6278명(잠정치)이 극단적 선택으로 목숨을 잃었는데 특히 수도권 2030대 여성을 중심으로 한 자살 관련 데이터가 악화되고 있고, 전년 동기 대비 줄고 있던 전체 자살률마저 최근 역전되기 시작했다."[14]

통계청에 의하면 한국의 자살률은 OECD 소속된 나라 중 1위이다. 2018년 통계에 의하면 한국의 자살률은 인구 10만 명당 26.6명으로 집계되었는데 이는 비교 대상 국가들 가운데 최상위 수준이고 OECD 평균보다 두 배 가량 높은 수치이다.[15] 아래 한국 자살률 그래프를 살펴보면 1997년 이후 증가하기 시작한 자살률은 지속적인 상승세를 보이고 있음을 알 수 있다.

---

13) 박충구, 『인간의 마지막 권리-죽음을 이해하고 준비하기 위한 13가지 물음』 (서울: 동녘, 2019), 259.
14) 전웅빈 외 3인, 2020년 9월 9일자, "여성 덮친 '코로나 우울' 2030 극단선택 늘었다," 국민일보. https://news.v.daum.net/v/20200909040100508
15) OECD, 『OECD Health Statistics』/http://stats.oecd.org, Health Status: Causes of mortality(Intentional self-harm) 2020. 7.

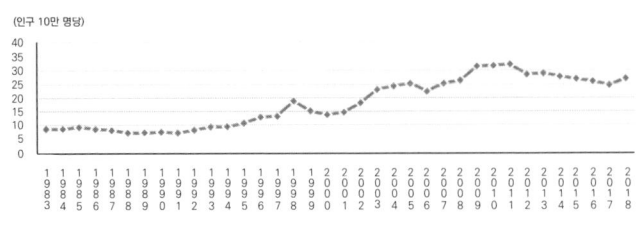

〈표 1〉 한국 자살률[16]

  자살은 심리적 문제와 관련되어 있다. 보건복지부 1393 자살예방 전문상담전화 건수는 신종 코로나바이러스 감염증(코로나19)의 증가와 함께 폭증했다. 올 해 들어 지난 8월 말까지 자살예방 상담전화(1393)에 걸려온 전화는 11만 8006건으로 지난 해 4만 8656건, 지난 해 전체 콜(8만 9488)보다 많은 수치이다. 지난 2월 걸려온 전화는 9820건이었는데 코로나 바이러스가 급증한 3월에는 1만 4351건으로 뛰었고, 이후로는 1만 6000~1만 7000건대를 유지하고 있다. 보도에 의하면 "정부는 코로나19가 터진 직후인 지난 3~5월을 자살 고위험 시기라 보고 집중 홍보한 영향이 있는 것으로 봤지만, 그만큼 극한의 상황에 내몰린 시민이 많다는 의미로도 해석할 수 있다"[17]고 말한다. 신종 코로나바이러스 감염병으로 인한 불안과 우울이로 인한 자살충동은 죽음에 대한 공포를 보여준다.
  이 같은 한국 사회의 현실은 죽음교육이 그 어느 때보다 절실함을 말해주고 있다. 인류는 신종 코로나바이러스 감염증(코로나19) 이전에도 사스, 메르스 같은 전염병으로 고통당해 왔으며 역사적으로는 흑사병 등과 같은 사회적인 병으로 인해 심리적 불안과 공포에 노출되어 왔다. 이는 백신

---

16) 통계청, 『사망원인통계』, 행정안전부, 『주민등록인구현황』, 통계청, 『사망원인통계』 각 연도. http://www.index.go.kr/unify/idx-info.do?idxCd=8040
17) 전웅빈 외 3인, 2020년 9월 9일자, "여성 덮친 '코로나 우울' 2030 극단선택 늘었다," 국민일보. https://news.v.daum.net/v/20200909040100508

등 의료적 대처와 함께 각종 병에 대한 심리적 문제의 심각성과 대책의 시급성을 시사한다.

자살은 한 개인의 문제가 아니라 사회 전체의 문제이다. 왜냐하면 한 개인은 사회라는 공동체 속에서 존족하고 있고 공동체의 영향과 무관하지 않기 때문이다. 그렇기에 한 개인의 아픔은 사회의 문제와 분리될 수 없다. 조계화는 그의 책에서 죽음에 대해 떠나는 사람을 이해하고 돕는 것, 그리고 남은 사람을 이해하고 돕는 것 그리고 죽음과 관련되어 있는 사회적, 의학적, 윤리적인 문제 등 다각도의 접근이 필요함에 대해 언급한다.[18] 한 개인이 자발적인 죽음을 선택하게 된 이유는 무엇인가? 이는 비단 개인 내적인 문제뿐 아니라 죽음을 선택하게 한 사회적 문제 속에서 파악되어야 한다.

자발적인 죽음인 '자살'에 대한 견해는 다양하다. 자신의 죽음을 선택할 수 있는 권리가 인간에게 있음을 주장하는 자[19]들도 있으며 신념과 신앙적 이유로 인해 자살에 대해 부정적인 견해를 가진 자들도 있다. 다양한 견해 가운데서 우리 사회가 함께 고심해야 할 것은 자살을 선택할 수밖에 없었던 심리적 압박은 무엇이고, 남은 자의 심리적 충격을 어떻게 돌볼 것이며, 집단적 자살의 사회적 대안은 무엇인가 하는 것이다.

셸리 케이건(Shelly Kagan)은 그의 책에서 인간이 죽을 운명이라고 해서 자살이 한 가지 선택이 될 수 없다고 말하면서 자신의 수명을 알 수 없고 그 사이에 죽는 운명을 바꿀 수 없다면 모두가 죽을 운명임에도 불구하고 자살은 선택 사항이 될 수 없다고 말한다.[20] 그의 견해는 죽음의 필연성과 가변성 그리고 예측 불가능성, 죽음의 편재성 안에서 개인의 결정권에 대

---

18) 조계화, 『죽음학 사설』 (서울: 학지사, 2006).
19) 박충구, 『인간의 마지막 권리-죽음을 이해하고 준비하기 위한 13가지 물음』 10장 참조, Shelly Kagan, 『죽음이란 무엇인가』 14장 참조.
20) Shelly Kagan, 『죽음이란 무엇인가』, 448-504.

해 질문한다.

스스로 자신의 생을 끝내는 자살과 함께 존엄사나 안락사 허용 부분은 죽음이 한 개인의 문제가 아니라 사회 나아가 국가적 문제임을 말해준다. 송현동은 한국 사회의 존엄사 인정의 문제를 "비자연적인 죽음이 늘어나면서 언제, 어떤 방식으로 치료를 중단할 것인가 하는 문제는 한국 사회가 죽음의 문제를 의학적 판단을 넘어 법적 판단에 의존하는 것"[21]이라 말한다. 한 개인의 죽음의 문제가 법적 판단에 의존함을 드러내는 사례가 2020년 9월 10일 보도 되었다.[22] 보도에 의하면 중환자실에 있던 아내(56세)의 인공호흡기를 떼어 숨기게 한 혐의로 남편(이모씨,59세) 국민참여재판에서 징역 5년을 선고받았다. 남편은 아내가 생전에 연명치료에 대한 거부했고, 하루에 20만~30만에 달하는 병원비를 감당할 수 없어 범죄를 저질렀다고 인정했으나 국민참여재판에 참여한 배심원 9명 모두 '유죄'라고 판단했다.

한국 사회에서 자살은 윤리적으로 옳은 행동으로 간주되지 않는다. 이 관점 속에는 인간의 존엄성에 대한 가치와 신념이 있기 때문이다. 인간의 존엄성은 한 개인이 가치 있고 존중받을 권리가 있으며 윤리적인 대우를 받을 권리를 타고 났음을 분명히 한다. 생명에 대한 존엄은 그것이 자신의 목숨이라 할지라도 손상시킬 권리가 있다는 견해를 재고하게 한다.

---

21) 송현동, "삶을 찾아 떠나는 죽음교육," 『종교문화연구』 12(2009,6), 243.
22) 김성진, 2020년 9월 10일자, "'소생 희박'아내 호흡기 뗀 남편..참여재판서 징역5년," 연합뉴스. https://news.v.daum.net/v/20200910180224679

제 3 장
인간의 유한성과 죽음교육의 필요성

제 3 장에서는 인간의 유한성 즉 죽음에 대한 성서적, 철학적 고찰을 통해 죽음 교육의 필요성에 대해 살펴보고자 한다. 인간의 유한성에 대한 고찰은 죽음교육의 필요성을 더욱 분명하게 한다.

제1절 인간의 유한성에 대한 고찰

1. 인간의 유한성(죽음)에 대한 성서적 고찰

성서는 인간의 유한성에 대해 선명하게 제시하고 있다. 성서가 말하는 인간의 유한성은 인간이 창조주 하나님에 의해 땅의 흙으로 지음 받았고 후에 흙으로 돌아가야 하는 존재라는 것이다. 창세기 2장 7절에 의하면 창조주 하나님은 땅의 흙으로 사람을 지으신다. 사람이 생령이 된 것은 창조주 하나님께서 인간의 코에 생기를 불어넣으셨기 때문이다. "생명의 호흡 즉 '생기'에 해당하는 히브리어 '니쉬마트 하임(נשמת חיים)은 '삶', '존재'를 뜻하는 '하야'(חיה)의 복수형 '하임'(חיים)과 '숨결'을 의미하는 '니쉬마트'(נשמת)가 결합된 형태이다."[23] 이로 살펴보건데 사람의 생명 즉 삶은 창조주 하나님의 숨결로부터 주어진 것이다. 성서가 말하는 바를 기초로 할 때 인간에게 생명을 주신 자가 하늘과 땅을 창조한 창조주 하나님, 유일 신이신 여호와

---
23) 강병도 편자, 『카리스종합주석』 제 1권 (기독지혜사, 2003), 287.

이므로 인간은 스스로 목숨을 끊을 권한이 없다.

창세기에 의하면 하나님의 형상대로 창조된 남자와 여자는 하나님으로부터 복을 받고 생육하고 번성하고 땅에 충만하며 땅을 정복하고 하늘과 땅, 바다의 움직이는 모든 생물을 다스리는 권리를 받게 된다(창 1:27-28). 그러나 인간은 하나님의 말씀을 불순종함으로 죄를 짓게 되고 그 결과 낙원을 잃고 가시덤불과 엉겅퀴를 내는 땅에서 평생에 수고하여야(얼굴에 땀을 흘려야) 소산을 먹게 되고 끝날에는 흙으로 돌아갈 운명에 처하게 된다(창 3:18-19). 죽을 운명은 하나님의 명령 즉 말씀을 어기고 타락한 인간의 실존이다.[24]

우리가 창세기에서 주목해야 할 것은 인간의 태생과 죽음에 대한 것이다. 성서는 창조주 하나님이 땅의 흙으로 인간을 만드셨다고 기록하고 있으며 인간은 죄로 인해 흙으로 돌아가야 할 운명(죽음)에 처해졌다고 말한다. 그렇다면 창조주 하나님께서 인간을 만드신 이유 즉 인간에게 생명을 준 이유는 무엇인가? 창세기 본문 문맥 안에서 나타나는 1차적 이유는 창조주 하나님은 바다의 고기와 공중의 새와 가축과 온 땅과 땅에 기는 모든 것을 다스리게 하기 위하여 사람을 창조한다(창 1:26-27). 성경 전체에서 살펴보면, 하나님은 하나님의 영광을 위하여 인간을 창조했으며(사 43:7), 그리스도를 위해 인간을 창조하였다(골 1:16). 그렇기에 창조주 하나님으로부터 생명을 부어받은 피조된 인간이 하나님을 찬송하는 것은 당연한 일이다.[25] 이와 함께 성경은 인간의 생명을 가져갈 권세도 창조주 하나님께 있음을 말하고 있다.[26]

---

[24] 위의 책, 411.
[25] 시편 148편 5절, 이사야 43장 21절 참조.
[26] 예레미야 18장 1절 이하를 살펴보면 토기장이 비유를 들어 하나님이 토기장이요, 인간이 진흙임을 언급하면서 '진흙이 토기장이의 손에 있음같이 너희가 내 손에 있다'고 말씀하고 있으며 이사야 1장에서 35장은 이스라엘의 죄악으로 인한 하나님의 심판에 대해 말씀하며, 사무엘상 2장 6절은 야훼 하나님 즉 창조주 하나님께서 사람의 생명과 죽음을 쥐고 계심을 고백하고 있다.

김이곤은 인간의 죽음이라는 한계성은 창조주 하나님께서 인간을 그렇게 지으셨기 때문이라고 말하면서 성서는 죽음을 신의 명령에 따라 흙으로부터 와서 흙으로 돌아가는 것 그뿐이라고 말한다.[27] 그는 죽음은 철저히 그리고 절대적으로 그 무엇보다 하나님의 소관이고 사람의 소관이 아니라는 점을 강조한다.

성서는 죄로 인해 사망 신학적 의미로 하나님과 단절된 인간을 위해 창조주 하나님은 자신의 아들이신 예수 그리스도를 보내 주심으로 죄를 사하시고 생명에 이르는 길을 제시한다.[28] 요한복음 11장을 보면 베다니에 사는 나사로는 병들어 죽게 된다. 이상한 것은 나사로의 누이들이 예수께 사람을 보내어 오길 요청했으나 예수는 그 계시던 곳에 이틀을 더 유하신다. 그 사이에 병든 나사로는 죽고 만다. 예수께서 베다니의 나사로의 무덤 앞에 왔을 때는 이미 나흘이 지났으며 요한복음 11장 40절에 의하면 죽은 지 나흘이 되어 시체 썩은 냄새가 나고 있었음을 알 수 있다. 예수는 죽은지 나흘된 나사로를 살려냄으로 자신이 생명임을 드러낸다. 스테판 킴(Stephen S, Kim)은 나사로 이야기는 예수를 메시아와 하나님의 아들로 제시하기 위한 것으로 요한복음의 일곱 기적들의 완성이자 정점이라고 말한다.[29]

분명한 것은 나사로 이야기는 예수 자신이 부활이고 생명임을 드러내는 표적이라는 점이다. 톰슨(Marianne Meye Thompson)은 요한복음 11장의 나사로 이야기가 하나님은 하늘과 땅을 만든 창조주이고, '그의 아들 예수 그리스도'는 그 자신 속에 하나님의 생명을 갖고, 하나님의 생명을 다른 사람에게 부여하는 분임을 드러내는 것이라 말한다.[30]

---

27) 김이곤, 『죽음을 극복하는 길』 (서울:VERITAS PRESS, 2013), 278.
28) 로마서 5장 17절, 에베소서 2장 1절-8절, 12절-22절 참조.
29) Stephen S, Kim, "The Significance of Jesus' Raising Lazarus from th Dead in John 11," 『Bibliotheca Sacra』 168(669, 2011), 60.

성서에 의하면 생명이신 예수를 통해 하나님과 연합될 수 있다. 그리스도이신 예수를 마음으로 받아들을 때(믿음) 하나님과 연합하게 되고 이로서 누리는 평화는 죽음의 두려움을 극복한다.[31] 이 믿음은 죽음을 이기신 예수를 믿는 믿음이다.[32] 성서에 의하면 이 믿음은 환난과 궁핍과 고난과 매 맞음과 감옥에 갇힘과 난동과 수고로움과 자지 못함과 먹지 못함을 견디게 하며 태장, 돌로 맞음과 파선의 두려움 속에서 절망하지 않게 한다.[33]

2. 인간의 유한성(죽음)에 대한 철학적 고찰

죽는다는 것은 무엇인가? 죽는다는 것은 단순히 육체의 질병 또는 사고로 인해 숨이 멈추는 것으로 정의할 수 있을까? 기독교는 죽음을 영혼과 육체의 분리 현상으로 이해해 왔다. 이 기독교적 관점에 의하면 죽음은 육체의 죽음일 뿐이다.

아리스토텔레스가 영혼을 인간의 형상이요 생명 원리로 파악하고 육체로부터 분리 가능성을 주장[34]한 이후 중세 스콜라 철학은 영혼의 불멸을 주장한다. 이와 관련하여 칼 라너(Karl Rahner)는 죽음 이후 인간의 영혼이 세계와 단절되어 존재하는 것이 아니라 한층 더 강하게 결합한다고 말한다.[35] 라너는 죽음의 본질 이해와 관련하여 자연 본성적 측면과 인격적 측

---

30) Marianne Meye Thompson, "The Raising of Lazarus in John 11: A Theological Reading," in 『The Gospel of John and Christian Theology』, eds, R. Bauckham and C. Mosser (Grand Rapids; Cambridge, UK: Eerdmans, 2008), 244.
31) 요한복음 20장 19절~23절, 사도행전 20장 24절, 요한복음 16장 33절 참조. 무엇보다 죽음을 두려워하지 않는 신앙은 예수의 부활에 근거한다. 예수는 십자가에 죽임을 당했으나 죽음을 이기고 부활한다.
32) 사도행전 4장 2절을 살펴보면 성령 받은 예수의 제자들이 전한 것은 예수의 부활이였음을 알 수 있다. 사도행전 4장 33절, 사도행전 17장 32절, 사도행전 24장 21절 참조.
33) 고린도후서 6장 4절~8절, 11장 23절~27절 참조.
34) Aristoteles, ΠΕΡΙ ΨΥΧΗΣ, 유원기 역, 『영혼에 관하여』 (파주: 궁리, 2001), 223-224.
35) H.Vorgrimler, 심상태 역, 『죽음: 오늘의 그리스도교적 죽음이해』 (서울: 성바오로출판사,

면 모두의 고찰에 대해 말하면서 죽음을 '나그네살이의 종료'로 표현한다.[36] 라너의 이 같은 관점은 천국을 본향으로 여기는 기독교적 세계관을 전제로 하고 있으며 생에 대한 그의 철학을 내포하는 것이라고 할 수 있다.

그러나 현대에 들어와서 기독교적 죽음관은 유물론적이고 무신론적인 사상에 의해 도전을 받는다. 그 도전은 포이에르마하(Ludwig Feuerbach)의 '자연적 죽음'이다.[37] 그는 내세를 거부하면서 철저히 현실적 삶에 중점을 둔다. 그러나 그의 사상은 죽음의 불예측성과 가변성의 측면에서 죽음의 근원적 이유에 대해 해답을 제시하지 못한다는 점에서 허점을 드러낸다.

현대 실존 철학자 야스퍼스(K. Jaspers)는 죽음에 대해 인간의 유한성 너머에 있는 초월자를 제시한다는 점에서 매우 흥미롭다. 야스퍼스는 "인간은 세계 안에 현존하는 사물처럼 정위될 수 있는 존재가 아니라고 말하면서 인간 존재의 해명을 위해서 초월자 혹은 포괄자로부터 실존 조명이 필요하다"[38]고 말한다. 키에르케고르(S. Kierkegaard) 역시 유한한 인간의 실존에 대해 절대자와의 관계를 말하면서 그는 "인간은 홀로 곧 단독자로서 절대자와 관계함으로서 절대적 관계로까지 고양하는 것이 실존적인 삶"[39]이라고 말한다. 두 실존 철학자의 관점은 인간의 유한성에 대해 그리고 유한한 삶을 어떻게 살아야 할 것인가에 보다 구체적인 해답을 제시한다.

실존 철학에서 죽음은 보편적인 것이요, 한 번은 대면해야 하는 것이

1982), 139-177.
36) Karl Rahner, 김수복 역, 『죽음의 신학』 (서울: 가톨릭출판사, 1987), 26. 칼 라너가 말하는 나그네 삶의 종료는 고뇌가 따르는 나그네적 인격적 삶의 방황에 마침표를 찢는 것으로 인격적 삶의 종식을 의미한다.
37) H.Vorgrimler, 『죽음: 오늘의 그리스도교적 죽음이해』, 31-32. 포이에르마하(Ludwig Feuer bach)가 말하는 '자연적 죽음'은 불의의 사고나 질병으로 조기 사망하는 경우를 제외하고 노년기에 맞이하게 자연 본성적 죽음을 의미한다. 그는 현세 삶을 강조함으로서 의미 있는 일을 위해 자기 삶을 투신하도록 권고하고 촉구한다.
38) K. Jaspers, 이진호 최양석 역, 『철학 1: 세계정위』 (경기: 아카넷, 2017).
39) S. Kierkegaard, Angst und Nervenkitzel, 임춘갑 역, 『공포와 전율』 (서울: 다산글방, 2007), 222.

다. 그 어느 누구도 죽음을 피해갈 수 없다. 문제는 유한한 인간이라면 피해갈 수 없고 한 번은 대면해야 하는 죽음에 대해 경험이 불가하고 이해불가하다는 것이다. 타인의 장례식에서 간접적으로 경험하는 죽음만으로는 죽음 전체를 온전히 경험할 수 없고 죽음이 자신의 눈 앞에 이르렀을 때에야 비로소 죽음을 온전히 경험하게 된다.

죽음에 대한 공포는 생을 사는 동안 염려와 절망의 형태로 드러난다. 하이데거(M. Heidegger)는 인간을 '죽음을 향한 존재'라 규정[40]하는데 죽음을 향한 존재인 유한한 인간에게 죽음에 대한 염려는 매우 자연스러운 심리적 현상이다. 이 염려는 무엇을 먹을까, 무엇을 입을까 의식주 문제부터 선택의 폭까지 다양하며 일용할 양식이 있음에도 쌓아두고 재화를 축적하는 탐욕의 형태로 드러나기도 한다. 먹을 것이 없거나 더 이상 일할 곳이 없는 실직은 절망을 더욱 증폭시킨다. 이것이 유한한 인간의 실존이다.

유한한 인간의 실존 속에서 우리는 무엇을 희망할 것인가? 키에르케고르는 절망을 죽음에 이르는 병이라 칭한다.[41] 이 땅에서 죽음을 염려하며 고생하며 살아가지만 죽음 이후 천국에 대한 소망이 없다면 이것이 절망이 아니고 무엇인가? 죽음에 대한 인식은 우리로 인생의 의미와 희망에 대한 고민으로 인도한다.

제2절 죽음교육의 필요성

죽음교육이 필요한 것은 첫째, 죽음교육은 죽음불안을 감소시키고 둘째, 인간의 유한성이라는 존재적 한계를 깨닫고 영원을 사모하게 하며

---

40) M. Heidegger, Being and Time, 이기상 역, 『존재와 시간』 (서울: 까치글방, 1998), 314.
41) S. Kierkegaard, Die krankheit zum tode, 임규정 역, 『죽음에 이르는 병』 (서울: 한길사, 2007), 64.

셋째, 나눔이라는 더 나은 삶을 향해 나아가게 한다는 점에서 유익하다.

첫째, 죽음교육은 죽음불안을 감소시킨다. 게리 콜린스(Gary R. Collins)에 의하면 불안은 "염려와 불편함, 걱정 그리고 신체적 긴장을 동반하는 공포의 내적 감정이다."[42] 죽음이라는 실존은 인간을 끊임없이 불안하게 한다. 김복연 외 3인은 '죽음 교육 프로그램이 성인의 자아존중감, 영적안녕, 통증에 미치는 효과'의 연구에서 죽음교육 프로그램이 자아 존중감, 영적 안녕을 증가시키며 통증을 감소시킨다고 발표했다.[43] 이 연구 결과는 죽음교육이 한 개인으로 하여금 자신을 가치있고 존경받을 수 있는 존재로 느끼게 하며, 시공간을 초월하여 존재하는 절대자, 자신, 이웃, 환경과의 관계에서 더욱 조화로운 삶을 영위하고자 한다는 것을 증명한다. 또한 죽음교육이 잠재적인 조직손상과 이와 관련된 통증으로 인한 정서적인 불유쾌한 감각을 감소시킴을 말해주고 있다.

또한 김순희, 김동희의 '간호대학생을 위한 죽음교육 프로그램 개발 및 효과' 연구[44]에 의하면 죽음교육은 생의 의미를 증가시킨다. 연구결과에 실험군은 죽음교육 프로그램을 적용 후 생의 의미 점수는 142.04점으로 4.3점이 증가하였고, 죽음에 대한 태도 점수는 52.07점에서 57.56점으로 5.48점이 증가하였다.[45] 이같은 연구 결과는 죽음교육이 삶의 의미를 가지게 하고, 죽음에 대한 두려움과 공포와 불안을 감소시켜고 죽음에 대한 기피나 부정을 하지 않고 죽음을 수용하게 한다는 것을 말해준다.

---

42) Gary R. Collins, Christian Counseling, 한국기독교상담,상담치료학회 역,『크리스챤 카운슬링』(서울: 두란노, 2017), 165.
43) 김복연, 오청욱, 강혜경, "죽음교육 프로그램이 성인의 자아존중감, 영적안녕, 통증에 미치는 효과,"『한국산학기술학회 논문지』17(9)(2016), 156.
44) 김순희, 김동희, "간호대학생을 위한 죽음교육 프로그램 개발 및 효과,"『기본간호학회지』22(3) (2015): 285.
45) 김순희, 김동희, "간호대학생을 위한 죽음교육 프로그램 개발 및 효과,"283. 연구 결과에 의하면 대상자의 85.2 퍼센트가 죽음교육 프로그램에 만족하였으며, 96.3 퍼센트의 학생이 죽음교육 프로그램이 필요하다고 응답했으며 96.3 퍼센트가 추후 죽음 교육에 재참여할 의사가 있다고 응답했다.

죽음교육은 삶의 의미와 가치를 깨닫게 한다. 삶의 의미와 가치를 매 순간 마음으로 깨닫고 사는 사람은 얼마나 될까? 대개의 경우 우리는 삶의 의미와 가치는 접어둔 채 하루하루 주어진 삶을 살아간다. 어떤 이는 먹고 살기 위한 생존 때문에 또 다른 이는 먹여 살려야 하는 가족이 있기에 생의 의미와 가치는 생각할 여력이 없다. 그러나 우리가 삶의 진정한 의미와 가치를 깨달아야 하는 것은 이 깨달음이 삶을 보다 옳고 나은 방향으로 인도하기 때문이다. 더 나은 방향이란 주어진 삶의 가치와 의미를 알고 주변의 사람을 귀히 여기고 베푸는 삶을 사는 것이다.

둘째, 죽음교육은 인간의 유한성과 마주하게 한다. 인간은 언젠가 죽음을 맞이해야 하는 유한한 존재임에도 그 유한성을 인식하지 못한채 살아 간다. 비트겐슈타인(Ludwig Wittgenstein)에 의하면 죽음은 삶의 사건이 아니기 때문이다.[46] 그의 말대로라면 인간은 사는 날 동안 목숨이 끊어지는 죽음을 실제로 경험하지는 못한다. 그렇기에 불멸을 꿈꾸며 타인을 배려하지 못하고 자신만의 유익을 구하고 그것이 허락되지 않을 때는 타인의 것을 빼앗는 것도 서슴치 않는 삶을 살기도 한다.

죽음교육은 죽음이라는 인간의 실존을 깨닫게 한다. 인간은 영원하지 않다. 언젠가 사랑하는 가족과 작별을 고해야 하는 순간이 어느 누구에게나 예외없이 찾아온다. 이 실존 앞에 설 때 우리는 자신의 현재적 모습과 과거의 모습을 조명할 수 있게 된다. 이 깨달음은 앞으로 남은 삶에 대한 태도를 형성하기도 한다. 나의 장례식를 생각하는 것은 지금 현재를 돌아보게 하며 어긋난 부분이 무엇인지 알게 하고 무엇을 선택하는 것이 인간다운 것인지를 상고하게 한다.

미국 외과의사인 아툴 가완디(Atul Gawande)는 말기 환자들과 아버지의

---

46) Ludwig Wittgenstein, Ludwig, 이영철 역, 『논리-철학 논고』 (서울: 책세상, 2006), 114.

임종을 직접 겪으며 "사람들은 자신의 삶이 유한하다는 사실을 깨닫게 되면서부터 그다지 많은 것을 원하지 않는다. 돈을 더 바라지도, 권력을 더 바라지도 않는다. 그저 가능한 이 세상에서 자기만의 삶의 이야기를 쓸 수 있기를 바랄 뿐이다."[47]라고 말한다. 그의 말은 삶의 유한성을 깨닫는 일이 얼마나 어려우며, 동시에 삶의 유한성을 깨닫는 것이 얼마나 유익한지 알게 한다. 가완디는 자신에게 주어진 시간이 유한하다는 것을 이해한다는 것이 얼마나 큰 축복인지 이제야 이해하기 시작했다고 말한다.[48] 죽음교육은 자신에게 주어진 삶이 유한하다는 것을 이해하고 탐욕을 버리고 자족하게 한다는 점에서 축복이다.

죽음교육은 삶에 끝이 있다는 현실을 보여주고, 이 현실을 받아들일 수 있는 용기를 제공해 준다. 이 용기는 나는 무엇을 두려워하고 무엇을 희망할 수 있을지에 대한 것이다. 자신의 삶에 끝이 있다는 인식은 영원한 것들을 바라보게 한다. 사랑과 친절, 도움과 따뜻함, 나눔과 봉사의 가치 그리고 영원한 신적 존재에 대해 비로소 생각할 수 있게 된다. 솔로몬은 모든 부와 명예를 다 누려본 후 노년에 이렇게 고백한다: "하나님이 인생들에게 노고를 주사 애쓰게 하신 것을 내가 보았노라. 하나님이 모든 것을 지으시되 때를 따라 아름답게 하셨고 또 사람들에게는 영원을 사모하는 마음을 주셨느니라. 그러나 하나님이 하시는 일의 시종을 사람으로 측량할 수 없게 하셨도다. 사람들이 사는 동안에 기뻐하며 선을 행하는 것보다 더 나은 것이 없는 줄을 내가 알았고 사람마다 먹고 마시는 것과 수고함으로 낙을 누리는 그것이 하나님의 선물인 줄도 또한 알았도다."[49] 솔로몬의 고백은 인생을 살아가면서 아픔과 고통을 경험할 때 무엇을 추구해야 하

---

47) Atul Gawande, Being Mortal, 김희정 역, 『어떻게 죽을 것인가』 (서울: 부키, 2015), 22-23.
48) 위의 책, 23.
49) 전도서 3장 10절~13절.

는지 깨달음이 담겨 있다. 우리는 죽을 때, 심은 것을 뽑을 때, 헐 때, 울 때, 슬퍼할 때, 잃을 때, 버릴 때에 영원을 사모하게 된다.[50]

전도서 3장에 기록된 솔로몬의 지혜는 여러 힘든 때를 살아가는 인간에게 선을 행하고, 창조주 하나님께서 주신 먹거리를 먹고 기뻐하며, 수고하는 노동이 하나님의 선물임을 깨닫게 한다. 음식을 먹는 것과 수고로운 노동이 선물인 것은 살아있기에 누릴 수 있고 행할 수 있는 것이기 때문이다.

셋째, 죽음교육은 이전보다 더 나은 삶 즉 '나눔'으로 초대한다. 더 나은 삶이란 죽어가는 당사자를 이해하고 돕는 것 그리고 사랑하는 이를 잃은 슬픔과 충격을 겪는 사람을 이해하고 돕는 것 그리고 죽음과 관련된 사회적, 의학적, 윤리적인 문제에 대한 바른 견해를 가지는 것이다.[51] 죽음에 대해 바른 인식을 갖고있지 않으면 사랑하는 가족의 죽음 앞에 생을 포기하는 불행한 일이 발생하기도 하며 큰 슬픔을 겪은 이를 참으로 이해하고 돕기 어려울 뿐 아니라 죽음에 관련된 정책을 올바르게 수립하기 어렵다. 티켄(Alfons Deeken)는 죽음교육은 보다 나은 삶을 위함이라고 말하면서 죽음에 이르는 과정에 대한 이해와 인간답게 죽는 법에 대한 생각, 죽음의 터부 없애기, 죽음의 공포와 불안에 대한 대응, 생명의 위협인 자살을 방지하기 위해서, 정신적인 돌봄, 안락사에 대해, 장기이식에 대한 생각, 장례식, 사후에 대한 고찰을 죽음교육의 목표[52]로 제시한다.

죽음교육은 비정하지 않는 사회와 나눔을 실천하는 사회를 만든다. 김균진은 그의 책에서 "인간이 죽음을 의식에서 배제하고 마치 죽음이 없

---

50) 성서는 인간이 죽을 수밖에 없는 유한한 존재라는 것과 함께 하나님의 영원성에 대해 기록하고 있다. 히브리서 1장 11절, 시편 102편 26절, 이사야 9장 6절, 디모데전서 1장 17절, 신명기 33장 37절 참조.
51) 조계화, 『죽음학 사설』 (서울: 학지사, 2006).
52) Alfons Deeken, 生と死の教育, 전성공 역, 『인문학으로서의 죽음교육』 (경기: 인간사랑, 2008), 36-37.

는 것처럼 살고자 할 때 눈에 보이는 현실에만 집착하게 되고 그것을 탐식하는 삶의 자세를 갖게 되고 결국 욕망의 노예가 되어 끝없이 자기 자신만을 추구하는 삶의 모습을 갖게 하며 이는 결국 무감각한 사회, 냉정하고 냉혹한 사회, 비인간적인 사회를 형성하게 한다"[53]고 말한다.

우리가 죽음에 대해 생각해야 하는 것은 죽음은 곧 오늘 어떻게 살 것인가에 대한 윤리적 요청이기 때문이다.[54] 죽음을 불안해 하며 자신과 자신의 가족만을 위해 더 많이 쌓아두고 살아갈 것인가? 아니면 나누는 삶을 살아갈 것인가? 죽음에 대한 바른 이해는 나누는 삶을 실천하게 한다.

인간 내면에는 더 나은 삶에 대한 열망이 존재한다. 김은숙, 조항은 '대학생의 죽음교육에 대한 인식 및 교육요구 분석'의 연구에서 경남지역 대학생 224명으로부터 설문 조사한 결과 대학생의 84.4퍼센트가 죽음교육에 대한 인식이 전혀 없는 것으로 나타났다고 발표하였다.[55] 이 연구에서 흥미로운 것은 죽음교육과 관련해서 자신의 삶의 가치를 성찰하고, 보다 활기 차게 살고, 가족이나 친척의 상실의 슬픔을 적절히 대처함으로서 더 나은 삶을 실현하고자 하는 기대가 있는 것으로 나타났다는 것이다. 이는 인간 내면에 삶을 가치있고 활기차게 살고자 하는 바람과 타인의 상실, 슬픔을 이해하고 함께 슬퍼하고자 하는 본성이 있음을 드러낸다.

---

53) 김균진, 『죽음의 신학』 (서울: 대한기독교서회, 2002). 84-85.
54) 하홍규, "죽어감의 윤리학으로의 초대 박충구의 '인간의 마지막 권리-죽어감을 이해하고 준비하기 위한 13가지 물음," 『사회이론』 (2020.5):228.
55) 김은숙, 조항, "대학생의 죽음교육에 대한 인식 및 교육요구 분석," 『연구방법총론』5(2) (2020):39-42.

제 4 장
지역교회에 제안하는 죽음교육 프로그램
'죽음과 삶의 의미를 찾아서'

제 4 장에서는 죽음교육의 방법으로서 지역교회에 죽음교육 프로그램을 제안하고자 한다. 죽음이라는 공통분모를 통해 교회는 지역과 함께 소통하며 삶의 주관자이신 창조주 하나님을 알리고 만나게 하는 사명을 구체적으로 수행하게 될 것이다.

제1절 프로그램의 개요

본 프로그램은 죽음교육을 통해 삶의 진정한 의미를 찾기 위해 필자가 고안한 프로그램으로 죽음을 경험하는 사람들을 이해하고 죽음을 체험함으로서 보다 의미있는 삶을 목표로 한다. 본 프로그램은 도입(1회차), 죽음 체험(2,3회차), 죽음 이해(4,5회차), 마무리로 총 6회로 구성되어 있다.

1회기는 '나에게 죽음이란 무엇인가'라는 주제로 죽음에 대한 나의 정의를 내려봄으로서 자신의 죽음에 대한 인식을 살펴보고 그룹 나눔을 통해 타인이 생각하는 죽음을 이해하는 시간을 가진다. 2회기에는 사랑하는 이의 죽음을 경험하는 유가족을 이해하고 돕는 것 그리고 죽음 앞에 있는 당사자를 어떻게 이해하고 도와야 하는지 영상과 나눔을 통해 활동하고, 3회기에는 자신의 유서를 직접 써보고 입관 체험을 통해 죽음을 체험한다. 4회기에는 성서에서 말하는 죽음에 대해 이해하고 사후 세계에 대해 생각하는 시간을 가진다. 5회기에는 앞의 죽음에 대한 이해를 기반으로 어떻게 살 것인가를 고민하는 단계로 톨스토이의 책을 통해 생각하는 시간을 가지며 6회기에는 사전연명의료의향서와 장기기증에 관한 안내를 통해 죽음을 준비하고 끝으로 죽음에 대한 이전 이해와 프로그램 이후 이해의 변화를 나누고 프로그램을 마친다. 회기별 진행 단계는 아래와 같다.

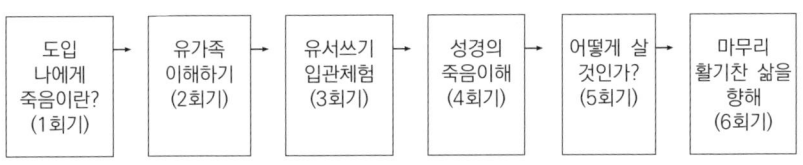

〈표 2〉 죽음교육 프로그램 진행 단계

제2절 프로그램의 회기별 내용

○ 1회기 '나에게 죽음이란 무엇인가?'

1회기의 교육목표는 죽음에 대한 심리적 불안과 공포를 다룸을 통해 죽음에 대한 참여자의 인식을 점검하는 것이다. 구체적으로 죽음에 대한 불안과 공포는 늙어감과 질병 앞에서 경험될 수 있으므로 늙어가는 것에 대하여 그리고 질병에 대한 내적인 감정을 통해 죽음교육으로 나아갈 수 있다.

1회기의 목표 활동은 첫째, 프로그램에 참여하는 사람들을 서로 환영하고 인사하는 시간을 가진다. 이 때 이름 앞에 자신의 장점을 넣어 소개하면 참여자는 서로를 깊이 기억할 수 있게 되고 호감을 가질 수 있게 된다. 예를 들어 "'제일 잘 나가는'/ 씩씩한 OOO입니다."라는 소개를 인도자가 먼저 한 후에 자발적으로 자기 소개를 할 수 있도록 이끈다. 둘째, 프로그램에 대한 안내이다. 6회기 동안 각 회기의 주제는 무엇이며 연습과제는 무엇인지 파악한다. 이를 위해 사전에 프로그램 소책자를 제작하여 참여자에게 나누어 주는 것은 도움이 된다. 셋째, 1회기에 다룰 강의는 늙어감과 질병에 대한 것이다. 영상과 파워포인트를 통해 참여자들이 그동안 때때로 거부하고 이해하지 못하는 질병과 늙어감에 대해 그리고 이어서 죽음에 대해 생각해 볼 수 있도록 이끈다. 넷째 활동은 그룹 나눔으로 그룹 활동 전에 죽음과 삶에 대한 문장완성검사를 진행한다. 이 검사는 '자기이해'와 '죽음에 대한 태도' 그리고 '생의 의미'를 문장을 완성함을 통해 파악할 수 있다. 문장완성검사를 완성한 후에는 인도자에 따라 4~5명으로 그룹을 나누어 문장완성검사를 진행한 것은 영역별로 나누게 된다. 이 때 준비된 영역별 페이퍼에 서술형 뒷 문장을 다시 옮겨적게 한다. 그 후 자기 이해 영역(3문항-10,4,8번)의 3문항을 발표하게 한다. 나는 나를___.(10문항) 세상은 내게___.(4문항) 그래서 나는___.(8문항)를 1사람씩 말하고 이를 들음을 통해 발표자뿐 아니라 참여하는 자들이 자신과 타인을 이해하게 된다.

죽음과 삶에 대한 문장완성검사

이름:＿＿＿＿＿＿＿＿＿　　작성일:＿＿＿＿＿＿＿＿＿
나이:＿＿＿＿＿＿＿＿＿

【실시 방법】
다음에 기술된 문장은 뒷부분이 빠져 있습니다.
각 문장을 읽으면서 제일 먼저 떠오르는 생각으로 뒷부분을 이어 문장을 완성하도록 하십시오.
자기의 솔직한 마음을 그대로 기록해 주시면 되겠습니다.

1. 나는 죽음에 대해 ＿＿＿＿＿＿＿＿＿＿＿＿＿＿＿＿＿＿＿＿＿＿＿
2. 나는 사는게 ＿＿＿＿＿＿＿＿＿＿＿＿＿＿＿＿＿＿＿＿＿＿＿＿＿
3. 나에게 죽음에 대한 두려움은 ＿＿＿＿＿＿＿＿＿＿＿＿＿＿＿＿
4. 세상은 내게 ＿＿＿＿＿＿＿＿＿＿＿＿＿＿＿＿＿＿＿＿＿＿＿＿
5. 죽음에 대해 말하는 것이 내게는 ＿＿＿＿＿＿＿＿＿＿＿＿＿＿
6. 죽음하면 떠오르는 생각은 ＿＿＿＿＿＿＿＿＿＿＿＿＿＿＿＿＿
7. 나는 다른 사람들의 필요와 관심에 대해 ＿＿＿＿＿＿＿＿＿＿
8. 그래서 나는 ＿＿＿＿＿＿＿＿＿＿＿＿＿＿＿＿＿＿＿＿＿＿＿＿
9. 사랑하는 사람이 죽는다면 나는 ＿＿＿＿＿＿＿＿＿＿＿＿＿＿＿
10. 나는 나를 ＿＿＿＿＿＿＿＿＿＿＿＿＿＿＿＿＿＿＿＿＿＿＿＿
11. 할 수만 있으면 ＿＿＿＿＿＿＿＿＿＿＿＿＿＿＿＿＿＿＿＿＿＿
12. 나는 죽음을 ＿＿＿＿＿＿＿＿＿＿＿＿＿＿＿＿＿＿＿＿＿＿＿
13. 내가 후회 하는 것은 ＿＿＿＿＿＿＿＿＿＿＿＿＿＿＿＿＿＿＿
14. 질병이 든다면 ＿＿＿＿＿＿＿＿＿＿＿＿＿＿＿＿＿＿＿＿＿＿
15. 만일 내가 시한부 판정을 받는다면 ＿＿＿＿＿＿＿＿＿＿＿＿＿
16. 나에게 재미있는 것은 ＿＿＿＿＿＿＿＿＿＿＿＿＿＿＿＿＿＿
17. 요즘 나는 ＿＿＿＿＿＿＿＿＿＿＿＿＿＿＿＿＿＿＿＿＿＿＿＿
18. 가장 행복한 때는 ＿＿＿＿＿＿＿＿＿＿＿＿＿＿＿＿＿＿＿＿＿
19. 늙음, 질병, 죽음에 대한 생각 ＿＿＿＿＿＿＿＿＿＿＿＿＿＿＿
20. 죽음에 대한 나의 고민은 ＿＿＿＿＿＿＿＿＿＿＿＿＿＿＿＿＿

〈표 3〉 죽음과 삶에 대한 문장완성검사[56]

---

56) 이 문장완성검사는 한국고령사회교육의 문장완성검사를 응용하여 기안한 것으로 3가지 영역 즉 '자기이해' 영역(3문항-10,4,8번 문항) '죽음에 대한 태도' 영역(10문항-1,3,5,6,9,12,14,19,20문항) '생의 의미'의 영역(7문항-2,7,11,13,17,18문항)으로 구성되어 있다. 죽음에 대한 태도 영역은 3영역 즉 '죽음에 대한 인식'(1,5,6문항), '죽음에 대한 공포'(3,9,20번),' 죽음에 대한 태도'(12,14,19문항)로 구분하여 발표 할 수 있다. 이 검사는 제시한 주제에 대한 기술을 통해 자기이해와 죽음에 대한 태도 그리고 생의 의미를 파악하는 데 있다.

1회기의 마무리는 오늘 활동에 대한 요약과 함께 참여와 적극적인 활동에 대한 감사와 다음 회기에 대한 기대로 마무리한다.

○ **2회기 '사랑하는 이를 떠나 보내는 유가족 이해하기'**

2회기 교육목표는 사랑하는 가족을 잃은 유가족을 이해하고 돕는 방법을 알게 되는 것이다.

2회기 활동 진행 내용은 첫째, 환영과 인사와 함께 지난 주에 대한 언급과 오늘 진행에 대해 안내한다. 진행자는 참여자로 하여금 환대받고 있다는 느낌을 받도록 하기 위해 2회기 도입에 간단한 아이스 브레이크를 활용할 수도 있다. 둘째, 2회차 본격적인 목표활동으로 다큐멘터리 '고마워요 내사랑'[57]을 시청한다. 시청할 내용에 대한 간단한 안내와 시청후 그룹 활동으로 '사별 가족의 입장 되어 보기'를 진행한다.[58]

사별 가족의 입장 되어보기

1. 다큐멘터리 '고마워요 내 사랑'을 보고 느낀 점은 무엇인가?(나누기)
2. 내가 죽음을 맞이해야 할 당사자라면 어떻게 하겠는가?
3. 내가 만약 남편, 자녀라면 어떻게 하겠는가?
4. 암으로 죽어가는 이의 친척(오빠, 언니)이라면 사별가족에게 무엇을 말하며 어떻게 위로할 것인가?
   * 도움이 되지 않는 말 또는 주의해야 할 것은 무엇인가?
5. 실제 사별경험이 있다면 나누어보자.

〈표 4〉'사별 가족의 입장 되어보기'그룹 진행안

---

57) 다큐멘터리 '고마워요 내 사랑'은 유튜버(www.youtube.com)를 통해 시청 가능하다.
58) 소그룹 나눔은 자신을 표현하고 상호간에 좋은 영향을 끼치며 배울 수 있는 좋은 장이다.

2회차 마무리는 각 소그룹의 진행안을 마무리하는 단계로 그룹 진행안 중 3번과 4번 중 전체 앞에서 나눌 분이 계시다면 앞으로 나와 발표한다.

2회차 연습과제는 '가족과 함께 나누는 죽음이야기'활동이다. 가족이 함께 죽음 이야기를 나눔으로서 가족은 서로의 죽음에 대한 이해를 알게 되고 가족의 죽음을 준비할 수 있게 될 뿐 아니라 사별을 당한 주변 사람들을 이해하고 도울 수 있게 된다. 가족과 함께 나누는 죽음 이야기 활동의 목표는 평소 하지 못한 죽음에 대한 교육이 가정에서 실제적으로 일어나게 하는 데 있다. 죽음과 관련하여 자살과 자학에 관한 주제를 함께 다루면 자살을 예방할 수 있다. 가족과 함께 나누는 죽음 이야기 진행안은 표 4를 참조하여 구성한다.

○ **3회기 '죽음에 대한 체험'**

3회기 교육목표는 죽음에 대한 체험(입관)을 통해 죽음을 보다 실질적으로 경험하는 것이다. 유서쓰기를 통해 자신의 죽음을 생각하고 과거를 돌아보고 현재의 관계와 고통과 아픔을 풀어내며 실제로 관에 들어가 봄으로서 자신의 죽음을 체험하게 된다.

3회기 활동 진행 내용은 첫째, 죽음에 대한 정의와 죽음이해의 역사를 구체적으로 다루어준다(강의). 이 때 파워포인트 등 시청각 자료를 활용하면 효과적이다. 두 번째 활동은 유서쓰기 활동이다. 이 때 중요한 것은 유서를 쓰는 공간의 분위기이다. 진행자와 스텝은 분위기를 어둡게 하고 부드러운 조명이나 촛불을 통해 죽음 앞에 실제 서 있게 되는 상황을 연출한다. 유서쓰기가 마무리 되면 준비된 한 두 사람의 유서 발표를 함께 듣는 시간을 가진 후 입관 체험을 하게 된다(세번째 활동). 사전에 관은 준비해 놓은 상태에서 먼저 1명의 입관식을 진행한 후 4~5명이 앞으로 나와 동시에 입관할 수 있도록 진행한다.[59] 입관은 장례식의 엄중한 분위기 속에서 진행한다.

입관 예식 순서

예식사	집례자

"지금부터 (고) OOO씨의 몸에 새 옷을 입히고, 관에 고이 모시는 입관식을 거행하겠습니다."

새옷입음	맡은자

죽음을 체험하는 참여자는 관 앞으로 나와 준비된 의자에 앉으면 준비된 스텝들은 수의를 입히고 시신을 묶는다 (양손, 팔과 몸, 두 다리).

입관	맡은자

집례자의 안내에 따라 스텝들은 묶은 시신을 관에 넣는다. (관 덮개는 열어둔 채로)

성경봉독	집례자

눅 23:50-54, 요14:1-6, 고후 5:1-10, 살전 4:14-18중 선별하여 봉독한다.

기도	집례자

"자비로우신 하나님, 주님의 섭리에 순종하여 엄숙히 머리를 숙입니다. 주께서 생명을 주시고 이제 거두어 가시는 이 섭리 앞에 슬픔을 금할 수 없습니다. 영원하신 하나님, 고인의 시신을 장사하기 위하여 관에 모시오니 그의 영혼을 주의 품속에 고이 품어 주소서. 관을 덮어 빛을 차단하오니 이 영혼이 돌아왔던 그 곳으로 편안이 돌아가게 하소서. 남아있는 유가족들에게 위로와 용기를 주소서" (관의 덮개를 닫고)

찬송	다같이

"하늘 가는 밝은 길이"(493장)

축도	집례자

〈표 5〉 입관식 순서[60]

---

59) 참여자가 많지 않다면 1~2사람으로 입관하는 자의 수를 조절할 수도 있다.
60) 본 입관예식 순은 기독교적 입관예식 순서를 응용한 것으로, 믿지 않는 자들이 기독교 예식을 접할 기회를 제공하고 죽음에 대한 성경적 메시지를 듣게 하는 데 그 목표가 있다. 참여자가 찬양을 모른다 하더라도 찬송을 듣는 것은 좋은 경험이 된다.

3회기 마무리는 모든 참여자가 입관 체험을 했다면 이에 대한 소감을 기록하거나 앞으로 나와 소감을 발표한다. 만일 교회 형편이 입관 체험을 진행할수 없다면 입관체험 센터에 가서 체험할 수도 있다.[61]

3회기의 연습과제는 지난 나의 삶을 돌아보고 지금의 삶과 앞으로의 삶을 생각해 보는 활동이다. 지난 나의 삶에서 가장 기뻤던 일, 가장 슬펐던 일, 가장 후회되는 일은 무엇인지 기록해 보고, 지금의 삶에서 감사한 것은 무엇인지 기록하고 앞으로 기대하는 바를 기록한다. 연습과제는 다음 회기에 제출하고 4회기 도입에서 발표하는 시간을 가질 수 있다.

○ **4회기 '성경에서 말하는 죽음이란?'**

4회기의 교육목표는 성경에서 말하는 죽음을 이해하는 것이다. 창세기에서 말하는 인간의 탄생과 죽음에 대한 것과 신약성서에서 제시하는 영생을 얻는 길을 제시한다.

구체적인 4회기 활동 진행 내용은 첫째, 성경에서 말하는 죽음 이해하기, 생명에 이르는 길에 대한 영상 강의이다. 창세기 1장 1절과 27절에서 28절, 2장 7절과 3장 1절에서 19절 말씀을 통해 인간에게 생명을 주신 이는 창조주 하나님이라는 것과 인간은 흙으로 창조되었고 흙으로 돌아간다는 것(인간의 운명)을 영상 강의한다. 이와 함께 신약성서에서 말하고 있는 예수를 통한 생명 얻는 길에 대해 요한복음과 로마서를 중심으로 강의한다. 4회기 두 번째 진행활동은 영화 '미라클 프롬 헤븐'(Miracle from heaven)를 함께 시청한다.[62] 세 번째 진행 활동은 그룹활동으로 영화를 본 소감 및

---

61) 효원힐링센터(서울 영등포구 당산동에 위치) /나경원 기자, 이투데이
https://m.post.naver.com/viewer/postView.nhn?volumeNo=17095911&memberNo=6132524&vType=VERTICAL
62) 진행순서는 영화 시청하기를 먼저 진행할 수 있다. 영화 '미라클 프롬 헤븐'(Miracle from heaven)은 유튜버(www.youtube)를 통해 20분짜리로 시청할 수 있다.

천국과 지옥에 대한 자신의 견해(1. 천국과 지옥이 있다고 생각하는가? 그렇게 생각한 이유는 무엇인가? 2. 천국과 지옥을 생각하는 것의 유익은 무엇인가?)를 나누어 본다.

4회기 연습과제는 성경공부이다. 성경을 찾아 해당되는 질문에 답을 기록해 봄으로 성경이 말하는 탄생과 죽음의 의미 그리고 생명에 이르는 길을 이해하게 된다.

성경에서 말하는 죽음이란?

마음 열기

성부, 성자, 성령 하나님께서는 자기의 영원한 능력과 지혜와 선하심의 영광을 나타내시기 위하여, 태초에 세상과 그 가운데 있는 보이는 것이나 보이지 않는 만물을 엿새 동안 선하게 창조하시기를, 혹은 무로부터 지으시기를 기뻐하셨다.

-웨스트민스터신앙고백서 제 4장 창조, 제 1항에서-

* 나무와 햇빛 물과 같은 하나님의 창조하심에 대해 어떻게 생각하십니까?
_____

성경과의 만남 Ⅰ-'창조주 하나님'

1. 창세기 1장 1절에서 하늘과 땅은 누구에 의해 창조되었다고 말씀하시고 계십니까?
   (창세기 1장 1절)

   ⇒ 창1:1의 선언은 하나님께서 세계의 창조주가 되심을 명확하게 선언하는 것입니다.

2. 창세기에 의하면 하나님은 사람을 누구의 형상대로 창조하셨으며 왜 창조하셨습니까?
   (창세기 1장 27절~28절)

3. 인간이 에덴동산의 풍성한 축복을 잃어버리고 에덴동산을 쫓겨난 이유는 무엇입니까?
   (창세기 2~3장 전체)

4. 창세기 3장 19절에서 흙으로 지음받은 인간이 결국에 돌아가야 할 곳은 어디입니까?

5. 성경에서 창조주 하나님에 대한 본문을 더 찾아봅시다. 괄호 안에 들어갈 말을 찾아 적어보세요. -시편 104편 27절~29절-

   27 주께서 주신즉 그들이 받으며 이것들은 다 주께서 때를 따라 (   )을 주시기를 바라나이다
   28 주께서 주신즉 그들이 받으며 주께서 손을 펴신즉 그들이 좋은 것으로 만족하다가
   29 주께서 (   )을 숨기신즉 그들이 (   ) 주께서 그들의 (   )을 거두신 즉 그들은 (   ) (   )로 돌아가나이다

> **성경과의 만남 Ⅱ-'생명이신 예수'**
> 1. 요한복음 11장 1절~44절에서 예수는 자신을 무엇이라고 소개하고 있습니까?
>   (요한복음 11장 25절)
> 2. 요한복음 10장 10절은 예수님께서 이 땅에 오신 이유에 대해 무엇이라고 말씀하시고
>   계십니까?
>
> **정리하며**
> 하나님은 창조주이십니다. 하나님은 이 세계를 창조하셨고 인간을 하나님의 형상대로 창조하셨습니다. 죄로 인해 하나님과 단절된 인간은 예수 그리스도를 통해 생명을 얻습니다.
>
> **생각해 보기**
> 하나님의 창조와 생명이신 예수 그리스도를 믿는 것에 대해 생각해 봅시다.

〈표 6〉 성경에서 말하는 죽음이란? 4주차 연습과제[63]

○ 5회기 '사람은 무엇으로 사는가?'

5회는 삶에 대한 의미를 다시금 생각해 보는 회기로 삶의 가치와 의미를 알게 됨을 교육목표로 둔다.

5회기 활동 진행 내용은 첫째, 삶을 살아가는 다양한 방식과 생을 마감하는 다양한 방식 예를 들면 자살 등을 다루는 시청각 강의를 짧게 진행한다. 두 번째는 톨스토이의 책 '사람은 무엇으로 사는가' 낭독회를 가진다.[64] 낭독회는 지정된 한 사람이 15분 가량 낭독을 하고 잔잔한 배경 음악을 통해 삶을 사색할 수 있도록 이끈다. 세 번째 활동은 그룹 나눔활동으로, 사랑과 나눔에 대해 나누는 시간을 갖는다. 나눔의 가치는 무엇이며 사랑하며 사는 삶과 그렇지 않은 삶에 대해 서로의 생각을 말하고 듣는 시간을 가진다.

---

63) 이 연습과제는 사전 소책자에 함께 넣어 참여자가 성경책을 읽고 기록할 수 있게 한다. 성경과의 만남Ⅱ '생명이신 예수' 대신에 성경에 말하는 사후 세계에 대해 누가복음 16장 19절~31절의 부자와 나사로 본문을 성경공부 안에 넣을 수 있다.
64) 톨스토이 책 '사람은 무엇으로 사는가?'는 삶에 대한 그의 깊은 철학이 녹아있는 책으로 책 속의 '사람에게 주어지지 않는 것은 무엇인가'라는 소제목의 글도 유익하다.

5회기 연습과제는 다큐멘터리 '울지마 톤즈'를 시청하고 시청 소감문을 A4반 장 정도의 분량으로 써오는 것이다. 이 소감문은 6회장 도입에서 소감문을 발표할 수 있다. 연습과제 두 번째는 '남을 위한 30분의 나눔'이라는 실천으로 일 주일 중 요일을 정해 30분 정도 주변 사람을 위해 시간을 사용하고 그 내용과 느낌을 기록해 오는 활동이다.

날짜(요일)	남을 위한 시간 30분 실천내용	점검 확인	느낌 간략히 적기
월 일( )		○ 또는 ×	
월 일( )		○ 또는 ×	
월 일( )		○ 또는 ×	

〈표 7〉 5주차 과제'남을 위한 30분의 나눔'점검표[65]

세 번째 연습과제는 나눔에 대한 훈훈한 이야기를 한 두 개정도 스크랩 해오는 활동이다. 이 활동은 6회차에 게시판에 붙여서 참여자 전체가 볼 수 있도록 전시한다.

○ 6회기 '활기찬 삶을 향하여'

6회기는 마무리 단계로 프로그램을 마치며 죽음에 대한 이전 이해와 이후 이해의 변화를 나눈다.

구체적인 6회기 활동 진행 내용 첫번째는 사전연명의료의향서 혹은 장기기증에 관련한 관계자를 초빙하여 설명을 듣는 시간을 갖는다. 이 활동은 어떻게 죽을 것인가에 대한 생각과 준비를 할 수 있게 한다. 두 번째 활동은 대그룹 발표로 죽음에 대한 이전 이해와 이후 달라진 이해에 대해 1명씩 1분간 발표하는 시간을 가진다. 변화와 함께 죽음과 삶에 대한 자신

---

[65] 남을 위한 30분의 나눔은 가정과 일터에서 실천하는 활동이다. 예를 들어 설거지를 함께 도와 줄 수도 있고 나의 일이 아닌 동료의 일을 도울 수도 있으며 전철 계단에서 도움이 필요한 자의 짐을 들어주거나 휠체어를 탄 분을 도와줄 수도 있다.

의 정의를 발표해도 좋다. 발표 이후에는 단체 사진을 찍고 다과와 음료 등으로 친교하는 시간을 가진다. '죽음과 삶의 의미를 찾아서' 죽음교육 프로그램을 도표로 정리하면 아래과 같다.

단계	회기	주제	목표 활동	연습과제
도입	1회기	나에게 죽음이란 무엇인가?	1. 인사 2. 프로그램 안내 3. 늙어감과 병에 대한 강의(ppt) 4. 죽음에 대한 불안, 공포 다루기 ☞ 그룹 나눔: '죽음과 생에 대한 문장완성 검사'	
죽음 체험	2회기	사랑하는 이를 떠나 보내는 유가족 이해하기	1. 타큐멘터리 '고마워요, 내 사랑' 시청하기 2. 사별 가족의 입장 되어 보기(그룹 활동) -다큐멘터리를 보고 느낀 점 나누기 -내가 죽음을 맞이해야 할 당사자라면? -내가 만약 남편, 자녀라면 어떻게 하겠는가? -암으로 죽어가는 이의 친척이라면 사별가족을 어떻게 위로할 것인가? * 도움이 되지 않는 말 또는 주의해야 할 것은 무엇인가?	1. 가족과 함께 나누는 죽음 이야기 ①다큐 '고마워요, 내사랑' 시청 ②내가 죽음을 맞이해야 하는 당사자라면? ③내가 만약 남편, 자녀라면 어떻게 하겠는가? ④암으로 죽어가는 이의 친척이라면 사별가족을 어떻게 위로할 것인가?
	3회기	죽음에 대한 체험	1. 죽음에 대한 이해 -강의(ppt) : 죽음이해의 역사 및 2. 유서쓰기/발표 3. 입관 체험	1. 지난 나의 삶 돌아보기 -가장 기뻤던 일 -가장 슬펐던 일 -가장 후회되는 일 2. 지금의 삶(감사한 것) 3. 앞으로의 삶(기대)
죽음 이해	4회기	성경에서 말하는 죽음이란?	1. 성경에서 말하는 죽음 이해하기 -창조주 하나님, 흙으로 창조, 흙으로 돌아감 -생명이신 예수(생명을 얻는 길) 2. 영화 '미라클 프롬 헤븐'시청 하기 3. 그룹 나눔 : 천국과 지옥에 대하여	1. 성경 공부(paper) ① 창조주 하나님 &인간 -창 1:1, 1:27~28, 2:7, 3장 1~19 ② 생명이신 예수 -요11:1~44, 요10:10 ③ 사후세계:부자와 거지 나사로-눅16:19~31
	5회기	사람은 무엇으로 사는가?	1. 어떻게 살 것인가? (ppt 강의) :삶을 살아가는 다양한 방식과 생을 마감하는 다양한 방식 2. 낭독: 톨스토이 '사람은 무엇으로 사는가?' 3. 그룹나눔: 사랑, 나눔에 대하여 (어떻게 살 것인가?)	다큐멘터리 '울지마 톤즈' 시청하기 -소감 써오기(A4반) 2. 남을 위한 시간 실천 -내용과 점검표 작성하기 3. 남을 위한 '나눔' 뉴스 스크랩 해 오기!

단계	회기	주제	목표 활동	연습과제
삶을 향하여	6회기	새로운 삶을 향하여	1. 사전연명의료의향서, 장기기증 　(관계자 초빙 강의) 2. 대그룹(발표) 　:죽음에 대한 이전 이해와 이후 이해 의 변화, 내가 정의하는 죽음과 삶 3. 마무리-다과 음료 등	

〈표 8〉'죽음과 삶의 의미를 찾아서'죽음교육 프로그램[66]

제 5 장
결 론

    지금까지 우리는 죽음불안과 공포라는 죽음에 관한 심리적 문제와 자살이라는 사회적 문제에 대한 대안으로 '죽음과 삶의 의미를 찾아서'죽음교육 프로그램을 제시하였다. 이 장에서는 앞서의 연구를 간략하게 요약 정리하고 결론적으로 한국교회와 사회를 위해 몇 가지를 제안하고자 한다.

제1절 논문의 요약

    제 2장에서 우리는 죽음불안과 공포 그리고 자살이라는 심리적이고

---

66) 본 프로그램은 필자가 고안한 것으로 성경적 죽음을 이해하고 나눔의 삶의 의미를 회복하는 것을 목표로 죽음을 보다 실질적으로 체험할 수 있도록 기획하였다. 교육대상은 지역주민 성인 20명~30명이며 매회기 진행 소요시간은 60분에서 90분이다. 이 프로그램은 지역의 어르신들(65세 이상에서 80세)을 대상으로 실버 대학에서 활용될 수 있으며, 청년 및 대학생 그리고 청소년과 아동을 대상으로 진행될 수 있다.

사회적 문제를 제기하였다. 죽음에 대한 불안은 인간 근원적인 심리적 문제이나 생산과 능률을 중시하는 현대사회에서 죽음은 격리되어 있다. 죽음에 대한 외면은 삶의 기준을 잃게 하는 문제를 가지고 있다. 죽음불안과 공포는 질병 앞에서 느끼는 심리적 반응과 연관되어 있으며 질병으로 느끼는 공포는 죽을 수 밖에 없는 인간의 유한성을 드러낸다. 우울와 다양한 심리적 문제의 결과로 드러나는 사회적인 문제인 자살은 죽음의 공포와 무관하지 않는 것으로 이는 한국 사회에 죽음교육의 필요성을 말해주고 있다.

제 3장에서 우리는 죽음이라는 인간의 유한성에 대한 성서적 고찰 및 철학적 고찰을 시도하였다. 성서는 인간이 창조주에 의해 땅의 흙으로 지음받았으며 흙으로 돌아갈 한계성에 대해 명확하게 언급하고 있으며 실존 철학에서 죽음은 보편적인 것으로서 개별 실존이 언젠가 한 번은 대면해야 하는 것이다. 죽음교육이 필요한 이유는 죽음교육은 죽음불안을 감소시키며 인간의 유한성이라는 실존을 인식하게 하며 이전보다 더 나은 삶 즉 '나눔'으로 인도하기 때문이다.

제 4장에서는 죽음교육에 대한 방법으로 지역교회에 죽음교육 프로그램을 제시하였다. 죽음교육 프로그램인 '죽음과 삶을 의미를 찾아서'는 죽음교육을 통해 삶의 가치와 의미를 찾는 것을 교육목표로 죽음체험과 죽음이해를 큰 골자로 한다. 구체적인 내용은 사별한 유가족을 돕는법과 유서쓰기와 입관체험을 통해 죽음을 체험하고 성서적 죽음이해와 삶에 대한 의미를 깨닫도록 구성되었다.

제2절 제언

죽음교육은 세상과 교회에게 삶의 가치와 의미 그리고 궁극적인 삶의 목표를 성찰한다는 점에서 더욱 강화되어야 한다. 이를 위해서 구체적으로 첫째, 죽음교육이 보다 효과적으로 이루어지기 위해 교회와 지역 단체는 연대해야 하며 둘째, 생명의 가치를 깨닫게 하는 죽음교육이 지역마다 실행될 수 있도록 지역교회는 죽음교육이 포함된 목회계획을 수립해야 하고 셋째, 교회는 기계와 경쟁해야 하는 4차혁명시대에 인간론에 대해 죽음교육으로 답해야 한다.

첫째, 죽음교육에 있어 교회와 세상은 연대해야 한다. 현재 이루어지고 있는 정부와 단체의 죽음교육은 교회와 함께 연대할 때 더 풍성한 영향력을 발휘하게 될 것이다. 죽음교육에서 세상과 교회가 연대한다면 교회 밖의 프로그램이 채워주지 못하는 종교적인 부분을 교회를 통해 얻을 수 있게 되며 교회는 세상과 소통하는 창으로서 지역에 공헌하게 될 것이다.

둘째, 교회는 생명 가치를 깨닫게 하는 죽음교육을 목회정책에 반영해야 한다. 예수의 죽음과 부활을 그 핵심 가치로 두고 있는 기독교에 죽음에 대한 교육은 목회정책 면에서 보다 강화되어야 한다. 구체적으로 사순절 기간 1달을 죽음교육의 달로 선포하고 교회학교를 포함하여 전 세대가 죽음을 이해하고 교육하게 된다면 교회는 이전보다 큰 생명력을 얻게 될 것이다.

셋째, 죽음교육은 4차혁명시대에 교회가 더욱 중점을 두어야 할 사안이다. 인간의 일자리는 인공지능을 가진 기계로 대체되면서 실직이 증가되고 인간이 기계와 경쟁해야 하는 시대에 아프고 늙어가는 인간의 실존적 문제는 더욱 부각될 것이다. '인간이란 무엇인가'의 근원적인 질문에 답하는 기독교는 4차혁명시대에 경험하는 상실과 인간존재의 한계성에 대해 관심을 갖고 이에 대해 대비해야 한다.

참고문헌

강병도 편자. 『카리스종합주석』. 제 1권. 기독지혜사, 2003.
곽혜원. 『존엄한 삶, 존엄한 죽음: 기독교 생사학의 의미와 과제』. 서울: 새물결플러스, 2014.
김균진. 『죽음의 신학』. 서울: 대한기독교서회, 2002.
김복연, 오청욱, 강혜경. "죽음교육 프로그램이 성인의 자아존중감, 영적안녕, 통증에 미치는 효과" 『한국산학기술학회 논문지』. 17(9), 2016.
김순희, 김동희. "간호대학생을 위한 죽음교육 프로그램 개발 및 효과" 『기본간호학회지』. 22(3), 2015.
김열규. 『메멘토 모리, 죽음을 기억하라』. 서울: 궁리, 2001.
김이곤. 『죽음을 극복하는 길』. 서울: VERITAS PRESS, 2013.
박충구. 『인간의 마지막 권리-죽음을 이해하고 준비하기 위한 13가지 물음』. 서울: 동녘, 2019.
송현동. "삶을 찾아 떠나는 죽음교육" 『종교문화연구』. 12, 2009.
양소명, 황은희. "예비노인의 사전연명의료의향서 작성 여부에 따른 죽음불안과 죽음태도 의 차이" 『한국보건간호학회지』. 34(2), 2020.
조계화. 『죽음학 사설』. 서울: 학지사, 2006.
조성돈. "기독교의 죽음 이해와 자살예방" 『종교문화학보』. 제 17권, 2020.
하홍규. "죽어감의 윤리학으로의 초대 박충구의 '인간의 마지막 권리-죽어감을 이해하고 준비하기 위한 13가지 물음'" 『사회이론』. 2020.

Aristoteles. ΠΕΡΙ ΨΥΧΗΣ. 유원기 역. 『영혼에 관하여』. 파주: 궁리, 2001.

Backus, William. LEARNING TO TELL MYSELF THE TRUTH. 김재서, 신현경 역.『부정적 감정을 치유하는 진리요법』. 서울:예산사, 2004.

Collins, Gary R. Christian Counseling. 한국기독교상담,상담치료학회 역.『크리스챤 카운슬링』. 서울: 두란노, 2017.

Deeken, Alfons. 生と死の教育. 전성공 역.『인문학으로서의 죽음교육』. 경기: 인간사랑, 2008.

Elisabeth, Kubler-Ross. On Death & Dying. 이진 역.『죽음과 죽어감』. 파주: 이레, 2008.

Gawande, Atul. Being Mortal. 김희정 역.『어떻게 죽을 것인가』. 서울: 부키, 2015.

Heidegger, M. Being and Time. 이기상 역.『존재와 시간』. 서울: 까치글방, 1998.

Jaspers, Karl. Philosophie. 이진호 최양석 역.『철학 1: 세계정위』. 경기: 아카넷, 2017.

Kagan, Shelly. Death (Open Yale Courses). 박세연 역.『죽음이란 무엇인가』. 서울: 웅진씽크빅, 2013.

Kierkegaard, Søren. Angst und Nervenkitzel. 임춘갑 역.『공포와 전율』. 서울: 다산글방, 2007.

Kierkegaard, Søren. Die krankheit zum tode. 임규정 역.『죽음에 이르는 병』. 서울: 한길사, 2007.

Rahner, Karl. 김수복 역.『죽음의 신학』. 서울: 가톨릭출판사, 1987.

Stephen S, Kim. "The Significance of Jesus' Raising Lazarus from th Dead in John 11"『Bibliotheca Sacra』. 168, 669, 2011.

Thompson, Marianne Meye. "The Raising of Lazarus in John 11: A Theological Reading"『The Gospel of John and Christian

Theology』. R. Bauckham and C. Mosser. Grand Rapids; Cambridge, UK: Eerdmans, 2008.

Vorgrimler, H. 심상태 역.『죽음: 오늘의 그리스도교적 죽음이해』. 서울: 성바오로출판사, 1982.

Wittgenstein, Ludwig. 이영철 역.『논리-철학 논고』. 서울: 책세상, 2006.

<ABSTRACT>

Human Finiteness and Death Education

Sook-hee Lee
(Pastor, General Assembly Counseling School)

The purpose of this study is to make people realize the finite existence of death and to spread the necessity of death education based on this. This era is experiencing death anxiety and fear due to coronavirus infection-19 (COVID-19), and was shocked by the suicide of public officials. Death education is necessary to overcome the anxiety and fear of death that humans feel as finite. Death education can be an alternative to death anxiety and fear in that death is recognized and faced as a part of life. The method of this study was to grasp the scenes of experiencing death anxiety and fear through news and statistics, and to examine the finiteness of humans studied the Bible and the literature of philosophers. The contents of this study dealt with death anxiety and fear, which are psychological problems about death, and suicide, which is a social problem, in Chapter 2, and attempted biblical and philosophical considerations on the human finiteness of death in Chapter 3. In Chapter 4, the program 'Finding the meaning of death and life' is presented as a specific method of death education. This death education program is sufficient to be an alternative to death anxiety and fear in that it allows people to find the value and meaning of life through death experience and understanding of death. This study recognizes and accepts the existence of human beings leading to aging, sickness, and death to understand the meaning and value of life. A specific method of death education can be obtained through a death education program 'Finding the meaning of death and life'. As a result, the purpose of the study was achieved.

| Keyword |

death, death education, death anxiety, meaning of life, finiteness of human.

주 제 논 문 ③

죽음교육을 실천하는 교회의 교육목회 커리큘럼

박 미 경[*]
(수서교회 교육목사)

[국문 초록]

　　오늘날 죽음주제를 다루는 죽음학 연구와 죽음교육의 실천이 활발해지고 있다. 그런데 교회에서는 죽음문제와 죽음교육에 대해 얼마나 적극적으로 대처하고 있는가? 성도들이 성경적이고 신학적인 죽음 이해로 삶을 살아가도록 어떻게 돕고 있는가? 교회 안에서 많은 사람들은 죽음문제를 어떻게 다루어야 하는지에 관해 두려움과 막막함을 느끼곤 한다. 기독교 신앙이 죽음을 이기신 예수 그리스도의 부활을 믿으면 구원받는다는 소식을 전해주고 있지만, 현실적으로는 죽음의 문제 앞에 서서 방황하는 경우가 적지 않다. 이는 기독교적인 죽음에 대한 이해와 준비가 매우 미비하기 때문이다. 교회가 신앙적인 죽음교육을 행하지 않기 때문에 많은 성도들은 세속적인 죽음이해와 죽음문화를 받아들이며 살아가고 있다. 이러한 현실을 직시하면서 본 논문은 교회에서 이루어질 수 있는 죽음교육에 대해 다루고자 한다.

　　죽음교육 논의를 위해 먼저 죽음의 의미에 대해 살펴보면 죽음에 접근하는 방법에 따라 죽음해석이 매우 다양하다는 것을 발견할 수 있다. 이런 결과는 신앙인이 비신앙적인 죽음에 대한 신념을 갖고 평생 살아가다가 죽음을 맞을 수

---

[*]논문 투고일: 2020년 10월 20일　[*]논문 수정일: 2021년 1월 14일
[*]게재 확정일: 2021년 3월 2일

있다는 사실을 보여주는 것이다. 그러므로 교회에서 죽음교육을 통해 기독교적인 죽음이해를 바르게 지니고 현재의 삶을 살아갈 뿐만 아니라 죽음을 준비할 수 있도록 지원해야 한다.

구약성경과 신약성경에서는 하나님과의 관계 안에서 인간의 죽음을 해석해 주고 있다. 예수 그리스도의 십자가 죽음과 부활은 성도들에게 죽음이 두려움의 대상으로 남아있지 않다는 것을 선포해 준다. 그리스도인들은 예수 그리스도의 죽음과 부활을 믿음으로 고백하여 구원받았고, 죽음 이후에 존재하는 천국의 삶에 대한 확신을 누리며 오늘을 살아가는 사람들이다. 그러므로 기독교적인 죽음이해를 지닌 성도들은 현재의 삶, 죽음, 그리고 천국에 이르는 시간과 공간의 개념을 통합적으로 바라보며 삶의 의미와 가치를 추구할 수 있다.

본 고에서 제시하는 교회의 죽음교육 커리큘럼은 마리아 해리스(Maria Harris)의 교육목회(educational ministry) 커리큘럼을 이론적인 틀로 삼았다. 죽음교육목회를 위해 먼저 교육목적과 교육목표를 진술하고 죽음교육이 지향하는 바람직한 인간상을 제시하였다. 그리고 죽음교육 커리큘럼을 작성하고 실천할 때 프락시스의 원리, 통합적 원리, 공동체적 원리, 평생교육의 원리를 주요 원리로 삼도록 설명하였다. 죽음교육에 있어 내용과 방법은 하나로 통합되어 교회의 생활 과정으로 이루어질 수 있다. 마리아 해리스가 교육목회에서 말하듯이 케리그마(Kerygma), 레이투르기아(Leiturgia), 디다케(Didache), 디아코니아(Diakonia), 코이노니아(Koinonia) 차원에서 펼쳐지는 죽음교육의 내용과 방법을 예시하였다. 효과적인 죽음교육목회를 위해서 커리큘럼의 관리와 운영이 필요하므로 교회에서 실천할만한 교육행정과 평가에 대해 언급하였다. 죽음을 주제로 삼는 교육목회는 그리스도인들에게 죽음에 비추어 삶을 의미있고 가치롭게 살아가게 할 것이다. 죽음에 대한 개인적인 신앙과 함께 세상 속에서 기독교적인 죽음문화를 전하고 만들어가게 할 것이다.

| 주제어 |

교회교육, 교육목회, 기독교적인 죽음, 죽음교육, 죽음교육의 내용, 죽음교육의 방법, 죽음과 신앙, 죽음의 의미, 커리큘럼, 커리큘럼의 운영과 관리

I.
시작하는 글

오늘날 죽음과 관련된 주제에 대한 죽음학 연구와 죽음교육에 대한 논의 및 실천이 점점 더 활발해 지고 있다. 교양문화강좌 수준에서 소그룹, 대그룹으로 이루어지던 죽음교육형태는 이제 대학교육기관에서 죽음교육전문가 양성코스를 개설하여 전문자격증을 부여하고 있기도 하다. 바야흐로 인간 삶의 의미와 가치실현 문제에 죽음 주제들을 적극 다루는 방식으로 더욱 온전한 삶을 지원할 수 있다는 지점에 귀착하게 된 것이다.

그러면, 우리를 둘러싸고 있는 사회 문화적 환경이 죽음과 죽어감에 대해 관심이 높아져 가고 교육을 통해 죽음에 대비하고자 경주해 가고 있는 이 때에 교회는 죽음교육의 과제에 대해 어떤 태도와 행동을 취하고 있는가? 하나님께서 부르셔서 예수 그리스도를 믿는 믿음으로 모인 교회를 통해서 삼위일체 하나님의 빛에 비추어 자신의 정체성을 형성하며 종말론적 삶을 살아가고 있는 성도 개인과 공동체에게 죽음은 어떤 의미로 전해지고 있는가? 성경적인 죽음의 의미로 삶을 어떻게 살아가도록 지원하고 있는가? 그리고 죽음교육에 대한 중요성을 인식하며 교회의 죽음교육 커리큘럼을 개발하고 실천하고 있는 곳은 어디인가? 이러한 교회의 죽음교육의 실천에 대한 질문을 만나며 그 해답을 적극적으로 찾아보아도 마땅한 답을 발견하기가 쉽지 않은 것이 현실이다. 이처럼 죽음교육 결여의 현실을 대면하면서 죽음교육에 대한 공론화의 일환으로 교회를 장으로

하는 죽음교육 커리큘럼에 대해 모색해 보고자 한다.

　기존에 이루어진 선행연구로는 주로 노인을 대상으로 한 기독교적 죽음교육, 기독교인들의 죽음에 대한 태도 연구, 성경적 관점의 죽음맞이 교육, 죽음동화 연구, 죽음인식에 대한 어린이 영성교육 등 간헐적이지만 죽음에 대한 기독교교육적 논의들을 발견할 수 있다. 주로 노년기의 죽음교육에 대한 관심이 높은 편이었으며 전연령대를 향한 죽음교육이나 교회를 현장으로 삼는 연구는 발견하기 어려웠다.

　선행연구 자료들을 참고하면서 본 고에서는 교회 현장에서 이루어질 수 있는 죽음교육 커리큘럼을 제안하고자 한다. 이를 위해 먼저 죽음이란 무엇인지를 죽음에 대한 다양한 접근방법들을 정리하며 만나보고, 죽음교육 실천에 대한 필요성을 살펴 볼 것이다. 그리고 나서 죽음교육에 대한 기독교적인 교육을 어떻게 설계해 갈 수 있는지를 모색하기 위해서 죽음과 신앙과의 관련성, 그리고 죽음교육을 펼치는 교육목회의 차원들에 대해 탐색해 보려고 한다. 이러한 논의를 기초로 하여 죽음교육 목회 커리큘럼의 실재를 제안하고자 한다. 이를 위해 먼저 죽음교육목회가 지향하는 교육의 목적과 교육이 이루고자 하는 바람직한 인간상을 진술하고 그러한 교육목적과 인간상을 성취하기 위한 죽음교육목회의 내용과 방법을 제시할 것이다. 구체적인 커리큘럼을 구성하는 교육내용과 방법이 어떤 원리에 따라 만들어지는 것이 바람직한 지를 고찰하고, 이론적 바탕 위에 교육실제를 교회생활의 다섯 가지 차원으로 분류하여 제안할 것이다. 마지막으로 효과적인 죽음교육목회 커리큘럼의 관리와 운영을 위한 교육지원체계에 대해 살펴볼 것이다.

Ⅱ.
죽음의 의미와 교육의 필요성

교육이란 변화를 위한 의도적이고 체계적인 과정이다. 교육의 의도성과 체계성은 당위성을 포함하게 된다. 교육이 마땅이 행해야 할 교육과정을 설계하는 데에는 특정 교육실천의 필요성에 대한 논의가 필수적이다. 이 곳에서는 먼저 죽음의 의미를 살펴보고, 죽음교육이 왜 절실한 과제인지를 살펴보도록 한다.

1. 죽음의 의미에 대한 다양한 입장들

우리는 왜 죽음에 대해 관심을 가져야 하는가? 김홍연은 죽음에 대한 질문은 인간이 실존적으로 만나는 삶의 의미에 대한 물음과 연결되어 있다고 말한다. '나는 무엇을 위해 사는가?' '나는 어디로부터 왔는가?' '나는 어디로 가는가?' 등 인간의 근원적인 질문이 죽음 문제와 관련되어 있으며 실존적으로 참여하여 의미를 추구하게 된다는 것이다.[1] 즉, 생명을 지닌 인간은 삶을 영위하면서 존재론적으로 죽음에 대한 질문에 직면하게 되고 죽음의 현실이 필연적이기에 죽음에 대한 답을 추구하게 된다.

죽음이 무엇인가에 대해 설명해 주는 다양한 접근들은 죽음을 이해

---

1) 김홍연, "죽음과 기독교교육: 죽음을 통한 삶의 의미를 교육하기," 『신학과 목회』 제28집 (2007), 306-08.

하려는 인간의 씨름과 결과를 보여주고 있다. 먼저 의학적으로 볼 때 죽음은 폐사, 심장사, 뇌사와 더불어 세포사까지를 죽음으로 명명한다. 인체를 이루고 있는 각 조직은 산소 결핍에 대항하는 능력이 저마다 다르고, 죽음이란 조직을 구성하는 세포계열에서 서서히 진행되는 과정이기 때문이다. 그러므로 의학에서 죽음이란 하나의 시점이 아니라, 신체 조직의 세포에서 일어나는 점진적인 과정에 의해 세포들이 모두 죽었을 경우를 죽음이라고 한다.[2] 최근에는 심장정지 이후에도 세포의 죽음을 늦추는 냉각요법과 소생 이후의 최적의 치료를 통해 죽음을 되돌린 사례들을 보고하는 연구들이 있다.[3] 이러한 죽음에 대한 의학적인 연구발전은 삶과 죽음의 경계를 더욱 유연하게 바라보게 하며 삶을 연장시킬 가능성을 높여 주기도 한다.

한편, 세속적인 비종교인들의 경우에는 죽음이란 인간의 인격과 개체가 소멸되어 사라지는 것이라고 생각한다. 죽음이 모든 것의 끝이며 죽음 이후에 자신은 영원히 사라진다고 생각하기 때문에 죽음에 대한 예식인 장례를 신속히 처리해야 할 사건으로 여긴다. 이러한 죽음이해를 가진 사람들은 세상에 살아가는 동안에 인생의 가치를 어디에 두고 살아야 하는지에 관심이 많으며 자신의 삶이 가치있는 존재로 인정받고 자신으로 인해 세상이 더 나은 곳이 되었다는 평가를 받는 일에 관심을 두는 경향이 있다.[4] 이러한 죽음이해는 오늘날 사회와 문화 속에 널리 퍼져 있는 죽음이해라고 할 수 있다. 이로 인해 현대인들은 물리적인 시간과 공간 및 물질적 소유에 집착하는 경향을 강하게 나타낸다. 심지어 자신을 기독교인이라고 말하는 사람들도 현대 사회의 세속적 죽음문화의 영향으로 천국에

---

[2] 김난예, "죽음 준비교육을 위한 죽음에 대한 태도 분석," 『기독교교육논총』 제10집(2004), 3.
[3] Sam Parnia · Josh Young, *Erasing Death*, 박수철 역, 『죽음을 다시 쓴다』 (서울: 페퍼민트, 2013), 103.
[4] 황명환, 『죽음, 새로운 삶의 시작』 (서울: 섬, 2013), 55-81.

대한 소망을 잊고 물리적 세계에 눈과 가치행동이 붙들려있는 모습을 종종 볼 수 있다. 그러므로 올바른 죽음이해를 통해 삶만을 주목하는 것은 반쪽세계만을 붙드는 위험에 빠져 지내는 것임을 알아야 한다.

다음으로 불교에서는 죽음이란 삶의 연장선상에 있는 하나의 과정이라고 보고 있다. 수많은 번뇌는 '나'라고 하는 생각에서 비롯되기 때문에 '나'라는 독립개체의 개념을 극복하고 우주적인 나를 깨닫는다면 육신의 죽음은 하나의 과정일 뿐 정작 죽음이란 없다는 것이다.[5] 그리고 해탈에 이르지 못한 경우 윤회로 생을 얻기에 죽음은 큰 의미가 없음을 깨달아야 한다는 입장이다.

마지막으로 기독교에서는 죽음이란 생물학적 현상 그 이상이며 하나님과 인간의 관계 안에서 죽을 운명에 대해 설명하고 있다. 죽음이란 창조주 하나님이 이 땅에 보내신 인간을 오라고 부르시는 것이며 바르트(Karl Barth)는 이를 '하나님의 소환장'이라는 개념으로 명명하기도 한다. 기독교적 관점에서는 죽음 자체가 두려워할 대상이 아니며 죽음 후에 하나님을 대면하는 것에 관심을 둔다. 반드시 죽음을 맞이하는 인간이지만 예수 그리스도를 믿는 자들은 구원받으며 죽음 이후에 부활과 천국의 삶이 약속되어 있다.[6]

이상과 같이 죽음에 대한 다양한 접근과 정의들을 살펴보았다. 죽음에 대한 연구들은 생물학적인 죽음의 현상에 대한 공통적인 동의를 하지만, 그 이상의 죽음의 '의미'에 있어서는 다양한 견해를 피력하고 있다. 이는 성도들이 올바른 죽음에 대한 이해와 죽음문화에 대한 참여자로 살아가게 하기 위해서는 기독교적인 죽음의 의미를 바로 이해하며 삶에 적용해야 한다는 사실을 부각시켜 준다.

---

[5] 정재걸, 『삶의 완성을 위한 죽음교육』 (서울: 지식의 날개, 2013), 34-35.
[6] 황명환, 『죽음, 새로운 삶의 시작』, 335-40.

2. 죽음교육의 필요성

죽음교육은 허만 파이펠(Herman Feifel)이 1959년에 『죽음의 의미』를 출간하고 죽음자각운동(death awareness movement)을 펼치면서 시작되었다. 죽음교육은 죽음의 의미, 죽음에 대한 태도, 죽어감과 사별, 죽음을 앞둔 사람의 돌봄 등 죽음과 관련된 여러 가지 주제에 대한 이해와 체험으로 이루어져 실천되고 있다. 그러한 교육을 통해 죽음에 대한 과도한 두려움과 불안, 그리고 죽음을 회피하며 부정하려는 태도를 극복해 갈 수 있다.[7] 다시 말하면 죽음교육은 준비되지 못한 죽음으로 인한 불필요한 공포와 고통에서 벗어나 삶의 진정한 의미와 가치를 발견하고 죽음에 이르기까지 최선의 삶을 살아가고 좋은 죽음을 맞이하도록 돕는 과정이라 할 수 있다.

현대의 학교교육은 인생이라는 여행에서 만나게 되는 중간 기착지와 그곳에 이르는 과정에 대해서만 가르치고 있으며 여행의 종착지와 목적지에 대해 간과하고 있다. 그렇기에 인생 여행이 영원히 지속될 것처럼 여기다가 갑작스러운 죽음을 만나면 당혹감과 공포감으로 큰 고통을 겪는다. 죽음교육을 통한 죽음에 대한 대비는 죽음에 대한 건강한 대처능력을 길러주는 긍정적인 역할을 한다.[8]

누구나 겪게 될 죽음에 대해 준비한 사람은 죽음과 죽어감의 과정에서 발생하는 문제들을 이해하고 대비할 수 있다. 그리고 그것은 죽음에 대비하는 과정에서 겪는 현실적인 문제들을 더욱 충실하고 의미있는 방향

---

7) 권석만, 『삶을 위한 죽음의 심리학』 (서울: 학지사, 2019), 845-47.
8) 위의 책, 849.
　죽음에 대한 무지는 죽음에 대한 공포와 불안을 증폭시키게 된다. 이러한 죽음불안은 건강염려증, 질병불안 등 다양한 증상을 만들어내기도 한다. 죽음을 받아들이려는 마음의 준비가 되어 있지 않으면 가까운 이의 죽음이 트라우마가 되어 큰 상처로 남기도 한다. 최근에는 반려동물의 죽음으로 인한 상실감을 벗어나지 못하는 펫로스증후군(pet loss syndrome)이 보고되고 있기도 하다.

으로 선택하고 결정하도록 삶을 촉진시키는 긍정적인 기능을 한다.

현대사회에서 인간의 출생은 환영받지만, 죽음은 불편한 상황으로 여겨지며 외면당하기도 한다. 그래서 죽어가는 사람이 좋은 죽음을 맞이하도록 돌보는 일을 소홀히 하기도 한다. 이러한 상황을 가만히 들여다보면 사람들이 죽음에 대해 잘 알지 못하고 죽어가는 사람을 어떻게 효과적으로 돌볼 수 있는지에 대한 지식과 역량이 부재함을 발견할 수 있다.[9] 죽음교육은 죽어가는 이들의 상황과 필요, 바람직한 돌봄에 대해 배우고 단련하도록 도와주는 과정이다.

요약하자면 죽음교육이 필요한 이유는 죽음에 대한 공포와 불안 및 회피를 극복하고 죽음에 대해 건강한 대비를 하게 할 뿐만 아니라, 현재의 삶을 의미있고 가치롭게 살게 하고, 죽어가는 이들과의 좋은 관계와 돌봄을 누리게 하기 위한 것이다. 한 마디로 말하자면 아름답게 살고 아름답게 죽기 위해 죽음교육은 절실하게 필요한 것이다.

이와 같이 죽음교육의 필요성이 분명함에도 죽음에 대해 금기시하는 사회 문화적인 태도는 죽음과 죽어감에 대한 교육을 하는 데 장애물이 되고 있다.[10] 죽음을 삶에서 격리하는 현대인들의 태도는 죽어가는 자에게는 외로움을, 살아있는 자에게서 낯섦과 당혹스러움을 안겨준다.[11] 정재

---

9) 위의 책, 850.
10) 김난예, "죽음 준비교육을 위한 죽음에 대한 태도 분석," 3.
  죽음에 대한 사회문화적 터부 현상뿐만 아니라 인간 내부의 심리적 측면에서도 죽음을 회피하려는 성향이 있다. 죽음에 대한 이러한 태도는 죽음을 표현하는 언어에서 나타나는데, '사람이 죽었다'라는 표현보다 '돌아가셨다', '잃었다', '세상을 떠났다' 같은 완곡한 표현을 더 자주 사용한다.
11) 정재걸, 『삶의 완성을 위한 죽음교육』, 26.
  저자는 초등학교 2학년생인 소아암 아이의 에피소드를 소개하면서 죽을 것이 분명한 상황에서도 계속 힘내라고 격려하거나, 죽음을 알리는 것이 환자에게 가족이 그를 포기했다고 겁을 내면서 숨기는 것, 이 두 가지는 모두 거짓 관계를 만들게 된다고 말한다. 그러한 거짓 관계는 죽어가는 이와 가족 사이에 진정한 교감을 불가능하게 만들며, 죽어가는 이를 더욱 고립시키는 행동이 된다고 한다. 자신이 죽는다는 소식을 가장 가까운 이들에게 듣는 것이 죽어가는 자에게는 죽음의 길을 편히 갈 수 있는 안도감을 주게 되고, 가족들에게 죽음에 대

걸은 죽음은 회피되어야 할 주제가 아니며 죽음을 맞이하는 사람에게는 다음과 같은 네 가지를 해 주어야 한다고 역설하고 있다. 첫째 죽음을 분명하게 알려주기, 둘째 사랑을 보여주기, 셋째 용서하고 용서받을 수 있는 기회 주기, 넷째 깨어서 지켜 볼 것을 말하기이다. 죽음을 앞둔 사람이 위안과 사랑을 절실히 원하고 있는 상태일 때 이러한 과정은 죽어가는 이가 자신의 죽음을 분명히 알고, 남은 가족과 친구들과 깊은 교감을 나누면서 집착이 사라지고, 죽음을 부인하는 감정에서 자유로워질 수 있게 한다. 그리고 용서는 죽어가는 자와 살아남은 자의 죄책감과 고통을 치유하는 강력한 과정이 되고, 죽어가는 과정은 삶을 마무리하고 영적인 성취를 얻을 수 있는 중요한 기회[12]가 된다. 이렇듯 죽음은 숨길 것이 아니라 드러내고 풍부한 관계를 누릴 때에 큰 유익을 얻는다는 점을 생각할 때 죽음을 터부시하는 태도는 적극 수정되고 변화되어야 한다. 삶에 대한 다차원적 탐색과 함께 죽음교육을 통해 "죽음에 대한 공론화"[13]를 활발하게 이루어가야 한다.

한 허락을 받은 것으로 여기게 한다.
12) 위의 책, 91-92.
 소크라테스가 독배를 마시고 죽어가고 있을 때 그의 제자들은 슬프게 울었다. 그러나 소크라테스는 제자들을 향해 이렇게 말했다. "울음을 그쳐라. 내가 죽음을 탐구할 수 있게 놔두어라. 나는 죽음의 실체를 파악할 수 있는 이 순간을 평생 동안 기다려왔다."
13) 김홍연, "죽음과 기독교육: 죽음을 통한 삶의 의미를 교육하기." 308-11.
 과거에는 사람들이 거리에서 장례 행렬을 보고 참여하거나 대가족 아래 죽어가는 과정을 자연스럽게 관찰할 수 있었다. 그러나 오늘날에는 주로 병원에서 임종을 맞게 되며 임종 이후에는 빠른 속도로 장례 대행기관에 넘겨지므로 죽음은 삶과 격리되어 다루어진다. 이런 상황 속에서 죽음문제를 맞닥뜨린 중장년의 어른들도 죽음을 어떻게 다루어야 하는지 매우 당혹스러워하므로 어른들은 아이들에게 죽음 문제를 교육하지 못하고 있다. 반세기 전에는 죽음은 익숙한 것이었고 성적인 것이 금기시 되었으나, 현대에는 성적인 것에 보다 개방적이면서도 죽음 관련은 더 조심스러워하거나 언급을 회피하는 경향을 나타낸다. 이런 현 상황에 죽음의 공론화는 중요한 도전이자 삶과 죽음을 포괄할 적으로 살게 하는 중요한 걸음이 된다.

III.
죽음교육과 교육목회

　교회 안에서 죽음을 주제로 삼는 신앙교육은 어떻게 이루어질 수 있을까? 이 질문에 대한 대답을 찾는 과정으로서 이 장에서는 죽음이 신앙과 어떤 관계성을 갖고 있는지를 살펴보고, 교회교육에서 죽음에 대해 신앙적으로 응답하고 실천하게 하는 교육목회의 차원이 어떻게 펼쳐질 수 있는지를 탐색해 보고자 한다.

1. 죽음 주제와 신앙과의 관련성

　죽음을 주제로 삼는 교육은 문명의 발달과 함께 잃어버려진 영성을 회복시키는 과정이 될 수 있다. 현대문명에서는 인간의 가장 중요한 능력으로 이성이 부각되고 있지만, 이전에는 그 자리에 영성 혹은 종교성이 위치하고 있었다. 오늘날 학교교육의 경우에도 오직 생각만을 가르치는 한계를 드러내고 있다.[14] 그러나 영성적 접근의 죽음 주제의 교육은 느끼고 사랑하며 살게 하는 교육으로 구현될 수 있다.
　사람들은 이 땅에 태어나서 살아가면서 끊임없이 '나는 누구인가'를 물으며 삶을 계속해 나간다. 이러한 정체성에 대한 질문은, 비록 청소년기를 정체성 형성을 위한 결정적인 시기로 보내긴 하지만, 평생 동안 묻고 답

---
14) 정재걸, 『삶의 완성을 위한 죽음교육』, 38, 46-48, 58.

을 추구하며 인간은 정체성 형성의 인생을 살아간다. 에릭 에릭슨(Erik Erikson)은 이러한 인간의 평생에 걸친 정체성 형성이라는 발달과제를 성취하는 데 있어서 종교가 긍정적이고 적극적인 역할을 한다고 보았다. 그에 따르면 종교는 인간의 전 생애 동안 건강한 생존에 필요한 기본적인 신뢰감을 보존해 주는 원천이 된다. 신앙이야말로 신뢰감 유지에 절대적으로 필요하며 살아가는 동안 끊임없이 추구하는 의미의 문제를 명료하게 해 주는 기능을 한다. 요약하자면 인생 전체에 걸쳐 나는 누구인가를 물으며 정체성 형성의 여정을 살고 있는 인간에게 신앙은 생존을 위한 신뢰감의 원천이자 끊임없이 인생의 의미를 해석해 주며 희망과 활력을 부어주는 긍정적 기능을 할 수 있다.[15]

영성적 접근의 죽음교육이 인간에게 느끼고 사랑하며 살아가도록 임파워먼트하는 차원은 신앙이 인간의 생애 전체에 걸쳐 신뢰감과 의미와 활력을 부어주는 역할을 한다는 것과 같은 맥락에서 읽을 수 있다. 다시 말하면 죽음에 대한 신앙교육은 이성과 사고 중심의 인간이 아니라, 전인적인 차원의 전체적 인간으로서 인생 주기에 따라 삶의 의미를 느끼고 해석하며 관계 속에서 사랑하며 살아가도록 도와줄 수 있다. 여기서 확인할 수 있듯이 죽음 주제와 신앙의 관련성은 전인적이고 전체적인 인간에게 평생에 걸친 삶의 기능과 역할을 다하게 하는 연결점으로 요약될 수 있다.

다음으로 죽음주제가 신앙교육에 있어서 어떤 관련성 속에서 실천될 수 있을지를 탐색하기 위해 성서적이고 신학적인 죽음 이해를 살펴보도록 한다. 먼저, 구약성서에서는 신앙인 개인과 신앙공동체의 죽음에 대한 이해가 다음과 같이 나타나고 있다.[16] 구약성서에서 죽음은 그리스인들

---

15) 사미자, 『종교심리학』, (서울: 장로회신학대학교 출판부, 2001), 73-76.
16) 황현숙, "성서의 죽음이해," 웨슬리신학연구소 편, 『기독교신학의 죽음이해』 (서울: 신앙과 지성사, 2018), 17-27.

이 생각하는 것처럼 영웅적인 죽음이나 용감한 죽음으로 미화되어 나타나지는 않는다. 이스라엘 백성들에게 죽음은 자연스러운 것이었고 조상에게 돌아가서 잠드는 것으로 이해되었다. "너는 장수하다가 평안히 조상에게로 돌아가 장사될 것이요"(창 15:15), 또 "내가 모태에서 알몸으로 나왔사온즉 또한 알몸이 그리로 돌아가올지라 주신 이도 여호와시오 거두신 이도 여호와시오니(욥 1:21)"라고 말하고 있다. 둘째, 죽음이 단순히 공포의 대상은 아니지만, 인간의 죄에 대한 하나님의 벌로 나타나기도 한다.(신 13장) 셋째, 구약에서 생명과 죽음에 대한 이해는 구원사적 의미로 발전되어 간다. 예를 들어 "범죄한 그 영혼은 죽을지라… 그러나 악인이 만일 그가 행한 모든 죄에서 돌이켜 떠나 내 모든 율례를 지키고 정의와 공의를 행하면 반드시 살고 죽지 아니할 것이라"(겔 18:20-21)에서 볼 수 있다. 넷째, 개인과 이스라엘 공동체의 삶은 '언제나 하나님과 함께 하는 삶'이었고 죽음이라는 것도 '그 함께' 안에서 이루어지는 현상으로 이해했다. 이후에 헬레니즘의 영향은 죽음에 대한 성서적 이해를 훨씬 더 개인적인 차원으로 변하게 했고, 죽음의 내용도 개인적 차원에 머무르게 했다.

한편, 신약성서에서는 죽음을 자연적으로 이해하지 않고 신학적으로 이해하고 있다. 예를 들어 "몸은 죽여도 영혼은 능히 죽이지 못하는 자들을 두려워하지 말고 오직 몸과 영혼을 능히 지옥에 멸하실 수 있는 이를 두려워하라"(마 10:28), 또는 "우리가 항상 예수의 죽음을 몸에 짊어짐은 예수의 생명이 또한 우리 몸에 나타나게 하려 함이라. 우리 살아 있는 자가 항상 예수를 위하여 죽음에 넘겨짐은 예수의 생명이 또한 우리 죽을 육체에 나타나게 하려 함이라"(고후 4:10)라고 말하고 있다. 이렇듯 신약성서에서는 구원의 역사성 속에서 죽음을 이해하고 있다. 그리고 그리스도의 죽음과 부활을 근거로 하여 그리스도인들에게 있을 부활에 대한 소망에 비추어 죽음을 해석하도록 안내하고 있다. 김균진도 예수 그리스도의 지상

활동을 죽음에 대항하여 생명을 회복하는 운동이라 요약할 수 있다[17]고 말한다.

　이처럼 구약성서와 신약성서에서 나타나는 죽음은 상황과 맥락에 따라 여러 차원에서 죽음의 의미를 설명해 주고 있다. 그리고 죽음의 문제는 하나님의 백성들의 삶과 긴밀하게 연결되어 있을 뿐만 아니라, 하나님의 다스림과 구원의 섭리 안에서 이루어지는 것임을 보여 주고 있다. 이러한 점은 세상 속에서 하나님의 백성으로 살아가는 그리스도인들이 삶과 죽음을 전체적으로 다스리고 구원하시는 하나님의 섭리를 믿고 의지하며 살아갈 뿐만 아니라, 삶과 죽음에 대해 성경적 비전과 삶의 비전이 서로 대화하면서 변증법적 앎을 형성하고 실천해야 한다는 것을 말해 준다. 이처럼 죽음주제와 신앙은 상호 관련될 수 있으며 교회에서의 죽음교육은 죽음, 부활, 구원, 하나님, 예수 그리스도, 믿음, 천국 등 신앙의 중심주제들과 연결되어 교육내용과 방법이 구성될 수 있다. 삶, 죽음, 그리고 죽음 이후의 천국[18]이라는 시간과 공간에 대한 차원들은 구원받은 하나님의 백성으로서 '이미(already)'와 '아직(not yet)' 사이에 살아가고 있는 성도들에게 개인적인 신앙과 공적인 신앙 영역에서 어떻게 살아가며 하나님 나라의 가치를 구현해 가야 하는가에 대한 물음과 응답을 열어주고 있다.

---

17) 김균진, 『죽음과 부활의 신학』 (서울: 새물결플러스, 2016), 177.
18) 조지 베일런트는 하버드대 성인발달연구를 진행하면서 1939년 이래 건강한 남자 대학생들로 이루어진 집단을 평생에 걸쳐 사회적으로 의학적으로 연구하였다. 그 결과를 활용하여 천국에 대한 믿음과 희망의 중요성을 분석하는데, 천국과 사후세계에 대한 전망이 사람들의 마음속에 희망과 감사에 초점을 맞추게 해 준다고 한다. 이는 삶과 죽음에 대한 연구와 더불어 천국에 대한 논의가 주요한 과제가 될 수 있음을 알려준다. George E. Vaillant, Heaven on My Mind, 김진영·고영건 역, 『내 마음속 천국: 영성이 이끄는 삶』 (서울: 피와이메이트, 2019). 참조.

2. 죽음교육을 담은 교육목회의 차원들

교육목회(educational ministry)라는 명사는 한국교회에서 1980년대부터 보통명사처럼 사용되기 시작한 용어이다. 교회 안에서 이루어지는 교회학교 사역뿐만 아니라 청장년과 노년세대를 포함하는 전 세대를 향한 교회의 교육적 기능과 역할을 뜻하는 말이다.[19] 교육과 목회가 연결된 단어에서 유추할 수 있듯이 모든 성도들이 보다 성숙한 신앙으로 성장하도록 목회적 차원을 교육적으로 수행하는 것을 말한다.

교육목회에 대한 연구가 진전됨에 따라 국내에서는 마리아 해리스(Maria Harris)의 교육목회에 대한 공부와 실천적 연구가 활발하게 이루어졌다. 그녀는 교육목회에 대한 커리큘럼의 실재를 구성할 수 있도록 이론과 실천에 대한 방향성을 열어주고 있다. 그리고 명시적 커리큘럼뿐만 아니라 교회안에서 이루어지는 교육기능에는 숨겨진 잠재적 커리큘럼도 존재하고, 커리큘럼에서 배제되어 있는 영역인 '영의 커리큘럼(null curriculum)'도 인식해야 한다는 통찰을 주었다.[20]

여기서는 마리아 해리스의 교육목회 모델을 이론적 근거로 삼아 죽음교육 커리큘럼을 모색하려고 한다. 그녀는 교회 안에서 이루어지는 교회생활의 전 과정에 주목하여 교육목회 커리큘럼을 제안하였다. 그것은 다음과 같이 다섯 가지 차원에서 하나님의 백성들의 형성과 변형을 다루고 있다.

첫째, 케리그마(Kerygma)로서 말씀선포의 커리큘럼으로 명명될 수 있다. 하나님이 주체가 되어 들려주시는 말씀은 육신이 되어 예수 그리스도

---

19) 총회목회정보정책연구소 편, 『목회매뉴얼: 교육목회』, (서울: 한국장로교출판사, 2015), 40-41.
20) Maria Harris, *Fashion Me A People: Curriculum in the Church*, 고용수 역, 『교육목회 커리큘럼』(서울: 한국장로교출판사, 1997). 81-82.

로 오셨고, 오늘날 우리 안에서도 육신이 되고 있다. 케리그마가 들려지는 곳에서 성도들은 하나님의 말씀을 전하는 주제가 되거나, 말씀을 계시하는 중재자들이 되거나, 말씀을 듣는 청취자가 된다. 즉 하나님은 세계를 향해 계속 말씀하시고, 우리가 그 말씀에 반응할 때에 자비롭게 경청하시고, 우리에게 말씀해 오시는 하나님께 귀 기울이는 가운데 하나님의 백성으로서의 자신의 정체성을 깨닫게 하신다. 케리그마 커리큘럼은 그리스도인 개인과 교회 공동체를 새롭게 하고, 또 새롭게 할 뿌리로서 기능한다.[21]

둘째, 레이투르기아(Leiturgia)는 예배와 기도의 커리큘럼이다. 교회는 센터가 되어 예배의 제의적 빈곤이나 비효율성, 그리고 예전적인 권태를 극복하기 위해 다양하고 복합적인 역할에 참여를 고무시키는 예배행위를 설계해야 한다. 그리고 기도의 행위들은 개인적인 기도와 공동적인 기도로 범주화되는데, 교회는 설교와 가르침에 주의를 기울이는 만큼 영성을 주목하고 기도 커리큘럼을 위한 자원들을 제공해 주어 기도 커리큘럼을 고무시켜야 한다. 여기서 영성이란 하나님 앞에 선 채 세계 속에 존재하는 방식을 뜻하는 것이다. 기도를 통한 영성의 발달을 위해 기도 리더들을 교육하거나 교회현관에 기도 자료들을 진열하거나 기도모임을 촉진하는 내용을 주보에 기재하는 등 다양한 자원들을 활용할 수 있다.[22]

셋째, 디다케(Didache)는 가르침의 커리큘럼이다. 예수님은 회당과 성전에서 가르치셨고 안식일에도 가르치셨다. 그래서 사람들은 예수님을 교사로 알았고 "랍비, 선생, 감독"으로 불렀다. 그리고 성령이 강림했던 오순절에도 가르침과 교훈이 본질적인 요소로 드러났다. "저희가 사도의 가

---

21) 위의 책, 154-75.
 마리아 해리스는 교회생활의 과정들, 다시 말하면 공동체 과정을 통해 하나님의 백성으로 빚어지는 것을 강조하기 위해 다섯 가지 영역들 중 코이노니아를 가장 먼저 언급했다. 그러나 필자는 한국교회에서 설교에 대한 관심, 그리고 예배와 기도 및 교육에 대한 강조 분위기를 살려서 케리그마, 레이투르기아, 디다케, 디아코니아, 코이노니아로 순서로 설명해 나가고 있다. 이후에 죽음교육목회의 실천을 다룰 때에도 이 순서대로 교육실천을 다루었다.
22) 위의 책, 113-32.

르침을 받아 서로 교제하며 떡을 떼며 기도하기를 전혀 힘쓰니라."(행 2:42) 이러한 사도들의 가르침은 구약의 교육명령(신 6:6-7)과 맥을 같이 하여 그 당시부터 과거와 현재에 이르기까지 교회의 본질적인 사역으로 가르침과 연구가 중심활동이 되어야 함을 일깨워 준다. 가르침의 커리큘럼에는 성경말씀, 전통적인 지식과 교리, 메시지 등 가르침의 지식과 행동 체계를 잘 선별할 뿐 아니라 질문, 분석, 해방 등 가르침이 전달되는 과정체계를 주목하여 실행해 나가야 한다.[23]

넷째, 디아코니아(Diakonia)는 봉사의 커리큘럼이다. 봉사는 기독교 초기부터 내려온 목회 소명들 중 하나이다. 예수님은 삶 전체를 통해 친히 섬김의 모델이 되셨다. 예수님의 부활 이후 그를 따르는 공동체는 섬김의 관점에서 살아가는 모습을 보여준다. "그 중에 핍절한 사람이 없으니 이는 밭과 집있는 자는 팔아 그 판 것의 값을 가져다가 사도들의 발 앞에 두매 저희가 각 사람의 필요를 따라 나눠 줌이러라."(행 4:34-35) 이렇듯 사랑의 봉사는 기독교 공동체의 본질적인 커리큘럼의 한 부분이다. 봉사의 커리큘럼을 만들 때에는 긍휼히 여기는 마음에서 출발해야 한다. 긍휼의 능력으로 함께 나누는 것은 지역교회에서 사회적 돌봄, 사회적 능력부여 등 여러 가지 사역의 형태들로 실행될 수 있다.[24]

다섯째, 코이노니아(Koinonia)는 공동체와 교제의 커리큘럼이다. 코이노니아 커리큘럼은 분열이 있는 곳에 치유가 일어나게 하고 상처를 극복하게 하며 궁극적으로는 온전함을 성취하도록 돕는 것이다. 공동체는 서로 관계되어서 그리스도의 몸을 세우는 일을 하며 예수의 공동체인 하나님의 백성을 창조하는 일에 참여한다. 성도들은 공동체를 통해 하나님의 다스림의 실재를 만나고, 죄를 깨닫게 하는 실재를 경험하며, 아직 실현되

---

23) 위의 책, 133-53.
24) 위의 책, 176-99.

지 않은 불완전한 공동체를 발견하면서 변화를 향해 나아간다. 공동체 안에서는 참여, 수용성, 책임성을 통해 하나님의 백성으로 빚어진다.[25]

이상과 같이 마리아 해리스가 제시한 교육목회 커리큘럼을 교회의 죽음교육 커리큘럼의 틀로 삼고자 한다. 교회에서 이루어지는 다섯 차원의 교육적 내용과 범위 안에 죽음교육 주제들이 흘러 나가서 죽음교육 생태계를 조성하려고 한다. 그리고 교회의 죽음교육은 성도 개개인의 성장만을 의도하는 것이 아니라, 세상 속에서 하나님 나라를 위한 공적 신앙인으로서 살아가도록 돕는 교육을 지향한다. 이제 구체적인 죽음교육목회의 차원들을 논의해 보도록 하겠다.

IV. 죽음교육목회의 교육목적과 인간상

기독교교육의 목적은 시대에 따라 다양하게 진술되었고 목적의 설정에 따라 교육의 형태가 만들어졌다. 왜냐하면 교육의 목적은 하나의 교육의 존재 이유와 동기, 그리고 그것을 실현해 나가는 과정에 대한 목표들을 제공해 줄 뿐만 아니라 포괄적인 적용범위를 설정해 주기 때문이다.[26] 그리고 각 교육의 형태는 바람직한 인간상을 구현하기 위해 교육실천을 해 가므로 죽음교육목회가 추구하는 인간상에 대해서도 모색해 보고자 한다.

---

25) 위의 책, 89-112.
26) Marvin J. Taylor, *An Introduction To Christian Education*, 송광택 역, 『기독교교육학』 (서울: 장로교출판사, 1993), 158.

1. 교육목적과 목표들

근래에 죽음교육에 대한 필요성과 그 효과를 인식하며 다양한 접근의 죽음교육이 이론과 실천 측면에서 이루어지고 있다. 죽음교육에 헌신하고 있는 증환상(曾煥棠)은 죽음교육의 목적을 다음과 같이 진술하고 있다.[27] 첫째, 사람들이 죽음과 관련한 다양한 현실과 반응을 잘 인식하도록 돕는다. 둘째, 개인이 지닌 종교적·철학적 입장에 따라 죽음에 관해 사색과 성찰을 하도록 촉진한다. 셋째, 죽음에 대한 두려움이나 회피성향을 최대한 감소시킨다. 넷째, 의연하고 긍정적인 태도로 죽음과 대면할 수 있도록 돕는다. 다섯째, 삶의 의미를 발견하고 음미할 수 있는 계기를 제공한다. 여섯째, 삶을 소중히 여기고 삶의 질을 향상시킬 수 있도록 돕는다. 일곱째, 삶의 마지막 여정을 미리 계획하여 좋은 죽음을 맞이하도록 돕는다. 이러한 죽음교육의 목적 진술을 통해 발달된 죽음교육은 죽음과 죽어감의 과정에 대한 이해, 성찰, 준비를 통해 좋은 삶과 좋은 죽음을 보낼 수 있도록 돕는 것임을 확인할 수 있다.

한편, 다양한 접근의 죽음교육이 추구하는 목적은 공유될만한 공통점도 있지만 구별되어야 할 차이점도 있다. 예를 들자면 정재걸은 '죽음교육의 목적은 삶의 완성을 위한 것이며 궁극적으로는 죽음이란 본래 없는 것이라는 것을 가르치는 것'[28]이라고 말한다. 그는 여러 가지 종교적 입장에서 가져온 죽음에 대한 논의들을 거쳐 죽음에서 벗어나게 하는 것을 죽음교육의 목적이라고 밝히고 있다. 비록 그의 죽음교육에 대한 접근 과정을 통해 다양한 시각과 통찰을 얻을 수 있으나, 궁극적인 목적에는 동의하

---

27) 권석만, 『삶을 위한 죽음의 심리학』, 851-53.
  증환상은 대만의 죽음학 학자이며 대만은 아시아 국가 중에서 죽음교육이 가장 활발하게 이루어지는 나라로 평가되고 있다.
28) 정재걸, 『삶의 완성을 위한 죽음교육』, 15-21.

기는 어렵다. 이것은 죽음교육에 대한 접근에서 신념과 가치의 문제로 인해 충돌을 경험하게 되는 하나의 실례이며 이런 일은 종종 발생한다. 그러므로 기독교신앙의 측면에서 죽음교육의 목적을 바르게 설정하는 작업이 교육실천에 선행되어야 한다.

리차드 오스머(Richard Osmer)는 교회교육의 목적을 진술함에 있어서 "신앙이 일깨워지고 지원받고 도전받을 수 있는 장을 만드는 데 있다"고 말했다.[29] 교회의 죽음교육목회는 교회생활의 전 영역이라 할 수 있는 케리그마, 레이투르기아, 디다케, 디아코니아, 코이노니아를 통해 기독교 신앙에 비추어 죽음을 이해하고 성찰하고 삶을 살아가도록 일깨워지고 지원받고 도전받을 수 있는 장을 만드는 것으로 교육의 목적과 목표들을 설정할 수 있을 것이다.

한편 이원일은 죽음교육의 목적을 '하나님과의 영원한 교제'에 두고 있다. 그리고 그는 에릭슨과 하이데거를 통해 노년기의 죽음교육의 목표를 '죽음교육은 본래적이며 자아통합으로서의 개별화 교육'이 되어야 하고, '상호주관적 공동체를 위하여 비자연적 죽음에 대한 비판적 성찰을 통해 죽음의 문화를 극복하는 교육'이어야 한다고 주장한다.[30]

이와 같은 죽음교육의 목적에 대한 입장들을 생각하면서 본 고의 죽음교육목회 커리큘럼의 목적과 목표들을 다음과 같이 진술하려고 한다.

"죽음교육목회의 목적은 "하나님의 백성들이 1) 죽음에 대한 성경적이고 신학적인 정체성을 형성하여 2) 현재와 죽음과 천국에 이르기까지

---

29) Richard Osmer, *Teaching for Faith* (Louisville: Westerminster/John Knox Press, 1992), 15.
30) 이원일, "죽음에 대한 노년기 기독교교육," 『기독교교육정보』 제26집(2010), 363.

삼위일체 하나님과 교제하며 죽음에 대한 두려움을 넘어 삶에 대한 소중함으로 신앙의 가치를 추구하며 살아가고 3) 세상 속에서 올바른 죽음 문화에 참여하고 전하며 살아가도록 돕는데 있다."

이러한 죽음교육목회의 교육목적은 다음과 같은 구체적인 목표들을 통해 목적을 이루어갈 수 있다.

1) 죽음의 의미에 대한 기독교적 성찰과 행동을 소유하도록 한다.
2) 죽음에 관한 두려움과 불안을 극복해 가고 죽음을 대비할 수 있게 한다.
3) 삼위일체 하나님과의 관계 안에서 현재, 죽음, 천국의 삶을 조망하며 삶의 의미와 가치를 구현하며 살아가게 한다.
4) 죽어가는 이들과 유족들을 향해 지식과 기술로 기독교적 돌봄을 행할 수 있게 한다.
5) 죽음에 대한 개인적인 신앙과 실천뿐만 아니라 세상 속에서 올바른 죽음 문화에 참여하고 만드는 공적 신앙을 실천할 수 있게 한다.

위에 제시한 교회의 죽음교육의 목적과 목표들에 대한 진술은 커리큘럼 설계에 따라 추가되거나 수정될 수 있는 것이다. 성도들에게 죽음에 대한 기독교신앙을 능력 있게 살아가도록 돕는 교육이 되도록 필요한 차원들로 목적과 목표설정을 할 수 있다.

2. 죽음교육목회가 지향하는 인간상

죽음교육이 이루어지는 교회의 교육목회는 다음과 같은 인간상을 지향한다. 대학교육이 바람직한 인재상을 제시하고 그러한 인간형성을 위해 교육하듯이 죽음교육목회도 지향하는 인간상을 설정함으로써 교육과정과 교육결과에 대한 평가를 가능하게 하는 준거가 될 수 있다. 교회에서 죽음교육목회 커리큘럼을 거친 후 다음과 같은 신앙인 개인과 공동체가 되기를 기대한다. 첫째, 성도 개인과 교회공동체는 죽음에서 예수 그리스도를 부활하게 하신 하나님께서 죽음에서 다시 살리시리라는 약속을 희망하며 살아간다. "하나님이 주를 다시 살리셨고 또한 그의 권능으로 우리를 다시 살리시리라."(고전6:14) 이를 위해 죽음교육목회는 부활의 지평에서 죽음을 바라볼 수 있도록 돕는다.[31] 죽음이 더 이상 두렵거나 막연한 것이 아니라 성경적이고 신학적인 이해와 확신을 소유하고 마주할 수 있다.

둘째, 성도 개인과 교회공동체는 미취학 아동에서부터 학령기, 청소년기, 청년기, 중장년기, 그리고 노년기에 이르기까지 죽음에 대해 배움으로써 인생 주기에 따라 죽음개념이 더 발달하고 그에 따라 더 충만한 삶의 의미를 발견하며 살아간다.[32] 그것을 위해 각 시기에 맞는 죽음교육의 내용과 방법을 선별하여 평생교육 차원에서 죽음교육을 행하도록 한다. 죽음교육에 소외되는 성도가 없고 지속적으로 죽음에 대한 신앙과 삶이 단련되어 간다. 죽음에 대한 지식과 기술도 발달해 가서 죽음에 대해 고민하는 이들과 죽어가는 이들을 향해 위로와 도움을 줄 수 있다.

셋째, 살아가면서 만나는 선택과 결정의 과제에 대해 천국의 비전과 소망에 비추어 분별하고 실천한다. 자신의 인생시간이 현재의 물리적 시간에 제한되는 것이 아니며, 죽음은 천국으로 가는 과정이고, 천국의 삶까지 포괄하는 시공간의 개념으로 삶을 소중히 여기며 가치를 구현하며 살아간다. 요컨대 종말론적 하나님의 백성으로서 '이미(already)'와 '아직(not yet)' 사이에서 삶의 긴장과 신앙적 지혜를 추구할 줄 하는 사람이다.

---

31) 김홍연, "죽음과 기독교교육: 죽음을 통한 삶의 의미를 교육하기." 316-17.
32) 앞의 책, 317-21.
  5세 이상의 아동들의 경우 자신이 '아직 어른도 되기 전에 자신을 보호해 주는 엄마가 자신을 떠나 지 않을까', '엄마가 갑자기 죽으면 어떻게 하지?' 하는 죽음에 대한 두려움을 느끼곤 한다. 아이들이 평소 죽음에 대한 질문을 즐겨하지 않는 것은 죽음에 대한 관심이 없거나 이해할 수 없어서라기 보다는 어른들이 죽음주제에 관해 별로 말하고 싶어 하지 않는다고 느끼기 때문이다.

넷째, 죽음에 대한 공론화로 가족 사이에, 성도들 사이에, 필요한 관계에 있어서 자신의 죽음, 장례식 등에 대해 자연스럽게 대화하며 계획하며 살아가도록 돕는다. 장례기간 동안에도 아이들도 임종, 입관, 발인, 하관 등 장례식의 절차에 참여함으로써 자연스런 죽음교육이 이루어지게 한다. 이런 과정을 통해 죽은 자가 갑자기 사라지는 것이 아니며 부활 신앙이 절실한 것으로 자리하게 한다.[33] 그리고 죽음과 관련한 대비를 일상 속에 자연스럽게 해 나가면서 죽음 준비의 삶을 살아간다.

이상으로 죽음교육목회가 추구하는 인간상에 대해 진술하였다. 앞서 교육의 목적과 목표들처럼 바람직한 인간상도 수정과 확대를 향해 열려 있다. 커리큘럼 실행주체는 인간상 제시를 통해 교육적 이상과 현실 사이의 간격을 메꾸어갈 수 있을 것이다.

V.
교회의 죽음교육 내용과 방법

이제 교회의 죽음교육목회 커리큘럼의 내용과 방법에 대해 진술하려고 한다. 먼저, 커리큘럼의 다양한 교육적 차원들을 설계하고 실천할 때 원리로 삼아야 할 커리큘럼의 원리를 네 가지 제시할 것이다. 그리고 나서 죽음교육목회의 내용과 방법이 담긴 커리큘럼의 실제를 제안하려고 한다.

---

33) 앞의 책, 324-328.

1. 교육내용과 방법을 구성하는 커리큘럼의 원리

커리큘럼을 기획하고 구성해 나갈 때 프락시스의 원리, 통합적 원리, 공동체적 원리, 평생교육의 원리를 중심으로 하여 내용과 방법을 만들고 실행해 갈 수 있다. 그러면 교회의 죽음교육을 효과적으로 실천하기 위한 커리큘럼의 원리들을 만나보도록 하자.

1) 프락시스의 원리

프락시스는 헬라어 '프라쏘(πράσσω)'라는 동사에서 생겨난 것이며 그 뜻은 '행한다', '완수한다', '살아간다'는 것이다. 이 단어는 아리스토텔레스(Aristotle)에 이르러 '참여된 지식' 또는 '삶의 행동'으로 개념화되었다. 그러나 시간이 흐르면서 이론에 뒤따르는 실천(practice)정도로 축소된 의미로 사용되기도 했다. 번스타인(Richard Bernstein)은 프락시스란 단순하게 이론을 적용하는 프랙티스와는 구별되는 것이며 '비판적 성찰에 의해 영감된 창조적 행동'으로 보았다.[34] 여기서는 번스타인이 말하는 비판적 성찰이 담긴 행동으로서의 프락시스라는 접근을 따르고자 한다.

피터 하지슨(Peter C. Hodgson)은 하나님이 이 세상에 존재하는 방식으로 '프락시스'에 주목한다. 그는 인간이 비록 파악할 수는 없지만 하나님께서는 프락시스의 패턴들 속에서 이 세상에 형성하고 변형하는 영향력으로 존재하신다고 말한다. 자연의 장면들이나 소리를 통해서 그리고 하나님이 구별하신 인간들의 말이나 행동을 통해 하나님의 계시가 중재되고 있다는 것이다.[35] 이러한 프락시스를 통한 하나님의 형성시키시고 변화

---

34) Richard J. Bernstein, *Praxis and action* (Philadelphia: University of Pennsylvania Press, 1971), iv. x.
35) Peter C. Hodgson, *God in History* (Nashville: Abingdondon Press, 1989), 205; Peter C. Hodgson, Winds of the Spirit (Louisville: Westerminster-John Knox

시키시는 패턴을 교회의 교육목회 실천에 적용할 수 있다. 하나님의 백성들의 말과 행동의 프락시스를 통해 하나님의 일하심이 드러나고 그 영향력이 개인과 관계 속에 변화를 일으킨다는 점을 주목할 수 있다.

교회의 교육목회 상황에서 프락시스를 통한 성도 개인과 교회공동체의 변화와 성장에 대한 가시적인 실례들은 종종 목격할 수 있다. 예를 들자면, 공동체 기도의 자리에서 주로 다루어지는 기도 제목들과 신앙의 열정 및 분위기는 참여한 성도들에게 기도의 내용과 방법을 형성시키는 학습과정이 되고 있음을 볼 수 있다. 그리고 소그룹활동 또는 성경공부[36]를 구성할 때에 참여한 성도들이 자신들의 삶의 이야기를 풍부하게 표현하고, 성경의 삶의 정황과 맥락을 충분히 다루며 계시를 드러낼 때 상호 참여적 프락시스가 일어나고 역동적인 신앙정체성 형성이 이루어질 수 있다. 요컨대 죽음교육 커리큘럼의 실제를 구성할 때 프락시스의 원리를 인식하며 성도들이 참여할 수 있는 프락시스로서 죽음교육의 장과 관계들을 제공해 주어야 한다.

Press, 1994), 129-130.
제임스 파울러(James W. Fowler)는 자연과 사람을 통해 하나님의 계시가 중재된다고 보는 하지슨의 입장을 받아들이면서 하나님이 주체가 되어 목적을 이루시는 하나님의 프락시스론을 전개하기도 한다. 그는 우주적 차원의 하나님의 프락시스에 개인이 어떻게 참여할 수 있는가에 대해 마틴 루터 킹 목사, 자신의 스승 마니 등을 실례로 설명해 주고 있다.

36) 토마스 그룸(Thomas H. Groome)은 프락시스의 원리를 실천하는 다섯 가지 행동의 교육과정에 대해 제시하고 있다. 먼저, 교육에 참여한 자들은 관심을 기울여야 할 중심주제에 관한 자신의 삶의 행동을 살펴보고 나누며 정의한다. 둘째, 자신이 행하는 삶의 행동을 왜 행하고 있는지, 그런 행동이 만드는 결과가 무엇인지를 성찰한다. 셋째, 교육자는 현재의 중심 주제에 관한 기독교의 이야기를 들려주고 거기서 요청하는 신앙적 응답을 제시한다. 넷째, 교육 참여자들은 자신의 삶의 이야기와 그 속에 있는 의도 및 비전과, 기독교의 이야기의 중심 메시지를 상호 변증법적으로 삶에 적용하기 위해 다룬다. 마지막으로 미래에 행할 신앙 응답을 선택하도록 한다. 이러한 다섯 행동은 삶의 프락시스와 기독교적 프락시스가 만나서 중심주제와 관련된 행동을 선택하고 행하도록 한다는 측면에서 프락시스의 원리를 사용한 커리큘럼의 실재로 참고할 수 있다. Thomas H. Groome, *Christian Religious Education*, 이기문 역, 『기독교적 종교교육』 (서울: 한국장로교출판사, 1983). 참조.

2) 통합적 원리

죽음교육목회 커리큘럼은 삶과 죽음, 그리고 죽음 이후의 세계인 천국을 통합하는 내용범위로 구성되어야 한다. 오늘날 교회에서 이루어지는 교육적 차원은 주로 삶에 대한 주제와 교훈을 다루는 한편 죽음과 죽음 이후의 세계에 대한 전달은 상당히 결여되어 있다. 교회에서 성도들이 개인적으로 또는 공동체적으로 참여하는 설교, 예배와 기도, 가르침, 봉사, 교제 영역에 있어서 천국에 대한 언급과 천국이 주는 소망에 대해 경청하고 체험하는 기회가 얼마나 되는지를 되돌아보면 그 빈도가 상당히 제한되어 있음을 확인할 수 있다.

죽음주제는 삶과 죽음 이후 세계인 부활과 천국까지 통합하여 함께 다루어져야 한다. 교회에서 이루어지는 교육목회를 구성하는 다섯 요소, 즉 케리그마, 레이투르기아, 디다케, 디아코니아, 그리고 코이노니아의 개인적이고 공동체적인 교육과정에 천국에 대한 명명과 비전을 만나는 교육기회를 늘림으로써 죽음은 천국으로 향하는 과정이며 천국에 대한 산 소망으로 두려움을 극복하도록 도울 수 있다. 그러므로 죽음교육목회 커리큘럼의 구성과 실천은 삶, 죽음, 그리고 죽음 이후의 부활과 천국을 포괄하는 통합적 원리에 의해 내용과 방법이 실행되어야 한다.

기독교 신학은 단순히 내세만을 준비하는 현실도피적인 교육이 아니라, 하나님 나라의 영원한 생명을 소망하는 삶의 교육을 실천하도록 임파워먼트 해 준다. 그런 종말론적이고 통합적인 비전은 그리스도인들에게 이 땅에서 자신과 이웃과 세계와 역사, 그리고 자연과의 관계에서 더욱 가치있고 책임적인 삶을 살아가도록 도전과 격려를 해 준다.[37]

---

37) 장신근, "통전적 기독교 노년 죽음교육의 모색,"『장신논단』제50집(2018), 347.

3) 공동체적 원리

공동체적 원리는 교회 생활의 전 과정을 교육의 차원으로 삼고 있음을 천명하는 것이다. 존 웨스터호프(John H. Westerhoff III)는 신앙은 공동체적 과정을 통해 보다 잘 형성되고 발달해 간다고 말한다. 그는 신앙공동체에 속하여 공동체적 과정에 참여함으로써 경험적 신앙, 귀속적 신앙, 탐구적 신앙, 고백적 신앙의 형태로 '문화화'되면서 신앙이 전수된다고 한다. 이를 위해 신앙교육의 차원은 타인에게 교육을 가하는 형태가 아니라, 사람들 사이에 상호작용 과정이 강조되어 대화적 관계로 서로 나누는 공동체를 조성하는 데 주력해야 한다고 역설한다.[38]

월터 브루그만(Walter Brueggemann)은 신앙인들은 신앙공동체 내부의 언어 뿐만 아니라 신앙공동체 밖의 국가와 사회와 나눌 수 있는 공동체적 언어를 구사할 수 있어야 한다고 말한다.[39] 또한 존 콜만(John A. Coleman)은 교회교육이 제자직과 시민직 모두에 관심을 가지는 것이 긴장을 만들기도 하지만 통전적인 온전한 신앙을 구현하는 방법이라고 보고 있다.[40] 그리고 마리아 해리스도 교육목회는 교육의 전공동체가 교육의 주체가 되어 교회 생활의 전 과정을 통하여 모든 구성원들이 교육되고, 능력을 부여 받아, 세상 속의 사역에 참여하도록 해야 한다고 강조한다.[41]

이러한 학자들의 관점은 교회의 신앙교육에 있어서 상호 공동체적 과정이 중요한 교육과정임을 역설하고 있고, 교육은 개인적인 신앙의 형성과 변화뿐만 아니라 세상 속에서 공적 신앙으로 실천하며 살아갈 수 있

---

[38] John H. Westerhoff III, *Will Our Children Have Faith?*, 정웅섭 역. 『교회의 신앙교육』 (서울: 대한기독교교육협회, 1998). 참조. 이 책에서 웨스터호프는 교회의 본질적인 사역인 교육적 사명을 탐구하고 있으며 무기력한 학교식 교육을 벗어나서 '교회공동체적인 문화화'를 통한 신앙의 형성과 발달에 대해 설명하고 있다.

[39] Mary C, Boys ed., *Education for Citizenship and Discipleship*, 『제자직과 시민직을 위한 교육』 (서울: 한국장로교출판사, 1999), 23-29.

[40] 위의 책, 67-121.

[41] Maria Harris, *Fashion Me A People: Curriculum in the Church*, 56.

는 신앙인이 되도록 세우는 길이라고 주장하고 있다. 본고에서도 죽음교육목회의 커리큘럼은 교육과정에 있어서 교회공동체의 구성원들 사이에 상호 교류하는 공동체적 과정을 적극 활용하면서 개인적인 신앙을 형성하는 것과 함께, 공적 신앙으로 세상 속에서 죽음신앙을 고백하고 실천하는 삶이 되게 하는 것을 주요한 원리로 삼는다. 그리고 오늘날의 발전된 과학기술과 정보화시대 속에 살아가는 성도들이 교회를 센터로 삼되 온라인을 매개로 한 세상 속 관계 네트워크를 활용하여 공동체적으로 죽음을 배우고 삶을 살아가도록 지원하는 교육을 지향하고자 한다.

4) 평생교육의 원리

죽음교육은 삶과의 불가분의 관계에 있으므로 아동기, 청소년기, 청년기, 중년기, 노년기에 이르는 평생교육의 차원에서 생애주기별로 이루어져야 한다. 인간은 모든 생애에 있어서 평생 학습자가 되므로 삶과 더불어 죽음을 평생 배우고 살아가야 한다.[42] 이런 측면에서 죽음교육목회의 커리큘럼은 단회성 교육이 아니라 평생교육의 원리에 따라 구성되고 실천되어야 한다.

평생교육의 원리를 적용하여 죽음교육목회를 구성할 때에 인간발달심리학의 자료들과 신앙발달이론을 주요 자료로 활용할 수 있다. 특히 신앙발달론은 인간발달에 대한 비평적 성찰을 거쳐 기독교 교육심리학으로 사용할만한 것이다. 제임스 파울러(James W. Fowler)는 단계 이전의 미분화된 신앙(Primal Faith)과, 직관적-투사적 신앙(Intuitive-Projective Faith), 신화적-문자적 신앙(Mythic-Literal Faith), 종합적-인습적 신앙(Synthetic-Conventional Faith), 개별적-반성적 신앙(Individuative-Reflective Faith), 결합적 신앙(Conjunctive Faith), 보편화된 신

---

42) 장신근, "통전적 기독교 노년 죽음교육의 모색," 347.

앙(Universalizing Faith)이라는 6단계로서 신앙의 발달 모습과 삶의 모습을 제시해 주고 있다.[43] 신앙의 발달이란 신앙이 중단되지 않고 지속적이고 연속적으로 성장해 가는 것을 뜻한다. 신앙발달론을 근거로 교육설계를 할 때 교육참가자들이 지닌 신앙의 현 단계와 특징을 파악하고 그 특징을 충분히 통합할 수 있도록 교육할 수 있다.

덕수교회는 파울러의 신앙발달론을 기초로 하여 온전하고 지속적으로 성장하는 신앙을 위한 교회교육을 구현하였다. 이른바 평생교육 커리큘럼으로 명명되며 이 커리큘럼에는 영아에서부터 노년에 이르기까지 신앙발달에 따른 교회교육의 실제를 제안해 주고 있다. 평생교육 차원의 죽음교육은 영아에서부터 노년에 이르기까지 교육참가자들의 신앙의 발달 단계와 그 특징을 기초로 하여 교육해 나가야 한다.

이상과 같이 죽음교육목회 커리큘럼의 작성과 실천 원리로 프락시스의 원리, 통합적 원리, 공동체적 원리, 평생교육의 원리를 제시하고 그 내용을 살펴보았다. 이러한 네 가지 원리 이외에도 죽음교육 커리큘럼 논의의 발전에 따라 커리큘럼의 원리들은 더 추가되거나 적절한 원리로 대체되어 교육실천의 특징을 만들어 갈 수 있다.

2. 교육 내용과 방법이 통합된 죽음교육 커리큘럼의 실제

지금까지 다루어왔던 커리큘럼의 요소들을 기초로 하여 실제 커리큘럼의 구성에 대해 살펴보도록 한다. 케리그마, 레이투르기아, 디다케, 디아코니아, 코이노니아 등 교회의 다섯가지 차원을 통해 이루어질 수 있는

---

43) James W. Fowler, *Stages of Faith* (New York: Harper Collins, 1981), 참조. 이 책에서 파울러는 자신이 신앙발달을 이론화하게 된 심층면접방법 및 질문지, 그리고 분석자료를 제시해 주고 있다. 조사방법을 활용한 이론화 과정의 전모를 따라가며 신앙의 발달 특징을 공부할 수 있다.

죽음교육목회 커리큘럼의 실제를 다음과 같이 제안하고자 한다.

1) 케리그마(Kerygma)

교회의 말씀 선포 영역에서는 현재의 삶과 죽음, 그리고 죽음 후 영생의 삶에 이르는 하나님의 섭리신앙을 강화하는 설교를 의도적, 주기적으로 선포할 수 있다. 특히, 사순절과 부활절 같은 절기설교에 있어서 예수 그리스도의 죽음에 실존적으로 참여하고 죽음 이후의 부활에 대한 기쁨의 고백을 향유하게 할 수 있다. 이러한 설교에 참여함으로써 개인과 공동체는 죽음을 넘어 역사하시는 하나님의 섭리에 대해 확신하면서 자신의 삶의 자리에서 섭리신앙에 근거하여 삶의 행동실천목록들에 우선순위를 부여하여 살아갈 수 있다.

설교는 죽음의 의미에 대해 이해하기 중심으로 제한되어서는 곤란하다. 사람들이 실제 죽음을 대할 때 두려움과 낯섦으로 회피하려는 정서적 경향을 종종 나타내는 것을 생각할 때 죽음주제 설교는 인지와 정서를 함께 다루면서 죽음교육이 이루어지게 해야 한다. 이를 위해 삶과 죽음의 이야기를 풍부하게 활용하여 성도들이 설교의 프락시스에 참여하여 신앙의 정체성이 형성될 수 있도록 안내하는 것이 좋다.

한편, 설교는 시대적 요청과 문화적 상황이 만드는 질문에 대해 성경적이고 신학적인 대답을 하는 과정으로 이루어질 수 있다. 현 시대의 삶과 격리된 죽음문제와 죽어가는 이들의 소외와 외로움, 자살과 생명 경시현상, 물질적 세계관이 만드는 치우친 문화 등에 대해 기독교적인 생명과 죽음 문화를 선포함으로써 포괄적인 생명 문화화가 공동체적으로 이루어지게 할 수 있다.

2) 레이투르기아(Leiturgia)

교회의 예배와 기도 차원에서는 예배와 예전, 그리고 기도에 죽음주제가 빈곤하게 담겨 있는 현실을 주목하는데서 출발할 수 있다. 모든 성도들은 유아세례, 세례 및 입교, 결혼식, 임종예배, 장례예배 등 생애주기에 따른 예배와 예전에 참여하며 신앙생활을 한다. 그러므로 이러한 예배와 예전에 삶, 죽음, 영생이라는 포괄적인 생명의식을 갖고 살아가도록 지원할 수 있다. 그와 함께 성도들은 생애주기에 따른 예배와 예전에 참여함으로써 물리적 세계와 물질적 소유에 집착된 삶의 형태에서 해방되어 종말론적 시간을 살고 있는 하나님의 백성이라는 정체성을 함양할 수 있다.

기도의 경우, 교회에서는 개인기도와 공동기도로 주로 기도생활을 하고 있다. 교회공동체 속에서 다양한 기도의 모델들을 만나고 함께 기도하면서 기도의 내용과 방법이 형성된다. 그러므로 바람직한 기도의 모델이 많은 신앙공동체는 전체 구성원들의 기도교육목회가 잘 이루어지게 한다. 이를 위해 죽음과 천국에 대한 소망을 담은 대표기도자의 기도, 죽음주제를 담은 모범적인 기도집 발간, 죽음문제를 놓고 기도하는 중보기도제목 제안 등 교회의 공동체적 기도과정을 죽음교육의 과정으로 삼을 수 있다.

찬양의 경우에도 죽음 이후, 천국, 영생에 대한 찬양을 개발하고 보급하는 것이 중요하다. 천국학이 발전해 간다면 지금 찬송가에서 추가되고 확장되어야 할 가사들이 생겨날 것이다. 하나님과의 영원한 교제의 삶, 천국에 대한 소망들이 더욱 구체적이고 풍부하게 찬양된다면 현재적 삶에 치중된 편협한 시야를 옮겨 온전한 신앙으로 지평을 확대할 것이다.

3) 디다케(Didache)

지금까지의 죽음교육은 주로 가족, 친지 중 누군가의 죽음을 맞이할 때 장례예식을 통해, 그 순서와 의식에 의해 비공식적으로 이루어져 왔다.

그러나 이제는 자신의 죽음 이해, 유족으로서의 자기 이해, 바람직한 죽음 문화에 참여자 되기 등 죽음을 대면하는 평생교육차원의 교육을 통해서 죽음과 신앙에 대한 교육이 이루어져야 한다. 이때 교육은 주입식 획일적 교육이 아니라 다양성과 통합성을 격려하는 삶의 교육이어야 한다.[44]

죽음교육목회에서 가르침과 교육 영역에서는 죽음의 의미에 대해 이해하기, 신앙과 죽음의 관계에 대한 바른 정체성 정립하기, 죽음을 준비하는 교육의 실제에 참여하기 등에 대한 질적인 교육이 공급되어야 한다. 교회내 인적 자원으로 진행하기에 미비할 경우에는 희망하는 기획에 따라 죽음교육전문강사를 섭외하여 '아름다운 죽음과 아름다운 삶을 위한 세미나'를 주최할 수 있다. 일방적 강의가 되지 않도록 성도들이 토론자로 참여하여 죽음교육전문과정으로 교회공동체에 공급할 수 있다.

죽음주제와 관련된 올바른 신앙의 정체성 정립을 위해서 연령, 관심, 특기 등에 따라 다양한 교육프로그램을 진행할 수 있다. 부모가 자녀에게 들려주는 죽음 이야기, 초등학생을 위한 토요죽음 성경공부, 부부의 죽음 테크 등 소그룹 활동을 운영할 수 있다. 그리고 지역주민과 함께 하는 죽음교육, 간세대 죽음교육 프로그램 등을 통해 개인적 차원만이 아니라 죽음 문화를 성찰하고 창조해 가는 공동체를 세워갈 수 있다.

또한 죽음준비학교를 운영하여 죽음을 대비하는 실제 프로그램들을 열어줄 수 있다. 노년기 성도들은 죽음문제를 직접 다루는 것에 심적 부담을 많이 느끼지만 죽어가는 과정에 대한 관심이 높다. 이들에게 인생회고하기, 버킷 리스트 작성하기, 유언장 작성하기, 상속과 법률에 관한 특강 참여하기, 장기기증과 호스피스 특강 참여하기, 영정사진 촬영하기 등의 과정은 죽음과 관련한 현실적 문제들을 다루면서 죽음에 대한 대비를 해가게 한다.

---

44) 이원일, "죽음에 대한 노년기 기독교교육," 374-75.

4) 디아코니아(Diakonia)

교회의 섬김과 봉사의 차원은 긍휼의 마음에서 출발하여 예수 그리스도의 손과 발이 되는 활동이다. 주위를 둘러보면 생명과 죽음 문제에 취약한 사람들, 갑작스런 사고와 재난으로 생명에 위협을 받는 사람들, 죽어가는 이들 등을 어렵지 않게 발견할 수 있다. 이들을 향해 긍휼의 능력으로 함께 나누는 돌봄, 공동체적 능력 부여 등을 실천할 수 있다.

교회의 디아코니아는 삶과 격리된 죽음을 삶 속에 복구하는 실천에 관심을 기울일 수 있다. 장례식에 전연령대가 참여하고 섬길 수 있는 기회를 부여할 수 있다. 그리고 교회 밖을 향해서는 사회복지시설, 요양원이나 요양병원, 호스피스 병동 등 취약계층을 향한 돌봄 사역을 계획하여 현장 봉사를 실시할 수 있다. 그리고 장묘시설, 죽음교육센터 등을 탐방하면서 죽음문화에 대해 성찰하고 하나님의 뜻과 비전을 만날 수 있다. 바자회와 같이 기존의 사회봉사 프로그램들을 생명살림의 지평으로 확대하여 섬기도록 운영할 수 있다.

5) 코이노니아(Koinonia)

코이노니아는 교제를 통해 공동체적 관계를 누리고 그리스도의 몸을 세우며 하나님의 백성을 창조해 가는 과정이다. 죽음에 대한 인식은 성도들 사이에, 가족과 이웃들과의 관계에 친밀한 교제를 하도록 초청한다. 성도들 사이에 친밀한 교류를 위해 죽음주제의 프로젝트들을 진행할 수 있다. 예를 들어 죽음주제를 담은 영상제작, 죽음과 삶을 주제로 한 미술 작품 전시회 등을 준비하고 개최하며 관람하는 장을 열어 줄 수 있다.

죽음을 매개로 한 친교와 교제 사역에는 죽음을 앞둔 이들의 벗이 되어 대화친구 되기, 유가족에게 돌봄과 위로의 관계 맺기 등을 실천할 수 있다. 『모리와 함께 한 화요일』에서 스승 모리는 죽음을 배울 때에 더 생생한 자연감상을 누릴 수 있게 된다고 말한다. 죽음교육과 연계하여 야외활동, 자연생태체험 등을 진행할 때 섭리신앙과 공동체성을 함양할 수 있는 교육목회자원을 제공할 수 있다.

[표1] 죽음교육목회 커리큘럼의 다섯 가지 차원 예시

죽음교육을 실천하는 교회의 교육목회 커리큘럼		
평생교육으로서의 죽음교육의 내용과 방법	말씀 선포 (케리그마)	○ 사순절과 부활절에 죽음과 죽음 이후에 대한 메시지 선포하기 : 예수 그리스도의 죽음에 실존적으로 참여하고 부활에 대한 산 소망을 고백하며 자신의 삶의 자리에서 삶의 실천들을 목록화하고 결단하기 ○ 포괄적인 생명에 대한 인지와 정서를 강화하는 설교하기 : 현재, 죽음, 죽음 이후를 하나의 생명으로 바라보며 포괄적인 삶의 계획과 실천을 격려하기 ○ 생명존중에 대한 기독교적 신념과 삶에 대해 만나기 : 생명의 존귀함, 자살, 안락사 등 생명신앙의 주제를 통해 삼위일체 하나님 안에서 인간다운 삶, 품격있는 인생의 비전을 만나기 ○ 삶과 죽음 전체에 대한 섭리 신앙을 강화하는 심방설교하기 : 성도들이 다양한 현재 삶에 대한 문제와 걱정을 삶과 죽음이 통합된 신앙의 눈으로 분별하고 행동하게 하기 ○ 다양한 매체를 활용한 효과적인 죽음주제 설교하기 : 영상제작, SNS매체, 예술작품 감상을 곁들인 메시지 등 죽음주제 매시지를 성도들의 삶의 자리에서 자주 만나게 하기 ○ 천국과 영원한 삶에 대한 성경적·신학적인 메시지에 친숙하게 하기 : 부활의 의미, 부활의 몸, 사후세계, 영생 등에 대해 구체적으로 이해하고 신앙원천자료로 활용하게 하기
	예배와 기도 (레이투르기아)	○ 인생주기에 따른 예전의식을 포괄적 생명차원에서 집례하기 : 삶·죽음·영생의 관점에서 유아세례, 세례 및 입교, 결혼, 임종, 장례예식을 진행하기. ○ 종말론적 하나님의 백성으로서의 개인기도 및 공동기도하기 : 물리적 세계와 물리적 소유에 집착된 것에서 해방되어 '이미'와 '아직' 사이에 살아가는 실존임을 깨닫고 신앙의 가치를 추구하는 기도하기. 공동체의 중보기도제목에 죽음과 삶, 그리고 부활에 대한 기도 추가하기 ○ 죽음을 위한 기도하기 : 삶에 대한 기도뿐만 아니라 죽음을 위한 기도에 관심을 갖고 기도하기. 죽음인식으로 삶에 대해 충만하게 기도하기, 죽음을 준비하는 기도하기

죽음교육을 실천하는 교회의 교육목회 커리큘럼		
평생교육으로서의 죽음교육의 내용과 방법	예배와 기도 (레이투르기아)	○ 죽음주제를 담은 공동 기도 개발하기 : 죽음주제를 담은 기도집 발간하기. 다양한 죽음주제를 포함한 대표기도로 성도들의 신앙형성을 돕기. 죽음에 비춘 회개기도를 일상화하기 ○ 추도예배자료 발간과 배포하기 : 가정마다 죽음에 대한 이해와 신앙적 의미를 향유하는 추도예배를 돕기 위한 가이드서를 만들어 제공하기 ○ 죽음과 천국을 노래하는 찬양집 발간하기 : 죽음 이후, 천국, 영생에 대한 찬양을 개발하고 부르기 ○ 죽음 묵상하기 : 고난주간에 예수님의 죽음과 자신의 죽음 묵상하기. 죽음묵상일기쓰기. 고난주간 죽음을 묵상하는 길 걷기 등 시행하기
	가르침과 교육 (디다케)	○ 연령과 신앙발달단계에 따른 죽음교육 실시하기 : 토요죽음성경공부, 평신도죽음공부 소그룹활동 등 나이, 직업, 역할 등에 따라 다양한 죽음교육 그룹 운영하기 ○ 부모가 자녀에게 들려주는 죽음과 삶 이야기 : 부모를 대상으로 죽음교육지도력 개발하기. 가정에서 부모-자녀 및 가족 사이에 일상적으로 죽음에 대해 대화하기 ○ 죽음준비학교 : 노년기 그룹, 희망그룹 또는 죽어가는 이들을 대상으로 죽음준비실제 과정 운영하기. 인생회고하기, 버킷 리스트 작성하기, 유언장 쓰기, 상속과 법률 특강, 장기기증과 호스피스 특강, 존엄한 죽음 이해, 영정사진촬영 등 ○ 비탄교육과정 실행하기 : 주기적인 교육과정에 추가하거나 간헐적인 비탄교육학교과정 운영하기. 비탄에 대한 이해, 비탄에 빠진 사람을 돕는 법, 비탄 경험과 효과적인 대처경험 나누기 등. ○ 교수학습 방법의 다양화로 실존적 죽음교육 하기 : 죽음주제를 만나는 영화, 동화, 드라마, 책 등을 활용한 소그룹 공부 운영하기. 자신의 죽음에 비추어 토의하기 ○ 몸으로 경험하는 캠프, 체험 프로그램 개설하기 : 관 체험을 통해 자신의 죽음 경험하기, 자신의 장례식을 준비하고 참여하기, 가족영상편지 촬영하기 등. ○ 아름다운 죽음, 아름다운 삶 세미나 및 토론회 열기 : 죽음전문강사와 평신도 토론그룹으로 이루어진 발표와 토론하기 ○ 지역주민과 함께하는 죽음준비교육 : 지역사회 주민들의 죽음에 대한 당혹감을 일반죽음교육 실제와 영성적 측면에서 다루기 ○ 간세대 죽음교육 프로그램 진행하기 : 학령기 자녀-부모, 장년자녀-노년부모 등이 함께 죽음에 대해 배우고 속깊은 생각 대화하기. 죽음의 공론화로 가족차원의 죽음준비를 돕기 ○ 죽음교과 구성하고 가르치기 : 교재 구성 시 죽음관련 과 배치하기, 성경인물의 삶뿐만 아니라 바람직한 죽음이야기 만나기

		죽음교육을 실천하는 교회의 교육목회 커리큘럼
평생교육으로서의 죽음교육의 내용과 방법	봉사와 섬김 (디아코니아)	◦ 현장 봉사하기 : 복지시설, 요양기관, 호스피스 시설 등에 섬김 활동을 하기 ◦ 현장 탐방하기 : 장묘시설, 죽음교육센터 등 견학하고 토의하기 ◦ 삶과 격리된 죽음을 삶 속에 복구시키기 : 죽음의 현장을 자연스럽게 만나도록 기회를 늘리기. 전연령대의 장례식 참여와 섬김 실천하기 ◦ 생명살림 공동체를 위한 바자회 : 바자회 수익금으로 삶과 죽음에 취약한 사람들을 돕기. 기존의 바자회에 삶과 죽음의 의미지평을 확대하기.
	친교와 교제 (코이노니아)	◦ 죽음이 전하는 초대에 친밀한 교제로 응답하기 : 죽음은 일만 하지 말고 친밀한 관계를 맺으라고 초대함. 교제의 의미를 누리며 친밀감을 형성하는 삶을 살아가기 ◦ 죽음주제의 영상제작 프로젝트 진행하기 : 소그룹 또는 대그룹으로 영상제작 및 발표하기. 준비과정을 통해 서로 죽음교육의 주체로서 활동하며 배우기 ◦ 죽음과 삶을 주제로 한 미술 작품 전시회 : 교회 내부(전시 공간 갤러리, 실내 투어코스 등) 또는 외부(이동경로, 마당 등)에 전시. 죽음에 대한 영성적 차원 고양시키기 ◦ 죽음을 가까이하고 있는 이들의 벗 되어주기 : 대화상대자, 가족관계의 대화를 위해 중재자 등 ◦ 유가족 돌봄과 위로하기 : 유가족을 위한 심방과 위로 및 기도하기 ◦ 죽음교육의 연계활동으로 창조세계 감상하기 : 죽음을 배우며 더 생생한 자연감상의 현장으로 초대하기 & 공동체성 나누기 ◦ 자살방지 캠페인 및 상담 강화하기 : 성경적 생명사상을 강화하기. 생명돌봄에 취약한 이들에게 상담적 관계 맺기

VI.
효과적인 죽음교육목회를 위한 커리큘럼 운영과 관리

아름다운 음악이 조화를 만들어내기 위해서 오케스트라단에는 목표로 하는 음악을 향해 전체를 조율하며 이끌어가는 지휘자가 있다. 커리큘럼의 실천이 끊임없이 목적과 목표를 향하고 가장 바람직한 교육실천과 효과를 얻기 위해서는 오케스트라단의 지휘자처럼 전체를 조망하고 평가하며 결과를 피드백하여 개선해 가는 커리큘럼의 운영과 관리가 존재해야 한다.

커리큘럼의 운영은 커리큘럼을 사용하고 실천하는 과정 전체를 가리키는 말이다. 교회의 교육의 장을 살펴볼 때 관행대로 교육실천을 반복하는 경향이 있는 것이 사실이다. 잘 마련된 커리큘럼을 보유하고 있는 교회일지라도 지속적으로 진단하고 평가하며 추가하고 확대해 가는 개선이 없다면 기존의 커리큘럼이 우상화되고 발전을 가로막는 수단이 될 수 있다. 그런 점들을 생각하면서 여기서는 커리큘럼의 관리와 운영을 위해 교육행정과 평가 차원에 대해 살펴보도록 한다.

1. 교육행정

여기서 말하는 교육행정은 단순한 교육행정실무를 처리하는 기능을 뜻하는 것이 아니다. 커리큘럼을 운영하고 관리하는 차원에서 교육행정은 교육정책을 개발하고, 교육목적에 부합하는 교육실천이 이루어지고 있는지 교육목회 전반을 진단하고 평가하여, 개선된 교육목회가 실천되도록 해 나간다는 의미이다. 현재 한국교회의 교회교육 시스템에서는 교육위원회가 실질적인 교육행정의 주체로 기능과 역할을 할 수 있다.[45] 그러나 죽음교육목회 커리큘럼을 관리하고 운영해야 하는 기관으로서 현재의 교회학교 관리 중심의 교육위원회로는 기능과 역할이 협소하다고 할 수 있다. 미취학 아동에서 노년에 이르기까지 전 생애 동안 평생교육으로서 죽음에 대한 교육과 죽음대비 교육이 이루어지는 커리큘럼을 관리하고 개선해 가기 위해서는 교육대상과 역할의 지평을 확대할 필요가 있다.

교육위원회는 죽음교육목회를 위해 교육지도력을 개발하는 과제를 주요하게 담당해야 한다. 교회학교 체제에서 교사라는 인적자원개발에 집중했다면 죽음교육목회에서는 교회공동체 구성원들이 상호 교사의 역할로 명시적 커리큘럼과 잠재적 커리큘럼에서 교육적 영향력을 발휘할 수 있도록 해야 한다. 케리그마, 레이투르기아, 디다케, 디아코니아, 코이노니아를 통해 죽음교육 지도력이 개발된 개인과 공동체는 다시 다섯 가지 차원의 교회생활을 하며 공동체적으로 교육지도력을 발휘할 수 있다. 교육위원회는 죽음교육이 이루어지는 명시적 커리큘럼과, 숨겨져 있으나 실제로 영향력을 발휘하는 잠재적 커리큘럼뿐만 아니라, 커리큘럼에서 배제되어 있는 영의 커리큘럼에 대해서도 인식해야 한다. 그럴 때 죽음교육을 위한 교육목회에 추가하고 확대할 교육내용과 자원을 지속적으로 공급할 수 있기 때문이다.

또한, 교육위원회는 죽음교육목회를 위한 인적 · 물적 자원의 조달과 분배, 그리고 교육환경 개선을 담당해야 한다.[46] 교회교육은 신앙을 가

---

45) 장신근, 『창조적 교회교육 내비게이션』 (서울: 예영커뮤니케이션, 2016), 90-92.
46) 위의 책, 94.

르치는 교육이 아니라, 신앙이 일깨워지고 자극받고 도전받을 수 있는 장을 제공하는 것이다. 그러한 신앙을 위한 교육을 위해서 좋은 가르침과 교육의 내용과 방법과 함께 교육환경구조를 지속적으로 개선하여 교육생태계 조성에 힘써야 한다.

한국의 교회교육의 현실은 교육위원회가 부재하거나 교회학교 행정지원을 위한 기능과 역할로 한계를 갖는 경우가 거의 대부분이라고 할 수 있다. 이는 교육목회적 차원의 교육이 아니라, 학교식 형태의 교회학교교육 틀을 벗어나지 못하고 있기 때문이다.[47] 지금은 신앙은 공동체적 과정을 통해 가장 잘 배울 수 있다고 말하는 기독교교육 전문가들의 의견을 경청할 필요가 있다. 학교교육의 틀을 과감히 벗어나서 목회의 전 과정을 평생신앙교육의 차원으로 확대하는 것은 성도들 개인과 공동체의 성화를 지속적으로 돕는 주요한 교육구조가 될 것이다.

2. 평가

성태제는 교육평가를 "교육과 관련된 모든 것의 양, 정도, 질, 가치, 장점 등을 체계적으로 측정하여 판단하는 주관적 행위로서 교육목적에 대한 가치를 판단하는 행위"라고 정의하고 있다.[48] 즉 교육평가는 교육목적이 교육의 전 과정에 어떻게 이루어지고 있는지를 판단하는 체계적인 과정이라고 말할 수 있다. 모든 교육은 지향하는 목적이 존재하고 계획적이고 의도적인 가치와 이상의 실현을 추구하고 있다. 그러므로 평가는 교육과정의 필수 영역으로 자리해야 하고, 전체 교육과정 순환의 한 부분[49]

---

47) 총회교육부 편, 『교회교육 백서』 (서울: 한국장로교출판사, 2002), 122-130.
48) 성태제, 『현대교육평가』 (서울: 학지사, 2002), 26.
49) 대한예수교장로회총회교육부 편, 『교육과정 이론지침서 I』, (서울: 한국장로교출판사, 2001), 183-85.

으로 기능해야 한다.

　죽음교육을 위한 커리큘럼에서 교육평가는 다음과 같이 실행할 수 있다. 먼저, 평가의 주체는 교육위원회, 교육담당 교역자, 교사, 관찰자, 참관자, 부모 및 공동체 등 다양하게 평가담당 그룹을 구성할 수 있다.[50] 그런데 평가의 과정 전체를 기획하기 위해서는 교육전문가의 평가 설계가 선행작업으로 이루어져야 한다. 그리고 나서 평가업무를 위해 구성된 평가위원회가 설계된 평가도구와 조사방법들에 의거해서 현장평가를 하도록 한다.

　두 번째로 평가의 내용은 개인의 태도와 삶에 대한 '개인행동 평가', 진행한 교육의 실제에 대한 '교육 프로그램과 과정 평가', 그리고 교육생태계를 점검하는 '교육환경과 구조 평가'로 구분하여 진단할 수 있다[51] 다시 말하면 개인행동평가는 죽음교육목회에 참여한 성도들에게 어떤 행동특성이 나타나게 되었는지, 그런 죽음에 대한 태도와 종말론적 하나님의 백성으로서의 삶의 특성이 교육목회의 목적에 비추어 볼 때 긍정적·부정적 영향은 무엇인지 등을 수집하는 것이다. 교육 프로그램과 과정 평가는 교육의 목표, 교육내용, 교수-학습과정, 학습결과, 피드백 등에 대한 문항들을 만들어 양적·질적 조사를 하는 방법으로 평가할 수 있다. 예를 들어 교수-학습 과정에서 커리큘럼의 원리인 프락시스의 원리가 잘 실천되었는지를 보기 위해 교육참가자들의 삶의 프락시스를 충분히 다루었는지, 교육 내용과 방법을 통해 실제 삶에 잘 실천되게 하고 있는지를 탐색할 수 있다. 마지막으로 교육환경과 구조 평가는 인적 자원의 권한 부여 및 상호작용, 교육적 사안들의 신속한 공유, 참여자들의 의견 반영, 재정과 시설 및 인원의 분배와 관리 등에 대해 진단자료를 수집하는 것이다.

---

50) 위의 책, 198-99.
51) 위의 책, 201-07.

세 번째로 평가의 주기에 대해 말하자면 죽음교육목회가 평생교육으로 이루어지려면 일정 주기에 따른 평가의 차원들을 계획하고 실천하는 것이 필요하다. 학생이 과목을 잘 이수하기 위해 쪽지시험, 중간고사, 기말고사를 치르는 것처럼 간단진단평가, 중간평가, 심층평가 등 평가 주기와 평가 정도에 대한 계획을 설계하는 것이 좋다. 그럴 때 죽음교육목회 커리큘럼이 피드백을 통한 지속적인 발전을 이루어 갈 수 있기 때문이다.

마지막으로 평가영역에서 관심을 기울여야 할 영역으로 '명시적 커리큘럼'과 '암묵적 커리큘럼', 그리고 '영의 커리큘럼'을 평가해야 한다. 이는 앞서 커리큘럼의 실제에서 개념을 다루었다. 다시 말하자면 의도적이고 계획한 커리큘럼, 의도적인 커리큘럼 이면에서 이루어지는 잠재적 커리큘럼, 그리고 커리큘럼에서 배제되어 있는 교육의 내용과 방법에 대한 평가가 이루어진다면 지속적으로 발전하는 커리큘럼의 관리와 운영이 활발하게 일어날 것이다.

VII.
마치는 글

실천신학자 제임스 파울러는 기독교적인 교육은 성도들이 신앙공동체 속에서 하나님의 뜻을 세상 속에 전할 수 있는 사람들이 되도록 형성하고 변화시키는 것을 목표로 삼아야 한다고 강조했다.[52] 교회공동체가 성도들에게 죽음에 대한 바른 신앙과 삶을 형성시키고 재형성시키는 과정

---

52) Don S. Browning ed, *Practical Theology* (San Francisco: Harper & Row, 1983), 148.

은 세상 속에 삶과 죽음 전체에 섭리하시는 삼위일체 하나님을 선포하는 것이다. 삶과 죽음을 통합한 전체적인 신앙의 형성과 변화를 지원하는 죽음교육이 평생교육 차원에서 풍부하게 펼쳐지기 위해서 개교회의 노력이 중요하다. 그와 더불어 공적 교육기관인 학교교육에서의 교과목 신설을 통해 공교육 차원에서 어려서부터 자연스럽게 죽음에 대해 공부하고, 죽음과 관련된 다양한 삶에 대해 준비할 수 있도록 공론화해야 한다. 무엇보다 교회의 죽음교육 활성화를 위해서는 신학대학교와 대학원의 공식적인 커리큘럼[53]에 죽음교육 과목이 개설되는 것이 필요하다. 신학교육기관을 통해 전문적이고 체계적인 교육지도력 개발이 이루어지는 길은 한국교회 전체에 죽음교육목회를 지원하고 발전시켜 나갈 것이다.

지금 한국교회는 교회 안에서 충성된 교인을 기르는 교육에서 벗어나야 한다. 다양한 연령과 형편에서 살아가는 성도들의 삶의 맥락들[54]과 충분히 대화하면서 세상 속에서 하나님 나라의 백성으로 살아가도록 능력을 부어 주어야 한다. 죽음교육목회는 성도들에게 현재적 삶, 죽음, 그리고 죽음 후 영생의 삶에 이르는 포괄적인 생명의 시간들을 조망하면서 하나님 나라의 가치와 문화에 참여하고 바른 죽음문화를 창조할 수 있도록 도전을 주고 있다. 처음에는 미약하더라도 죽음교육목회의 실천이 지속적으로 확대되고 그 열매를 맛볼 수 있기를 기대하며 글을 맺는다.

---

53) 2020년 현재 대학교육기관에서는 죽음교육센터가 세워지고 죽음교육지도자 자격증을 부여하는 교육과정이 만들어져 있는 곳들도 있다. 죽음교육에 대한 접근에 철학적 종교적 입장에 반영되는 것을 생각할 때 기독교적 죽음교육이 정립되고 실천될 수 있기 위해서 신학대학기관에서 공식 커리큘럼으로 교육되는 것이 절실한 과제이다.
54) 강선보 외., 『죽음과 교육』 (서울: 동문사, 2019), 42-43.
우리 사회에서도 개인적인 삶의 맥락과 공동체적인 삶에 있어서 죽음교육에 대한 필요성이 점점 더 강조되고 있음은 주지의 사실이다. 죽음에 대한 금기의 장막을 걷어내고 삶 속에 들어온 자살, 안락사 등 생명에 대한 논쟁과 죽음에 대한 대비문제에 응답할 수 있도록 교회가 죽음교육을 제공해 주어야 한다.

참고 문헌

강선보 외. 『죽음과 교육』. 서울: 동문사, 2019.
권석만. 『삶을 위한 죽음의 심리학』. 서울: 학지사, 2019.
김균진. 『죽음과 부활의 신학』. 서울: 새물결플러스, 2016.
김난예. "죽음 준비교육을 위한 죽음에 대한 태도 분석." 『기독교교육논총』 제10집(2004): 3.
김홍연. "죽음과 기독교교육: 죽음을 통한 삶의 의미를 교육하기." 『신학과 목회』 제28집(2007): 306-08.
대한예수교장로회총회교육부 편. 『교육과정 이론지침서 I』. 서울: 한국장로교출판사, 2001.
사미자. 『종교심리학』. 서울: 장로회신학대학교 출판부, 2001.
성태제. 『현대교육평가』. 서울: 학지사, 2002.
웨슬리신학연구소 편. 『기독교신학의 죽음이해』. 서울: 신앙과 지성사, 2018.
이원일. "죽음에 대한 노년기 기독교교육." 『기독교교육정보』. 제26집(2010): 363.
장신근. 『창조적 교회교육 내비게이션』. 서울: 예영커뮤니케이션, 2016.
_____. "통전적 기독교 노년 죽음교육의 모색." 『장신논단』 제50집(2018): 347.
정재걸. 『삶의 완성을 위한 죽음교육』. 서울: 지식의 날개, 2013.
총회교육부 편. 『교회교육 백서』. 서울: 한국장로교출판사, 2002,
총회목회정보정책연구소 편, 『목회매뉴얼: 교육목회』, (서울: 한국장로교출판사, 2015),
황명환. 『죽음, 새로운 삶의 시작』. 서울: 섬, 2013.

Bernstein, Richard J. *Praxis and action*. Philadelphia: University of Pennsylvania Press, 1971.

Boys, Mary C, ed. *Education for Citizenship and Discipleship*. 『제자직과 시민직을 위한 교육』. 서울: 한국장로교출판사, 1999.

Browning, Don S. ed. *Practical Theology*. San Francisco: Harper & Row, 1983.

Fowler, James W. *Stages of Faith*. New York: Harper Collins, 1981.

Groome, Thomas H. *Christian Religious Education*. 이기문 역. 『기독교적 종교교육』. 서울: 한국장로교출판사, 1983.

Harris, Maria. *Fashion Me A People: Curriculum in the Church*. 고용수 역. 『교육목회 커리큘럼』. 서울: 한국장로교출판사, 1997.

Hodgson, Peter C. *God in History*. Nashville: Abingdondon Press, 1989.

_____. *Winds of the Spirit*. Louisville: Westerminster-John Knox Press, 1994.

Osmer, Richard. *Teaching for Faith*. Louisville: Westerminster/John Knox Press, 1992.

Parnia, Sam. ˙Young, Josh. *Erasing Death*. 박수철 역. 『죽음을 다시 쓴다』. 서울: 페퍼민트, 2013.

Taylor, Marvin J. *An Introduction To Christian Education*. 송광택 역. 『기독교교육학』. 서울: 장로교출판사, 1993.

Vaillant, George E. *Heaven on My Mind*. 김진영˙고영건 역. 『내 마음속 천국: 영성이 이끄는 삶』. 서울: 피와이메이트, 2019.

WesterhoffⅢ, John H. *Will Our Children Have Faith?*. 정웅섭 역. 『교회의 신앙교육』. 서울: 대한기독교교육협회, 1998.

<ABSTRACT>

Educational ministry curriculum of the church that practices the death education

Mi Kyung Park
(Education Pastor, Suso Church)

Today, the study of death, which researches how we deal with death, and the practice of death education are becoming active. However, how actively is the church coping with the death problem and death education? How are we helping the Christians live their lives with a biblical and theological understanding of death? Many people in the church feel fearful and desperate about how to deal with the issue of death.

Christianity is telling the news that if you believe in the resurrection of Jesus Christ, who overcame death, then you will be saved. But when facing death, Christians often do not know how to deal with death. This is because Christian's understanding and preparation for death are poor. Since the church does not conduct religious death education, many believers live with a secular understanding of death and death culture. Motivated by this reality, this paper presents the death education that churches can provide to their flocks.

For the discussion of death education, we first look at the meaning of death and find that the interpretation of death varies greatly depending on the approach to death. These results show that Christians can live their entire lives with a non-Christian belief about death and die. Therefore, through death education in the church, we must ensure that we not only live our present life with a proper Christian understanding of death but also prepare for death.

The Old and New Testaments interpret human death in a relationship with God. The death and resurrection of Jesus Christ proclaim to the Christians that death does not remain an object of fear. Christians are people who have been saved by confessing the death and resurrection of Jesus Christ by faith and can enjoy the assurance of heaven even after death. We must seek the meaning and value of life by looking at the present life, death, and heavenly life in an integrated way.

The death education curriculum for church presented in this paper is based on Maria Harris's educational ministry curriculum as a theoretical framework. We present the educational objectives and goals of the educational ministry on death and suggest the desirable human figure, which the death education aims at. And the curriculum for death education is made based on the principle of praxis, the principle of integration, the principle of community, and the principle of lifelong education.

The contents and methods of death education are integrated into one and are practiced throughout the entire process of church life. We illustrate the contents and methods of death education, from the perspective of Maria Harris, Kerigma, Leiturgia, Didache, Diaconia, and Koinonia. Since the management and operation of the curriculum are necessary for the effective death education ministry, we present the educational administration and evaluation that can be practiced in the church. The educational ministry on the subject of death will make life meaningful and worthwhile for Christians in the light of death. Furthermore, personal and public faith in death will bring and create a Christian death culture in the world.

| Keyword |

church education, christian death, contents of death education, curriculum, death education, death and faith, educational ministry, methods of death education, operation and managemaent of the curriculum, the meaning of death

주 제 논 문 ④

공적신앙을 위한 죽음준비교육
-해피엔딩스쿨 프로그램 중심으로-

김 영 효 목사*
(생명의숲교회 담임목사)

[국문 초록]

    과학기술의 발달은 인류에게 찬란한 미래를 약속함과 더불어 자연의 파괴와 인간 생명의 위협이라는'죽음의 위기'를 가져왔다. 언제부터인가 죽음은 얘기해서는 안 될 금기나 터부가 된 지 오래다. 그러나 기독교의 전통은 죽음을 영적 사건으로 보고, 한사람 그리스도인과 하나님 사이의 사적인 사건이 아닌, 신앙공동체의 공적 차원으로 보았다. 죽음이 공개적인 사건이 되면 사람들이 죽음을 두려워하지 않게 된다. 죽음을 기다리는 사람이 영원으로 들어가는 모습을 지켜보면서 희망을 갖게 된다. 이제 교회는 죽음의 기술을 회복하고, 죽음을 다시 배워야 한다. 죽음은 철저한 준비가 필요한 영적 사건으로 좋은 죽음을 목격한 사람은 삶의 뚜렷한 변화를 가져다주는 훌륭한 교육의 장이 된다. 죽음을 한 개인의 사적인 사건이 아닌, 공적신앙 형성을 위한 장으로 보아야 한다.

    죽음준비교육의 이론적 기초로서 제임스 로더의 '변형화 이론'을 가져왔다. 로더의 이론은 내면과 외면의 변화뿐만 아니라, 성령의 개입을 통한 변화를 말하는 이론으로 삶과 죽음에 대한 인식의 변화를 위해 유용한 이론이 된다. 또

---
* 논문 투고일: 2020년 10월 20일   *논문 수정일: 2021년 1월 14일
* 게재 확정일: 2021년 3월 2일

한 토마스 그룸의 'Shared Praxis'이론을 제시했다. 토마스 그룸의 이론은 삶의 성찰과 나눔의 과정에의 참여를 통해 죽음의 문제에 대면하도록 안내한다는 점에서 죽음에 대한 비평적 성찰, 참여적 교육, 하나님의 나라를 지향하는 교육이라는 점에서 죽음 교육에 매우 적합한 이론적 토대이다.

죽음준비교육의 모델로 '해피엔딩스쿨'을 제시하고자 한다. 필자의 교회에서 임상을 거쳐 제시하는 프로그램으로 10주 과정으로 되어 있다. 죽음에 대해 스스로 성찰하고, 하나님의 이야기를 통해 죽음에 대한 성서적인 비전을 갖게 하고, 다시 삶으로 나아가도록 구성되어 있다. 10주의 프로그램을 시행한 후에 죽음에 대한 공포와 두려움, 회피의 경험을 벗어나 하나님 나라에 대한 소망으로 변화된 삶을 기대할 수 있다. 죽음 교육이 공적인 신앙형성의 기회가 될 수 있음을 제시하였다.

| 주제어 |

죽음, 영적 사건으로서의 죽음, 공적 신앙, 죽음 준비교육, 죽음준비교육 모델, 변형화 이론,

I.
들어가는 말

계몽주의와 과학기술의 발전은 인류에게 찬란한 미래를 약속한 것처럼 보였다. 그러나 과학기술이 발전할수록 자연은 파괴되고, 인간의 생명은 위협을 당하는 지경에 이르고 말았다. 자연과학이 발전하고, 경제 발전이 되면 될수록 물질생활은 편리해지고 풍요해지지만 이와 비례해서 죽음의 위험성도 더 커지는 현상이 나타났기 때문이다.

'제프리 고러'(Geoffrey Gorer)라는 영국의 철학자는 자본주의 발달이 죽음을 어떻게 내몰았는가를 다음과 같이 말했다. "자본주의는 기본적으로 소비를 미덕으로 하는 체제이기 때문에 소비를 통해 의미를 찾는 사회에서 죽음은 상품 가치가 없는 것이기에 사라지는 것이다."라고 말했다. 소비를 미덕으로 여기는 자본주의 사회에서 죽음은 금기시되고, 터부시는 되는 사회적인 상황이 돼 버린 것이다.[1]

그러면 왜 이렇게 우리 사회가 죽음을 외면하고 배제하는가? 그 이유는 무엇인가?

첫째는 사회적 환경의 변화 때문이다.[2] 산업화 이전 한국 사회에서 임종 환자의 죽음은 그의 가정에서 이루어졌고, 하나의 공동체적인 일이었다. 그러나 오늘날의 사회는 죽음을 우리 삶의 영역에서 애써 멀리하려

---

1) 김균진, 『죽음의 신학』(서울: 대한기독교서회, 2002), 17쪽.
2) 장경철, 강진구, 『죽음과 종교』(서울: 두란노, 2015), 12쪽.

고 하는 경향이 있다. 이로 인해 TV나, 매스컴을 통해 접하는 포장된 죽음, 물화(物化)된 죽음만을 주로 경험하고 살아간다. 이로 인해 죽음을 사물의 소멸처럼 생각하는 경향이 매우 강해졌다. 언제부터인가 죽음을 가족 내의 사건으로 경험하는 일이 점차로 줄어들고, 사람들이 죽는 장소 또한, 가정에서 병원으로 변화되었다. 1908년 전체 사망 건수의 14%가 병원이나 요양원 등의 기관에서 이루어졌지만, 불과 6년 후에는 25%로. 20세기 말에 이르러 이 수치는 80%에 육박한다.[3] 병원에서 죽음을 맞이하는 사람이 많아지면서 일반인들이 중증 환자를 직접 대면하는 일도 점차 드물어졌다. 전문 기술이 필요하다는 이유로 의료진이 환자를 돌보는 일을 전담하다 보니 사람들은 죽음이 어떤 모습인지 잊어버리고 죽음이 주는 귀중한 교훈을 놓쳐 버렸다. 모두가 사물화된 죽음일 뿐 우리의 삶 가운데 다가오는 의미 있는 죽음이 아니다.[4]

둘째 현대의 병원 체제와 상업화 때문이다. 사회의 경제적 수준이 향상되면서 마지막 임종의 장소가 가정에서 병원으로 바뀌고 있다. 그러는 사이 죽음은 가정과 공공의 영역에서 병원의 제한된 공간으로 배제되어 버리고 있다. 이와 함께 장례와 관련된 각종 산업은 급속하게 발달함에 따라 죽음의 순간 모든 것은 전문업체에 맡겨 더욱 전문화된 서비스로 대체되고 있다. 심지어 기독교 장례마저 장례업체가 담당함으로 장례 의식이 주는 신앙적 의미와 신앙공동체가 함께하는 통과의례의 의미를 잃어가고 있다.[5] 장례의 상업화는 필연적으로 '죽음의 은폐와 미화(美化)'를 가져오고 죽음의 현실이 약화 되고 배제되는 결과를 초래하고 있다.[6]

셋째. 우리 사회의 생명 경시 풍조 때문이다. 우리나라의 자살 증가

---

3) Rob Moll, The Art of Dying, 이지혜 옮김, 『죽음을 배우다』(서울: IP, 2014), 22쪽.
4) 장경철, 강진구, 『죽음과 종교』, 15쪽.
5) Moll, 이지혜 옮김, 『죽음을 배우다』, 172쪽.
6) 김균진, 『죽음의 신학』, 82쪽.

는 사회문제가 된 지 오래다. OECD 32개 회원국 평균 자살률 11.5명에 비해 한국은 2배 이상 많은 23명을 기록하고 있다. 한국은 2003년부터 2016년까지 13년 동안 OECD 중 1위를 기록했다. 이후 2017년 한해 새로 가입한 리투아니아에 자살률 1위를 내주었지만 2018년 다시 1위를 기록했다. 그럴 뿐만 아니라 급격한 저출산과 고령화로 인해 부쩍 늘어난 노인들의 고독사(孤獨死) 문제 등은 인간 생명의 존귀함이 무너지는 현상으로 시급히 해결해 나가야 할 심각한 사회문제가 아닐 수 없다. 역사가 '필립 아리아스'(Philippe Aries)는 '사회가 죽어가는 사람들의 존재를 견디지 못해 그들을 시야에서 몰아냈다.'라고 한 주장은 매우 의미 있는 견해라고 본다.

넷째. 죽음에 대한 두려움과 공포 때문이다. 현대의학과 과학의 발전은 인간의 생명을 연장하는 데는 성공했지만, 죽음을 어떻게 대하고, 죽음을 앞둔 사람을 어떻게 돌보아야 하는지 아직 온전한 답을 주지 못하고 있다. 우리 사회를 집단 공황 상태로 몰아버린 세월호의 참사 앞에서 우리 사회는 심한 갈등 속에 혼란을 겪기도 했다. 이런 죽음의 혼란의 상황은 교회도 예외는 아니다. 장례 산업의 호황으로 뒷전으로 물러난 교회는 유가족들을 위로하는 것이 장례 전부인 양 되어 버렸다. 죽음을 두려워하고, 어떻게든 피하고 싶어 하는 현대인의 심리를 교회도 뒤따라가고 있는 형국이다.

이제 이러한 죽음에 대한 외면과 죽음에 대한 회피의 문제에 직면할 때가 됐다. 인생에 있어서 사랑의 교육이 필요하고, 직업에 대한 교육이 필요하듯이 죽음교육도 반드시 필요한 교육이다. 왜냐하면, 죽음은 누구도 피할 수 없는 일이기 때문이다. 근대 이전에는 종교가 죽음에 대한 교육을 담당했다. 그러나 소비가 미덕인 산업화의 과정에서 죽음은 생산성과는 반대되는 개념으로 외면받아 오면서 죽음은 사회로부터 무시하고, 외면하는 객체가 되어 버렸다. 이제 교회는 죽음의 기술을 회복하고, 죽음을 다시 배워야 한다. 기독교는 좋은 죽음이라는 기독교 전통이 있다.[7] 기독교의 전통은 죽음을 단순히 소중한 사람을 잃고 애도하는 문제 정도로 생각하지도 않았고, 오히려 죽음이란 철저한 준비가 필요한 영적 사건일 뿐만 아니라. 어느 한 그리스도인과 하나님 사이의 사적인 사건이 아닌 신앙 공동체 전체의 공적 차원의 사건으로 여겼다. 좋은 죽음을 목격한 사람은 삶의 뚜렷한 변화를 가져다주는 훌륭한 교육의 시간이라고 여겨왔다.[8]

이러한 문제 인식에서 본 논문은 죽음에 대한 회피와 배제의 상황을 바꾸어 기독교 전통의 죽음 기술을 회복하려는데 목적이 있다. 나아가 죽음에 대한 개인화(個人化)되고, 사사화(私事化)된 죽음 이해에서 죽음의 사건이 공적신앙 형성의 장이라는 죽음교육의 인식개선의 계기가 되어지길 소망한다. 이를 위해 죽음에 대한 교육은 발달의 전 과정에서 실시해야 할 발달의 중요한 과업으로 보고, 공적신앙 형성의 장으로서 죽음준비교육의 모델로 '해피엔딩스쿨'(Happyending School)을 제시해 보고자 한다. 해피엔딩스쿨의 방법론은 토마스 그룹의 참여와 나눔의 방법(Shared Praxis)을 기본으로 하여, 제임스 로더의 변형이론을 통해 죽음준비교육의 근본 목적이 삶과 죽음에 대한 인식의 변화를 하게 하고, 성령의 개입을 통한 변화의 가능성을 제시해 보고자 한다.

---

7) Moll, 이지혜 옮김, 『죽음을 배우다』, 8쪽.
8) 위의 책, 90쪽.

II.
공적신앙 형성을 위한 죽음준비교육

    과거에는 성(性)이 하나의 사회적 터부로 간주 되었던 때가 있었다. 그 때에는 성(性)은 우리 인간이 공개적으로 언급해서는 안 될 하나의 사회적 터부 곧 '금기'로 간주 되었다. 그러나 산업화 이후 소비가 미덕인 시대가 되면서 성(性)이 자유화되면서 더이상 사회적 터부의 성격을 갖지 않게 되었다.[9] 대신 죽음의 문제가 얘기해서는 안 될 하나의 터부로 간주 되기 시작했다. 현대 사회에서 죽음은 철저히 개인의 사적인 일로 전락하여 공적 영역에서 철저히 무시되고 있다. 일종의 '죽음의 사인화'(私人化) '죽음의 무시'(Todesignorierung)의 상황이 도래하고 있다.[10] 이렇게 죽음의 경험이 공적 영역에서 추방되면서, 죽음은 사회의 보편적 관계들로부터 개인의 사적 영역으로 추방되었다.

    그러나 기독교 전통에 따르면 죽음은 영적 사건으로 어느 한 그리스도인과 하나님 사이의 사적인 사건으로 보지 않고, 철저히 신앙공동체의 공적 차원으로 보았다. 프레더릭 팩스턴은 「기독교화된 죽음」에서 초기 기독교 공동체에서는 아플 때나 죽음을 앞두고 있을 때 사제 중에 한 형제가 병을 앓으면 나머지 사람이 그 집에 모여 일곱 편의 참회 시편을 부르

---
9) 김균진, 『죽음의 신학』, 69쪽.
10) 위의 책, 69쪽.

고, 연도(사회자와 회중이 교대로 주고받는 연속적인 위령기도)와 기도를 드리고 성수를 뿌렸다. 그런 다음에는 교회에 가서 환자를 위해 미사를 들고 다시 돌아와 음식을 나누었다. 병이 오래 갈 경우에는 사제들이 연이틀 동안 의식을 계속하고, 그 이후로는 환자에게 죽음이 임박할 때까지 한 사람만 방문했다. 죽음 직전에는 환자를 돌보던 이들과 친구들이 모여 죽음을 앞둔 사람에게 성유를 바르고 철야기도를 드리고 하나님께 그의 영혼을 맡기고 몸을 준비시켰다. 환자가 죽은 이후에도 사람들은 한동안 매일 미사와 기도를 드리면서 그를 기억하고 시간이 흐르면 매달, 매년 고인을 기념했다.[11]

　　기독교 공동체의 구성원들이 죽음을 통해 믿음의 격려를 받게 되고, 죽음이 공개적인 사건이 되면서 죽음을 두려워하지 않게 된다. 더 나아가 죽음을 기다리는 사람이 영원으로 들어가는 모습을 지켜보면 희망이 생긴다. 친구나 가족의 죽음을 목격한 이들은 죽는 법을 배우기가 한결 수월하게 된다.[12] 이런 의미에서 한사람의 죽음의 사건은 공동체를 다시 통합하는 기회요, 죽음을 통해 얻게 되는 믿음과 소망을 갖게 되는 아주 귀한 교육의 기회가 된다. 초기 기독교 장례식은 산 자와 죽은 자를 하나로 이어주는 귀중한 교육의 장(場)이었다. 그러나 지난 150년 사이에 장례식에서 기독교적인 강조점은 서서히 사라져갔다. 예전의 장례식이 공동체가 다 같이 고인의 마지막 안식처로 향하는 예배였다면, 최근의 장례식은 그저 유가족의 슬픔을 달래는 단순한 추모 의식이 되어버렸다. 묘지 또한 교회 예배당 안에서 점차 마을 밖으로 옮겨지게 되고, 시신 처리에 관한 새로운 법이 통과되면서 장례는 공중보건 종사자들의 관심사로 의미가 약해져 버렸다. 한마디로 죽음이 공동체로부터 내몰리는 사회가 되어 버린 것이다.[13] 이것은 그리스도인들의 신앙과 실천이 개인주의화 되어 가면서 사

---

11) Moll, 이지혜 옮김, 『죽음을 배우다』, 90쪽.
12) 위의 책, 92쪽.

회와의 소통에 문제가 생긴 것 때문이라 할 수 있다.[14] 즉 하나님을 추구하는 근본 동기가 공적인 목적이 아닌 사적·이기적 축복에 한정되어 사회와 진지하게 소통하기를 거부한 것이 이 두 위기의 원인이라고 할 수 있다.[15] 현대 사회에서 죽음은 철저히 개인의 사적인 일로 되어버렸으며 공적 영역에서 무시되고 있다.

이런 죽음에 대한 왜곡과 터부의 상황을 반전시키기 위해서는 개인의 내적 경험뿐만이 아니라 관계성이라는 외적 경험이 함께 어우러진 삶의 방식이 필요하다. 신앙은 신념이나 사상과 같은 내용을 전수하는 것이 아니라 삶을 통해 행동의 방식으로 교육되어야 한다. 마틴 마티(Martin Marty)는 "이제 우리 교회는 본래적인 공적인 차원을 회복하여 공적 영역과 삶에 공헌하는 것을 추구하는 방향으로 나아가야 한다."[16]고 주장했다. 죽음의 교육적 의미를 잃어버린 한국교회에 이런 공적 차원의 시도는 매우 절실하게 필요하다. 그리스도를 중심에 모시고 있는 사도적 교회로서 신앙적 정체성을 확고하게 지니고 사는 그리스도인이라면 동시에 사회의 공적 질서에 민감하고 이에 대한 책임성을 지니고 살아가는 공적 신앙이 그 어느 때보다 필요하다고 본다.[17]

앞에서 제기한 대로 현대 사회에서 죽음이 철저히 개인적 차원으로 전락해 버렸다면 이제라도 '죽음의 공적 차원'을 회복해야 한다. 죽음의 상업화, 죽음의 금기와 터부에서 벗어나서 죽음을 직면하고, 교회의 좋은 죽

---

13) 위의 책, 170쪽.
14) 장신근,『공적 신앙 양육하는 교회와 가정교육』(서울: 장로회신학대학교출판부 2011), 168쪽.
15) 이학준,『한국교회 패러다임을 바꿔야 산다.』(서울: 새물결 플러스, 2013), 62쪽.
16) 위의 책, 169쪽.
17) 위의 책, 172쪽.

음의 전통을 되살려 보다 더 온전한 신앙공동체를 이루어야 할 것이다. 이제 죽음 준비교육은 공적 신앙형성의 장이라는 인식 아래서 다루어져야 한다.

III.
공적신앙 형성을 위한 죽음준비교육의 이론

1. 제임스 로더(James E. Loder)의 변형화 이론

제임스 로더(James E. Loder, Jr)는 내면과 외면의 변화뿐만 아니라, 존재와 행동의 변화가 함께 병행됨을 강조한 학자이다. 그리고 성령의 역동성을 통한 변화의 가능성을 강조한다는 점에서 죽음준비교육의 이론적 토대로 삼기에 아주 적절하다고 볼 수 있다. 특히 인간 본연의 근원적인 문제로부터 출발하는 제임스 로더의 '변형화 이론'은 죽음의 문제를 깊이 있게 성찰함을 통해 그리스도를 닮아 온전케 되는 기독교 교육의 근본 목표를 이루는데 아주 적절한 이론이라 할 수 있다. 로더의 변형화 이론에 대해 장신대 기독교 교육학 이규민 교수는 "인간이 피할 수 없는 죽음과 허무를 자신의 세계 속에 수용하게 될 때 무신론자가 되어 절망 속에 빠지든지, 아니면 자기 자신을 내려놓고 하나님에 의한 은총의 삶, 그리스도에 의해 변형된 삶을 살게 된다."[18]고 했다. 그러므로 로더의 변형화 논리는 인간의 전 영역에 편만한 허무와 절망을 보여줄 뿐 아니라 인간의 영이 지닌 근본적인 갈등에서 문제해결의 역동성을 설명해 준다는 의미에서 죽음교육의 이론적 토대가 되어 줄 것이다.

1970년 여름 토론토를 향해 가는 중 고속도로 위에서 자동차가 고장 난 중년 여성을 돕기 위해 고장 난 자동차 밑을 살피는 중, 한 노인이 운전하던 차가 그 고장 난 차를 들이받고 로더가 그 차 밑에 깔리게 되지만 기적적으로 살아난다. 이날의 경험을 통해 로더는 기독교 교육 이론과 실천이 자아-세계 사이에 이루어지는 변화, 성숙, 성장의 2차원적 구도에서 자아-세계-허무-거룩의 4차원적 구도로 심화, 확장되게 된다. 이로 인해 어느 때보다도 성령의 감동을 느끼면서 생명이란 자신의 능력 밖의 것이라는 것을 깨닫게 된다. 제임스 로더는 『삶이 변형되는 순간』(The Transforming Moment)에서 세상에서 우리의 존재 양식을 바꾸어 놓을 수 있는 변형을 가져올 수 있는 경험을 '확신적 경험'이라고 부른다. 이런 확신적 경험의 순간에 우리가 이전까지 가지고 있었던 가상적인 세계들을 붕괴시키고 사물의 의미를 부여하던 방식을 바꾸어 놓는 역할을 한다. 이러한 인간의 변형을 가져오는 확신적 경험의 중심에는 신념의 앎, 또는 확신적인 인식이라는 논리 체계가 존재한다. 이러한 확신적 인식을 경험하도록 하는 것이 인식사건인데 이러한 확신적 인식사건에는 '변형의 논리'가 존재하며 변형의 논리는 다섯 가지 과정으로 구성된다.[19]

첫째 단계는, 갈등과 문제 제기의 단계이다. (Conflict -in-Context)

새로운 변화와 발전을 위해서는 항상 새로운 도전과 문제 제기가 갈등의 상황으로 생겨나게 마련이다. 아무런 갈등이 없다면 그것은 이미 살

---

18) James Loder, *The Knight's Move*, 이규민 옮김, "성령의 관계적 논리와 기독교 교육 인식론"(서울: 대한기독교서회, 2009), 12쪽.
19) Loder, 이기춘, 김성민 옮김,『삶이 변형되는 순간』, 62-67쪽.

아있는 생명이 아니라 무(無)의 상태, 죽음의 상태와 같은 것이기 때문이다. 따라서 갈등과 문제의 어려움은 무조건 회피하거나 최소화 시키기에 급급하기보다 그 어려움 속에 들어있는 창조적 가능성을 넓게 바라보고 수용하며 끌어안아야 한다.

둘째 단계는, 탐색을 위한 휴지의 단계이다. (Interlude for Scanning)
갈등과 문제해결을 위해 인간의 지성, 감성, 의지 그리고 인간의 가장 깊은 차원의 영은 잠시도 쉬지 않고 탐색하며 움직인다. 잠을 자거나 휴식하고 있을 때 지, 정, 의 등의 의식적 영역이 쉬고 있을 때도 인간의 영은 무의식의 깊이 속에서 주어진 갈등과 문제해결을 위해 끊임없이 노력하며 탐색한다.[20]

셋째 단계는, 명상적 통찰의 단계이다. (Meditating Insight)
세 번째 명상적 통찰은 직관적 힘(Intutive Force)을 가지고 갑자기 통찰이 떠오르게 되는데, 아직 검증이 이루어지지 않았음에도 불구하고 심오한 갈등을 해결할 수 있다는 확신을 심어준다. 이러한 통찰은 핵심적 이미지를 통해서 생겨난다. 이것을 가리켜 로더는 "직관으로 다가온 통찰"(insight felt with intuition)이라 부른다.

넷째 단계는, 에너지 방출과 해방의 단계이다. (Release of Energy)
갈등과 압박이 강했으면 강했을수록 이러한 해방과 방출의 역동성은 증폭된다. 이것은 마치 팝콘이 높은 온도와 압력을 통과할 때 그 크기, 소리, 모양의 변형이 증폭되는 것과 같다. 처음에 갈등상태에 묶여있던 에너지가 갈등의 상태로부터 놓이게 됨으로써 에너지가 방출된다. 인식의 지평이 확장되고 재조직되며 자아감이 갈등으로부터 해방되어 세상을 향해 나아가게 된다. 이때 "아하!" "유레카!" "할렐루야!"의 탄성이 나오게 되는

---
20) Loder, 이규민 옮김, 『성령의 관계적 논리와 기독교 교육 인식론』, 387쪽.

것이다.[21] 부활하신 예수를 만난 제자들의 순교적 열정과 다메섹 도상에서의 바울의 회심 체험 등에서 강력한 에너지가 방출되었던 성경적 범례를 찾아볼 수 있다.

다섯 번째 단계는, 검증과 설명의 단계이다. (Verification)

전 단계에서 이미 직관과 통찰을 통해 문제해결의 실마리와 핵심을 파악했지만, 이제 이것을 논리적으로 검증, 전달, 설명함으로써 다른 사람들에게 자신이 발견한 새로운 가능성과 비전, 자신이 파악한 새로운 해결과 창조적 원리를 해석하고 전달하는 단계이다.

2. 토마스 그룸(Thomas H. Groome)의 하나님 나라와 Shard Praxis 이론

토마스 그룸(Thomas H. Groome)[22]은 현실에 대한 각성과 바른 세계관의 인식 그리고 미래에 대한 비전의 형성과 실천이 어우러진 교육을 위해 Shard Praxis를 중심으로 하는 교수-학습 방법론을 1980년 『기독교적 종교교육』(Christian Religious Education)에서 제시하였다. 기독교 종교교육으로서 Shard Praxis는 기독교 신앙공동체가 활력 있는 기독교적 신앙형성에 목적을 두고 신앙교육을 할 때, 삶에서 반성해야 할 것은 먼저 생각하고 그것을 신앙 안에서 되새기면서 다시 삶으로 돌아가는 것이다. 이는 신앙 안에서 다른 사람들이 고백한 신앙고백이나 영적인 경험을 자기의 경험에 비추어 다시 사색하게 하는 것이다.

---

21) 위의 책, 387쪽.
22) 토마스 그룸(Thomas H. Groome)은 카톨릭 신부로서 아일랜드에서 출생하여 그곳에서 신학 과정을 수료하고 1968년에 성직을 수여 받은 후 미국에서 71년부터 종교교육에 전념했다. 뉴욕에 있는 컬럼비아와 유니온 신학교에서 종교와 종교교육에 관해 공부하였으며 현재 보스턴대학 신학부에서 종교교육을 가르치고 있다.

그의 최근 저서『신앙은 지속될 수 있을까?』에서 이를 더욱 명확하고 설명해 준다. "이 접근은 사람들로 하여금 그들의 삶을 그들의 신앙으로 가져가고, 다시 그들의 신앙을 그들의 삶으로 가져가도록 이끌어주는 교육이다."[23]라고 했다. 현대 기독교 교육의 주요한 이슈(issues) 중 하나는 신앙의 내용(전승)과 현재의 생활(경험) 사이의 긴장과 갈등의 문제이다.

이러한 토마스 그룹의 교육 방법은 죽음에 대해 극히 부정적이고, 터부시하는 오늘의 상황에서 죽음에 대한 선입견이나, 잘못된 이해를 파악하게 하는 좋은 이론적 근거가 될 수 있다. 또한 오늘의 삶으로 돌아가서 사고하게 방법론은 이론이 아닌 실제적 적용을 할 수 있게 한다는 점에서 죽음준비교육의 방법론으로 아주 적절하다고 본다. 무엇보다 그룹의 이론이 중요한 이유는 그의 신학적 강조점은 '하나님 나라를 위한 교육,'을 지향하고 있다는 점이다. 토마스 그룹은 '기독교 종교교육의 궁극적인 목적은 사람들을 예수 그리스도 안에 있는 하나님 나라로 이끌어 내는 것'이라고 말한다.[24] 이를 위하여 두 가지 질문을 할 수 있는데, '하나님 나라가 기독교인의 삶을 실질적으로 살아가는 데 있어서 무엇을 의미하는가?' '기독교적 삶의 스타일 형성을 위한 교육에 하나님 나라가 지니는 함축적 의미는 무엇인가?'라는 질문이 제기할 수 있다. 따라서 토마스 그룹의 이론은 죽음준비교육을 실시함에 있어서 방법론적인 틀을 형성하는 데 아주 유용한 이론적 근거가 된다고 아니할 수 없다.

토마스 그룹의 기독교 교육방법(Shared Praxis)은 다음의 다섯가지 기본 요소로 구성된다.

---

23) Thomas Groome, *Will There Be Faith*. 조영관 외 2인 옮김『신앙은 지속될 수 있을까?』 (서울: 가톨릭대학교 출판부, 2014), 386 쪽.
24) 위의 책. 68쪽.

a. 현재의 행동

학습자로 하여금 공동체에서 경험한 현재의 행동에 대해 자각을 하는 단계이다. 현재의 행동은 물리적으로, 정서적으로, 지적으로, 영적으로 행하는 모든 것을 포함하는 데 일차적으로 자기 자신, 자아이며, 궁극적으로는 사회적 상황에 대해서이다. 현재의 행동에 대하여 성찰함으로써 "과거들"을 드러내게 하고, 또한 이러한 현재의 행동이 일으킬지도 모르는 결과들을 인식하게 됨으로써 "미래들"에 대한 의식이 생기게 된다.[25]

b. 비평적 성찰

이 단계의 목표는 학습자로 하여금 현재의 행동, 행동의 이유(이야기), 그 행동의 결과(비전)에 대해 비판적으로 성찰하는 데 있다. 즉 현재 행위의 기원과 원칙들을 인식, 규명하고 현재의 행위를 있게 만든 사회적 영향들을 드러내고 대화를 통해 억압된 상태로부터의 해방을 도모하는 단계이다. 따라서 비평적 성찰이란 현재를 평가하기 위한 비평적 추론이며 현재에서 과거를 폭로하기 위한 비평적 기억이요. 현재에서 미래를 내다보는 창조적 상상으로 구분된다. 그러나 비평적 성찰을 통한 식별은 우리 자신의 추리, 기억, 상상과 함께 성령의 은혜에 이끌림. 받을 때 하나님의 행위의 빛 아래서 변화시킬 수 있는 실제를 알 수 있게 된다.[26]

c. 대화

이 단계의 목표는 기독교 전통으로부터 생기는 보다 폭넓은 공동체의 비전을 만날 수 있도록 하는 것이다. 이때 제시되는 기독교 이야기의 비전을 보다 넓은 기독교 이야기의 비전은 더 넓은 기독교 공동체의 신앙

---

25) 위의 책, 268-69쪽.
26) 위의 책, 269-70쪽.

이해를 위한 원천이 된다. 따라서 이 단계에서 전통에 대해서 성찰하고 적용하고, 또 전통이 현재의 모습을 띠게 된 이유를 파악하도록 한다.

d. 하나님의 이야기

이 단계는 하나님의 이야기(The Story)와 학습자 자신의 이야기들(Stories) 사이의 변증법적 해석의 단계이다. 이 단계는 학습자들의 이야기에 비추어서 기독교 이야기를 평가한다. 이 단계를 통해 공동체의 앎을 학습자들이 그들의 삶의 상황 속에서 그 앎의 이야기를 그들 자신의 것으로 알게 되도록 돕는 변증법적 해석의 단계이다. 하나님의 이야기로부터 우리는 하나님의 은총에 의하여 우리 기독교 신앙의 삶을 끌어내며 그리고 그것을 다시 접근하기 쉬운 것으로 만듦으로 우리는 우리 자신을 위한 하나님 구원의 행위를 경험하게 된다. 하나님의 이야기를 기억하고 구현하는 것은 기독교의 하나님을 아는 과정에 있어서 본질적인 부분이다. 신앙 공동체가 지니는 하나님의 이야기로서 접근 될 수 있는 것이 되어야 한다.

e. 비전

이 단계는 우리의 현재의 행동 속에서 구체화한 우리의 비전에 대한 응답으로 앞으로 이 행동을 결정하는 과정이다. 즉 우리의 현재적 행동이 어떻게 하면 그 비전에 대해서 창조적일 수 있는가? 를 묻는 단계이다. 기독교적 이야기가 요구하는 응답을 말하는 것으로 기독교 전통과 성서에서 말하는 하나님 나라, 하나님의 모든 피조물을 위한 비전을 가리킨다. 이 하나님 나라의 비전은 창조를 위한 하나님의 비전이며, 하나님의 통치권에 대해 신실함에 응답하도록 초대하는 것이다. 우리 편에서 볼 때 그 비전은 하나님의 통치에 성실한 활력 있는 응답을 요구한다. 그러므로 우리가 응답할 때 우리는 그 나라가 이미 현재 임하도록 돕는 것이 된다. 기독교 이야기와 비전은 기독교 신앙공동체 속에서 표현된다.

3. 'Shard Praxis' 이론과 '변형화 이론'의 죽음준비교육에의 적용점

제임스 로더의 변형화 이론은 입체적이고 온전한 죽음 교육을 위한 이론적 토대가 된다. 기독교 교육이 온전한 교육이 되기 위해선 내면과 외면의 변화뿐만 아니라, 내용과 형식의 변화, 존재와 행동의 변화가 함께 병행되어야 한다. 로더의 변형화 이론은 그동안 기독교 교육 현장에서 빼앗겼던 내면, 내용, 존재에 관한 관심을 불러일으키고 있으며, 그 내면과 본질에 있어서 그리스도를 닮아 온전케 되는 기독교 교육으로 우리를 안내해 주고 있다. 특별히 인간의 궁극적인 문제인 죽음을 다루는 교육에서 로더의 이론은 우리가 추구하는 죽음 교육에 아주 훌륭한 이론적 근거가 될 수 있다.

로더가 제시한 4가지 차원의 인식은 인간이 피할 수 없는 죽음과 허무의 문제에 다가갈 수 있는 좋은 방법론이 된다. 인간이 피할 수 없는 죽음과 허무를 자신의 세계 속에 수용하게 될 때 무신론자가 되어 절망 속에 빠지든지, 아니면 자기 자신을 내려놓고 하나님에 의한 은총의 삶, 그리스도에 의해 변형된 삶을 살게 될 수밖에 없다. 따라서 로더의 변형화 논리는 인간의 전 영역에 편만한 허무와 절망을 보여줄 뿐 아니라 그에 대한 대안으로서 거룩과 하나님의 임재를 보여준다.

또한 로더의 이론은 죽음에 대한 터부와 회피의 시각을 긍정적으로 바꿔 줄 수 좋은 통로가 된다. 로더가 제시한 변형의 논리 5단계의 단계들을 통해 상상력의 도약과 '아하! 그렇지'라는 해결의 실마리가 되는 경험을 통해 놀라운 변화의 실마리가 생긴다고 볼 때 죽음에 대한 공포와 회피, 내지 외면의 극단적인 현대인들에게 로더의 변형의 논리는 매우 유용한 접근 방법이 될 것이다.

토마스 그룸의 이론을 통해 죽음준비교육에의 적용 점을 정리하면 다음과 같다.

첫째. 토마스 그룸의 이론은 죽음준비교육의 교수-학습 방법론의 기초가 된다. 현실에 대한 비평적 성찰과 미래에 대한 비전의 형성과 실천이 어우러진 교육을 위해 Shard Praxis를 중심으로 하는 교수-학습 방법론은 공적신앙을 위한 죽음교육의 교수-학습 방법론의 매우 중요한 이론적 토대가 된다.

둘째. 토마스 그룸의 하나님 나라에 대한 인식은 죽음준비교육의 궁극적인 목적을 제시해 준다. 토마스 그룸의 신학적 강조점은 '하나님 나라를 위한 교육,'이다. 그룸이 말한 하나님 나라는 통치영역으로서의 특정 영토만을 의미하지 않고, 추상적인 개념도 아닌 오히려 하나님의 주권을 세우려는 구체적인 활동을 가리킨다. 공적신앙을 위한 죽음교육이 궁극적으로 지향하는 목표도 하나님 나라에의 교육이 되어야 한다는 점에서 그룸의 이론은 매우 유용하다고 할 수 있다.

셋째. 비평적 성찰, 대화와 참여의 방법은 극히 개인화된 죽음에 대한 이해의 폭을 공적 신앙의 영역으로 확장하는 틀을 제공해 줄 것이다. 죽음교육이 단순한 지식이나 일방적인 강의, 단순 상담 형식이 아닌 학습자가 수업에 적극적으로 참여함을 통해 비평적으로 성찰함을 통해 죽음에 대한 두려움과 공포심이 해소되고 죽음을 삶의 궁극적인 완성으로 인식하게 되며 발달의 과정으로 인식하게 된다. 그룸의 이론이 우리나라의 현실과는 많은 괴리감이 있다고 말하기도 하지만 참여와 성찰, 대화와 참여의 방법은 아주 훌륭한 이론적 기반이 된다.

Ⅳ. 공적신앙 형성을 위한 죽음준비교육의 모델
-해피엔딩스쿨(Happyending School)-

　지금까지의 죽음준비교육이 대체로 성인 후기의 노년을 대상으로 교육의 대상이 한정되는 경향이 많았다. 기독교 신앙의 관점에서의 죽음 교육이 아니라, 문화센터나 사회복지관 등에서 실시하는 사회 복지 프로그램의 일환으로 실시되는 경우가 많았다. 근래에 기독교적 죽음교육에 대한 시도들이 일어나고 있지만, 이것 또한 상담학적 접근이 다수를 이루고 있다. 본 논문은 기독교교육의 이론에 바탕을 둔 죽음 준비교육의 모델을 제시하고자 한다. 앞에서 제시한 제임스 로더의 변형화 이론, 토마스 그룸의 나눔의 기독교교육 이론을 토대로 죽음준비교육이 개인적인 차원을 넘어 공적신앙 형성의 장으로 신앙공동체를 위한 교육의 장이 되도록 모델을 제시해 보고자 한다. 죽음준비교육의 모델을 제시해 보고자 한다. 여기에 지시된'해피엔딩스쿨'(Happyending School)은 필자의 교회에서 주일 오후 10주 동안 실제로 실시했던 프로그램임을 밝힌다.

1. 해피엔딩스쿨'(Happyending School)의 교육 원리는?

1) 생애 전 과정을 통해 이루어야 할 과업으로서 죽음준비교육

죽음준비교육은 인간의 유한한 삶과 언젠가 다가올 죽음을 생각하며 진정한 삶의 의미를 깨닫게 하는 교육이다. 그러므로 죽음 교육은 특정한 연령이나 대상에 국한되지 않고 생애 전 과정을 통하여 이루어져야 할 중요한 발달의 과업이다. 물론 연령과 발달 단계 및 학습자의 상황과 필요에 따라 교육의 방법과 접근은 달라져야 한다. 예를 들어 어린이들을 위한 죽음준비교육의 경우, 반려동물의 죽음이 좋은 기회가 될 수 있고, 온라인 게임의 폭력성이 사회문제가 되는 경우가 있는데, 어린이들에게 생명과 죽음에 대한 바른 교육이 필요한 이유가 된다. 청소년들에게는 자아존중감과 자살 방지를 위한 죽음교육이 필요하다. 중년 세대에게는 급작스럽게 닥칠 부모의 죽음을 준비해야 하는 시기이다. 노년의 시기는 인생의 마지막을 준비해야 할 시기이기에 그 어느 시기보다 죽음준비교육이 필요한 시기이다. 이렇게 보면 죽음준비교육은 발달의 전 과정을 통하여 이루어져야 할 중요한 발달의 과제라고 할 수 있다.

2) 삶의 변화를 가져다주는 죽음준비교육

죽음준비교육을 통하여 진정한 삶의 의미를 깨닫고 죽음을 준비함으로써 삶의 아름다운 마무리를 돕는 교육이다. 죽음 교육을 통한 변화는 삶의 전인적 차원의 변화이다. 토마스 그룹이 말한 인지적 차원, 정의적 차원, 실천적 차원의 세 가지 차원을 모두 포함하는 변화를 지향한다. 먼저 인지적 차원을 통하여 죽음에 대한 이해의 폭을 넓히며, 자신의 죽음을 인식하고 인간의 유한한 삶과 죽음 이후의 영원한 세계에 대해서 확신적으로 알게 된다. 다음으로 정의적 차원을 통하여 삶과 죽음에 대한 태도의 변화를 가져온다. 죽음에 대한 두려움과 공포감 때문에 죽음을 터부시하고 배제하게 됨을 인식하고 기독교적 죽음 이해의 관점을 통하여 죽음에 대한 공포와 불안 등에서 벗어나 긍정적인 태도를 갖게 한다. 이 과정에서 죽음에 대한 비판적인 성찰을 하게 되고, 죽음을 단절이 아닌 삶의 완성으로 바라보고 살아갈 수 있게 한다.

3) 비판적 성찰과 하나님 나라를 지향하는 죽음준비교육

죽음교육의 궁극적인 지향점은 하나님 나라이다. 하나님 나라는 단순히 죽어서 가는 사후세계가 아니라 하나님의 주권적인 통치가 이뤄지는 곳으로 예수 그리스도를 통해 과거에 이미 이루어졌으며, 미래 종말의 때에 궁극적으로 완성될 것이다. 따라서 현재는 하나님의 나라가 궁극적인 완성을 향해 확정되는 과정에 있으며 이것은 하나님 나라를 추구하며 하나님 나라에 응답하는 사람들 가운데 실존적으로 실현된다. 죽음은 인간이 어떠한 방법으로도 해결할 수 없는 문제이며 한계상황이다. 하나님 나라를 지향하는 죽음 교육을 위해서는 죽음에 대한 비판적 성찰이 필요하다. 인간이 죽음을 비평적으로 성찰할 때 인간의 유한성과 한계성을 인정하게 되고 죽음을 초월하는 하나님 나라에 대한 소망을 갖게 된다. 이렇게 자신에 대한 진지한 성찰이 없다면 하나님 나라에 대한 궁극적인 소망을 기대할 수 없기 때문이다.

4) 개인적 차원을 넘는 공적 차원으로서의 죽음준비교육

오늘날의 죽음에 대한 문제는 죽음이 철저히 개인의 사건으로 축소되고 외면 받고 있는 것이 사실이다. 뿐만 아니라 신앙공동체에서도 죽음을 공동체의 사건으로 여기지 않고, 전적으로 타자의 일로 여기는 경향이 매우 강하다. 그러나 교회의 전통은 죽음을 개인의 사건으로만 여기지 않고, 공동체적 사건으로 여겼다. 그러기에 죽음교육은 죽음의 공적 기능의 회복을 염두에 둔 교육이 되어야 한다.

2. 해피엔딩스쿨'(Happyending School) 교육의 목적 및 목표는?

해피엔딩스쿨의 목적은 "학습자들로 하여금 자신의 유한한 삶과 다가올 죽음을 비평적으로 성찰하여 현재와 미래에서의 하나님 나라를 향한 소망을 가지고 기독교 신앙공동체를 통해 자신의 죽음을 준비하고, 아름다운 마무리를 하도록 돕는데 있다." 이것이 그리스도인들의 삶의 궁극적 목적이다. 해피엔딩스쿨은 '하나님 나라,' '기독교 신앙공동체,' '비평적 성찰' 그리고 '행복한 죽음'이 4가지를 목적으로 한다. 먼저 '하나님 나라'는 하나님의 주권적인 통치가 이뤄지는 곳으로 예수 그리스도를 통해 과거에 이미 이루어졌으며, 미래 종말의 때에 궁극적으로 완성될 것이다. 그런데 하나님 나라의 개념에 도달하기 위한 과정에서 비평적 성찰을 통한 나아감과 죽음을 개인화하지 않고 신앙공동체의 공적 사건으로 인식하고 결론적으로 죽음에 대한 두려움과 배제의 상황에서 자유함을 누리며 죽음을 선제적으로 준비하고 맞이하는 행복한 죽음을 준비하도록 하는 데 있다.

위에서 제시한 해피엔딩스쿨의 교육목적을 이루기 위하여 교육목표를 설정하면 다음과 같다.

첫째. 죽음에 대한 회피와 배제의 상황을 넘어 죽음은 인생의 완성이요 새로운 생명의 시작으로 바라보게 한다.

둘째. 죽음을 생애발달의 전 과정을 통하여 이루어야 할 중요한 발달

과업으로 이해하게 한다. 특별히 죽음은 생애 발달의 마지막 단계로서 비판적인 성찰을 통한 자아실현이 이루어지는 보편적 신앙발달의 단계를 추구하게 한다.

셋째, 죽음은 영적사건으로 그리스도인과 하나님 사이의 사적인 사건이 아닌, 신앙공동체의 공적인 사건으로 대하고 죽음의 과정에서 주는 배움과 교훈을 소중히 여길 수 있는 마음을 갖게 한다.

3. 해피엔딩스쿨'(Happyending School) 교육의 내용은?

해피엔딩스쿨에서 다룰 교육의 내용은 크게 다음과 같이 나누어 볼 수 있다.

1) 지적 차원의 내용

지적 차원에서 다루어야 할 교육의 내용은 죽음에 대한 일반적인 이해이다. 의학, 법학, 심리학, 등의 이해를 통해 죽음의 실체를 접하고 이해하는 과정이라 할 수 있다. 두 번째는 종교별 죽음이해이다. 종교의 본래적인 기능이 죽음과 내세에 대한 깊은 통찰과 접근이라 볼 때 종교별 비교연구를 통해 차이점과 유사점 등을 찾아낼 수 있다. 셋째, 기독교의 죽음 이해로서 성경과 신학에서 죽음에 대한 이해를 다룬다. 여기에서는 좋은 죽음이라는 교회의 역사를 소개함을 통해 죽음준비교육의 필요성을 다룬다.

2) 성찰적 차원의 내용

성찰적 차원은 개인과 공동체의 죽음의 경험을 통해 죽음에 대한 왜곡과 배제의 상황을 인식한다. '죽을 때 후회하는 25가지,"사진으로 보는 나의 자서전,'등 활동을 통해 자신이 경험한 죽음의 사건, 기억 회상 등을 통해 긍정적이든 부정적이든 죽음의 기억을 되살려 본다. 이 과정에서 '나의 인생 그래프' 등의 활동을 통해 자신의 인생을 회고하고 삶의 우선 가치를 정한다. 마지막으로 하나님과의 관계를 통해 현재와 미래에서 영원한 생명을 누리는 방법과 영원한 생명을 다룬다.

3) 참여적 차원의 내용

더욱 효과적인 죽음 준비교육이 되기 위해서는 학습자의 적극적인 참여가 중요하다. 참여적 차원에서 다루는 내용은 순교지 탐방(영광 야월교회, 영광 염산교회 등), 죽음에 대한 연극이나 영화 관람, '유언장 작성,"영상으로 보내는 유언장,"나의 장례 소망기,"용서하기,"감사하기,'등의 활동을 통해 실제적인 죽음 준비의 항목들을 체험하고 실제로 작성하고, 남기고, 전하는 활동을 시행한다.

4) 공적 차원의 내용

죽음이 개인만의 사건이 아니고 신앙공동체의 사건임을 인식하도록 다룬다. 신앙공동체의 유산으로 남는 순교지 탐방을 통해, 순교자들의 이야기를 나누고 죽음의 경험을 나눈다. 또한 공적 차원에서 다루어야 할 사항은 장기기증, 사전 의료의향서 등의 작성을 통해 죽음을 통해 남길 수 있는 가치 있는 삶을 생각하게 한다. 두 재벌 회장의 마지막 모습을 통해 누구의 삶이 더 가치 있고, 품위 있는 죽음인지를 생각하게 하고, 기부문화의 확산을 위한 '153기부 운동' 등을 소개하고 실천하도록 돕는다.

4. 해피엔딩스쿨'(Happyending School)을 어떻게 진행할까?

해피엔딩스쿨의 전체적인 개요와 더불어 진행을 위한 방법을 살펴보자.

1과. 'Let's Go 해피엔딩스쿨'이다. 준비단계로서 학습자들을 죽음교육으로 초대하는 시간이다. 이 과에서는 먼저 소그룹별 편성 후에 자기소개를 통하여 마음을 열고 '죽음'이란 단어가 연상하는 개념을 나눔을 통해 죽음에 대한 인식을 확인한 후에 죽음 준비교육이 필요한 이유를 제시하고 앞으로 교육에 대한 기대감을 가지고 임하도록 한다. 1과를 어떻게 접근하느냐에 따라 남은 전체 10주 과정에 큰 영향을 미칠 수 있다. 이 과의 목표는 학습자들의 죽음에 대한 선이해를 파악하는 과정이므로 좀 더 세밀하고 조심스러운 접근이 필요하다.

2과 '메멘토 모리(죽음을 생각하라)'이다. 성찰의 단계로서 학습자들이 죽음에 관한 생각과 느낌을 브레인스토밍 형식으로 표현하도록 한다. 인생그래프를 통해 죽음의 위기와 경험을 이야기하게 하고, 영상(EBS 다큐 프라임 생사탐구기획1부-메멘토 모리)을 통해 죽음을 말하고 생각하는 것이 주는 유익한 점에 대해 느끼도록 하는 것이 이 과의 목표이다. 해피엔딩스쿨은 절대 죽음에 대한 공포와 두려움을 더하게 하는 과정이 되어서는 안된다. 자연스런 나눔과 경험을 통해 자신이 가지고 있는 죽음에 대한 터부와 외면의 모습을 성찰하도록 해야 한다.

3과 '인생의 사계절'이다. 2과에 이어 성찰의 단계로서 자연계에 사계절이 있다면 우리 인생의 사계절도 있음을 윤동주의 시를 통해 생각하게 한다. 죽음에 대해 두려움이 있기 때문에 의도적으로 죽음에 대해 이야기하는 것을 꺼려 한다. 자연계의 사계절의 변화와 같이 인생의 사계절을 생각하게 한다. '사진으로 보는 자서전'을 통해 자신의 지나간 발자취를 돌아보게 한다. 이것을 바울의 이야기로 연결해서 학습자로 하여금 인생의 겨울을 어떻게 맞이할 것인가? 생각하게 한다.

4과 '죽을 때 후회하는 25가지'이다. 4과는 토마스 그룸의 이론으로 보면 대화하기의 단계이다. "죽을 때 후회하는 25가지"를 소개하면서 인생의 마지막 순간에 어떤 후회를 할 것 같은가? 생각하게 한다. 영화 '버킷리스트'영상을 보고 자신의 버킷리스트를 작성해보고, 용서해야 할 사람을 작성해서 자신을 돌아보고, 성경에서 요셉의 용서와 아름다운 매듭을 통해 어떻게 할 것인가를 생각하게 하는 것이 이 과의 목표이다.

5과 '죽음 그 이후'이다. 5과에서 8과까지는 하나님의 이야기를 통해 성경에서 말하는 죽음에 대해서 중점적으로 다루는 부분이다. 죽음에 대한 두려움의 원인은 사후 세계에 대한 확신이 없기 때문이다. 5과에서는 죽음 이후의 사후의 세계에 대해 분명하게 이야기한다. 헨리 나우웬의 저서 '가장 큰 선물'에 나오는 어머니의 자궁 안에서 대화하는 이란성 쌍둥이의 이야기를 통해서 사후 세계에 대한 이야기를 시작한다. 성경의 이야기에서는 부자와 나사로의 이야기는 비유가 아니라 사실을 이야기하고 있음을 설명한다. 성경적인 죽음과 무신론적인 죽음이해, 타종교의 죽음 이해의 차이를 설명해준다. 소위 임사체험에 대해 지나치게 신뢰하지 않는 것이 기독교적인 내세관임을 분명히 밝히고 설명해준다. 죽음에 대한 두려움을 떨쳐버리고, 죽음도 이야기 할 수 있는 주제이구나를 생각하게 하는 전환점이 될 것이다. 제임스 로더의 변형화 이론으로 보면 갈등의 과정으로 거쳐 넷째 단계인 에너지 방출과 해방의 단계이다. (Release of Energy)

6과 '아름다운 죽음 행복한 죽음'이다. 이제 6과 이후부터는 죽음에 대해 좀더 실제적으로 이야기 할 수 있는 시점이 되었다. '스콧 리어링의 죽음 대비지침'을 나누면서 무의미한 연명치료에 관해 생각해 볼 수 있는 시간이다. 모두가 아름다운, 행복한 죽음을 원하지만, 미리 준비하고, 죽음에 대한 진지한 접근을 하지 못하기 때문이라는 사실을 인지하게 한다. 가정에서 과제로 '나의 생사관'을 작성하여 오도록 한다.

7과 '가장 위대한 유산'이다. 부모님으로부터 받은 소중한 유산을 한 가지씩 나눠보게 한다. 이후에 프린스턴대 블랙우드 교수가 말한 그리스도인이 남겨야 할 세 가지 유산을 설명한 후에 유언장을 어떻게 작성할 것인지 알려준다. 성경에 나온 야곱의 유언을 통해 그리스도인이 남겨야 할 유언이 무엇인지 생각하게 한다. 마지막으로 하이패밀리의 '153 상속기부운동'을 소개한다. 내가 남길 가장 위대한 유산이 무엇인지에 대해 깊이 있게 성찰하도록 하는데 있다.

8과 '아름다운 마침표'이다. 죽음 이후에 묘비에 새겨지길 원하는 문구에 대해 나눠본다. 죽음에 대한 진지한 고민이 없이는 말하기 쉽지 않다. 이후에 두 재벌 회장의 상반된 죽음을 통해 아름다운 인생의 마침표는 어떤 것인지 생각하게 한다. 창세기 5장 22절 이하에서 '요셉은 아름다운 마침표 인생이다.'라고 할 수 있는 이유에 대해 설명한다. 이 과를 마치며 '영상으로 보내는 유언'을 조별로 나눠 촬영해서 발표함을 통해 아름다운 마침표를 생각하게 한다. 7과와 8과를 거치면서 죽음에 대한 준비가 왜 중요한지 깨닫고 자신의 행복한 죽음을 설계하도록 지도한다.

9과 '앞서간 이들의 발자취를 찾아서'이다. 9과, 10과 비전 마무리 단계로서 죽음에 대한 두려움과 터부의 상황을 털고 새롭게 죽음에 대한 새로운 인식을 하게 하는 단계로서 순교성지를 방문하면서 가장 오래 남는 느낌표로서 신앙인들의 마지막 이야기를 나눈다. 죽음도 초월한 순교자들의 신앙을 보며 죽음준비교육이 학습자들로 하여금 삶의 근본적인 변화를 가져다주는 감동적인 사건이 될 수 있음을 느끼게 한다.

10과 수업 명은 '새로운 시작을 위한 해피엔딩'이다. 해피엔딩스쿨을 마무리하는 시간으로 교회 공동체가 함께하는 시간이다. 이 시간을 통해서 죽음의 사건이 개인의 사건이 아니라, 신앙공동체를 하나로 만들고, 신앙교육의 훌륭한 장이 된다는 메시지를 함께 공유하는 시간이다. 그동안의 활동 자료들을 전시하고, '나의 장례 소망기,"영상으로 보내는 유언장,' 그동안의 활동 자료를 영상으로 제작하여 보여준다. 이 시간을 통하여 교육 미참자에게도 동기부여를 하여 다음 기회에 참여할 수 있도록 한다. 해피엔딩스쿨이 끝난 후에도 후속 활동이 이어질 수 있도록 지지해준다.

해피엔딩스쿨의 전체적인 개요는 정리하면 다음과 같다.

표-2 해피엔딩스쿨의 전체 개요

과정		주제	목표	내용
1	돌아보기	'let's go 해피엔딩스쿨!'	① 4-5명씩 편성된 조별로 자기를 소개하고 기대감을 나눈다. ② 해피엔딩스쿨의 전반적인 프로그램을 소개하고 기대감을 갖게한다.	①'죽음'에 대한 나의 첫기억(긍정적, 부정적)을 나눈다. ②EBS 다큐 -메멘토모리 보고 죽음을 이야기하는 것의 긍정적 효과를 나눈다.
2	성찰하기	메멘토 모리	① 죽음을 말하고 생각하는 것이 주는 유익한 점에 대해 느끼게 한다. ② 학습자로 하여금 죽음을 말하게 하고 생각하게 하게 한다,	① 죽을때까지 모르는 것 3가지, 죽을 때 아는 것 3가지를 나눈다. ② 인생그래프를 나누며 최고의 순간과 최악의 순간을 생각하게 한다. ③ 나의 엔딩노트 만들기
3		인생의 사계절	① 자연계 사계절이 있다면 인생의 사계절도 있음을 생각하게 한다. ② 인생의 겨울을 어떻게 준비할 것인가 고민하게 한다.. ③ 인생의 겨울을 맞이한 사도바울의 경우를 보고 배운다.	① 윤동주의 '내 인생의 가을이 오면'을 감상하고, ②사진으로 보는 자서전을 통해 인생을 회상하게 한다. ③ '어느 95세 노인의 수기'를 나누며 겨울을 준비하게한다.
4	대화하기	죽을 때 후회하는 25가지	① 죽을 때 후회함이 없는 마무리를 할 수 있도록 한다. ② 죽기 전에 꼭 하고 싶은 버킷리스트 작성하게 한다. ③ 내 인생의 감사 베스트 5	①영화 '버킷리스트' 시청 ②버킷리스트 작성해서 나누기 ③죽음에 대한 인간관계 준비 (감사하기, 용서하기)

과정		주제	목표	내용
5	하나님의 이야기	죽음 그 이후	① 죽음 이후의 세계에 대해 구체적으로 이해한다 ② 죽음 이후 부활을 믿고 하나님 나라 소망을 갖게 한다. ③ 죽음에 대한 두려움과 공포를 극복하게 한다.	① 어머니 자궁 안의 이란성 쌍둥이의 대화를 통해 죽임이후의 세계에 대해 생각한다. ② 사후 세계에 대한 세가지 견해를 나눈다. ③ 부자와 나사로의 이야기 통해 사후세계 생각한다.
6		아름다운 죽음 행복한 죽음	① 아름다운 죽음, 행복한 죽음은 준비된 죽음임을 알게 한다. ② 죽음에 대해 구체적으로 준비하도록 돕는다.(사전의료의향서)	① 스콧 니어링의 죽음 준비를 진지하게 나눈다. ② 사전의료의향서과 무의미한 연명치료에 대해 나눈다.
7		가장 위대한 유산	① 죽음 이후에 나는 무엇을 남길 것인가? 생각하게 한다. (영상으로 쓰는 유언) ② 유언장을 작성하도록 안내하고 실제로 작성하도록 한다.	① 그리스도인이 남겨야할 유산 3가지를 나눈다. ② 그리스도인들이 유언장에 꼭 포함해야 할 것들에 대해 나눈다.
8	비전	아름다운 마침표	① 죽음은 인생의 마침표임을 알게 하고 아름다운 마침표 인생에 대해 나눈다. ② 장기기증, 사전 의료의향서, 사전 의료지시서 등 작성	① 죽음을 앞둔 두 재벌회장의 모습을 비교해본다. ② 영상으로 보내는 유언장 작성하고 서로 나눈다.
9		앞서간 발자취를 찾아서	① 순교성지 방문하여 진행한다. ② 믿음의 선조들이 죽음조차도 초월할 수 있었던 비결을 생각하게 한다.	①'네 자매 순교 이야기'를 나누며 이것이 가능했던 이유를 이야기 해봅시다. ② 나의 장례소망기를 작성해본다.
10		새로운 시작을 위한 해피엔딩	① 해피엔딩스쿨을 통해 변화된 죽음에 대해 나눈다. ② 해피엔딩을 꿈꾸며 준비하는 삶이 가장 잘 사는 삶임을 함께 나눈다.	① 해피엔딩스쿨 마치는 소감 ② 인생의 마지막까지 아름다운 삶을 살도록 격려와 축복 ③ 수료증 전달 및 축하

5. 해피엔딩스쿨'(Happyending School)의 기대 효과는?

첫째. 죽음에 대한 거부감을 해소하고 바른 죽음관을 심어줄 수 있다. 기독교 교육의 근본 목적을 변화라고 할 때 죽음준비교육도 변화를 추구해야 한다. 인간의 궁극적 문제인 죽음에 대한 두려움과 외면의 상황을 극복하고 하나님 나라에 대한 소망을 가지고 해피엔딩을 소망할 수 있게 된다.

둘째. 해피엔딩스쿨은 죽음준비교육의 영역을 발달의 전 과정으로 인식하고 된다. 죽음의 문제는 어느 특정 세대만의 문제가 아닌 모든 세대 발달의 전 과정을 통해 필요한 교육이다.

셋째. 죽음의 영역을 사적인 영역에서 공적신앙 형성의 장으로 여기게 하는 효과가 있다. 이제 죽음은 어느 한 그리스도인과 하나님 사이의 사적인 사건이 아닌 신앙공동체의 공적 차원으로 이해하게 된다. 죽음의 공적인 차원을 강조하고 확대가능성을 제기했다.

넷째. 해피엔딩스쿨은 학습자가 죽음의 현실에 대한 성찰을 통해 문제를 인식하고, 하나님의 말씀으로 비전을 세우고, 다시 일상의 삶으로 돌아가는 패턴을 통해 죽음에 대한 회피와 배제의 문제를 타개하고 하나님 나라의 백성으로 살게 하는 효과가 있다.

VI.
나오는 말

　지금까지 죽음의 회피와 터부시되는 현상들을 살펴보고 교회 역사에서 나타난 죽음의 다양한 변천의 과정을 보았다. 교회의 역사는 죽음을 한 그리스도인과 하나님 사이의 사적인 사건이 아닌 교회 공동체의 공적 사건으로 받아들여 왔다. 좋은 죽음을 목격한 사람은 좋은 죽음을 지켜보는 이들에게 삶의 변화를 가져다준다고 생각했다. 좋은 죽음의 전통은 죽음의 사사화 개인화 상황에서 죽음을 공적 차원으로 이해하는 관점이 보여주고 있다. 토마스 그룸과 제임스 로더의 변형화 이론과 토마스 그룸의 나눔의 기독교 교육 방법론을 토대로 죽음준비교육의 모델로 '해피엔딩스쿨'이라는 프로그램을 제시했다. 해피엔딩스쿨은 필자의 교회에서 실제로 실시했던 프로그램이다. 현재적 상황을 성찰하고 삶의 완성이자, 하나님 나라의 온전한지를 누리는 죽음에 대한 변화된 인식은 새로운 차원의 삶을 가능케 해줄 것이다. 아직 다양한 기독교적 죽음준비교육이 활발하게 실시되지 못하고 있는 상황에서 본 논문이 제시하는 모델이 죽음준비교육의 방향을 제공하는 계기가 되길 소망한다. 이폴 연구소에서 죽음 관련 세미나와 논문 공모전의 장을 마련해 주셔서 필자의 해피엔딩스쿨을 소개하게 되어 기쁘게 생각한다. 아무쪼록 이 소고가 죽음준비교육의 확산에 조그만 기여를 할 수 있다면 큰 기쁨이 되겠다. 한국교회의 목회 현장에서 죽음 준비교육이 더욱 활성화되고, 다양한 시도들이 일어나길 소망하며 소고를 마친다.

참고문헌(Bibliography)

1. 동양 서적

김균진. 『죽음의 신학』. 서울: 대한기독교서회, 2010.

김명룡 외 3인. 『통전적 신학』. 서울: 장로회신학대학교 출판부, 2004.

박원호. 『신앙의 발달과 기독교 교육』. 서울: 장로회신학대학교 출판부, 1996.

이규민. "변형과 기독교 교육." 『연세대학교 목회자 신학 세미나 강의 집』. 서울: 연세대학교 출판부, 1992.

2. 번역서적

Moll, Rob. *The Art of Dying*. 이지혜 옮김. 『죽음을 배우다』. 서울: IVP, 2014.

Loder, James. *The Knight's Move*. 이규민 옮김. 『성령의 관계적 논리와 독교 교육 인식론』. 서울: 대한기독교 서회, 2009.

Loder, James. *The Transforming Moment*. 이기춘, 김성민 옮김. 『삶이 변형되는 순간』. 서울: 한국 신학 연구소, 1988.

Groome, Thomas. *Will There Be Faith?: A New Vision for Education and Growing Disciples*. 조영관 외 2인 옮김. 『신앙은 지속될 수 있을까?』. 서울: 가톨릭 대학교 출판부, 2014.

Groome, Thomas. *Christian Religious Education*. 이기문 옮김. 『기독교적 종교교육』. 서울: 대한예수교장로회총회 출판국, 1991.

슈이치, 오츠. 황소연 옮김. 『죽을 때 후회하는 스물 다섯 가지』, 2010.

히로유키, 와키오. 홍주영 역. 『당신의 엔딩을 디자인하라』. 서울: 타키스, 2015.

4. 논문 및 학술지

김영효. "통전적 신앙을 위한 죽음 준비교육 연구." 미간행 박사학위 논문, 장로
　　　회신학대학교, 2014

이규민. "제임스 로더의 생애와 기독교 교육사상."『기독교 교육논총』17집
　　　(2008. 2). 279~315쪽.

<ABSTRACT>

Death Preparation Education for Public Faith
- With a happyending school at the center-

Kim Young Hyo (Th. D. in Min)
(Lifeforest Prebytrian Church)

The development of science and technology has given mankind the shadow of destruction of nature and the threat of human life, as well as promising a glorious future. The human world is now in a 'Total Death Crisis'. This situation has led to the idea that death should not be talked about. But the Christian tradition did not regard death as a spiritual event as a private event between a Christian and God, but as a public dimension of a community of faith. When death becomes an open event, people are not afraid of death. Watching a person waiting for death enter eternity, one becomes hopeful. Now our church must restore the art of death, and learn death again. Death is a spiritual event that requires thorough preparation, and a person who has witnessed a good death becomes a great educational place that brings about a marked change in life.

In this sense, this paper does not regard death as a private event of an individual, but sees it thoroughly as a public dimension of the religious community, and is being done from the perspective of death education for the formation of public faith. brought in James E. Loder's "Transforming Movement Theory" as the theoretical basis of death preparation education. Roder's theory is not only about internal and external changes. A theory that speaks of change through the intervention of the Holy Spirit, which is useful for changing the perception of life and death. It also presented Thomas Groom's 'Shared Praxis' theory as a methodological basis for death preparation education. Thomas Groom's theory is a very suitable theoretical foundation for death education in that it guides people to face the problem of death through their participation in the process of reflection and sharing of life, in that it is a critical reflection of death, participatory education, and a methodology toward the kingdom of God.

Later, he presented "HappyEnding School" as a model for death preparation education. This model is a 10-week program presented through actual clinical trials in my church. It consists of learning through various activities, experiences, and sharing so that learners can reflect on the problems of death in their lives and move back to life with a biblical vision of death through the story of God. After implementing this ten-week program, learners can expect a life that has changed from a experience of fear, fear and avoidance of death to a positive, wish for God's kingdom. It suggested that death education could be an opportunity for public faith formation.

| **Keyword** |

Death, Spiritual Event, Public Faith, Death Preparation Education, Death Preparation education model, Transformation Theory

[부록]

제1과 Let's go 해피엔딩스쿨!

◆ **돌아보기**

1. 편성된 소그룹별로 앉아 서로를 소개하고 조원들을 알아가는 시간을 갖습니다.

◇ 나의 이름은?
◇ 서로에게 어울리는 애칭(동물, 식물)을 붙여봅시다.
◇ 이 교육을 통해 기대하는 바는 무엇입니까?
◇ 우리 조의 이름을 함께 정해봅시다.

◆ **성찰하기**

2. 다음은 영화 '타이타닉'에서 죽음을 앞에 둔 다양한 사람들의 모습입니다.
   죽음 앞에서 의연하고, 숭고한 모습에 대해 나눠봅시다.

영화 '타이타닉'이라는 영화가 있습니다. 잭와 로즈 사이의 사랑도 인상적이었지만 더욱 인상적이었던 것은 죽음을 앞에 둔 사람들의 반응이었습니다. 자신의 목숨을 부지하기 위하여 비열하고 구차하게 행동하는 사람들이 있었는가 하면, 죽음 앞에서 의연하게 삶의 마지막을 맞이한 사람들도 있었습니다. 배의 선장은 위험 앞에서 키를 붙들고 최후를 맞이합니다. 배의 설계자도 배에 남아서 최후의 순간을 맞이합니다. 탈출을 거절한 백작 부부 역시 죽음 앞에서도 품위를 지킵니다. 무엇보다 안타까웠던 것은 어린아이를 침대에 눕히고 잠자리의 동화를 들려주는 어머니의 장면이었습니다. 물이 차오르는 객실의 침대 위에서 어머니는 아이들을 위한 동화의 마지막을 장식합니다. "그리고 그들은 영원히 죽지 않은 삶을 살았단다." 그 장면은 영원한 삶의 기쁨과 아름다움을 노래하는 것 이전에 죽음 앞에 무기력한 인간의 삶을 묘사하는 것 같아서 참으로 안타까웠습니다. 사람들이 질서 있게 피신하는 것을 도우려 했는지 최후의 순간까지 "내 주를 가까이하게 함은"을 연주했던 악사들의 모습이 참으로 거룩하게 보였습니다. 영화 속에서 죽음 앞에서 구차함으로 물들이지 않고 삶의 마지막 순간까지 책임적인 삶으로 승화시킨 사람들의 모습을 볼 수 있었습니다.

3. 'EBS 다큐프라임 생사탐구기획 1부-메멘토모리'를 함께 시청한 후에 죽음에 대한 긍정적 접근의 효과에 대해서 서로 나누어 봅시다.

◆ 하나님의 이야기

4. 데살로니가 전서 4장 13절-18을 함께 읽어 봅시다.
   1) 이 본문에서 죽음을 어떻게 말하고 있습니까?
   2) 왜 믿음 안에서 죽는 죽음은 두려워 할 필요가 없다고 보는가?

◆ 비전 만들기

5. '죽음'에 대한 나의 첫 기억(긍정적 혹은 부정적)에 대해 왜 그런 느낌을 받았는지 조별로 서로 나누어 봅시다.

제2과 메멘토모리(죽음을 생각하라)!

◆ 돌아보기

1. 아래의 글을 읽고 '죽을 때에야 비로소 아는 것'과 '죽을 때까지 알지 못하는 것'들이 있는 이유가 무엇이라고 생각됩니까? 서로 나누어 봅시다.

◇ 죽을 때 비로소 아는 것 3가지
① 사람은 한번은 '꼭 죽는구나!'.
② 죽을 때는 '아무도 같이 가지 못하는구나'
③ 죽을 때는 '아무것도 가지고 가지 못하는구나!'.

◇ 죽을 때까지 모르는 것 3가지
① '언제' 죽을지를 모른다.
② '어디에서' 죽을지도 모른다.
③ '어떻게' 죽을지도 모른다.

◆ **성찰하기**

2. 지금까지의 나의 인생 그래프를 그려 봅시다. 나의 인생의 가장 큰 고비와 최고의 순간은 언제인가요. 2~3명 나와서 발표해 봅시다.

◆ **대화하기**

3. '영화 '엔딩노트'를 보고 나서 느낀 점을 서로 나눠봅시다.

◆ **하나님의 이야기**

4. 시편 90 : 3-12절을 함께 읽고 우리 인생에 대한 성경의 말씀을 경청해 봅시다

◆ **비전 만들기**

5. 아래의 글을 읽고 죽음을 생각하는 일이 왜 중요한지 나눠봅시다.

> 아르헨티나의 읍살라 빙산은 60km에 이르는 긴 행렬을 이루고 있다. 이 빙산이 하루에 조금씩 밀려 내린다. 그러다가 빙산 끝에 오면 굉음을 내면서 무너지는 장면을 볼 수 있다. 자기도 모르는 사이에 서서히 밀려가 무너져서 물에 녹아내리는 모습이 우리네 한평생과 흡사하다. 브라질의 이구아수 폭포도 사방에서 물들이 서서히 흐르다가 갑자기 악마의 목구멍 같은 폭포 속으로 빨려 들어간다. 폭포 가까이 가기 전에는 아무도 모른다. 마냥 서서히 물결이 흘러갈 것으로 생각한다. 그러다가 갑자기 깊은 낭떠러지 속에 빨려 들어가면서 수증기 속에 자취를 감추고 만다.
>
> 메멘토 모리(죽음을 생각하라)! 우리는 나면서부터 이 사실을 기억해야 한다. 이 사실을 기억해 비관에 빠지지 말고 죽음을 넘어 영원에 이를 수 있는 길을 찾아야 한다. 언젠가 갑자기 임할 죽음을 두려움 없이 기쁨으로 환영하며 살 수 있는 준비가 필요한 때다.[1]

---

1) 국민일보, 2013. 9. 13일 미션투데이 겨자씨 중에서

제3과 인생의 사계절

◆ **돌아보기**

1. 윤동주의 "내 인생에 가을이 오면"이라는 시를 '겨울'로 바꾸어 함께 감상해 보고, 나에게 물어보고 싶은 질문은 무엇인지 서로 나누어 봅시다.

> 나는 나에게 물어보고 싶은 이야기들이 있습니다.
> 내 인생에 겨울이 오면 /나는 나에게 사람들을 사랑했느냐고 물을 것입니다.
> 그때 가벼운 마음으로 말할 수 있도록 /나는 지금 많은 사람을 사랑하겠습니다.
>
> 내 인생에 겨울이 오면 나는 /나에게 열심히 살았느냐고 물을 것입니다.
> 그때 자신 있게 말할 수 있도록 /나는 지금 맞이하고 있는 하루하루를 최선을 다하며 살겠습니다.
>
> 내 인생에 겨울이 오면 나는 /나에게 사람들에게 상처를 준 일이 없었냐고 물을 것입니다.
> 그때 자신 있게 말할 수 있도록 /사람들을 상처 주는 말과 행동을 하지 말아야 하겠습니다.
>
> 내 인생에 겨울이 오면 /나는 나에게 삶이 아름다웠느냐고 물을 것입니다.
> 그때 기쁘게 대답할 수 있도록 / 내 삶의 날들을 기쁨으로 아름답게 가꾸어 가야겠습니다.
>
> 내 인생에 겨울이 오면 /나는 나에게 가족에게 부끄러운 일이 없었냐고 물을 것입니다.
> 그때 반갑게 말할 수 있도록/ 지금 좋은 가족의 일원이 되도록 가족을 사랑하고 효도하겠습니다.
>
> 내 인생에 겨울이 오면 /나는 나에게 이웃과 사회와 국가를 위해
> 무엇을 했느냐고 물을 것입니다. / 나는 그때 힘주어 대답하기 위해
> 지금 이웃에 관심을 가지고 좋은 사회인으로 살아야겠습니다.
>
> 내 인생에 겨울이 오면 나는 /나에게 어떤 열매를 얼마만큼 맺었느냐고 물을 것입니다.
> 내 마음 밭에 좋은 생각의 씨를 뿌려 / 좋은 말과 좋은 행동의 열매를 부지런히 키워야 하겠습니다.

◆ **성찰하기**

2. 자신의 살아온 인생을 4장의 사진으로 구성해 보고 사진 속에 담긴 얘기를 서로 나눠봅시다.
   (사진으로 보는 자서전)

   ◆ **대화하기**

3. 인생을 사계절로 비유하면 나는 지금 어느 계절을 보내고 있습니까? 지금 이 계절에 제일 중요한 것은 무엇일까요?

◆ **하나님의 이야기**

4. 디모데전서 4장 6절에서 13절을 함께 읽고 인생의 겨울을 맞이하고 있는 사도 바울의 이야기를 들어봅시다.

◆ **비전 만들기**

5. '어느 95세 노인의 수기'를 들어보고 당신의 인생의 겨울을 어떻게 준비할 것인지 서로 이야기해 봅시다.

제4과 죽을 때 후회하는 25가지

◆ **돌아보기**

1. 정현종 시인의 시를 듣고, 시인의 가장 큰 후회는 무엇이었는지 왜 그렇다고 생각하는지 서로 나누어 봅시다.

모든 순간이 꽃봉오리인 것을

정현종의 시

나는 가끔 후회 한다. / 그때 그 일이
노다지였을 지도 모르는데.

그때 그 사람이 / 그때 그 물건이
노다지였을지도 모르는데…..

더 열심히 파고들고 / 더 열심히 말을 걸고
더 열심히 귀 기울이고 / 더 열심히 사랑 할 걸…..

반벙어리처럼 / 귀머거리 처럼 /보내지는 않았는가?
우두커니 처럼…. /더 열심히 그 순간을 사랑할 것을…..

모든 순간이 다 / 꽃봉오리인 것을
내 열심에 따라 피어날 /꽃봉오리인 것을!

◆ 성찰하기

3. '죽을 때 후회하는 25가지'라는 책에 나오는 항목들을 보면서 아래의 질문들을 나눠 봅시다.

죽을 때 후회하는 25가지

저자 오츠 슈이치, 역자 황소연

1. 자신의 몸을 소중히 하지 않았던 것 2. 유산을 어떻게 할까 결정하지 않았던 것 3. 꿈을 실현할 수 없었던 것 4. 맛 있는 것을 먹지 않았던 것 5. 마음에 남는 연애를 하지 않았던 것 6. 결혼을 하지 않았던 것 7. 아이를 낳아 기르지 않았던 것 8. 악행에 손댄 일 9. 감정에 좌우지돼 일생을 보내 버린 것 10. 자신을 제일이라고 믿고 살아 온 것 11. 생애 마지막에 살려는 의지를 보이지 않았던 것 12. 사랑하는 사람에게 '고마워요'라고 말하지 않았던 것 13. 가고 싶은 장소를 여행하지 않았던 것 14. 고향에 찾아가지 않았던 것 15. 취미에 시간을 할애하지 않았던 것 16. 만나고 싶은 사람을 만나지 않았던 것 17. 하고 싶은 것을 하지 않았던 것 18. 사람에게 불친절하게 대했던 것 19. 아이를 결혼시키지 않았던 것 20. 죽음을 불행하다고 생각한 것 21. 남겨진 시간을 소중히 보내지 않았던 것 22. 자신이 산 증거를 남기지 않았던 것 23. 종교를 몰랐던 것 24. 자신의 장례식을 준비하지 않았던 것 25. 담배를 끊지 않았던 것

---

① 어떤 일을 한 것에 대한 후회는 무엇 무엇인가?

② 어떤 것을 하지 못한 것에 대한 후회는 어떤 것들이 있는가?

③ 당신은 지금까지 살아온 인생에서 가장 후회되는 일은 무엇인가?

◆ 대화하기

4. 영화 '버킷리스트'에서 두 주인공들이 이집트의 피라미드에서 나눈 대화 중에 '당신은 인생에서 기쁨을 찾았는가?' '당신 인생이 다른 사람들을 기쁘게 했는가?' 두 질문을 통과해야 천국에 들어갈 수 있다고 말한다. 이 질문에 당신의 대답은 무엇인가?

◆ **하나님의 이야기**

5. 누가복음 12장 13절에서 21절까지 읽고, 부자의 후회는 무엇인지 왜 그런 후회를 하고 있는지 이야기해 봅시다.

◆ **비전 만들기**

6. 후회 없는 인생을 위하여 '죽기 전에 꼭 하고 싶은 나의 버킷리스트' 5가지만 작성해 봅시다.

제5과 죽음 그 이후

◆ **돌아보기**

1. '어머니의 자궁 안에서 대화하는 이란성 쌍둥이의 이야기'입니다. 이 이야기를 '죽음 이후의 세계와 비교해서 이야기해 봅시다.

> 어머니의 자궁 안에서 이란성 쌍둥이의 대화입니다. 여동생이 오빠에게 말했습니다. "난 말이지 태어난 후에도 삶이 있다고 믿어" 오빠는 격렬하게 반대했습니다. "절대 그렇지 않아 여기가 전부라니까 여긴 어두워도 따뜻하지, 또 우리를 먹여주고 살려주는 탯줄만 잘 붙들고 있으면 딴 일을 할 필요도 없다구" 여동생도 굽히지 않았습니다. "아, 깜깜한 곳보다 더 좋은 곳이 있을 거야 어딘가 다른 곳 말이야 환한 빛이 비치는 곳이 반드시 있을 거야"
>
> 그렇지만 여동생은 쌍둥이 오빠를 설득시킬 수 없었습니다. 잠시 침묵이 흐른 뒤 여동생이 재빠르게 말했습니다. "말해 줄 게 또 있어 오빠는 안 믿겠지만 말이야 난 엄마가 있다고 생각해" 쌍둥이 오빠는 무척 화가 났습니다. "엄마 라구?" 그는 소리를 꽥 질렀습니다. "무슨 뚱딴지같은 소리야? 난 엄마를 한번도 본적이 없어 너도 그렇구 어떤 놈이 자꾸 그런 생각을 불어넣는 거야? 내가 말했잖아 여기가 전부라니까 왜 늘 그 이상을 바라는 거야 이곳도 있고 보면 그렇게 나쁜 곳은 아냐 우리에게 필요한게 다 있으니까. 그러니까 여기에 만족하도록 해"
>
> -헨리 나우웬의《 죽음, 가장 큰 선물 》중에서

1) 죽음에 대한 나의 최초의 기억은 어떤 것이 있나요?
2) 죽음에 대해 두려움을 갖는 이유가 무엇인지 서로 나눠봅시다.

◆ 성찰하기

2. EBS 다큐프라임 생사탐구기획 -2부(바탐 에테르남-사후 세계) 시청하고 죽음 이후의 세계에 대해 이야기 해 봅시다.

◆ 대화하기

3. 사후 세계에 대한 세 가지 견해가 있습니다. 세가지 방법론의 차이점을 비교해 봅시다.

> 첫째. 사후 세계의 상상에 있어서 문자적 오류에 조심해야 한다.
> 둘째. 마지막에 대한 상상에 있어 성급한 종말론의 오류에 조심해야!
> 셋째. 복음적 시각에서 죽음과 사후 생명의 문제를 다뤄야 한다.

◆ 하나님의 이야기

4. 누가복음 16:19-31을 읽고, 다음 빈칸에 답을 적어보십시오.

> 19절: 부자는 ___옷과 ___옷을 입고 날마다___하며 살았다.
> 20절: 거지 나사로는 ___앓으며 ___대문에 누워 살았다
> 21절: 나사로는 ___상에서 떨어진 것으로 배를 불렸으며 개들이 와서 _____를 핥았다.
> 22절: 나사로는 죽어 천사들에게 받들려 _____품에 들어갔고
> 23절: 부자는 _____에서 고통을 받았다.
> 24절: 부자는 고통 중에 아브라함에게___을 요청했다.
> 26절: 천국과 지옥 사이에는 ___이 끼어 있어서 왕래할 수 없다.
> 28절: 부자는 아브라함에게 ___이 고통 받는 곳으로 오지 않도록 부탁했다.

◆ 비전 만들기

5. '나의 사망기'를 작성해 봅시다. 사망 기는 약력을 붙여 신문에 싣는 사망 기사입니다. 나의 사망키를 3인칭 형식으로 미리 써보면 객관적으로 자신을 바라보면서, 오늘을 사는 지혜와 삶의 의미를 깨닫게 됩니다. 나의 죽음은 어떤 모습일까요? 조원들이 함께 나누어 보세요.

제6과 아름다운 죽음 행복한 죽음

◆ 돌아보기

1. 아름다운 삶과 마무리를 했던 이야기를 함께 나누어 봅시다.

> 20세기 미국에서 가장 유명한 근본주의자인 스콧 니어링은 더 이상 자신을 돌볼 수 없을 때, 죽음을 준비하기 시작하여 스스로 곡기를 끊고 지극히 평화로운 상태에서 죽음을 맞이한 것으로 유명하다. 그의 나이 70살에 이르던 해인 1952년부터 장의사에게 돈을 주고 미리 자신의 화장에 대비해 나가기 시작했고, 1963년에는 '주위 여러분에게 드리는 말씀'이라는 제목으로 자신의 죽음을 대비하는 지침을 남겼다. 그 내용은 다음과 같다.
>
> 1. 마지막 죽을 병에 걸리면 나는 죽음의 과정이 다음과 같이 자연스럽게 이루어지기를 바란다.
>   * 나는 병원이 아니고 집에 있기를 바란다.
>   * 나는 어떤 의사도 곁에 없기를 바란다. 의학은 삶에 대해 거의 아는 그것이 없는 것처럼 보이며, 죽음에 대해서도 무지한 것처럼 보인다.
>   * 가능하다면 죽음이 가까이 왔을 무렵에 지붕이 없는 열린 곳에 있기를 바란다.
>   * 나는 단식을 하다가 죽고 싶다. 그러므로 죽음이 다가오면 나는 음식을 끊고, 할 수 있으면 마찬가지로 마시는 것도 끊기를 바란다.
> 2. 나는 죽음의 과정을 예민하게 느끼고 싶다. 그러므로 어떤 진정제, 진통제, 마취제도 필요 없다.
> 3. 나는 되도록 빠르고 조용하게 가고 싶다. 따라서
>   *주사, 심장 충격, 강제급식, 산소 주입 또는 수혈을 바라지 않는다.
>   *회한에 젖거나 슬픔에 잠길 필요는 없다. 오히려 자리를 함께할지 모르는 사람들은 마음과 행동에 조용함,
>   위엄, 이해, 기쁨과 평화로움을 갖춰 죽음의 경험을 나누길 원한다.
> 4. 장례 절차와 부수적인 일들
>   *법이 요구하지 않는 한 어떤 장례업자나 그 밖에 직업으로 시체를 다루는 사람의 조언을 받거나 불러들여서는 안 되며, 어떤 식으로든 이들이 내 몸을 처리하는 데 관여해서는 안 된다.
>   *내가 죽은 뒤 되도록 빨리 내 친구들이 내 몸에 작업복을 입혀 침낭 속에 넣은 다음, 스푸루스 나무나, 소나무 판자로 만든 보통의 나무 상자에 뉘기를 바란다. 상자 안이나 위에 어떤 장식도 치장도 해서는 안 된다.
>   *그렇게 옷을 입힌 몸은 내가 요금을 내고 회원이 된 메인주 오범의 화장터로 보내어 조용히 화장되기를 바란다.
>   *어떤 장례식도 열려서는 안 된다. 어떤 상황에서든 죽음과 제의 처분 사이에 언제, 어떤 식으로든 설교자나 목사, 그 밖의 종교인이 주관해서는 안 된다.

> *화장이 끝난 뒤 되도록 빨리 나의 아내(만약 아내가 나보다 먼저 가거나 그렇게 할 수 없다면 누군가 친구가 재를 거두어 스피릿만을 바라보는 우리 땅의 나무 아래 뿌려주기를 바란다.
> 5. 나는 맑은 의식으로 이 모든 요청을 하는 바이며, 이러한 요청들이 내 뒤에 계속 살아가는 가까운 사람들에게 존중되기를 바란다. 2)

    1) 윗글에서 죽음 준비와 죽음의 과정을 통해서 깨달은 바는 무엇인가?
    2) 당신은 마지막을 어떻게 마무리하고 싶은가?

◆ 성찰하기
2. 오늘 우리 사회의 죽음에 대한 관념을 중심으로 서로 나눠봅시다.

◆ 대화하기
3. 성도의 죽음과 불신자의 죽음의 차이가 무엇인지 서로 이야기해 봅시다.

◆ 하나님의 이야기
4. 그리스도인의 죽음에 대해 복이 있다고 하는 이유는 무엇일까? 요한계시록 14장 13절을 통해서 찾아봅시다.

◆ 비전 만들기
5. 무의미한 연명치료, 안락사와 같은 이슈들에 대해 그리스도인 가져야 할 자세는 무엇일까?

---

2) "당하는 죽음에서 맞이하는 죽음으로" 자료집 (주관 각당복지재단 2010. 12. 15일), 79-81쪽.

제7과 가장 위대한 유산

◆ 돌아보기

1. 찬송가 199장(나의 사랑하는 책)을 함께 부르고, 부모님께 받은 가장 소중한 유산에 대해서 나눠봅시다.

> 1. 나의 사랑하는 책 비록 헤어졌으나 어머님의 무릎 위에 앉아서
>   재미있게 듣던 말 그때 일을 지금도 내가 잊지 않고 기억합니다.
> 2. 옛날 용맹스럽던 다니엘의 경험과 유대 임금 다윗왕의 역사와
>   주의 선지 엘리야 병거 타고 하늘에 올라가던 일을 기억합니다.
> 3. 예수 세상 계실 때 많은 고생 하시고 십자가에 달려 돌아가신 일
>   어머님이 읽으며 눈물 많이 흘린 것 지금까지 내가 기억합니다.
> 4. 그때 일은 지나고 나의 눈에 환하오 어머님의 말씀 기억하면서
>   나도 시시때때로 성경 말씀 읽으며 주의 뜻을 따라 살려 합니다.
> [후렴]
> 귀하고 귀하다 우리 어머님이 들려주시던 재미있게 듣던 말
> 이 책 중에 있으니 이 성경 심히 사랑합니다

◆ 성찰하기

2. 아래의 글을 읽고 세상을 떠날 때 남겨야 할 유산에 대해서 서로 얘기를 나눠봅시다.

> **프린스턴대 교수인 블랙우드는 그리스도인이 남겨야 할 세 가지 유산을 말했습니다.**
> ▷ 첫 번째는 기쁜 기억의 유산입니다. 아이들이 어렸을 때 가정에서 좋은 기억을 가지도록 해주어야 합니다. 그런 기억이 있으면 죄악 가운데서도 건질 수 있다고 했습니다. 부모들의 주일성수 모습, 예배드리는 모습, 기도하는 모습, 어른 존중하는 모습, 남을 돕는 모습 등은 아이들에게 매우 좋은 기억으로 남게 됩니다.
> ▷ 두 번째는 좋은 습관의 유산입니다. 아이들의 생일날 음식점에서 낭비하는 모습보다 아이들과 함께 보육원이나 양로원을 찾아가 추억을 심어주는 일입니다.
> ▷ 세 번째는 높은 생의 목표의 유산입니다. "우리 아버지는 교회에 나가지만 돈을 위해 산다"는 등의 기억을 남겨주는 것은 불행입니다. 자라는 아이들에게 고귀한 기억을 간직할 수 있게 해주는 것이야말로 세상에서 가장 좋은 유산입니다.

◆ **대화하기**

3. 유언 작성법에 관해 설명을 읽고 자신의 유언장을 작성해 봅시다.

유언장을 쓰는 형식은 다섯 가지로 나눌 수 있다.

▷ 구술유언은 글을 모르거나 글로 유언을 남길 수 있을 만큼 건강하지 않은 분들이 이용한다. 유언자가 말로하고 다른 사람이 그 내용을 받아 적은 다음 나중에 확인해주고, 본인이 서명하는 방법이다.
▷ 자필 유언은 유언자 자신이 자필로 유언을 남기는 것이다. 평소에 자필로 유언을 남기는 습관을 갖는 것이 좋다.
▷ 녹음유언은 녹음기에 유언하고, 마지막에 증인이 녹음하는 방법이다.
▷ 비밀유언은 살아 있는 동안 자신의 유언 내용이 공개되는 것을 원하지 않으면 유언장을 작성하여 봉투에 봉하고 증인과 함께 법원에 가서 확인을 받는 방법이다.
▷ 공증 유언은 공증사무실에 가서 유언하면 변호사가 유언장을 작성하여 확인해주는 방법인데 약간의 비용이 든다.

유언장에는 반드시 들어가야 하는 구성요소가 있다. 유언자의 이름, 유언자의 주민등록번호(동명이인 구분), 유언 날짜(최종 날짜가 효력이 있다.) 유언자 서명, 증인 2명이다. 배우자나 직계혈족, 미성년자, 정신질환자, 또는 유언에 의해 이익을 받는 자 등은 증인이 되지 못한다. 증인 중에 1명은 유언 집행 관리자로 세운다.

유언 내용에 다음과 같은 내용은 포함해야 한다.

▷ 첫째. 신과의 관계를 정리해야 한다. 죽음 이후의 삶을 아름답게 보장해주는 하나님께 돌아와 가족들에게 소망을 안겨주는 유언을 남기는 것이 가족들에게 떠나는 사람이 줄 수 있는 가장 큰 선물이요 유산이 될 수 있다.
▷ 둘째. 이웃과의 관계를 정리해야 한다. 사랑하는 가족에게, 친구와 이웃들에게 하고 싶은 말을 시간이 있을 때 미리 남겨두어 후회 없는 마무리가 되게 한다.
▷ 셋째. 소유물과의 관계를 정리해야 한다. 재산이나 부채 내용을 유언장에 늘 정리해 두는 습관을 지니는 것이 좋다. 소유물에 대한 정리가 안 되어 임종이 가까울 때 마음고생 하는 암 환자와 가족들이 많다. 죽은 다음에는 돈 빌려간 사람은 안 나타나고 돈 받을 사람만 나타나는 경우가 대부분이다.
▷ 넷째. 일과의 관계를 정리해야 한다. 자신이 하던 일을 깔끔하게 처리하지 못하면 죽은 다음에 욕을 듣는다.
▷ 다섯째. 자신과의 관계를 정리해야 한다. 자신이 훗날 식물인간이 되었을 때 처리하는 방법, 장례 문제, 기타 처리해야 할 일들을 세밀하게 적어두면 남은 이들이 그와 같은 문제에 부딪히게 되었을 때 크게 고민하지 않게 된다. 마지막으로 기억되고 싶은 자신의 아름다운 이미지를 미리 유언장에 써두고 날마다 최선을 다해 그런 삶을 살게 되면 남은 이들에게 본이 되고 그들에게 평생 좋은 추억으로 남아 천국에서 다시 만날 소망의 시간이 기다려지는 사람이 될 것이다.[3]
예) 장기기증, 사전 의료의향서, 사전 의료지시서 등 작성

---

[3] 월간 『새가정』, 2004년 4월호, 35-37쪽.

◆ 하나님의 이야기

4. 창세기 49장을 읽고 야곱의 유언에 대해서 들어봅시다.

◆ 비전 만들기

5. 하이패밀리가 제시하는 상속 기부 운동에 대해 들어보고 어떻게 유산을 나눌 것인지 유언장을 작성해 봅시다. (다음 주까지)

> 하이패밀리 대표인 송길원 목사는 153 상속 기부 운동[4]을 제안했다.
> -10분의 1은 (내 생애 마지막 십일조)가 되는 것이지요.
> -10분의 5는 (내 자녀와 후손들을 위한 남김)이 되어야 합니다.
> 지금까지 자녀를 뒷바라지하고 잘 키웠어도 절반은 남겨 그들도
> 부모님처럼 아름다운 부를 이루도록 뒷받침해야 한다.
> -10분의 3은 공익을 위한 내 생애 마지막 헌신이 되면 참 좋겠습니다.
> 출신학교, 기독교 NGO, 등 키워주고 나를 있게 해준 사회에 환원을
> 하는 것입니다. 교회를 통해 하는 것이 가장 아름답겠지요.
> -마지막 10분의 1은 장례나 기타 내 생애 마무리를 위해 쓰고 남는 것은
> 머잖아 찾아오게 될 통일기금으로 내놓자는 방법을 제안했습니다.

제8과 아름다운 마침표

◆ 돌아보기

1. 아래의 비문을 읽고 여러분은 죽은 후에 여러분의 비석에 어떻게 새겨지기를 원하십니까?

> * 우물쭈물하다가 내 이럴 줄 알았다.! - 조지 버나드 쇼
> * 왔니 고맙다 사랑한다. 행복해라.   -엄마 아빠가-
> * 내게 천 개의 생명이 있을지라도 나는 조선을 위해
>   바치겠다.!!   -루이 캔드릭 선교사-
> * 나 하늘로 돌아가리라 아름다운 이 세상
>   소풍 끝내는 날 가서 아름다웠다고 말하리라.
>   -시인 천상병-

---

[4] 송길원, 『세이레의 기적』 서울: 도서출판 가족사랑, 2014. 136쪽.

◆ 성찰하기

2. 다음은 어느 재벌 회장의 죽음에 관한 이야기입니다. 아름다운 죽음은 어떤 죽음일까요?

죽음 앞둔 두 재벌 회장의 모습[5]
-씁쓸한 마지막 L 회장, 미용사에게까지 고마움 표시하고 떠난 K 회장-

심폐소생술을 받은 이건희(李健熙) 삼성그룹 회장이 한 달이 넘도록 의식을 회복하지 못하고 있다. "L 회장의 의식이 들었다 안 들었다가를 반복할 때 식구들이 번갈아 가며 병실을 지켰는데 L 회장 의식이 잠시라도 돌아오면 서로 녹음기 들이대기 바빴다고 합니다. 그때까지 대권(大權)을 누구에게 물려줄 건지 정확히 말로 한 건 아니었기 때문이라고 합니다. 다들 재산을 누구에게 줄 건가를 물어보려고 눈이 벌겠다고 합니다. 한쪽에서는 연예인 H 씨가 행여라도 병실에 올까 좌불안석이었다고 합니다. 평소 L 회장이 H 씨를 많이 좋아했거든요. 종종 같이 공도 치고 했는데, 만약에 L 회장이 죽음을 앞둔 상태에서 마지막 문병을 온 H 씨를 보고 '골프장은 이 아이 줘라'라고 말이라도 하면 어찌합니까. L 회장 입장에서 보면 마지막 가는 길에 좋아했던 사람들 얼굴도 제대로 못 보고 가는 것 아닙니까. 그 모습을 보면서 제 친척(의사)의 마음이 짠했다고 하데요."

재벌 회장의 죽음이 꼭 이런 것만은 아닙니다. K 회장이 죽음을 맞는 얘기는 기자가 여태 기억하는 가장 감동적인 얘기 중 하나입니다. K 회장은 암 선고를 받고 난 뒤에 자신의 삶이 어느 정도 남아 있는지를 알고 있었다고 합니다. K 회장은 매일 한 명씩 자신과 친한 이들을 병실에서 만났다고 합니다. K 회장의 아들에 따르면 그 얘기는 사업 얘기가 아니었답니다. K 씨와 지인이 기생집 문턱을 처음 넘던 날의 기억, 같이 먹었던 맛있는 음식, 여행지에서 있었던 에피소드 등 일상생활의 소소한 것들이었다고 합니다.

K 회장과 지인이 서로 얘기를 나누면서 "맞아, 그런 일도 있었지. 잊고 있었네"라는 얘기도 종종 오갔다고 합니다. 하지만 자신에게 시간이 얼마 남지 않았다는 것을 안 K 회장은 지인을 여러 번 만나지는 않았다고 합니다. K 회장의 지인이 "다음번에 또 문병 올게"라고 말하면 그는 "그냥 여기서 헤어지세. 나 만나야 할 사람들이 많거든. 그동안 고마웠네"라며 엘리베이터 앞까지 나와 배웅을 하고는 끝이었다고 합니다. 그의 투병 소식이 알려진 이후에 그를 두 번 이상 본 사람은 몇 명뿐이라고 했답니다. 그러던 어느 날, K 회장이 아들을 부르더니 "3,000만 원만 찾아오라"라고 했답니다. 병실에 계시면서 무슨 돈이 필요할까 싶었는데, "어서 찾아오라"며 다그쳤답니다. 이후 K 회장은 기력이 닿는 날마다 평소에 머리 손질을 했던 미용실, 단골식당 등을 찾아서 "그동안 고마웠다."라는 인사와 함께 금일봉을 전달했다고 합니다. 막상 K 회장이 세상을 뜬 후에 빈소에서 눈물을 많이 보인 이들은 바로 미용사, 식당 종업원 등이었다고 합니다. K 회장의 아들은 "죽음 앞에 의연하고 사람들에게 일일이 인사를 청하는 아버지의 모습이 여태 본 모습 중에 가장 존경스러웠다."라고 했습니다.

---

5) 조선일보 2014. 07. 12일 자

◆ 대화하기

4. "죽음, 아름다운 마침표를 위하여"라는 영상을 보며 인생의 마지막을 준비하며 아름다운 마침표를 준비하는 삶에 대해 나눠봅시다.

◆ 하나님의 이야기

4. 창세기 50장 22~26절을 읽고 '요셉은 아름다운 마침표 인생이다.'라고 표현할 수 있는지 서로 나눠봅시다.

◆ 비전 만들기

5. 영상으로 보내는 유언을 해보자. (스마트폰으로 촬영한다.)

제9과 앞서간 이들의 발자취를 찾아서

◆ 돌아보기

1. 이번 만남은 국내 순교지 순례를 통하여 앞서간 발자취를 찾아가는 시간이다. 영광 염산교회와 야월교회를 순교지로 정하여 돌아보자.

◆ 성찰하기

2. 염산교회와 순교지역을 돌아본 후에 소그룹별로 순교 체험을 해보자.

> 활동 1. 염산교회 앞에는 당시 순교 당한 그 모습대로 새끼에 돌멩이를 단 돌들을 모아 놓았다. 이 돌들을 하나씩 목에 걸고 설도항 수문까지(약 700m 코스)를 따라 함께 걸어보자.
>
> 활동 2. 설도항 수문 앞에서 바다를 바라보며 당시 순교자들이 불렀던 "환란과 핍박 중에도" 찬양을 부르며 기도하는 시간을 갖자.
>
> 활동 3. 야월교회 순교 기념관에 가서 '화해의 손'을 찾아보고 작품에 담긴 의미를 알아보자.

◆ 대화하기

3. 염산교회 '네 자매 순교 이야기'를 듣고, 어떻게 그렇게 어린 자매들이 죽음도 두려워하지 않을 수 있었을까? 서로 나눠봅시다.

> **우리는 천국 간다.**[6]
>
> 6.25 전쟁으로 전체 교인 중 77명이 순교한 영광 염산교회가 있다. 그중에 네 자매가 한날한시에 순교 당한 이야기가 있다. 김만호 장로와 박귀덕 권사의 딸 4명이 일시에 순교 당했다. 당시 열다섯 살 큰딸 김옥자와 둘째 금자(11살), 셋째 신자(8세)와 넷째 미자(5세)가 함께 끌려갔다. 인정사정없이 포악무도한 공산 좌익에게 끌려가는 중에 장녀인 옥자의 등에 업힌 네 살짜리 동생 미자가 무서워서 울음을 터뜨렸다. 그 살벌하고 두려운 상황 속에서 장녀 옥자는 등에 업혀 있는 동생 미자를 이렇게 달랬다. "울지 마, 우리는 지금 천국 가는 중이야!!"
>
> 어린아이 답지 않게 너무도 침착하게 두려워하는 기색 하나 없이 순수하게 죽음을 받아들이는 모습에 공산당원들과 이 일에 가담한 좌익 세력이 오히려 두려워 떨었다고 한다. 죽음 앞에 당당하고 의연한 모습으로 담대히 맞서는 그들을 지켜보던 한 공산당원이 기도하는 어린 소녀의 목을 일본 대검으로 내리쳤다. 그리고 그들은 유유히 사라져 버렸다. 바닷물이 빠진 어느 날 네 자매의 시신이 둥둥 떠 올랐다. 두 자매의 시신은 등에 업힌 채로 갯벌 속에서 발견되었는데 목이 잘린 상태였다.
>
> 생전에 자녀들을 가슴에 묻고 살았던 어머니는 "77인의 순교자"라는 영상의 인터뷰에서 "자기들은 천국에 가 있을 것이요"라고 담담하게 고백하셨다. 먼저 보낸 딸들의 모습을 평생 간직하며, 사셨던 어머니는 인터뷰 얼마 뒤에 네 딸을 만나러 천국으로 떠나셨다.

◆ 하나님의 이야기

4. 최초의 순교자 스데반의 이야기를 듣고 하나님 나라를 사는 자들의 궁극적 소망에 관해서 이야기해 봅시다. (행 7: 54-60)

◆ 비전 만들기

5. '나의 장례 소망기'를 작성하여 보자. 나는 언제 어디에서 어떻게 어떤 죽음을 맞이하고 싶은지 그리고 장례 방법은 어떻게 할 것인지를 구체적으로 써보자.

---

6) 김태균 지음 『우리는 천국 간다.』 (서울: 쿰란 출판사 2012), 99-100쪽.

제10과 새로운 시작을 위한 해피엔딩

◆ 돌아보기

1. 해피엔딩스쿨 수료 예배로 진행한다. 교회 예배당 입구에 해피엔딩스쿨 전시회를 한다. (나의 장래 희망이, 나의 버킷리스트, 사진으로 보는 나의 자서전, 영상으로 보내는 유언 등을 전시하고 가족 성도들도 함께 참여하도록 한다.)

◆ 성찰하기

2. 수료생 중에서 한두 명의 '나의 장례 희망기' '소감문'을 발표한다.
3. 학습자들이 작성한 '영상으로 보내는 유언장'을 함께 시청한다.

◆ 대화하기

4. 조별로 둘러앉아 소감을 서로 나누고 가장 기억에 남는 것과 변화된 부분에 대해 한가지씩 나눈다.

◆ 하나님의 이야기

5. 창 50장 15~26절을 보면 요셉의 마지막은 해피엔딩이라 할 수 있습니다. 왜 요셉의 마지막이 해피엔딩이라 할 수 있습니까?

◆ 비전 만들기

6. 해피엔딩스쿨을 마치며 전체가 둘러앉아 소감을 함께 나눈다.
    1) 해피엔딩스쿨을 통해 깨달은 점은?
    2) 해피엔딩스쿨을 통해 달라진 나의 모습은 무엇인가?
    3) 당신은 인생의 아름다운 마무리를 확신하십니까?

초대논문

노치준 • 목회자의 죽음학 세계관 교육

최성수 • 죽음을 어떻게 적합하게 말할 것인가?

초대논문 ①

목회자의 '죽음학 세계관' 교육

노 치 준 목사[*]
(유클레시아교회 목사)

[국문 초록]

　우리나라의 인구구조 가운데 두꺼운 층을 형성한 베이비 붐 세대의 고령화와 함께 죽음학이 관심을 끌고 있다. 그러나 세속화와 죽음학의 혼란스러운 전개는 목회자들에게 심각한 영적 도전으로 다가오고 있다. 그러므로 목회자에 대한 죽음학 교육이 시급한 실정이다. 특별히 죽음학의 기초가 되는 죽음학의 세계관에 대한 교육이 필요한다. 죽음은 현세에서 내세로 가는 문(門)으로 규정한다. 이렇게 죽음을 문으로 규정할 때 여기에는 3종류의 죽음의 세계관이 나올 수 있다. ① 죽음은 현세의 삶이 끝나는 마지막 벽이지 내세로 가는 문이 아니다. 내세로 가는 문은 없고 죽음의 벽 앞에서 현세의 삶은 끝난다. 이러한 세계관을 '죽음 벽(壁) 세계관'이라고 부를 수 있을 것이다. 우리 주변에서 많이 볼 수 있는 세속적, 물질주의적, 기계론적 세계관이 여기에 해당된다. ② 죽음은 내세로 가는 수많은 문 가운데 하나이다. 인간은 죽음의 문을 열고 다음 세상으로 가며, 그 세상에서의 삶을 마치면 또 다른 죽음의 문을 열고 그 다음 세상으로 간다. 이러한 세계관을 '죽음 다문(多門) 세계관'이라고 부를 수 있다. 죽음과 관련된 윤회설 혹은 뉴 에이지의 세계관이 여기에 해당된다. ③ 죽음은 내세로 가는 하나의 문이다. 인간은 죽음의 문을 열고 내세로 가면 그 곳에서

---

[*]논문 투고일: 2021년 1월 9일　　[*]논문 수정일: 2021년 1월 27일
[*]게재 확정일: 2021년 3월 2일

이 세상에서의 삶과 관련하여 심판을 받고 천국(낙원)이나 지옥(명부)에서 머물게 된다. 이러한 세계관을 '죽음 일문(一門) 세계관'이라고 부를 수 있다. 죽음과 관련된 기독교의 세계관이 대표적인 예이다.

'죽음 벽(壁) 세계관'은 인간을 물질적, 육체적 존재로 보며 인간의 지정의(知情意)와 같은 인격적, 정신적 작용을 물질의 기능으로 본다. 그래서 물질인 육체가 죽으면 인간은 더 이상 존재하지 않는다. 이러한 세계관은 세속화와 과학의 발전을 배경으로 하여 나타났다. 그러나 '죽음 벽(壁) 세계관'은 비성경적이며, 과학이 아닌 과학주의라는 형이상학을 배경으로 하고 있다. 그러므로 목회자의 죽음 세계관 교육을 통해 과학주의가 가진 한계와 문제점을 목회자에게 잘 가르쳐 주어야 한다. 또한 '죽음 벽(壁) 세계관'은 육체와 독립적인 영혼의 현상을 설명하지 못한다. 그러므로 목회자의 죽음 세계관 교육에서는 육체와 독립적인 정신적, 인격적, 영적 현상에 대한 분명한 이해를 제공해야 한다. 그리고 '죽음 벽(壁) 세계관'은 억울하고 불행한 죽임을 당한 사람의 회복과 다른 사람을 죽인 사악한 인간의 심판의 문제를 해결할 수 없다. 목회자 죽음 세계관 교육에서는 '죽음 벽(壁) 세계관'이 가진 도덕적, 윤리적 문제를 잘 다루어야 한다.

'죽음 다문(多門) 세계관'은 인간을 범신론적 시각에서 본다. 인간 속에 있는 신성은 육체의 죽음을 맞이한 다음에도 새로운 육체를 통해서 계속 이어진다. 죽음과 그 후의 삶은 끊어지지 않고 계속된다. 힌두교나 불교의 윤회설, 뉴에이지 운동을 통해서 '죽음 다문(多門) 세계관'이 널리 퍼지게 되었다. 더욱이 이안 스티븐슨이나 와이스와 같은 정신의학과 교수의 전생 연구를 통해서 많은 사람에게 영향을 주고 있다. 그러나 '죽음 다문(多門) 세계관' 역시 비성경적인 세계관이다. 스티븐슨이나 와이스 교수의 연구를 형이상학이 아닌 경험적 연구로 놓고 접근할 때 그러한 연구가 윤회나 환생을 증명하기에는 매우 취약하다. 그리고 '죽음 다문(多門) 세계관'은 현재의 삶을 과거의 삶의 결과로 이해함으로 운명론에 빠지기 쉽고, 현재의 삶을 유일한 삶으로 보지 않고 앞으로 반복적으로 다가오는 삶을 상정함으로 삶에 대한 도덕적 해이 현상이 나타날 수 있다. 목회자 죽음 세계관 교육에서는 '죽음 다문(多門) 세계관'의 비성경적 측면과 논리적, 도덕적 문제를 목회자들로 하여금 이해할 수 있도록 교육해야 한다. 그리하여 개인주의적인 젊은 세대를 통해 많이 유포되고 있는 뉴에이지 운동과 환생론을 잘 막아낼 수 있도록 해야 한다.

'죽음 일문(一門) 세계관'은 기독교를 비롯한 중요 일신교의 세계관이다. 인간은 하나님의 뜻 가운데서 이 세상에 태어나서 살다가 죽으면 하나님 앞으로 돌아가서 심판을 받고 천국이나 지옥으로 가게된다. 이 세계관은 성경의 세계관이다. 그리고 교회의 역사 속에서 천국과 지옥을 경험했다는 사람들이 많이 있다. 그러나 '죽음 일문(一門) 세계관'은 천국과 지옥의 모습이나 속성, 천국이나 지옥으로 가는 길과 방법 등과 같은 구체적인 문제와 관련해서 의견이 일치되지 못하고 있다. 그 결과 성도들은 말할 것도 없고 그들을 인도해야 할 목회자들까지도 혼돈에 빠져 있다.

그러므로 목회자 죽음 세계관 교육에서는 다음과 같은 문제들을 성경적, 신학적, 목회적 측면에서 잘 정리할 수 있도록 해야 한다. ① 구약성경을 통해서 죽음을 이해할 때, 죽음 후의 세상을 스올로 축소하지 말고 조상에게 돌아가는 것 (하나님의 백성에게 돌아가는 것)의 의미를 더 깊이 고찰할 필요가 있다. ② 죽음 후 영혼이 천국의 영광으로 들어가는 것과 부활을 소망하며 안식하는 것의 의미를 잘 이해하고 어느 한 편을 강조할 때 나타날 수 있는 장단점을 정확하게 이해하고 성도들을 잘 이끌어 주어야 한다. ③ 천국과 지옥을 보고 온 사람들의 이야기를 이해하는 방법과 문제점 그리고 그들을 바르게 지도하는 방법을 교육해야 한다. ④ 지옥의 존재, 지옥의 영속성, 복음을 접하지 못한 사람들의 구원, 자살을 한 신도 등의 문제와 관련된 논쟁을 잘 정리하고 이해할 수 있도록 해야 한다. 그리고 그러한 이해가 성경과 기독교의 근본 교리에 어긋나지 않으면서도 설득력 있게 성도들과 믿지 않는 사람에게 전할 수 있는 지혜와 지식을 가질 수 있어야 한다.

| 주제어 |

목회자 죽음 교육, 죽음학 세계관, 죽음 벽 세계관, 죽음 다문 세계관, 죽음 일문 세계관, 과학주의, 세속화, 윤회설, 영혼, 천국, 지옥

서 론

　　우리나라의 인구구조 가운데 두꺼운 층을 형성한 베이비 붐 세대의 고령화와 함께 죽음학이 관심을 끌고 있다. 죽음학의 전개는 목회자들과 성도들에게 한편으로 천국에 대한 소망을 더 깊이 묵상하게 하지만, 다른 한 편으로는 심각한 영적 도전으로 다가오고 있다. 세속화와 다양한 죽음학의 혼란스러운 논의에 노출된 성도들은 천국의 존재, 천국 백성이 되는 방법, 천국의 소망 등이 흔들리고 있다. 목회자들 역시 죽음과 관련하여 영적으로 혼란 가운데 빠져 있다. 죽음 혹은 죽음학과 관련된 다양한 논의와 소개(저술, 영화, 문학, 그림 등)를 이해하고 정리할 수 있는 시간도 없고 역량도 부족하다. 그러므로 목회자에 대한 죽음학 교육이 시급한 실정이다.

　　우리나라에서 죽음학을 이끌어 가는 분들을 보면 의료계에서는 '죽음학 전도사'라는 이름을 얻을 정도로 활발하게 일하는 정현채 교수가 있으며,[1] 인문학계에서는 최준식 교수가 죽음학을 이끄는 선두주자가 되고 있다.[2] 두 분은 한국의 죽음학 발전과 일반인들을 대상으로 하는 죽음학 교육에 크게 공헌했다. 그러나 세계관의 측면에서 볼 때 기독교 신앙과는 다른 입장이므로 목회자들이 접근하는데 부담스러운 측면이 있다. 다행히 기독교계에서는 김균진 교수가 2002년『죽음의 신학』을 저술하여 '신학적 죽음학'의 안내자 역할을 잘하였다. 이와 아울러 황명환 목사가『죽음의 인문학』을 저술하여 기독교 죽음학의 영역을 넓혔고, 수서문화재단

---

1) 정현채,『우리는 왜 죽음을 두려워할 필요 없는가』(서울 : 비아북, 2018)
2) 최준식,『죽음학 개론』(서울 : 모시는 사람들, 2013)
　 최준식,『죽음 가이드북』(서울 : 서울셀렉션, 2019)

산하에 이폴(EPOL / Eternal Perspective of Life) 연구소를 설립하여 기독교 죽음학 연구와 교육에 힘쓰고 있다.³⁾ 이처럼 교회 안팎에서 죽음학과 관련된 여러 연구와 교육이 진행되고 있지만 목회적 죽음학의 연구와 교육은 아직도 많이 미흡하다. 그러므로 성도들과 목회자들에 대한 기독교적·성경적 죽음학 교육이 꼭 필요하다. 이 글에서는 목회자 교육에 초점을 맞추어 죽음학의 문제를 다루도록 하겠다.

목회자에 대한 죽음학 교육의 첫 걸음은 죽음학의 세계관을 이해하고 그 특성에 따라 분류하는 것이다. 죽음학의 세계관을 분류하는 방법은 다양하다. 종교별, 학문별로 다양한 죽음학의 세계관을 분류할 수 있다. 본 연구에서는 죽음을 현세에서 내세로 가는 문(門)으로 규정한다. 이렇게 죽음을 문으로 규정할 때 여기에는 3종류의 죽음의 세계관이 나올 수 있다. ① 죽음은 현세의 삶이 끝나는 마지막 벽이지 내세로 가는 문이 아니다. 내세로 가는 문은 없고 죽음의 벽 앞에서 현세의 삶은 끝난다. 이러한 세계관을 '죽음 벽(壁) 세계관'이라고 부를 수 있을 것이다. 우리 주변에서 많이 볼 수 있는 세속적, 물질주의적, 기계론적 세계관이 여기에 해당된다. ② 죽음은 내세로 가는 수많은 문 가운데 하나이다. 인간은 죽음의 문을 열고 다음 세상으로 가며, 그 세상에서의 삶을 마치면 또 다른 죽음의 문을 열고 그 다음 세상으로 간다. 이러한 세계관을 '죽음 다문(多門) 세계관'이라고 부를 수 있다. 죽음과 관련된 윤회설 혹은 뉴 에이지의 세계관이 여기에 해당된다. ③ 죽음은 내세로 가는 하나의 문이다. 인간은 죽음의 문을 열고 내세로 가면 그 곳에서 이 세상에서의 삶과 관련하여 심판을 받고 천국(낙원)이나 지옥(명부)에서 머물게 된다. 이러한 세계관을 '죽음 일문(一門) 세계관'이라고 부를 수 있다. 죽음과 관련된 기독교의 세계관이 대표

---

3) 우성규, "웰다잉 중요한데, 죽음에 대한 연구 부족"『국민일보』(2018.6.28.).

적인 예이다. 이처럼 '내세로 가는 문은 없다' '내세로 가는 문은 여러 개이다' '내세로 가는 문은 하나이다'라는 기준에 따라 죽음의 세계관을 분류할 수 있다.

성도들은 하나의 문으로서의 세계관을 받아들이지만 다른 두 종류의 세계관에 알게 모르게 노출되어 있으며 그 영향을 받고 있다. 그 결과 기독교와 성경이 가르치는 죽음의 세계관에 대한 확신이 흔들리고 혼돈을 경험하는 성도들이 많다. 또한 기독교적 죽음의 세계관 안에서도 세부적인 내용으로 들어가면 편차와 불일치가 있다. 그리하여 성도들의 마음이 혼란스럽고 천국에 대한 소망이 약해지는 문제가 나타난다. 이러한 시대를 맞이하여 목회자는 기독교적, 성경적 죽음의 세계관을 확실히 하고 그것을 성도들에게 잘 교육하는 것이 필요하다. 그리고한 비기독교적 죽음의 세계관이 가진 특성을 이해하고 그것을 비판적으로 정리할 수 있는 지식과 믿음을 가져야 한다. 따라서 죽음의 세계관 교육은 1차적으로 목회자들에게 필요하고, 죽음의 바른 세계관을 확립한 목회자들을 통해 일반 성도에게 교육하는 일이 필요하다.

1.
죽음, 그것은 열린 문(門)이 아닌 닫힌 벽(壁)

죽음의 가장 객관적이고 경험적인 모습은 육체의 생명 현상이 이어지지 못하고 끝이 난다는 것이다. 즉 죽음이란 육체의 작용과 기능이 중단되고 육체에 물리·화학적인 변용(즉 부패현상)이 일어나게 되어 예전의 상태로 되돌아오지 못하는 것을 의미한다. 죽음이 육체의 생명 현상이 끝나는 것이라는 사실은 모든 사람이 다 받아들인다. 그러나 육체의 생명 현상이 끝나면 한 인간의 생명이 완전히 끝나는가 하는 문제와 관련해서는 의견이 일치하지 않는다. 어떤 사람은 '그렇다'라고 말하며 다른 사람은 '그렇지 않다'라고 말하며 또 다른 사람은 '알 수 없다'고 말한다. 육체의 생명 현상이 끝나는 것을 인간 존재의 끝으로 보면 죽음이란 다른 생명 혹은 새로운 생명으로 나가는 문이 되지 못한다. 육체의 생명이 끝나면서 인간 생명 곧 인간 존재가 끝나게 된다. 그러므로 죽음은 한 생명이 새로운 생명으로 향하는 문(門)이 아니라 생명이 더 이상 이어가지 못하고 끝나는 벽(壁)이 된다.

(1) '죽음 벽(壁) 세계관'의 의미

죽음을 벽으로 보는 세계관 : 죽음이 새로운 생명의 문이 아니라 벽이 된다는 세계관은 인간 문명의 여명기에서 시작하여 현재까지 동서고금(東西古今)을 막론하고 많이 찾아볼 수 있다. 최근 들어 세계적으로 명성을 가진 인물들이 죽음은 생명과 인간 존재의 끝이라는 벽(壁)의 세계관을 주장하였다. 수학자요 철학자이며 평화운동가인 영국의 버트런드 러셀(Bertrand Russel)은 그의 유명한 연설문 "나는 왜 기독교인이 아닌가"에서 창조주 하나님과 구원자 예수 그리스도를 부인하며 신이 만든 천국과 지옥도 부인한다. 따라서 육신의 죽음은 그 개인의 존재의 끝이며, 아무리 큰 업적을 남긴 위대한 인물이나 위대한 사상가라 할지라도 그 개인의 삶이 무덤을 넘어 죽음 이후까지 계속될 수 없다고 하였다.[4]

세계적인 물리학자 스티븐 호킹박사는 영국 일간 가디언과의 인터뷰에서 "천국이나 사후 세계가 우리를 기다리고 있다는 믿음은 죽음을 두려워하는 자들이 꾸며낸 '동화'에 불과하다"면서 "죽기 직전 마지막으로 뇌가 깜빡거리는 순간 이후에는 어떤 것도 없다"고 말했다. 그는 부속품이 고장나면 작동을 멈추는 컴퓨터에 인간의 뇌를 비유하면서 "고장 난 컴퓨터에 천국이나 사후 세계가 있을 수 없다"고 하였다.[5]

죽음은 생명의 벽이라는 입장을 가장 체계적이고 대중적으로 주장하는 현재의 인물은 셸리 케이건이다. 그는 예일대 교수로서 1995년부터 죽음에 대한 강좌를 담당하여 많은 사람의 관심을 받았다. 그의 강의 내용을 『죽음이란 무엇인가』라는 제목의 책으로 발간하였는데 그것은 세계적인 베스트 셀러가 되었다. 한국에서도 2012년 번역 출간되어 2020년 현재 초판 52쇄를 내는 기염(氣焰)을 토하였다.

'죽음 벽(壁) 세계관'이 가진 가장 중요한 특징은 물질주의적 세계관이다. 인간은 물질로 이루어져 있고 인간의 정신작용이나 지정의(知情意)와 같은 인격적인 활동은 물질인 육체의 기능에 불과하다. 그러므로 물질인 육

---

[4] Bertrand A. W. Russell, *Why I Am Not a Christian,* 송은경 역, 『나는 왜 기독교인이 아닌가』 (서울 : 사회평론, 2005)
[5] 이에스더, "스티븐 호킹 '천국·사후 세계는 없다'" 『중앙일보』 (2011.5.17.)

체가 죽음과 함께 소멸되면 육체의 기능인 정신이나 인격도 소멸할 수밖에 없다. 그러므로 육체가 소멸한 후 죽음의 문을 열고 새로운 생명으로 가는 어떤 존재(영혼)란 존재하지 않는다.

'죽음 벽(壁) 세계관'의 배경 : 이러한 '죽음 벽(壁) 세계관'은 현대사회에서 압도적인 영향력을 행사하고 있다. 심지어 스스로 기독교 신앙인이라고 생각하며 교회에 출석하는 사람들 가운데도 이러한 세계관을 가진 사람이 적지 않게 있다. 이러한 세계관이 현대사회에서 강한 영향력을 행사하는 데 작용한 가장 중요한 두 가지 배경은 세속화와 과학의 발달이다. 세속화란 사회제도와 가치가 신앙에서 멀어지고 분리되고 독립적으로 되며, 세속적 가치가 영적·종교적 가치보다 우위에 서는 것을 말한다.[6] 현대 문명이 세속화됨에 따라 많은 사람은 (심지어는 신앙인들까지도) 삶과 죽음의 모든 문제를 이해할 때 영적이고 종교적인 방식으로 접근하지 않는다. 물질적이고 세속적인 방식으로 접근한다. 이러한 접근을 추동하는 강력한 힘이 과학의 발전이다. 과학은 물질적이고 경험적인 문제를 다룬다. 비물질적이고 인간의 감각기관으로 경험할 수 없는 문제들은 과학의 영역에서 배제된다. 따라서 신의 존재나, 죽음 이후의 문제 등은 과학에서 다루지 않는다.

과학은 인간과 세계를 이해하는 방법 가운데 하나이다. 그런데 근대 사회가 형성되면서 과학은 인간과 세계를 이해하는 방법 가운데 가장 뛰어난 방법으로서의 지위를 가지게 되었다. 그리하여 정치사상은 정치학이 되었고 사회철학은 사회학으로 발전하였으며 윤리학은 심리학으로 대체되기 시작했다. 종교와 신앙의 문제는 종교학과 인류학의 영역으로 들

---

6) 이원규,『종교의 세속화』(서울 : 대한기독교출판사, 1987)

어오게 되었다. 즉 철학과 종교의 중요한 과제들이 과학의 영역으로 넘어오게 되었다. 그리고 인간과 세계를 이해하는데 가장 뛰어난 방법의 지위를 차지한 과학, 그 과학의 방법으로 설명할 수 없는 현상은 비합리적이고 무가치한 현상으로 취급되었다. 그리하여 사회학의 기초를 놓은 에밀 뒤르켐은 종교를 사회학적 즉 과학적 방법으로 연구하면서 말하기를 과학과 어긋나는 종교적 신념은 앞으로 존재하기 어려울 것이라고 하였다.[7]

'죽음 벽(壁) 세계관'은 종교의 힘이 약해진 세속화와 현대 사회의 지식과 방법론의 총아(寵兒)인 과학을 배경으로 하고 있다. 그 결과 현대사회에서 가장 강력한 영향력을 행사하는 죽음의 세계관이 되고 있다. 현대사회의 성도들은 죽음을 '문이 아닌 벽'으로 보는 세계관의 영향 아래 있으면서 죽음을 '벽이 아닌 문'으로 보는 목회자들의 가르침에 계속 질문하고 있다. 이러한 질문에 대해서 성경적이고 교리적인 답변을 하는 것은 매우 중요한 일이다. 그러나 세속화된 사회 가운데서 이러한 답변은 힘이 약해지고 있다. 그러므로 목회자는 이러한 질문에 대해서 과학적이고 논리적이며 인문학적인 답변을 할 수 있는 준비가 되어 있어야 한다.

(2) '죽음 벽(壁) 세계관'의 문제

벽으로서의 죽음 세계관이 강력한 영향을 행사하는 우리 시대를 맞이하여 목회자들은 성도들이 천국의 소망을 잃지 않도록 해야 한다. 이 사명을 잘 감당하기 위해서 '죽음 벽(壁)세계관'의 다음과 같은 문제에 대해 목회자들은 지식과 지혜를 가져야 한다.

---

[7] E. Durkheim, *Les formes elementaires de la vie religieuse*, 민혜숙, 노치준 역, 『종교생활의 원초적 형태』 (서울 : 한길사, 2020) 793-800.

비성경적인 '죽음 벽(壁) 세계관' : 하나님의 말씀 성경은 육신의 죽음으로 인간의 생명과 존재가 끝나는 것이 아니라 죽음 이후의 세계가 있다는 것을 말하고 있다. 주님께서는 마지막 십자가 위에서 우편에 있는 강도를 향해서 말씀하시기를 "오늘 네가 나와 함께 낙원에 있으리라"(눅23:43)고 말씀하셨다. 십자가 위에서 마지막 육신의 죽음을 맞이한 강도에게 네 육신이 지금 십자가 위에서 죽지만 너는 그 죽음을 넘어서 오늘 나와 함께 낙원에 있을 것이라고 하셨다. 이 약속을 받은 강도가 십자가 위에서 죽는 것은 벽이 아니다. 그것은 낙원으로 들어가는 문이 된다고 하셨다. 또한, 주님께서 부자와 나사로에 대해 말씀하시면서 한 사람은 죽어 아브라함의 품으로 다른 한 사람은 죽어 불꽃 가운데로 갔다고 하셨다 (눅1:22-24). 바울 사도께서도 육신의 죽음 이후에나 들어갈 수 있는 "셋째 하늘 … 낙원으로 이끌려 가서 말로 표현할 수 없는 말을 들었다"(고후12:4)고 하였다. 히브리서 기자는 "한 번 죽는 것은 사람에게 정해진 것이요 그 후에는 심판이 있으리라"(히9:27)고 하였다.

이처럼 예수님과 사도들의 말씀을 통해서 죽음은 우리 존재의 모든 것이 끝나는 벽이 아니라 새로운 세계로 들어가는 문이 된다는 것을 알 수 있다. 인간들이 세속화되고 과학문명이 발전한 사회의 영향을 많이 받으면 받을수록 목회자들은 하나님의 말씀을 더욱 견고히 붙들어야 한다. 현대사회에서 세속화와 과학 문명의 강력한 영향력을 부인할 수 없다. 그러나 그 영향의 정도는 분야에 따라 달라진다. 세속화와 과학문명이 물질의 문제, 육신적인 문제, 사회제도나 권력 등과 관련해서는 강력한 영향력을 행사할 수 있다. 그러나 영적인 문제, 생명과 죽음의 문제, 영생과 구원의 문제와 관련해서는 그 논리와 영향력이 매우 취약하다. 이런 문제와 관련해서는 하나님의 말씀이 훨씬 큰 권위를 가지고 있다. 그러므로 물질과 세속의 문제에 관심을 기울이는 세속주의와 과학문명이 아무리 크고 화려하게 보인다 해도 영생과 구원의 문제에는 심히 취약하다는 것을 기억하고 하나님의 말씀을 붙들어야 한다.

과학과 과학주의의 분별 : 과학문명의 시대를 살고 있는 목회자는 과학과 과학주의 사이의 차이를 분명히 알아야 한다. 과학은 인간 자신과 인간이 경험하는 세상을 기술하고(describe) 설명하고(explain) 해석하는(interpret) 하나의 방법이다. 과학은 인간이 감각기관을 통해서 경험할 수 있는 현상만을 그 연구의 대상으로 한다. 감각기관을 통해서 경험할 수 없는 현상은 연구의 대상으로 삼지 않는다. 그러므로 하나님의 존재, 천국, 사후생(死後生) 등과 같은 문제는 과학의 연구 대상이 되지 않는다. 이런 문제는 인간의 감각기관을 통해 보편적으로 경험할 수 있는 현상이 아니기 때문이다. 따라서 과학자는 이런 문제에 대해 개인적인 의견을 가질 수는 있지만, 과학의 이름으로 그 존재 여부를 판단하지 않는다.

또한, 과학은 현재 받아들여지고 있는 과학적 사실(참 명제)이 완전한 것은 아니며 언제든지 변할 수 있다고 믿는다. 과학사가 겸 과학철학자인 토마스 쿤은 과학적 진리가 안정적이고 일직선적이며 누적적으로 발전한다는 기존의 견해를 거부하였다. 그는 '정상과학'과 '패러다임'이라는 용어를 사용하여 과학의 역사 속에 나타나는 불연속성을 지적하였다.[8] 그는 특정 시기의 대다수 과학자가 인정하고 받아들이는 과학적 명제에 따라 만들어지는 과학의 흐름을 정상과학이라 하였고 이러한 정상과학은 과학자들이 보편적으로 받아들이는 이론의 틀 즉 패러다임을 구성하게 된다. 그러다가 정상과학의 패러다임에 맞지 않는 현상들이 등장하고 그에 대한 연구가 축적되면 어느 순간 패러다임이 바뀌게 된다. 그러면 기존의 정

---

8) Thomas S. Kuhn, *The Structure of Scientific Revolutions*, 김명자 역, 『과학혁명의 구조』(서울 : 까치, 2007)

상과학은 이제 더 이상 그 우월적 지위를 유지하지 못하고 물러간다.

이처럼 과학은 인간의 감각기관으로 경험할 수 있는 현상만을 그 연구의 대상으로 하며, 어떤 과학적 명제(진리)도 완전하지 않고 끊임없이 변한다는 것을 받아들인다. 그래서 과학은 하나님과 천국의 존재 여부, 사후의 생(生) 등과 같은 문제를 연구의 대상으로 삼지 않으며 과학의 이름으로 그러한 문제에 대하여 답하지 않는다. 이러한 과학의 속성 때문에 과학은 끊임없이 발전해 왔고 경험적 현상의 인식 방법 가운데 가장 우월한 자리를 차지하게 되었다.

그러나 과학주의는 과학과 다른 입장이다. 과학주의란 과학으로 인식할 수 있는 영역 밖에 있는 것, 즉 경험적 영역 밖에 있는 것은 존재하지 않는다고 믿는 일종의 형이상학이며 세계관이다. 과학은 경험적 영역 밖에 있는 현상은 '알 수 없다'고 말하지만, 과학주의는 '존재하지 않는다'고 말한다. 따라서 과학주의라는 세계관에 따르면 하나님이나 천국은 경험적 영역 밖에 있으므로 존재하지 않는 것이 된다. 과학자라 해서 모두 과학주의 세계관을 가지는 것은 아니다. 파스칼은 가장 위대한 과학자의 반열에 있지만, 그는 과학주의 세계관을 배격하고 하나님과 천국에 대한 믿음을 가진 사람이었다.[9] 20세기의 가장 위대한 과학자 아인슈타인은 "과학이 없는 종교는 맹목이며, 종교가 없는 과학은 다리 저는 사람이다"라는 유명한 말을 남겼다. 그러나 과학자가 아닌 사람들 가운데서도 과학주의에 빠져 과학으로 증명할 수 없는 하나님이나 천국은 존재하지 않는다고 말하는 사람도 많이 있다.

그러나 아무리 뛰어난 과학자라 할지라도 그가 가진 과학주의 세계

---

9) Blaise Pascal, *Pensees*, 최종훈 역, 『팡세』(서울 : 두란노, 2020)

관에는 치명적인 약점이 있다. 즉 경험적으로 혹은 과학의 방법으로 증명할 수 없는 것은 존재하지 않는다는 과학주의의 기본 논리는 매우 취약한 논리이다. 이 세상의 수많은 하등 동물은 (심지어는 선천적인 시각장애인까지도) 색(色/color)의 세계를 경험할 수도 없고 증명할 수도 없다. 그러나 그들이 자신들이 경험할 수 없다고 해서 색의 존재 자체를 부인할 수는 없다. 지금 우리는 과학의 시대를 살고 있다. 이러한 시대에 목회자들은 자신의 신앙과 성도들의 신앙을 지키기 위해서 과학과 과학주의의 차이를 구분할 수 있는 지혜와 지식을 가져야 한다.

'죽음 벽(壁) 세계관'과 영혼의 문제 : 죽음을 새로운 생명으로 들어가는 문이 아니라 현재의 생명이 끝나는 벽으로 보는 세계관은 유물론(唯物論) 혹은 물질주의를 근거로 한다. 즉 우주 만물의 궁극적 실재를 물질로 보고, 정신이나 관념은 그러한 물질의 반영에 불과한 것으로 생각한다. 그러므로 물질로 이루어진 육체와 독립적인 정신이나 영혼을 인정하지 않는다. 정신 혹은 영혼이란 육체의 기능과 작용을 지칭하는 것에 불과하다. 따라서 육체가 죽으면 영혼도 함께 소멸하고 만다. 그러므로 육체가 죽으면 그것으로 끝나는 것이지 육체 이외의 어떤 것이 따로 살아남아서 다음 세상으로 가는 것을 부정한다.

육체와 독립된 영혼(동양적 표현으로는 혼백)의 존재 여부는 죽음학 세계관 형성의 핵심적인 요소이다. 죽음과 함께 육체가 소멸한다는 것은 누구나 받아들이는 현상이다. 죽음이 삶의 끝인 벽이 되는가 아니면 새로운 삶으로 가는 문이 되는가의 문제는 영혼의 존재 유무와 직접적으로 관련된다. '죽음 벽(壁) 세계관'을 가진 입장에서는 물질로 이루어진 육체만 있을 뿐 육체와 독립적인 영혼은 없다. 이 입장에 서면 인간은 고도로 발전된 로봇과 같다. 우리가 SF영화에서 볼 수 있는 바와 같이 인간과 거의 비슷하게 행동하는 로봇을 생각할 수 있다. 케이건은 우리의 뇌를 컴퓨터의 CPU라고 생각한다면, 정교하고 합목적적으로 움직이는 로봇과 마찬가지로 인간도 그렇게 움직일 수 있다고 하였다.[10]

그러나 인간의 뇌를 인공지능으로 대치하고 인간의 몸을 로봇 기계로 대치하는 유물론적, 기계론적인 인간관은 영혼의 존재를 부정하는데 한계가 있다. 인간을 컴퓨터에 비교한다면 영혼은 소프트웨어이고 육체는 하드웨어이다. 영혼이 뇌와 같은 하드웨어와 결합될 때 생각하고 느낄 수 있다. 영혼이 손발과 같은 육체(하드웨어)와 결합될 때 움직이고 행동할 수 있다. 영혼이 눈, 코, 귀, 입과 같은 육체의 감각기관과 결합될 때 보고, 듣고, 말할 수 있다. 그러나 영혼이 없으면 (생명이 없으면, 혹은 베르그송이 말한바 도약하는 생명 즉 엘랑 비탈이 없으면) 육체 그 자체만 가지고는 작동이 되지 않는다. 즉 기능이 상실된다. 어떤 정신적 변화나 도약은 불가능하다. 케이건과 같은 유물론자들은 영혼 혹은 정신작용이란 육체의 기능을 지칭하는 것에 불과하다고 한다. 이것은 컴퓨터의 소프트웨어가 하드웨어의 기능이라고 말하는 것과 마찬가지로 불합리한 생각이다. 소프트웨어가 하드웨어와 결합되어야 기능을 하지만, 소프트웨어는 하드웨어와 독립된 실체이다. 마찬가지로 영혼도 육체와 결합되어야 생명현상이 나타나지만, 영혼 역시 분석적으로나 실제적으로나 육체와 독립된 실체이다.

'죽음 벽(壁) 세계관'은 영혼 (혹은 육신과 독립된 어떤 정신적 실체)의 존재를 보여주는 현상에 대해서 반박을 하지 못한다. 그 대표적인 예는 임사체험과 관련된 다양한 경험들이다.[11] 그 경험 가운데 대표적인 것이 죽음의 순간 일어나는 '육체 이탈' 현상이다. 수많은 임사체험 경험자들을 만나고 치료

---

10) Shelly Kagan, *Death*, 박세연 역, 『죽음이란 무엇인가』 (파주 : 엘도라도, 2012) 52.
11) 다치바나 다카시, 윤대석 역, 『임사체험』(상)(하) (서울 : 청어람미디어, 2003)

한 퀴블러 박사는 죽음학 분야의 가장 대표적인 인물이다. 그는 자신이 육체 이탈을 직접 경험했을 뿐 아니라 육체 이탈을 경험한 사람들의 많은 이야기를 수집하고 연구하였다. 많은 육체 이탈 경험자의 보고는 결코 주관적인 느낌을 말하거나 뇌의 충격으로 인한 환각을 본 것이 아니라, 영혼이 육신을 빠져나갔다고 말할 수밖에 없는 것들이 많이 있다. 예를 들면 시각장애인이 육체 이탈을 경험하고 난 다음 그가 본 사람이 가진 보석의 색깔이나 그가 맨 넥타이나 옷의 색깔과 모양을 정확하게 말하기도 한다. 그런가 하면 육체 이탈을 경험한 사람이 깨어난 후 자기가 수천마일 멀리 떨어진 가족을 방문하였으며, 그 때 방문한 가족이 어떤 행동을 하였는 정확하게 말하는 것을 볼 수 있다.[12]

이븐 알렉산더 박사는 듀크 대학에서 의학박사 학위를 받은 의사로 버지니어 대학 병원, 하버드 메디칼 스쿨에서 교수를 지낸 엘리트 의사이며 그의 전공은 뇌의학이다. 이러한 의사가 2008년 11월10일 54세의 나이에 희귀한 질병에 걸려 7일간 혼수상태에 빠졌다. 이 기간 그에 대한 의학적 기록에 따르면 대뇌 신피질 즉 인간의 사고를 주관하는 뇌의 겉 표면이 완전히 멈추었다. 뇌는 의식을 만드는 기계인데 그것이 고장 나면 의식도 멈추게 된다. 그런데 그는 뇌가 기능을 중단한 7일 동안 새로운 세계, 천국을 경험했다. 그 경험은 너무나도 생생하고 일관성이 있어서 뇌의 기능 장애 가운데서 우연히 나타날 수 있는 어떤 환각 현상이 아니었다. 그는 이 때의 경험을 기록한 책에서 자신의 경험을 설명할 수 있는 '신경과학에서 제시하는 가설들'을 소개한다. 그리고 그러한 가설 가운데 그 어떤 것도 자신이 경험한 것을 설명할 수 없었다고 한다.[13]

---

12) Elisabeth Kübler-Ross, *On Life after Death*, 최준식 역, 『사후생』 (대화문화아카데미, 2003) 24-28.
13) Eben Alexander, *Proof Of Heaven*, 고미라 역, 『나는 천국을 보았다』 (서울 : 김영사, 2013) 236-241.

죽음학의 발전과 함께, 특별히 의사들 가운데 육체의 죽음 이후에도 독립적으로 존재하는 영혼의 존재를 주장하는 논의들이 많이 나오고 있다. 목회자들은 이러한 논의들을 잘 살펴보면서 그것이 성경의 진리와 어떤 점에서 일치하고 또 어떤 점에서 일치하지 않는지 잘 분별해야 할 것이다. 그리고 체외이탈과 같은 현상이 영혼, 죽음, 천국 등을 이해하는데 어떤 의미가 있는지 잘 알아야 할 것이다.

'죽음 벽(壁) 세계관'의 영적, 도덕적 문제 : '죽음 벽(壁)세계관'을 가지면 인간 존재의 시간이 현세로 제한된다. 사람들이 이러한 세계관 가운데 살아가면 심각한 영적·도덕적 문제에 부딪힐 수 있다. 그 첫 번째는 물거품 같은 인생에 대한 허무감이다. 물론 능력과 운이 있어 부와 명예와 업적을 많이 남긴 사람은 이러한 허무감에서 어느 정도 벗어날 수 있을 것이다. 그러나 아무리 열심히, 행복하고 보람있게 산 사람이라도 해도 화살처럼 날아가는 인생을 보내고 죽음을 앞에 두었을 때 실존적인 허무함을 느끼지 않을 사람은 없다.

'죽음 벽(壁) 세계관'을 가지면 이러한 실존적 허무감에서 벗어날 수 있는 길이 없다. 최선의 방법은 인생의 허무함과 죽음의 운명 앞에서 두려움이나 분노의 반응을 보이는 것이 아니라, 지금까지 살아왔고 앞으로 살 수 있는 기회가 남았다는 사실에 대한 감사의 반응을 보이는 것이다.[14] 그리고 제한된 시간만 남아있는 삶을 의식하며 조심스럽게 살아야 한다. 인생의 목표를 선택하는 데도 신중함으로 무가치한 목표를 세워 인생을 낭비하지 않고 시간과 노력의 배분을 잘 해야 한다.[15]

케이건은 예일대학교 철학 교수로서 죽음에 대한 인기있는 강의를

---

14) Shelly Kagan, *Death*, 박세연 역, 『죽음이란 무엇인가』, 427.
15) Shelly Kagan, *Death*, 박세연 역, 『죽음이란 무엇인가』, 430-433.

20년 가까이 이끌어 왔고, 그 내용을 500여쪽에 이르는 책으로 발간하였다. 그리고 이 책은 전세계 여러 나라에 번역되어 읽혔다. 이 시대 죽음과 관련하여 많은 것을 알고 깨달은 현자(賢者)답게 현란한 지식과 논리로 죽음을 논의하였다. 그러나 죽음 앞에서 어떻게 살고 어떻게 죽음을 맞이해야 할 것인가의 문제를 다룰 때는, 인생을 진지하게 생각하는 사람이라면 누구나 할 수 있는, 지극히 평범한 답변을 주고 있다. 그리고 이러한 답변은 인간의 실존적인 허무를 극복하기에는 매우 부족한 수준이다. 이것은 셸리 케이건 교수의 지식과 지혜의 한계에서 나온 것이 아니라 '죽음 벽(壁) 세계관'의 한계에서 나온 결과이다.

'죽음 벽(壁) 세계관'은 이른바 '자연적인 죽음'[16]을 대하는 바른 태도의 형성에 도움을 줄 수 있다. 그러나 자연적인 죽음이 아닌 '죄로 인한 죽음'의 문제를 다룰 때는 무기력하다. 자연적인 죽음은 시간의 경과에 따라 인간의 육체가 쇠약해지고 병들면서 생물학적인 기능이 중단되면서 오는 죽음이다. 그리고 '죄로 인한 죽음'이란 인간의 욕심과 죄악의 결과로 오는 죽음이다. 전쟁, 사고, 환경파괴와 자연재난, 악플, 따돌림, 생활고, 전염병, 자살, 착취, 깨어진 인간관계, 스트레스, 절망감 등 죽음을 가져오는 많은 요소가 있다. 이러한 요소들이 '현저하게' 작용해서 나타나는 죽음이 '죄로 인한 죽음'이다.

이러한 죽음의 피해자에 대해서 '죽음 벽(壁) 세계관'은 어떤 위로나 소망을 주지 못한다. 죽음의 피해자가 개인과 역사와 사회 속에 들어있는 참혹한 죄악의 손길에 의해 죽임을 당하면 그것으로 끝이다. 그에게는 죽음 이후에 오는 내세의 삶에 대한 소망도 없고, 죽음 이후에 들어가게 될 천국에서의 위로나 보상도 없다. 죄악과 운명의 거대한 수레바퀴에 깔려 죽은

---

16) 김균진, 『죽음의 신학』(서울 : 대한기독교서회, 2002), 228-233.

사람에게 모든 것이 끝이 되고 만다. 또한, 죄로 인한 죽음의 가해자에 대해서 '죽음 벽(壁) 세계관'은 아무런 심판도 가할 수 없고 경계심을 줄 수도 없다. 어떤 극악한 행동을 했다 해도 죽으면 그것으로 끝이다. 이 세계관에 따르면 히틀러와 같은 극악한 자도 죽으면 끝이다. 죽음 이후의 심판도 없고 형벌도 없다. 죽음 이후 역사의 심판을 말할 수 있겠지만 육체의 죽음과 함께 소멸한 인간이 역사의 심판을 알지도 못할 것이며 당연히 그로 인한 고통도 느끼지 못할 것이다. '죽음 벽(壁) 세계관'은 인간 개개인의 운명과 국가나 공동체의 역사에 엄청난 영향을 미치는 '죄로 인한 죽음'에 대해서 아무런 해답도 주지 못하는 무기력한 세계관이다. 더 나가서 바르게 산 사람이 가질 수 있는 내세의 소망과 기쁨의 상급을 빼앗아 가며, 악하게 산 사람이 가져야 하는 내세의 심판에 대한 두려움을 무력화하는 잘못된 세계관이다.

우리는 지금 '죽음 벽(壁) 세계관'이 풍미하는 시대를 살고 있다. 세속화와 과학주의의 영향으로 성도들이나 목회자들까지 죽음 이후의 세계와 천국에 대한 소망이 약해지고 있다. 이러한 시대를 맞이하여 목회자가 해야 할 중요한 과업은 '죽음 벽(壁) 세계관'을 극복하는 것이다. '죽음 벽(壁) 세계관'의 한계와 문제점을 분명히 알고 우리 시대의 인생들과 성도들이 그러한 세계관의 희생자가 되지 않도록 해야 한다.

2.
죽음, 그것은 수없이 열리는 문(門) 가운데 하나

　육신의 죽음으로 인간의 생명과 존재는 끝이 난다는 '죽음 벽(壁) 세계관'과 대립되는 세계관이 있다. 그것은 죽음이 다음 세상으로 넘어가는 문이 된다는 '죽음 문(門) 세계관'이다. '죽음 문(門) 세계관'은 다시 '죽음 일문(一門) 세계관'과 '죽음 다문(多門) 세계관'으로 나눌 수 있다. '죽음 일문(一門) 세계관'에 따르면 죽음은 다음의 세계로 가는 오직 하나의 문이다. 이 문을 통과하여 죽음 다음의 세상으로 가면 더 이상 문은 열리지 않는다. '죽음 다문(多門) 세계관'에 따르면 죽음은 계속되는 세상으로 들어가는 여러 문 가운데 하나이다. 인간은 죽음의 문을 열고 들어가 새로이 펼쳐지는 세상에서 살다가 또 죽음을 맞이한다.

(1) '죽음 다문(多門) 세계관'의 성격

　힌두교와 불교의 윤회설 : '죽음 다문(多門) 세계관'은 힌두교나 불교와 같은 종교에서 쉽게 찾아볼 수 있는 죽음 이해이다. 힌두교는 윤회와 업을 핵심교리로 한다. 힌두교의 교리에 따르면 인간은 마야에 현혹되어 스스로 행한 그 행위(업)에 따라 삶과 죽음 사이를 끝없이 떠도는 윤회의 바퀴 속에 있다. 인간이 죽음을 맞이하면 4가지 가운데 하나의 길을 가게 된다.

첫째는 신들의 길이 있다. 이것은 이 세상 살면서 브라만을 명상하는 데 최선을 다한 사람이 가는 최고천(最高天)으로 가는 길이다. 둘째는 아버지의 길이 있다. 이것은 박애와 엄격함과 맹세와 예배의 삶을 산 사람이 가는 달(月)의 영역으로 가는 길이다. 이들은 그곳에서 선한 행위의 보상으로 행복을 누리다가 다시 지상으로 돌아가게 된다. 셋째는 지옥으로 가는 길이 있다. 이들은 경전에서 금한 행동을 한 자들로서 인간 이하의 종으로 다시 태어나게 된다. 넷째는 생각과 행실이 가장 극악한 삶을 살았던 자들이 가는 길이다. 그들은 모기나 파리와 같이 의미 없는 생명으로 거듭 태어난다.[17]

죽음과 관련된 불교의 세계관 역시 힌두교와 마찬가지로 윤회설을 기반으로 하고 있다. 불교에서의 죽음이란 수명과 체온과 의식이 사라져 신체기관이 모두 변하여 파괴되는 것이다. 인간이 죽음을 맞이하여 육체와 정신은 없어져도 업(業/카르마)은 없어지지 않는다. 사람이 죽어도 그 업은 없어지지 않고 있다가 다시 사람이나 짐승이나 귀신으로 오온(五蘊: 물질과 정신을 다섯으로 나눈 것 즉 色, 受, 相, 行, 識을 말함)이 모이는 곳으로 가서 난다. 업은 윤회 전생한다.[18] 죽은 후 생명은 천상(天上)계, 인간(人間)계, 축생(畜生)계, 지옥(地獄)계, 아수라(阿修羅)계, 아귀(餓鬼)계 가운데 하나로 가서 태어나게 된다. 죽은 후 해탈을 하지 못하면 이러한 6개의 세상에 다시 태어나면서 윤회의 과정이 계속된다.[19]

뉴에이지의 '죽음 다문(多門) 세계관' : 힌두교나 불교와 같은 종교적인 교리나 세계관에 근거하여 '죽음 다문(多門) 세계관'을 펼치는 것이 아니라

---

17) 황명환, 『죽음 인문학』 (서울 : 두란노, 2019), 150-151.
18) 황명환, 『죽음 인문학』, 165.
19) 황명환, 『죽음 인문학』, 172.

비종교적인 우주의 원리로서 '죽음 다문(多門) 세계관'을 주장하기도 한다. 그 대표적인 예로 '뉴-에이지 운동'을 들 수 있다. 뉴 에이지는 이름 그대로 '새 세대'라는 의미이며, 점성술적 용어로는 기독교 중심의 '물고기 자리 세대'가 지나고 새롭게 도래한 '물병자리 세대'라는 의미이다.

　　뉴에이지 운동에서의 죽음이란 환생의 문이다. 환생은 개인의 영혼이 이 세상에서 저 세상의 다른 삶으로 갔다가, 다시 이 세상으로 돌아와 인간으로 태어나는 것을 말한다. 환생이란 개인의 영혼이 이 몸에서 저 몸으로 옮겨가는 것을 말한다. 그러므로 육신의 죽음이란 새로운 몸으로 가기 위한 하나의 관문(關門)에 불과하다. 죽음을 통해서 이 몸에서 저 몸으로 옮겨가는 과정은 단 한 번으로 끝나지 않는다. 완전에 이를 때까지 이 과정은 계속된다. 그러므로 죽음과 환생도 단회적으로 끝나는 것이 아니라 완전에 이를 때까지 계속된다.[20] 이러한 뉴에이지 운동의 세계관은 불교나 힌두교와 마찬가지로 대표적인 '죽음 다문(多門) 세계관'이다. 둘 사이에 차이가 있다면 불교나 힌두교에서는 죽음의 문을 열고 윤회의 새로운 과정으로 들어갈 때 인간보다 아래인 가축이나 미물(微物)로 태어날 수 있다. 그러나 뉴 에이지 운동에서는 죽음 이후에 환생할 때는 인간으로 태어나게 된다.

환생의 경험적 연구 : 힌두교나 불교는 종교적 환생론을 펴고, 뉴에이지는 철학적 환생론에 가깝다. 그런데 의사 혹은 과학자와 같은 인물이 경험적 근거 위에서 환생론을 펴는 경우가 있다. 그 대표적인 인물로 이안 스티븐슨(Ian Stevenson / 1918-2007)과 브라이언 와이스(Brian Weiss)가 있다. 이안 스티븐슨은 미국 버지니아 대학의 정신의학과 교수로 수십년간 전생

---

20) 황명환, 『죽음 인문학』, 190-191.

을 연구했다. 그는 전 세계 여러 나라(주로 힌두교와 불교권)에서 전생을 기억한다는 아이들을 찾아가 그들의 주장, 그들이 보이는 특별한 태도, 그들의 몸에 나타난 흔적 등을 연구하였다. 그리하여 *Twenty Cases Suggestive of Reincarnation* (환생을 암시하는 20가지 사례)와 *Reincarnation and Biology* (환생과 생물학) 라는 대작을 만들었다.

    그의 조사의 예 몇 가지를 살펴보면 다음과 같다. 1950년 4월 '볼라나트'의 아들 '니르말'이라는 10세 소년이 '코시칼란'이라는 도시에서 병으로 죽었다. 시간이 흘러 1951년 8월 '코시칼란'에서 약 6마일 정도 떨어진 '차타'에서 한 아이가 태어났고 그의 부모는 아이의 이름을 '프라카슈'라고 지어 주었다. 이 프라카슈가 4살 반쯤 되었을 때 한 밤중에 길로 뛰어나가 '나는 코시칼란 시에 살았고 이름은 니르말이다. 나는 집에 가고 싶다. 내 아버지의 이름은 볼라나트이다'라고 외쳤다. 프라카슈는 니르말의 친척이나 친구들을 다 기억해냈다. 그가 코시칼란의 옛 집으로 갔을 때 형제들과 두 고모와 이웃들 그리고 집의 구석구석을 정확하게 알아냈다. 그 결과 니르말의 가족들은 그가 직(直) 전생에 니르말이었고 이번 생에 프라카슈로 다시 태어났다는 것을 확신했다.[21]

    '란지트 마칼란다'는 1942년 스리랑카의 '코테'에서 순수혈통 '싱할라족' 한 가정의 7번째 아이로 태어났다. 란지트는 어린시절부터 영국 아이의 행동을 했다. 영어를 잘했고, 쌀로 만든 밥보다는 영국식의 빵을 좋아했다. 그는 4살쯤 되었을 때 자신의 모친과 형제들에게 '당신들은 내 엄마나 형제가 아니다. 내 (진짜) 부모와 다른 가족들은 영국에 있다'고 하였다. 영국의 부모 이름은 기억이 나지 않고 '탐'과 '짐'이라는 형제 이름과 '마가렛'이라는 자매 이름이 기억난다고 하였다. 아버지는 큰 증기선에서 일했

---

[21] 최준식,『인간은 분명 환생한다』(서울 : 주류성, 2017), 122-123.

고 종종 집으로 파인애플을 가져왔다고 했다. 그는 전생에 불교도가 아니라 기독교도였으며 매주 일요일마다 동기들을 오토바이 뒷좌석에 태워 교회에 갔다고 하였다. 그 아버지의 배려로 그는 청년 시절 영국에 가서 살았다. 비록 전생의 집을 찾지는 못했지만, 영국인들과 편안하고 익숙하게 생활하였다.[22]

이와 비슷한 여러 사례를 조사한 스티븐슨 교수는 아이들이 말하는 전생의 정보가 자기 자신의 영혼에 저장된 정보에서 얻은 것이라는 것을 밝히기 위해서 노력했다. 그는 그 아이의 전생 기억이 다른 경로를 통해서 (부모나 이웃이나 다른 어떤 사람들) 들어온 것이 아니라는 것을 밝히는 일에 최선을 다했다. 이러한 연구의 결과로서 그는 어린아이들에게 일어난 사실을 설명할 수 있는 가장 좋은 방법은 '환생론'이라고 결론지었다. 그는 학자답게 환생론 자체를 진리처럼 주장하지는 않았지만, 환생론이 하나의 실제적 이론으로서 자리매김 하도록 노력하였다.[23] 스티븐슨의 환생론은 불교나 힌두교와 같은 종교적 교리로서의 환생론도 아니며 뉴에이지 운동과 같은 철학적인 환생론도 아니다. 방법론의 차이는 있지만, 스티븐슨 교수의 연구와 주장 역시 삶과 죽음은 반복되는 것으로 여겨진다. 그리고 현재 맞이하는 죽음은 다음 생애로 가는 여러 개의 문 가운데 하나라고 생각하는 '죽음 다문(多門) 세계관'에 속한다.

브라이언 와이스는 정신과 의사로서 예일대학교에서 의학박사 학위를 받았고 마이애미 대학의 종신교수로서 정신의학 분야에서 많은 연구 업적을 남겨 국제적인 명성을 쌓았다. 그도 환생론을 주장하지만 그 방법론은 스티븐슨과 정반대의 입장에 있었다. 즉 스티븐슨이 전 세계 여러 나

---

22) 최준식, 『인간은 분명 환생한다』, 147-153.
23) 최준식, 『인간은 분명 환생한다』, 36.

라에서 환생을 주장하는 많은 사례를 모았다면 와이스는 한 사례를 깊이 천착(穿鑿)하였다. 마치 막스 베버가 프로테스탄트, 유대교, 유교, 힌두교 등 세계 여러 종교를 연구하면서 종교가 사회적 삶에 어떤 영향을 주는가를 보았지만, 에밀 뒤르케임은 호주의 토템종교 하나를 집중적으로 고찰하여 종교의 본질을 밝힌 것과 비견된다. 와이스 교수는 캐서린이라는 환자를 돌보게 되었다. 그의 정신적인 질환을 치료하기 위해서 18개월 동안 거의 모든 전통적인 치료 방법을 사용하였지만, 효과를 볼 수 없었다. 그는 마지막으로 최면요법을 사용하였다. 캐서린은 반복되는 최면 상태를 겪으면서 자신의 증상을 일으킨 결정적인 요인이 된 전생에 대한 기억들을 떠올렸다. 이런 과정에서 캐서린은 고도로 진화한 영적 존재(sprit entity)들이 전해주는 정보의 메신저 역할을 하였다.[24]

와이스 교수는 최면 가운데서 캐서린이 전해주는 전생의 경험을 근거로 *Many Lives, Many Masters : The True Story of a Prominent Psychiartist, His Young Patient and the Past-Life Therapy that Changed Both Their Lives* (많은 삶과 많은 스승들 : 탁월한 정신과 의사와 그의 젊은 환자 그리고 그들의 삶을 변화시킨 전생 치료의 이야기)라는 긴 제목의 책을 저술하였다. 이 책은 『나는 환생을 믿지 않았다』라는 제목으로 번역되었다.

와이스 박사가 최면요법으로 치료하고자 한 환자 캐서린은 처음 최면을 걸었을 때, 기원전 1863년의 모습으로 돌아갔다. 그 때 나이는 18살이고 이름은 '아론다'였다. 그는 자신이 살고 있는 지역이 풀도 없고, 덥고, 모래투성이이며, 우물은 하나가 있고 물은 산에서 자신이 사는 골짜기로 흘러내려 온다고 하였다. 와이스 박사가 몇 년 뒤로 돌아가 보라고 하였

---

24) Brian Weiss, *Many Lives, Many Masters : The True Story of a Prominent Psychiartist, His Young Patient and the Past-Life Therapy that Changed Both Their Lives*, 김철호 역, 『나는 환생을 믿지 않았다』 (서울 : 김영사, 2019), 8.

다. 캐서린은 그 당시 자기는 금발이었고 25살의 나이이며, 길고 허름한 갈색 드레스를 입고 샌들을 신었다고 하였다. 그리고 딸 이름은 클리스트라인데 그 딸은 지금 현재 캐서린의 조카딸 레이첼로 환생하여 살고 있다고 하였다. 캐서린은 여기서 그치지 않고 또 다른 과거의 삶을 이야기했다. 1756년 스페인의 56살 '루이사'라는 이름의 여인으로 돌아가 검은 레이스 달린 드레스를 입고 춤을 추는 모습을 이야기했다. 그리고 물로 인한 열병에 걸려 두통 가운데서 죽어간다고 하였다.[25]

최면요법을 통한 캐서린의 전생 기억에는 몇 가지 특징적인 모습이 나타났다. ①그 기억이 아주 세밀하다는 것이다. 그리하여 과거에 살던 시절의 연대나 장소의 이름까지 말하기도 하였다. 또한, 자신의 이름과 이웃 사람들의 이름 그리고 입은 옷과 그 당시의 상황을 상세하게 묘사하였다. ②캐서린은 과거로 돌아가서 여러 사람을 만나는데 그 사람들 가운데는 지금 현재 사귀고 있는 애인이나 친지들이 있다. 심지어는 현재 최면요법을 행하고 있는 브라이언 와이스 박사를 만나기도 하였다.[26] ③ 캐서린은 과거의 삶으로 돌아갔을 때를 이야기하면서 마스터라 불리는 어떤 스승들 혹은 고도로 진화한 영적 존재를 소개하였다. 마스터는 다양한 메시지를 캐서린의 입을 통해서 와이스 박사에게 전해 주었다.[27]

와이스 교수의 저술은 '죽음 다문(多門) 세계관'을 극적으로 보여주고 있다. 이 책에 따르면 캐서린이라는 여성은 지금까지 수없이 많은 삶을 살았다. 미국, 이집트, 네덜란드 등 여러나라에서 태어나 살았고 남자와 여자로서 살기도 하였고 다양한 신분의 사람으로 살았다. 그리고 전생의 캐서린은 수많은 죽음을 경험하였다. 죽고 난 다음 다른 시대, 다른 지역, 다

---

25) Brian Weiss, 『나는 환생을 믿지 않았다』, 38.
26) Brian Weiss, 『나는 환생을 믿지 않았다』, 144.
27) Brian Weiss, 『나는 환생을 믿지 않았다』, 61-62.

른 사람으로 태어나 새로운 삶을 반복해서 살았다. 이런 점에서 와이스 교수가 말하는 세계관은 '죽음 다문(多門) 세계관'이다.

(2) '죽음 다문(多門) 세계관'에 대한 평가

지금 우리 시대는 '죽음 다문(多門) 세계관'이 많이 유포되어 있다. 우리 사회의 경우 윤회와 환생의 세계관을 담지(擔持)한 불교의 영향을 많이 받고 있다. 어려운 일을 당하면 "내가 전생(前生)에 무슨 죄를 지어서 이런 일을 당하나"하고 무심코 말하기도 한다. 뉴 에이지 사상이 많이 유포되어 최고의 지혜와 지식을 가진 인간이 되기 위해서 반복적인 환생이 필요하다고 생각하는 사람도 많이 있다. 현재의 삶이 힘들고 어려우며, 치열한 경쟁에서 뒤처진 사람들이 '이생망'라는 말을 쓴다. 이생망이란 '이번 생은 망했다'라는 의미이다. 이 표현을 통해서 현재의 삶을 포기하면서도 다음의 생을 갈망하는 세계관의 일단(一端)을 볼 수 있다.

컴퓨터 게임의 리-셋(re-set) 문화도 '죽음 다문(多門) 세계관'의 형성에 직·간접적으로 영향을 미치고 있다. 컴퓨터의 서바이벌 게임에서 볼 수 있는 바와 같이 게임 플레이어의 아바타가 게임 안에서 수없이 많은 죽음을 경험한다. 그때마다 게임 플레이어는 리-셋 한다. 즉 다시 셋팅을 한다. 그러면 죽었던 아바타가 다시 살아나서 싸운다. 죽음과 살아남(리-셋)이 반복되는 디지털 게임 환경은 젊은 세대들의 생각 속에 '죽음 다문(多門) 세계관'을 심어주는 기제가 된다. 이러한 시대의 흐름 속에서 환생을 다루는 영화나 드라마가 많이 나오고 있다.[28] 2017년 개봉된 영화『신과 함께』는 환생을 다루었는데, 원작 만화와 영화 모두 많은 관심을 끌었고 많은 독자와 관

---

28) 김헌식, "왜 드라마는 전생 환생에 빠졌을까? -환생 전생의 문화 심리", 『오마이 뉴스』(2017.2.7.).

객을 동원하기도 했다.

　성경적 비평 : 하나님의 말씀 성경은 우리 인생의 죽음은 한 번 있는 일이지 삶과 죽음이 반복된다고 말씀하지 않는다. 히브리서 9장 27절 말씀을 보면 "한번 죽는 것은 사람에게 정해진 것이요 그 후에는 심판이 있으리니"라고 했다. 다윗 왕이 우리야의 아내를 취하는 큰 죄를 저질렀다. 그리고 불륜의 씨로 태어난 아이가 죽게되었을 때 다윗은 "나는 그에게로 가려니와 그는 내게로 돌아오지 아니하리라"고 하였다 (사무엘하 12:23). 죽은 자가 다시 돌아오지 못하는 것이 하나님이 정하신 생사의 법칙이다. 성경에서는 죽은 자가 하나님의 특별한 은혜로 다시 회생되는 경우를 말하기는 하지만 죽은 자가 다른 인간이나 다른 생물로 다시 태어나는 환생에 대해서는 말씀하지 않는다.

　기독교 신앙의 중심이 되는 부활은 환생이 아니다. 부활할 때 몸은 변화되어 다시 살아나지만 부활한 생명의 영과 인격과 정체성은 죽기 전의 모습과 동일하다. 환생의 경우 육신이 죽은 후 몸과 인격과 정체성이 달라진 새로운 생명으로 태어나는 것이다. 그러므로 부활과 환생은 전혀 다른 것이다. '죽음 다문(多門) 세계관'은 동양 종교적, 신화적 세계관이지 성경적 세계관은 아니다. 신구약 성경 어디에서도 윤회와 같은 '죽음 다문(多門) 세계관'의 단서조차도 찾을 수 없다. 목회자는 영적으로 혼란한 시기일수록 성경 속에 나오는 죽음의 기사들을 잘 묵상하여, 말씀에 근거하여 성도들로 하여금 '죽음 벽(壁) 세계관'과 '죽음 다문(多門) 세계관'에 빠지지 않도록 해야 한다.

　환생의 경험적 연구의 논리와 설명의 문제 : '죽음 다문(多門) 세계관'은 한 인격체의 삶과 죽음이 반복된다는 세계관이다. 이러한 세계관의 근거는 카르마이다. 카르마란 인도 종교에서 나온 인과율의 개념이며 한자어로 업(業)이라고 한다. 카르마는 이 세상에 존재하는 모든 것들의 생성, 성장, 활동, 소멸의 원리로서 인과관계의 연쇄를 특징으로 한다. 이 세상에 존재하는 모든 것들은 단독적으로 존재하는 것이 아니라 카르마의 원리에 의한 인과관계의 결과로서 존재한다. 이것을 인간에게 적용하면 현재(현생)의 행위와 삶은 그 이전(전생)의 행위와 삶의 결과로 생기는 것이며, 그것은 또한 미래(내생)의 행위와 삶에 대한 원인으로 작용한다. 이러한 카르마의 원리는 '죽음 다문(多門) 세계관'에서 매우 중요한 위치를 차지하고 있다.

스티븐슨은 환생과 관련하여 세계 여러 나라에서 가장 많은 공시적(共時的)인 사례를 수집했고, 와이스는 삶과 죽음을 수없이 반복한 캐서린의 사례를 통해서 수천년에 이르는 통시적(通時的)인 환생의 흐름을 보여주었다. 그들은 환생을 종교적 믿음이나 형이상학적 주장으로 그친 것이 아니라, 경험적 과학의 수준에서 연구하고 논의했다. 따라서 스티븐슨과 와이스에게는 그들이 연구한 사례를 통해서 카르마와 환생의 원리에 대한 설득력 있는 설명이 요구된다.

환생이 증명되려면 정체성(identity)의 문제가 해결되어야 한다. 죽기 전에 살았던 전생의 사람과 죽은 후 다시 태어난 현생의 사람이 동일한 인물(정체성)이어야 한다. 동일한 인물이 되기 위해서 동일한 육체를 가져야 할 필요는 없다. 죽음이란 육체의 죽음을 의미하는 것이고 죽은 육체는 동일한 형태로 다시 돌아올 수 없기 때문이다. 전생의 사람과 현생의 사람이 동일한 인물이 되기 위해서는 두 사람이 동일한 인격체 혹은 동일한 영혼의 사람이라는 것을 증명해야 한다. 그러나 스티븐슨의 사례에 해당하는 많은 인물들이나 와이스 박사가 연구한 캐서린의 경우 이것을 증명하지 못했다.

스티븐슨 박사의 사례에 나오는 어린이나 캐서린의 경우 자기 자신이 전생의 아무개였다고 주장하였다. 그러나 개인의 주장은 아무리 자기 자신이 확실히 믿는다 해도 증거가 되지 못한다. 지금도 우리 주변에는 자기 자신이 예수님이 환생한 사람이라고 주장하는 사람들이 많이 있다. 서양에는 자신이 예전에 나폴레옹이라고 주장하는 사람이 많이 있다. 그들 가운데 많은 사람은 자신의 주장을 확신하기도 한다. 그러나 아무리 자기 확신이 크다 해도 그것이 그가 예수님이나 나폴레옹이 환생한 사람이라는 증거가 되지 못한다. 오히려 그러한 자기 확신이 정신질환의 증거가 될 가능성이 훨씬 크다.

다음으로 스티븐슨의 사례에 나오는 많은 어린이의 경우 그들의 전생에 대한 기억이 사실로 확인되는 경우가 많았다. (와이스 박사의 사례인 캐서린의 경우 그의 전생에 대한 기억이 사실이라는 것을 확인하는 것이 불가능하였다.) 전생에 대한 기억이 사실이라 해도 그것이 환생의 확실한 증거가 될 수는 없다. 환생 이외에도 죽은 사람의 기억이 전달되는 다른 경우들도 많이 있기 때문이다. 경험과학에서는 경원시(敬遠視)하지만 최면, 빙의, 계시, 텔레파시 등 초심리적(超心理的) 현상들도 많이 있다. 신들린 무당이 죽은 사람과 똑같은 목소리로 말하고 죽은 사람이 아니면 도저히 알 수 없는 지식이나 정보를 가르쳐 주는 경우가 있다. 심령기도를 통해서 전혀 알지 못하는 다른 사람의 마음과 감정을 정확하게 전달하는 사람도 있다. 그러므로 스티븐슨의 사례 연구는 환생의 결정적인 증거가 되지 못한다.

'죽음 다문(多門) 세계관'의 기초가 되는 가장 중요한 원리는 카르마(업)이다. 힌두교나 불교와 같은 종교, 뉴에이지와 같은 영성 운동 등에서 카르마를 설명할 때는 논리적이고 체계적이다. 캐서린의 사례를 연구한 와이스 박사의 경우 한 사람이 긴 세월 동안 경험한 수없이 반복되는 삶과 죽음과 환생의 모습을 보았다. 캐서린이 최면 상태에서 보고 말한 것이 모두 사실이라면 그것을 통해서 환생의 원리와 카르마의 메커니즘을 경험적으로 밝힐 수 있는 자료를 확보하였다고 할 수 있다. 와이스 박사는 캐서린의 입을 통해서 전해진 마스터(발전된 영적 존재, 스승)의 말을 통해 환생의 궁극적인 목적을 말한다.[29] 와이스 박사는 마스터의 입을 통해서 수없이 반복되는 환생의 목적은 배움과 영적인 성장이라고 말하였다. 인간은 최고의 지혜와 지식을 깨달을 때까지 계속 환생한다고 하였다.

이처럼 환생의 목적이 더 높은 단계의 지식과 지혜를 깨닫는 것이라고 하지만 캐서린의 예를 보면 그것이 분명히 드러나지 않는다. 마스터의 말에 따르면 캐서린은 86회의 환생을 하였다고 한다. 그녀는 미국, 이집트, 중동, 네덜란드 등 세계 여러 나라에서 태어나 살다가 죽었다. 때로는 남자로 때로는 여자로 살았고, 어린아이 시절 죽기도 하였고 나이들어 죽기도 하였다. 노예로 살기도 하고 평범한 가정 주부로 살기도 했으며, 선원으로 살기도 했다. 홍수와 같은 재난으로 죽기도 하고 병들어 죽기도 하고 칼에 찔려 죽는 비극적인 죽음을 맞이하기도 했다. 이 책은 다른 시대, 다른 사회, 다른 개인으로 살았던 인물들을 열거하고 있지만, 그들이 어떤 이유와 어떤 원리로 환생하게 되었는가를 설명하지 못한다. 그 과정에서 캐서린이 어떤 성장을 이루었는지도 말하지 못한다. 수많은 환생에서 경험한 일들이 캐서린의 성장에 어떤 작용을 했는지 말하지 않는다. 여러 시대, 여러 사회에서 여러 모습으로 살았던 개인들의 이야기를 열거하는 것으로 그쳤다. 캐서린의 이야기는 최면 상태에서 나온 '어떤 신기한 말'일 뿐 환생의 실재에 대한 근거가 되지는 못한다.

와이스 박사 연구의 또 다른 한계는 그 사례가 캐서린 한 사람에 그치고 있다는 것이다. 환생의 사실성을 증명하려면 캐서린 이외에도 또 다른

---

29) Brian Weiss, 『나는 환생을 믿지 않았다』, 212.

사례가 나와야 한다. 즉 와이스 박사와 비슷한 수준의 신뢰할만하고 훈련 받은 다른 의사가 와이스 박사가 사용했던 최면법을 사용했을 때 캐서린과 비슷한 경험을 하는 사례가 많이 나와야 한다. 경험적 혹은 과학적 연구가 되려면 같은 조건에서 같은 방법을 사용했을 때 같은 결과가 나와야 한다. 그러나 와이스나 다른 연구자들에 의해 캐서린의 경우와 같은 사례가 보고되지 못하고 있다. 그러므로 캐서린의 경험은 현재 과학으로는 설명할 수 없는 어떤 특수한 경험이지 그것이 인간에게 보편적인 환생의 결과라고 말할 수는 없다.

삶과 도덕에 미치는 영향 : 카르마와 환생에 근거한 '죽음 다문(多門) 세계관'은 직접·간접적으로 혹은 의식·무의식적으로 그 신봉자의 삶에 영향을 미치게 된다. 목회자는 이러한 세계관이 가진 문제점을 잘 이해하고 생사의 문제와 관련하여 혼돈 가운데 있는 인생들을 바르게 이끌어야 한다. ① '죽음 다문(多門) 세계관'은 운명론에 빠지기 쉽다. '죽음 다문(多門) 세계관'의 기초가 되는 카르마의 원리에 따르면 현재 상황(신분, 혈통, 국적 등)은 과거의 업보로 여겨진다. 전생의 공과에 의해 현생의 여러 조건이 만들어졌다고 생각한다. 현생의 실존 조건이 나쁜 경우 그것을 운명으로 여긴다. 가난, 낮은 신분, 질병의 고통, 권력에 의한 압제 등의 원인을 전생의 업(과실)으로 받아들인다. 그리고 이러한 운명을 극복하려고 하지 않는다. 전생의 잘못된 업을 받아들이지 않고 거부하는 것은 (즉 운명을 바꾸려고 하는 것은) 더 큰 잘못된 업을 쌓는 것이 되고 다음 생에 태어날 때는 지금보다 훨씬 못한 삶으로 태어날 것으로 생각한다. 그러므로 카르마에 근거한 '죽음 다문(多門) 세계관'은 운명론에 빠지기 쉽다.

② '죽음 다문(多門) 세계관'은 현세의 가치를 낮게 평가하기 쉽다. '죽음 다문(多門) 세계관'에 따르면 현생(現生)의 삶이란 단회적(單回的)인 삶이 아

니라 무수히 반복되는 여러 삶 가운데 하나일 뿐이다. 죽음 역시 삶이 끝나고 새로운 세상으로 들어가는 유일한 문(기회)이 아니라, 무수히 반복되는 삶 가운데 하나로 들어가는, 무수히 많은 문 가운데 하나에 불과하다. 현재의 삶도 곧 오게 될 죽음도 유일성(uniqueness)을 가지지 못한다. 현세의 삶이 유일성을 잃으면 그 가치는 떨어지게 된다. 현재의 삶이 다시 반복할 수 없는 유일한 삶이라고 생각하면 그것을 귀하고 가치 있는 것으로 여기게 된다. 현세의 가치를 낮게 평가하면 현재의 삶을 쉽게 포기할 수 있다. 인생길에서 어렵고 힘든 일을 만나게 되면, 혹은 어떤 큰 좌절을 경험하게 되면 삶을 쉽게 포기할 수 있다. 현재의 삶이란 그렇게 힘들고 어려운 일을 끝까지 견디고 이겨내야 할 만큼 가치 있는 것으로 생각하지 않기 때문이다.

③ '죽음 다문(多門) 세계관'은 삶의 '도덕적 해이'(道德的 解弛, moral hazard)를 일으키기 쉽다. 사람이 현재의 삶을 한 번밖에 없는 삶이라고 생각하고, 현재의 삶이 죽은 후의 영원한 운명을 결정한다고 생각하면 자신의 삶에 최선을 다하게 된다. 인생길에서 큰 어려움과 나락에 빠졌을 때 그것으로부터 구원을 얻을 수 있는 길을 최선을 다해서 찾는다. 그러나 반복되는 환생과 같은 '죽음 다문(多門) 세계관'을 가지면 현재의 삶에서 최선을 다하는 정도가 약화될 가능성이 크다. 왜냐하면 삶은 환생에 의해 반복되는 것이고 새로운 삶을 살 수 있는 기회는 앞으로 계속 주어질 것이기 때문이다. 인생도 게임처럼 리셋(re-set)할 수 있기 때문이다. 이런 세계관을 가지면 이번 생의 삶에서 최선을 다하지 못하는 삶의 도덕적 해이가 일어날 가능성이 크다.

지금 우리 시대는 제도적 종교의 위기의 시대이며 개인주의의 시대이다. 이러한 시대를 맞이하여 교리, 경전, 의례 등을 의존하는 전통적 신앙이 약화 되고 개인주의적 영성이 부각(浮刻)되고 있다. 그 결과 신의 초월

성보다는 내재성을 강조하는 범신론이 크게 대두되며, 내재하는 신적 존재가 윤회와 환생을 반복한다는 세계관이 많이 유포되고 있다. 윤회와 환생에 근거한 '죽음 다문(多門) 세계관'은 영적, 도덕적, 사회적 위험 요소를 포함하고 있다. 목회자는 이러한 시대 가운데서 성도들로 하여금 은혜로 얻는 구원의 신앙을 지키고, 현재의 삶을 소망가운데서 거룩하고 신실하게 살아가도록 이끌어 가야 할 책임이 있다.

3. 죽음, 그것은 내세로 가는 단 하나의 문(門)

육신의 죽음으로 인간존재가 끝난다는 '죽음 벽(壁) 세계관'과 대립되는 '죽음 문(門) 세계관'의 또 다른 형태는 '죽음 일문(一門) 세계관'이다. '죽음 일문(一門) 세계관'에 따르면 죽음은 다음의 세계로 가는 오직 하나밖에 없는 문이다. 이 세상에서의 삶도 한 번이며 이 세상을 떠나는 죽음도 단 한 번 있을 뿐이다. 유대교, 그리스도교, 이슬람교와 같은 유일신 종교에서 말하는 세계관이며 현재의 세상을 '이승'이라 하고 죽은 후의 세상을 '저승'으로 생각하고 저승으로 간 사람은 다시 돌아올 수 없다고 생각하는 수많은 민간신앙과 신화, 다양한 형태의 종교에서 말하는 세계관이다. 이 세계관은 '죽음 이후 세계의 형태' '죽음 이후 세계로 가는 길이나 방법' 등과 관련하여 다양한 유형이 있다.[30] 여기서는 기독교를 중심으로 이러한 세계

---
30) 황명환, 『죽음 인문학』, 제4장.

관의 의미와 내용 그리고 문제가 되는 쟁점을 살펴보겠다.

(1) '죽음 일문(一門) 세계관'의 성격

'죽음 일문(一門) 세계관'의 가장 중요한 특징은 내세 즉 육신의 죽음 이후에도 인간이 존재하는 세상이 있으며, 인간이 죽음 이후의 세상으로 가면 다시 이 세상으로 돌아오지 못한다는 것이다. 내세의 존재를 인정한다는 점에서 '죽음 벽(壁) 세계관'과 구분되며, 죽은 후 다시 이 세상으로 돌아오지 못한다는 점에서 '죽음 다문(多門) 세계관'과 구분된다. '죽음 일문(一門) 세계관'에 따르면 인간의 존재 양태는 이 세상에서의 삶과 죽음 후의 삶으로 나뉘어진다. 육신이 죽은 후에 들어가게 되는 죽음 이후 세계가 어떤 곳인가를 살펴보도록 하겠다.

구약성경을 통해서 본 죽음 이후의 세계 : 구약성경은 하나님의 백성이 죽는 것을 하나님이 데려가신 것 혹은 조상이나 백성에게 돌아가는 것으로 표현한다. 창세기는 아브라함의 죽음을 "그의 나이가 높고 늙어서 기운이 다하여 죽어 자기 열조에게로 돌아가매"(창25:8)라고 하였으며, 야곱이 죽었을 때도 "야곱이 아들에게 명하기를 마치고 그 발을 침상에 모으고 숨을 거두니 그의 백성에게로 돌아갔더라"(창49:33)고 하였다. 아브라함 이전에 살았던 에녹의 경우 "에녹이 하나님과 동행하더니 하나님이 그를 데려가시므로 세상에 있지 아니하였더라"(창5:24)고 하였다. 아론의 죽음과 관련하여 "아론의 옷을 벗겨 그의 아들 엘르아살에게 입히라 아론은 거기서 죽어 그 조상에게로 돌아가리라"(민20:26)고 말씀하셨다. 다윗의 죽음에 대해서는 "다윗이 그의 조상들과 함께 누워 다윗 성에 장사되니"라고 하였다(왕상2:10). 선지자 엘리야의 마지막에 대해서 성경은 "두 사람이 길을 가며 말하더니 불수레와 불말들이 두 사람을 갈라놓고 엘리야가 회오리바람으로 하늘로 올라가더라"고 (왕하2:11) 하였다. 여호와 하나님께서 다니엘 선지자의 죽음과 관련하여 말씀하시기를 "너는 가서 마지막을 기다리라. 이는 네가 평안히 쉬다가 끝날에는 네 몫을 누릴 것임이라"(단12:13)고 하셨다.

이처럼 구약성경은 위대한 하나님의 사람이 죽었을 때 '자기 열조', '그 조상', '그의 백성'에게로 돌아갔다고 하였다. 또한 죽음을 '하나님이 데려 가시는 것' '하늘로 올라 가는 것' '끝날까지 평안히 쉬는 것'으로 표현하였다. 이런 성경 말씀에 근거하면 구약성경에 나오는 믿음의 사람들, 하나님의 사람들은 죽었을 때 하나님 계신 하늘로 가서 하나님의 백성들과 함께 평안히 쉬며 마지막 날을 기다린다고 할 수 있다.

구약성경의 많은 곳에서 죽음 이후의 세계를 '스올'이라는 이름으로 표현하고 있다.[31] 죽은 자가 들어가는 세계가 스올이지만 그 세계의 모습은 다양한 형태로 표현되고 있다. 스올은 죽은 육신이 들어가서 썩는 '무덤'이라는 의미를 가질 때도 있고, 어둠과 괴로움과 단절의 자리를 지칭하기도 하며, 편안히 쉬는 곳으로 여겨지기도 한다. "죽은 자 중에 던져진 바 되었으며 죽임을 당하여 무덤에 누운 자 같으니이다. 주께서 그들을 다시 기억하지 아니하시니 그들은 주의 손에서 끊어진 자니이다. 주께서 나를 깊은 웅덩이와 어둡고 음침한 곳에 두셨사오며" (시편 88편 4-6절)라고 하였다. 이 말씀에 따르면 스올은 죽임을 당한자가 눕는 곳이며, 깊은 웅덩이와 같은 곳이고, 주의 손에서 끊어져 주께서 다시 기억하지 아니하는 상태를 말한다. 스올에 가면 인간은 더 이상 무엇인가를 할 수 있는 능력을 잃게 된다. "내가 무덤에 내려갈 때에 나의 피가 무슨 유익이 있으리요. 진토가 어

---

31) 황명환, 『죽음 인문학』, 243-248.

떻게 주를 찬송하며 주의 진리를 선포하리이까"라고 말씀하였다 (시편 30편 9절). 또한 스올은 흑암과 잊음의 땅이다. "스올이 주께 감사하지 못하며 사망이 주를 찬양하지 못하며 구덩이에 들어간 자가 주의 신실을 바라지 못하되"(사38:18) 라고 하였다. 이 말씀에 따르면 스올에서는 주의 은혜를 기억하지도 못하고, 주를 찬양하지도 못하고, 주께 감사하지도 못한다.

스올은 어둠과 무능력과 망각의 세상이지만 그곳은 또한 쉼과 안식의 세상이기도 하다. 구약성경 욥기 말씀에 "거기서는 악한 자가 소요를 그치며 거기서는 피곤한 자가 쉼을 얻으며, 거기서는 갇힌 자가 다 함께 평안히 있어 감독자의 호통 소리를 듣지 아니하며, 거기서는 작은 자와 큰 자가 함께 있고 종이 상전에게서 놓이느니라"고 하였다 (욥기 3장 17-19절). 이 말씀에 따르면 스올은 이 세상의 고통과 고난이 끝나는 곳이요, 이 세상 권력과 힘에 의한 억압에서 벗어나는 공간이다. 다니엘서에 따르면 스올은 종말이 왔을 때 다시 깨어나기를 (부활하기를) 기다리는 곳이다 (단 12:1-2).

기독교의 주류신학은 성경을 통해서 '죽음의 세계관'을 다룰 때 죽음 이후의 세계보다는 죽음 그 자체의 의미에 대해서 더 많이 다룬다.[32] 더욱이 구약성경을 통해 죽음 이후의 세계를 이해하고자 하는 경우 주로 스올에 초점을 맞춘다. 그리하여 구약성경이 죽음 이후의 세계에 관심이 없거나, 죽음 이후 인간은 어둠과 비(非)의식적인 상태에 있는 것처럼 말한다. 그러나 성도들을 죽음 이후 천국으로 안내해야 하는 목회자의 입장에서는 이런 입장을 극복해야 한다. 앞서 소개한 에녹, 아브라함, 야곱, 아론, 다윗, 엘리야, 다니엘 등과 같은 인물의 죽음과 관련된 말씀을 통해서, 죽음 이후의 세계에 대한 적극적인 해석이 필요하다. 목회자의 경우 신학적 지식의 한계로 인해 신학적인 논문의 형식으로 말하기 어려우면, 목회자

---

32) 김균진, 『죽음의 신학』, 제3장.

의 영적 도구인 설교의 형식을 통해서 이 문제를 얼마든지 다룰 수 있다. 구약성경의 죽음이란 육신의 모습에 초점을 맞춘 스올로 들어가는 것만을 의미하는 것이 아니다. 죽음이란 하나님께 돌아가는 것이요, 조상들과 하나님의 백성들에게도 돌아가는 것이다. 즉 천국으로 가는 것이다. 이 관점이 목회자의 죽음 세계관 교육의 중요한 내용이 되어야 할 것이다.

신약성경을 통해 본 죽음 이후의 세계 : 신약성경의 죽음은 하나님 앞으로 돌아가는 것을 의미한다. 그래서 스데반이 순교할 때 하늘이 열리고 주님께서 스데반을 맞이하기 위하여 하나님 보좌 옆에 서 계신 것을 보았다 (행7:55-56). 주님께서는 부자의 비유를 통해서 재산을 이 땅에 가득 쌓고 그것을 먹고 마시며 즐기려는 부자를 책망하시면서 "오늘 밤에 네 영혼을 도로 찾으"신다고 하셨다 (눅12:20). 그리고 이러한 죽음의 근본 원인은 '죄'이다. 인간은 하나님의 명령에 순종하지 않는 죄를 지음으로 죽게 되었다 (창2:16-17). 바울 사도께서도 "죄의 삯은 사망이요 하나님의 은사는 그리스도 예수 우리 주 안에 있는 영생이니라"(롬6:23)고 하였다. 야고보 사도 역시 "욕심이 잉태한즉 죄를 낳고 죄가 장성한즉 사망을 낳느니라"(약1:15)고 말씀하였다.

사람이 죽으면 의롭다 함을 입은 자 혹은 구원받은 자는 천국(낙원)에서 안식하며 복을 누린다. 의롭다 함을 입지 못한 자 혹은 구원받지 못한 자는 지옥(음부)에서 죄값을 치르며 고통을 당하게 된다. 이처럼 죽음 이후에 구원받은 자와 구원받지 못한 자의 운명이 갈리게 되는 것을 성경 곳곳에서 말씀하고 있다. 주님께서 십자가에 달려 죽으실 때 함께 십자가 형을 받던 오른편 강도에게 "내가 진실로 네게 이르노니 오늘 네가 나와 함께 낙원에 있으리라"(눅23:43)고 하셨다. 계시록의 말씀을 보면 "또 내가 들으니 하늘에서 음성이 나서 이르되 기록하라 지금 이후로 주 안에서 죽는 자들은 복이 있도다 하시매 성령이 이르시되 그러하다 그들이 수고를 그치고 쉬리니 이는 그들의 행한 일이 따름이라 하시더라"(계14:13)고 하였다. 바울 사도께서도 자신의 죽음과 관련하여 "전제와 같이 내가 벌써 부어지고 나의 떠날 시각이 가까웠도다. 나는 선한 싸움을 싸우고 나의 달려갈 길을 마치고 믿음을 지켰으니, 이제 후로는 나를 위하여 의의 면류관이 예비되었으므로 주 곧 의로우신 재판장이 그 날에 내게 주실 것이며 내게만 아니라 주의 나타나심을 사모하는 모든 자에게도니라"고 하였다 (딤후 4:6-8). 죽음 이후의 갈라진 운명을 가장 잘 보여주는 것이 죽음 후에 부자와 거지 나사로에게 있었던 일에 대한 주님의 말씀이다. "이에 그 거지가 죽어 천사들에게 받들려 아브라함의 품에 들어가고 부자도 죽어 장사 되매 그가 음부에서 고통 중에 눈을 들어 멀리 아브라함과 그의 품에 있는 나사로를" 보았다 (눅16:22-25). 이처럼 죽음은 죄로부터 온 것이며 이 죄의 문제를 어떻게 처리하느냐에 따라 인간은 죽은 후에 천국 혹은 지옥으로 가게 된다.

천국과 지옥을 보고 온 사람들의 이야기 : 성경은 죽음 후에 가는 낙원(천국)과 음부(지옥)의 존재에 대해서는 분명히 말씀하고 있지만, 그 구체적인 모습과 그 속에 있는 사람들의 상태를 상세히 기록하지 않았다. 요한계시록 21장 말씀을 보면 새 하늘과 새 땅, 새 예루살렘의 모습을 보여주면서 하나님의 품 안에서의 온전한 회복과 평화, 하나님의 영광을 드러내는 아름다운 성읍의 모습 등을 기록하였다. 그러나 천국의 구조나 그곳에 사는 사람들의 구체적인 모습을 기록하지 않았다. 바울 사도께서도 삼층천 낙원에 다녀온 경험을 이야기하고 있지만 (고후 12:1-4) 그 구체적인 모습에 대해서는 말씀하지 않으셨다. 그 이유는 우리 인생들이 천국의 소망 가운데서 살아야 하지만, 천국의 구체적인 모습에 마음이 끌려 이 세상 삶을 가볍게 여기지 않도록 하기 위함이었을 것이다.

그러나 교회의 역사를 보면 천국과 지옥을 다녀왔다는 사람들이 많이 있다. 그 대표적인 인물이 스웨덴의 과학자요 영성가인 스베덴 보리이다. (단테는 그의 걸작『신곡』에서 천국과 지옥과 연옥에 대해서 상세히 묘사하였지만, 그것은 창작일 뿐 실제 죽음 후의 세상을 경험한 것은 아니다.) 이마누엘 스베덴보리(1688-1772)는 그의 생애 전반은 과학자로, 중반은 철학자로, 후반은 종교가로서 살았다. 그가 55세 되던 해 예수께서 그에게 나타나셔서 영안을 열어주셨고 그 후 여러 해동안 영계를 출입할 수 있도록 허락하셨다. 그리하여 그는 천국과 지옥을 친히 방문하여 그 모습을 상세히 보았고 많은 영인(靈人)과 천사를 만나 대화하였다. 이 때 친히 보고 들은 것을 여러 권의 책으로 기록하였는데 그 가운데 천국과 지옥의 모습을 잘 보여주는 것이, 그의 저서『천국과 지옥』이다.[33]

그에 따르면 천국은 내적(삼층) 천국, 중간적(이층) 천국, 외적(일층) 천국으로 이루어져 있다. 천사들(혹은 영인)이 어느 천국에 있는가는 그들의 내면의 단계에 따라 결정된다고 하였다. 각 천사와 영과 사람의 내면에는 세 단계가 있다. 첫 단계만 열린 사람은 외적 천국에 다음 단계가 열린 사람은 중간 천국, 그리고 셋째 단계까지 열린 사람은 가장 높은 천국인 내적 천국에서 산다.[34] 그리고 각 천국은 그 단계에 맞는 많은 천사의 공동체로 이루어져 있다.[35] 천국은 기쁨과 행복이 넘치는 곳이다. 천국의 즐거움은 내적이고 영적인 것이다. 모든 즐거움은 사랑에서 흘러온다. 사람은 자기가 사랑하는 것을 즐겁게 느끼기 때문이다. 사랑의 본질이 즐거움의 성질을 결정한다.[36]

---

[33] Emanuel Swedenborg, *Heaven and Hell*, 김은경 역,『천국과 지옥』(광주 : 다지리, 2015)
[34] Emanuel Swedenborg,『천국과 지옥』, 32항.
[35] Emanuel Swedenborg,『천국과 지옥』, 41항.
[36] Emanuel Swedenborg,『천국과 지옥』, 395-396항.

스베덴보리는 지옥에 대해서도 다음과 같이 말하였다. 천국과 지옥은 영적인 균형을 이룬다. 진리와 그 반대인 허위 사이의 균형, 선과 그 반대인 악 사이의 균형에 의해 천국과 지옥이 형성된다.[37] 사람의 악이 그의 지옥이다. 악이라고 하나 지옥이라고 하나 똑같은 것이다. 사람이 그 자신의 악의 원인이므로 그는 자기 자신에게 이끌려 지옥에 들어가는 것이다. 주님은 사람을 지옥으로 억지로 보내시지 않는다.[38] 지옥 영들의 모든 괴물 같은 형상, 즉 남에 대한 경멸의 형상, 자기를 받들고 존경하지 않는 모든 사람에 대한 위협의 형상, 자기를 좋아하지 않는 이들에 대한 미움과 복수심의 형상을 살펴보면 전체적으로 그들이 모든 자기 사랑과 세상 사랑의 형상을 띠고 있음을 알 수 있다.[39]

스베덴보리는 인간들 가운데 천국과 지옥의 모습을 가장 상세하게 묘사한 인물이며, 천국과 지옥의 구성 원리를 체계적으로 정리하였다. 그는 천국과 지옥의 경험을 너무나도 확실하고 생생하게 경험하였기 때문에 그 나름의 신학을 체계적으로 구성하였다. 이러한 과정에서 성경을 과도하게 비유적으로 풀이하였고 그 결과 그의 신학체계는 정통교회의 교리와 멀어지고 말았다. 결국 그는 이단으로 정죄 되었고 한국의 장로교(합동)에서도 지난 2017년 그를 이단으로 판결하였다.[40] 그가 이단으로 판결받았지만 그가 본 천국과 지옥은 생생하고 세세하고 체계적이었기 때문에 전세계 교회와 성도들에게 많은 영향을 미쳤다.

우리나라에서 천국과 지옥을 본 대표적인 인물은 신성종 목사이다. 그는 연세대 신학과, 총신연구원, 웨스트민스터 신학대학원, 템플대학교 대학원(철학박사)에서 공부하였고, 아시아 연합신학대학원・총신대・명지

---

[37] Emanuel Swedenborg, 『천국과 지옥』, 537항.
[38] Emanuel Swedenborg, 『천국과 지옥』, 547항.
[39] Emanuel Swedenborg, 『천국과 지옥』, 554항.
[40] 정윤석, "예장 합동측, 스베덴보리 '이단'으로 규정"『기독교 포털뉴스』(2017.9.28.)

대 교수를 지낸 학자이다. 그리고 대전중앙교회·충현교회·월평동산교회 등 중요한 교회에서 담임목사를 지낸 목회자이다. 이런 경력으로 보아 신성종 목사는 자기를 드러내고자 혹은 어떤 개인적인 이익을 위해서 천국과 지옥의 경험을 거짓으로 지어낼 사람이 아닐 것이다. 그런 그가 환상 가운데서 천국과 지옥의 모습을 보게 되었다. 그것을 책으로 저술한 것이 『내가 본 지옥과 천국』이다. 이 책은 2009년 초판이 나온 후 60쇄를 발간하였고 2012년 개정증보판이 나온 후 2020년 현재 26쇄를 발간하여 기독교 서적 최고 베스트(스테디) 셀러 그룹에 이름을 올리고 있다.[41]

신성종 목사가 본 바에 따르면 지옥에는 물이 없고, 따라서 나무나 풀을 볼 수 없다. 손을 굽히지 못해서 먹지를 못하며, 같은 민족이라도 언어가 통하지 않는다.[42] 지옥은 상층, 중층, 하층으로 이루어져 있으며 각 층마다 동서남북 4개의 방으로 나뉘어져서 심판을 받게 된다. 상층 즉 지하1층은 가장 형편이 나은 지옥이다. 지하1층 동관에는 남을 미워하고 시기한 사람들이 머물며, 서관에는 도를 닦았다는 타종교 지도자들이 있다. 남관에는 가난하고 배우지 못했지만 세상에서 착하게 살려고 애썼던 사람들이 있으며 북관에는 선한 사람들이지만 믿지 않은 사람들이 머물고 있다. 중층 즉 지하2층 동관에는 불의한 통치자들을 도와 뇌물을 받고 지위를 누린 사람들이 있으며, 서관에는 부모에게 효도하지 않고 가족을 돌보지 않은 사람이 머물고 있다. 남관에는 음행하고 마약을 즐긴 자들이 있고 북관에는 거짓말하는 자와 사깃꾼들이 있다. 하층 즉 가장 좋지 못한 지하3층 동관에는 그리스도를 배신한 자들과 이단자들과 기독교인들을 핍박하여 죽인 자들이 있으며, 서관에는 종교를 이용해 많은 사람들을 착취하며 위선적으로 살았던 교황, 신부, 목사, 승려들이 있다. 남관에는 자살자

---

41) 신성종, 『내가 본 지옥과 천국』(서울 : 크리스챤 서적, 2020)
42) 신성종, 『내가 본 지옥과 천국』, 29-30.

들과 살인자들이 있으며 북관에는 세상에서 독재를 하며 수많은 생명을 빼앗은 자들과 유괴범들이 있다. [43]

신성종 목사는 지옥을 나와 천국을 방문하게 되었다. 천국은 지옥처럼 층수로 구분되어 있지 않고, 보좌에 앉으신 하나님을 중심으로 원형으로 생겼는데 12계단으로 되어 있었다. 태양이 없는데도 사방이 환하게 빛나고, 길가에는 나무가 가득하고 달마다 다른 과실을 맺었다. 천국에는 2권의 책이 있었는데 하나는 생명록이고 다른 하나는 행위록이었다. 생명록에는 그리스도의 피로 구원받은 사람의 이름이 적혀 있었다. [44] 신성종 목사가 천국에 들어가서 처음 본 것은 육체 부활한 성도들이 거하는 아름다운 맨션들이 마치 별장처럼 아름답게 지어진 모습이었다. 천국에 들어간 하나님의 백성들은 그 곳에 살면서 하나님을 찬양하고 예배하였다. 그들은 하나님의 거룩한 보좌를 중심으로 12개의 동심원을 이루며 서 있었다. 앞 줄에는 순교자와 전도자, 교회를 위해 헌신한 사람들이 있었고 뒷줄에는 평생 믿기는 했으나 주님을 위해 아무 것도 한 것이 없는 성도들과 죽기 전에 믿은 성도들이 있었다. 죽기 전에 회개한 살인범 김대두가 그 곳에 있었다. [45]

교회의 역사 속에서 그리고 현재 우리 주변에서 천국이나 지옥을 경험했다는 사람들이 많이 있다. 그 방법도 다양하여, 꿈이나 환상으로 혹은 입신상태에서, 뇌사상태나 임사체험을 통해서 천국을 경험했다고 한다. 그리고 그 내용도 제각각이다. 세계적으로 유명한 스베덴보리의 경험이나 한국의 신성종 목사의 경험이 다른 것을 확인할 수 있다. 대다수 목회자는 천국과 지옥에 대한 직접적인 경험이 없기 때문에 이러한 문제에 대해

---

43) 신성종, 『내가 본 지옥과 천국』, 31-33.
44) 신성종, 『내가 본 지옥과 천국』, 137-143.
45) 신성종, 『내가 본 지옥과 천국』, 144-180.

성도들을 지도하는데 많은 어려움을 느끼는 현실이다.

신성종 목사는 자신이 본 천국에 대해서 다음과 같이 결론 지었다. "나는 지금도 눈을 감으면 모든 것이 또렷하게 보인다. 사실 나처럼 의심이 많은 사람에게 환상과 꿈이 없었다면 나는 지옥과 천국을 분명하게 믿기가 힘들었을 것이다. 그러고 보면 이 모든 것이 다 하나님의 은혜이다. 지옥과 천국이 반드시 존재한다는 나의 결론만은 누구도 번복할 수 없다고 확신하기 때문이다. 본다는 것은 혹 잘못 볼 수도 있고 같은 것을 보면서 잘못 판단을 할 수도 있기 때문에 주관적일 수밖에 없다. 내용도 보는 사람에 따라 같은 것도 다르게 볼 수 있기 때문에 나는 결코 내가 본 것만을 고집하지는 않는다. 다만 지옥과 천국이 있다는 진리를 내가 확신하게 된 것만으로 족할 뿐이다."[46]

신성종 목사의 결론에 따라 목회자들은 이 문제와 관련하여 성도들을 다음과 같이 지도할 수 있을 것이다. ①천국과 지옥은 있다. 천국과 지옥의 경험 내용이 사람마다 다르지만 그 공통점은 천국과 지옥이 있다는 사실이다. ②천국과 지옥은 넓고 깊고 인간 세계와 차원이 다르기 때문에 그 나타나는 모습이 얼마든지 다양할 수 있다. 천국과 지옥의 경험은 가장 깊은 영적인 체험이기 때문에 악한 영이 우리의 시각을 잘못된 방향으로 흔들어 놓을 수도 있다. 따라서 우리가 천국과 지옥의 경험을 귀하게 여기고 믿음의 근거로 간직하되 자신의 체험만을 절대시하거나 타인에게 강요해서는 안된다. ③그러므로 우리 인생들은 천국과 지옥의 체험을 주신 주님의 은혜에 감사하면서 천국의 소망과 지옥에 대한 경계심을 가지고 살아야 한다.

---

[46] 신성종, 『내가 본 지옥과 천국』, 187-188.

(2) '죽음 일문(一門) 세계관'의 쟁점과 평가

'죽음 일문(一門) 세계관'을 그리스도교에 초점을 맞추어 접근할 때 자주 일어나는 의문, 쟁점을 목회자는 잘 이해하고 정리해 두어야 한다. 교인들은 점점 나이 들어가면서 죽음을 눈앞에 두고 있으며, 목회자는 해마다 여러 건의 장례식을 집전하고 있다. 이러한 시대를 맞이하여 그리스도교의 '죽음 일문(一門) 세계관'과 관련된 몇 가지 쟁점을 고찰하겠다.

천국(낙원)과 부활의 문제 : 그리스도인들은 모두 천국과 낙원 그리고 부활이 있음을 믿는다. 그러나 그 이해의 정도와 강조점에는 차이가 있다. 그러므로 성도들을 천국으로 인도해야 하는 목회자는 이 문제와 관련하여 잘 정리된 믿음과 지식이 필요하다. 먼저 천국과 하나님 나라는 같은 개념으로 이해하는 것이 좋을 것이다. 천국이나 낙원이나 같은 곳이지만 천국은 '나라'라는 이름에서 볼 수 있는 바와 같이 하나님의 통치에 초점을 맞추었고 낙원은 하나님 나라에서 누리는 복락(福樂)에 초점을 맞추고 있다. 이러한 천국과 낙원은 육신이 살아있을 때도 이루어지고 육신이 죽은 다음에도 이루어진다. 부활은 육신의 다시 살아남을 의미한다. 인간은 죄(원죄, 자신의 죄, 세상의 죄)로 인해 그 육신이 죽게 되었다. 예수님은 인간의 죄를 대속하시기 위해서 죽으셨다. 그리고 부활하심으로 죄와 죽음을 이기셨음을 보여 주셨다. 육신의 부활은 죄와 죽음에 대한 승리를 증거한다. 그러므로 부활은 기독교 신앙의 핵심이요 또한 독특성이기도 하다.

그리스도인들은 죽음 후의 천국(낙원)과 부활을 모두 믿는다. 웨스트민스터 소요리문답 제37문을 보면 "신자들이 죽을 때 그리스도로부터 받는 은덕이 무엇입니까?" 질문하면 "그들이 죽을 때 신자들의 영혼이 온전한 거룩에 이르고 즉시 영광에 진입하며, 그리스도와 연합하여 그들의 몸이 부활할 때까지 무덤에서 안식하는 것입니다"라고 답한다. 개신교 신앙의 기초가 되는 웨스트민스터 신앙고백에 따르면 인간이 세상에서 살다가 죽으면 그 육체는 썩고 그 영혼은 영광 가운데 그리스도와 연합하여 몸이 부활할 때까지 안식한다. 이처럼 죽음 후 천국에서의 영광과 안식 그리고 부활이 '개신교 죽음 후 세계관'의 근본을 이루고 있다.

그러나 신앙 유형에 따라 부활과 천국의 영광 가운데 어떤 측면을 더 많이 강조하는 차이점이 나타난다. 대체적으로 볼 때 이 세상에서의 하나님 나라 건설에 더 많이 관심을 기울이는 성도는 성육신을 소중히 여기고, 역사와 사회 속에서 이루어지는 하나님 나라를 더욱 소중히 여긴다. 그리고 죽음이란 십자가의 고난에 참여하는 것을 의미하며 하나님 나라의 건설을 위한 희생과 헌신이다. 그러므로 죽음 후의 부활, 육신의 부활을 강조한다. 물질로 이루어진 육신의 부활은 물질로 이루어진 이 세상의 온전한 회복을 의미하기 때문이다. 그러나 이 세상에서의 하나님 나라 건설과 부활만을 강조하면서 죽음 후의 천국을 가볍게 여기거나 수준 낮은 신앙으로 폄하(貶下)하면 자칫 육신적이고 세속적인 신앙으로 변질될 수 있는 위험이 있다. 그리고 죽음 후부터 부활할 때까지의 존재 양태에 대해서 모호하고 불분명한 태도를 보일 수 있다. 죽은 자는 부활하기 전까지 그리스도 안에서 잠잔다고 하는데 그 상태를 소극적, 수동적, 무활동적 의미로 이해하기 쉽다. 바울 사도께서는 죽은 자가 주 안에서 잠잔다고 하였지만, 또한 죽은 자는 영광의 면류관을 받는다고 하였다. 이 세상에서의 하늘나라와 부활을 강조하면 죽어서 (낙원에서) 얻는 면류관의 의미를 약화시키는 위험이 있다.

반대로 죽은 후에 들어갈 낙원과 같은 천국에 관심을 기울이는 성도는 부활에 대한 관심이 상대적으로 약해질 수 있다. 죽는 순간 이미 낙원과 같은 천국에 들어간다고 생각하면 육신이 부활하여 거룩한 몸을 입는 일의 중요성에 대한 인식이 상대적으로 약해진다. 그리고 육신의 부활에 대한 믿음과 소망이 약해지면 육신을 가지고 사는 이 세상에서 이루어 가는 하나님 나라에 대한 관심이 약해지기 쉽다. 성육신의 신앙이 아닌 영화(靈化)의 신앙이 되기 쉽고 육신을 가지고 이루어 가는 역사와 사회에 대한 관심이 약해지기 쉽다. 이 세상에서의 하나님 나라 건설에 무관심해지고 도피적이고 피안적인 삶을 살기 쉽다.

목회자들 역시 흔히 '중간 상태'라고 표현하는 죽음 후 세계와 관련하여 안식(잠자는 것)과 부활을 강조하는 입장과 죽음 후 영혼이 천국에서 누리는 '즉각적인 영광'을 강조하는 입장으로 나뉠 가능성이 크다. 그리고 그 입장의 차이는 이 세상에서 믿음의 길을 가는 방식이나 목회의 방식에도 영향을 미치게 된다. 어느 입장이든 각각 장단점이 나타나게 된다. 차이나는 입장의 장점을 소중히 여기고 자신이 가진 단점이 미성숙한 신앙이나 병든 신앙이 되지 않도록 주의하는 것이 목회자의 바른 태도이다.

지옥과 영벌의 문제 : 죽음 후 세계관과 관련하여 목회의 현장에서 다루기 어려운 문제가 지옥과 지옥에서의 형벌의 문제이다. 웨스트민스터 신앙고백 제32장을 보면 죽은 후 "사악한 자의 영혼은 지옥에 던지운다. 거기서 그들은 고통과 어두움 가운데서 대심판의 날을 기다리고 있다"라고 하였다. 계속해서 "성경은 육신이 죽은 후에 영혼이 갈 장소로서 이 두 가지 외에는 아무것도 가르쳐 주지 않는다"고 말함으로 천국과 지옥의 중간단계인 연옥을 인정하지 않고 있다. 이러한 신앙고백은 죽음 후 세계관과 관련된 개신교의 교리를 세우는 기초가 되었다. 그리고 대다수 목회자는 이러한 교리나 신앙고백을 받아들이는 데 어려움을 겪지 않는다. 그러나 지옥과 관련된 죽음 후 세계관을 믿지 않는 이들에게 혹은 믿음이 연약한 성도들에게 선포하고, 설명하고, 설득하는 일에는 적지 않은 어려움이 있다. 이와 관련하여 목회자는 다음과 같은 몇가지 문제들을 잘 이해하고 정리해야 한다.

첫 번째로 '지옥은 존재하는가'의 문제이다. '죽음 일문(一門) 세계관'에 따라 사람이 죽으면 단 한 번 열리는 다음 세상으로 간다고 할 때, 그 다음 세상이 어떤 곳이냐와 관련하여 의견이 일치하지 않는다. '죽음 일문(一門) 세계관' 가운데 죽음 후의 천국은 인정하지만 지옥을 부정하는 입장이 있다. 그 대표적인 예가 엘리자베스 퀴블러 로스 박사의 경우이다. 그는 수많은 임사체험자를 조사연구하였다. 대다수의 임사체험자들이 터널 같은 곳을 지나서 빛으로 들어갔다. 그리고 이미 세상을 떠난 사랑하는 사람들을 만났다. 그리고 빛의 근원과 만났다.[47] 임사체험에 근거하여 사후생을 연구한 많은 사람은 천국의 체험을 주로 보고하였고 지옥의 체험은 거의 보고하지 않았다. 그리하여 죽은 후에는 심판이나 지옥이 없고 오직 아름다운 미래만이 전개되는 것처럼 말하였다. 모든 사람이 다 천국에 간다면 심각한 윤리적, 도덕적 문제가 일어나게 된다. 이 세상 사는 동안 간직해야 하는 하나님의 존재하심과 은혜에 대한 믿음, 죄에서의 돌이킴(회개), 계명을 지키는 거룩한 삶, 도덕적이고 윤리적인 삶 등이 천국과 아무 상관이 없는 것이 되기 때문이다. 지옥 없는 천국은 믿음과 도덕을 파괴하거나 약화시키는 결과를 가져올 수 있다.[48]

신학자 혹은 목회자들 가운데서도 지옥의 존재를 부정하는 사람이 있다. 최근 들어 복음주의 배경의 롭 벨 (Rob Bell) 목사가 *Love Wins : A Book About Heaven, Hell, and the Fate of Every Person Who Ever Lived* (사랑이 이긴다 : 천국과 지옥 그리고 지금까지 살았던 모든 사람의 운명에 관한 책) 라는 책을 통해서 사후의 지옥

---

47) Elisabeth Kübler-Ross, 『사후생』, 120.
48) 황명환, 『죽음 인문학』, 221-225.

을 부인하였다. 그의 주장을 한마디로 표현하면 이렇다. 하나님은 사랑이 시다. 사랑의 하나님이 예수 그리스도를 믿지 않았다는 이유로 수많은 사람을 영원한 지옥의 형벌에 처하여 고통 속에서 신음하도록 할 리가 없다. 따라서 전통 기독교에서 말하는 그런 지옥은 없다.[49]

벨 목사의 책은 발간된 후 바로 베스트 셀러의 반열에 올랐고 기독교계에 많은 논란을 일으켰다. 남침례교 신학교 총장인 엘버트 뮬러 주니어 목사는 "예수님이 지옥의 존재와 위험성에 대해 매우 분명하게 말씀하셨다"며 "벨 목사가 지옥의 존재를 부정한다면 이는 성경적 진실에 대한 배교 행위"라며 비난했다. 반면, 자유주의적 복음주의 지지자들은 벨 목사의 주장을 적극적으로 지지하기도 했다. 유니온 신학대의 세렌 존스 목사는 "예수가 던진 메시지는 하나님의 사랑과 용서가 인간의 능력보다 훨씬 위대하다는 것이며, 하나님이 지옥을 만들어서 사람들을 괴롭힐 이유가 없다"면서 지지 의사를 표명했다.[50]

두 번째로 '지옥에 가는 사람과 구원의 기회'의 문제이다. 웨스트민스터 신앙고백에 따르면 의로운 자의 영혼은 가장 높은 하늘(천국)로 올라가고 사악한 자의 영혼은 지옥에 던짐을 받는다고 하였다. 여기서 말하는 사악한 자란 의롭다 함을 받지 못한 사람을 의미한다. 그리고 의롭다 함을 얻는 사람은 예수 그리스도의 십자가 은혜와 믿음으로 죄사함을 받고 하나님의 자녀로 인정을 받은 사람을 말한다. 여기서 문제가 되는 것은 '여러 가지 이유로 예수 그리스도의 십자가 복음을 받지 못하였지만, 자신의 양심과 자연법에 따라 선하게 산 사람들도 지옥에 가는가'이다. 이 문제와 관

---

49) 김도훈, "지옥은 없다? - 롭 벨(Bob Bell)과 마이클 위트머(Michael Wittmer)의 지옥과 관련된 논점을 중심으로" 『장신논단』 (제43집), 83.
50) 이미영, "미국 목회자 '지옥은 없다' 주장 논란" 『기독신문』 (2011.3.31.)

련해서 정확한 답변이 '웨스트민스터 신앙고백'에서도 또한 '대한예수교장로회 신앙고백서'와 '21세기 대한예수교장로회 신앙고백서'에도 나오지 않는다.[51]

교회의 역사를 보면 이 문제는 지금까지도 논쟁이 되어 왔다. 예수 그리스도가 우리의 구원자라는 말씀을 온전히 받아들인다는 전제 아래 다음과 같은 5가지 입장이 나오고 있다. ①제한적 구원론 : 예수님에 대해 듣지 못했거나 죽기 전에 믿음을 갖지 못했던 사람들에게는 구원이 주어지지 않는다. ②죽음 이전 보편적 기회론 : 모든 사람은 구원받을 수 있는 기회를 얻는다. 하나님은 인간이 죽기 전에 천사나 꿈이나 복음 이전의 중간 지식과 같은 어떤 방법을 통해서 복음을 알고 또한 믿을 수 있는 기회를 주신다. ③포괄적 구원론 : 미전도인은 자신이 가지고 있는 계시에 기초하여 하나님에 대한 신앙이 있다면 구원받을 수 있다. ④신적 견인론 혹은 사후 전도론 : 미전도인은 죽음 이후에 예수님을 믿을 수 있는 기회를 갖게 된다. ⑤보편적 구원론 : 모든 사람은 사실상 예수님 때문에 모두 구원받게 된다. 누구도 영원히 정죄받지 않는다.[52] 이러한 입장들은 나름의 성경적 근거를 가지고 자신들의 입장을 피력(披瀝)한다. 제한적 구원론을 제외한 다른 입장들은 어떤 형태이든지 예수 그리스도의 복음을 받지 못한 사람들에게도 구원의 기회가 있음을 말하고 있다.

칼빈주의를 따르는 장로교가 절대 다수를 차지하는 한국교회의 경우 제한적 구원론이 교리적으로 대세이다. 그러나 믿지 않는 자들에 대한 설득력의 문제로 인해 다수의 목회자는 이 문제와 관련하여 유보적인 태도를 보인다. 예를 들어 김근태 목사는 노아와 욥의 예를 들면서 다음과 같이

---

51) 대한예수교장로회 총회, "대한예수교장로회 신앙고백서" 『헌법』 (서울 : 한국장로교출판사, 2007).
52) Ronald Nash et., *What About Those Who Have Never Heard?*, 박승민 역 『복음을 듣지 못한 사람 어떻게 되는가』 (서울 : 부흥과개혁사, 2010).

말했다. "복음을 전혀 들어볼 기회가 없었던 때에 그 지역에 살았던 자들은 모두 다 지옥에 가게 되는 것일까? 여기에 대하여 필자의 견해는 다음과 같다. 저들 전부 다 지옥에 간 것이 아니라 그들 중 얼마는 하나님의 택하심을 받아, 창조주 하나님을 믿어 알게 되었고, 의롭다 함을 얻어, 하나님의 뜻대로 선하고 정직하게 살아갔던 사람들 즉 구원함을 얻었던 자들이 분명히 있었다고 본다."[53]

이처럼 복음을 접하지 못했지만 선하게 산 사람들이 지옥에 가느냐의 문제와 관련해서 다양한 입장들이 나오고 있다. 그리하여 많은 목회자들이 이 문제와 관련해서 입장을 확실하게 정리하지 못하고 있다. 교리적으로 보면 제한적 구원론을 택할 때 안전하지만 믿지 않는 이들에 대한 설득력이 떨어지는 문제로 인해 어려움을 느끼는 것이 우리 시대 목회자의 현실이다.

세 번째로 지옥의 시간성의 문제이다. 전통적인 신학에서는 지옥과 그 형벌은 영원한 것으로 본다. 그러나 전통적인 지옥의 개념을 부정하는 사람이나 보편적 구원론을 펴는 사람들은 지옥을 시간의 한계가 있는 것으로 보면서 그 영원성을 부정한다. 마태복음 25장에 따르면 최후 심판의 날에 주님이 영광으로 오셔서 양과 염소를 구분하신다. 그리고 심판받을 자는 영벌에 의인들은 영생에 들어간다고 하셨다 (마25:46). 이 말씀을 가지고 앞서 소개한 벨 목사와 같은 사람은 영벌(코라신 아이오니온)의 '영원한'을 일정한 범위가 있는 '긴 세대' 혹은 '긴 기간'으로 해석한다. 그러나 위트머와 같은 전통주의적 입장의 학자는 이러한 해석을 부정한다. 이 말씀의 영벌은 영생에 대립되는 개념이다. 그러므로 영생이 끝이 없는 영원한 생명이

---

53) 김근태, "복음을 들어보지 못한 우리 조상들은 다 지옥에 갔을까?" 『기독일보』 (2010.9.14.)

라면 영벌 역시 끝이 없는 영원한 형벌로 보아야 한다고 하였다.[54]

그러나 하나님의 은혜 혹은 상급과 하나님의 책망과 형벌이 기계적으로 대칭되는 것은 아니라는 반론이 나올 수 있다. 하나님께서는 십계명 가운데 제2계명을 주신 후 이렇게 말씀하셨다. "나 네 하나님 여호와는 질투하는 하나님인즉 나를 미워하는 자의 죄를 갚되 아버지로부터 아들에게로 삼사 대까지 이르게 하거니와 나를 사랑하고 내 계명을 지키는 자에게는 천 대까지 은혜를 베푸느니라"(출20:5-6)고 하셨다. 은혜는 1,000대까지 베푸시고, 죄는 3-4대까지 갚는다고 하셨다. 또한 시편 30편 5절 말씀에 "그의 노염은 잠깐이요 그의 은총은 평생이로다"라고 고백하여 노염의 시간과 은총의 시간이 차이가 있음을 말씀하고 있다. 그리고 모세가 두 번째 돌판을 가지고 올라갔을 때 "여호와께서 그의 앞으로 지나시며 선포하시되 여호와라 여호와라 자비롭고 은혜롭고 노하기를 더디하고 인자와 진실이 많은 하나님이라"(출34:6)고 하셨다. 하나님의 성품이 노하기는 더디 하시고 인자와 진실은 많으심을 선포하셨다. 이처럼 지옥의 존재 자체를 거부하는 것은 성경적 근거가 약하지만, 지옥과 형벌의 한시성을 주장할 수 있는 근거는 그보다 더 많이 찾을 수 있다.

네 번째로 믿는 사람도 '자살하면 지옥 가는가'의 문제이다. 목회의 현장에서 목회자가 겪는 가장 큰 어려움은 자살한 성도의 문제이다. 그 가족들을 위로하는 일도, 장례식을 집행하는 것도, 장례예배 설교를 하는 것도 참 힘든 일이다. 왜냐하면 많은 교인이 자살하면 구원받지 못하고 지옥에 가는 것으로 알고 있기 때문이다. 더 나가서 자살하는 사람은 지옥의 자식이라는 존재론적 평가까지 하기 때문이다. 일반적으로 '자살하면 지

---

54) 김도훈, "지옥은 없다?"『장신논단』(제43집), 97-98.

옥간다'는 말은 자살이 살인만큼 큰 죄라는 데 그 근거를 두고 있다. 즉 생명의 주관자는 오직 하나님이신데 자살은 생명을 침해함으로 하나님의 주권에 대해 반역하는 것이다. 생명 보존과 생명 보호가 자연법의 첫 번째 법칙인데 자살은 이것을 어긴 것이다.[55] 이처럼 자살이 큰 죄인 것은 부인할 수 없지만 '자살한 사람은 다 지옥가는가?' 혹은 '자살한 사람은 구원받을 수 없는가?'의 문제에 이르면 답이 쉽지 않다. 그래서 이 문제와 관련해서 예장합동 총회신학부에서는 '자살에 대한 입장 정리 위한 세미나'를 개최하여 신학자들이 토론을 벌이기도 하였다.[56]

신학자이자 목회자인 오덕호 목사는 이 문제를 잘 정리하였다. 사람들은 자살하는 사람은 살인죄에 준하는 큰 죄를 지었으면서도 회개하지 않았기(못하기) 때문에 지옥 간다고 한다. 그러나 신자들은 이 세상 살면서 자기의 죄를 알지도 못하고 회개하지 않은 채 임종을 맞는 경우가 많이 있다. 그러므로 회개하지 않았으므로 지옥 간다고 말하기는 어렵다. 한 사람이 자살을 시도할 때부터 죽음에 이르기까지 길게는 여러 날, 짧게는 몇 초라도 시간이 있다. 그 시간 동안에 회개할 수 있는 가능성이 있다. 그러므로 자살한 사람은 회개하지 않았으므로 지옥갔다고 단정할 수는 없다. 우리는 예수님을 나의 구주로 믿고 있는 상태, 예수님을 의지하는 자세, 예수께 구원을 부탁하고 있는 마음(믿음)으로 모든 죄를 용서받고 구원받는다. 자살한 사람이 어떤 믿음의 상태인지 우리는 알 수 없다. 그러므로 자살해도 천국 갔다고 쉽게 말해서도 안되지만, 마찬가지로 자살했으므로 지옥 갔다고 단정해서도 안된다.[57]

---

55) 전형준, 『장례·추모 예배 이렇게 준비하라』 (서울 : 아가페, 2000), 39.
56) 최창민, "자살은 구원받지 못한다 가르치면 안돼 : 예장합동 총회신학부, 자살에 대한 입장 정리 위한 세미나 개최" 『뉴스 파워』 (2009. 2. 11.)
57) 오덕호, "신자도 자살하면 지옥에 가는가" 『교회의 주인은 사람이 아니다』 (서울 : 규장, 2000)

죽은 후의 천국과 지옥의 문제는 영원한 운명이 결정되는 매우 크고 중요한 문제이다. 그러나 성경은 죽음 후에 인생들이 가는 길에 대해서 세세하게 말씀하지 않고 있다. 그러므로 성경 해석과 관련하여 입장이 많이 갈라진다. 목회자들은 목회의 현장에서 매일 매일 죽음의 문제를 가지고 성도들을 만난다. 사회가 다원화되고 지식의 증가와 확산이 빠른 사회에서 성도들은 목회자에게 죽음과 관련하여 어려운 질문들을 많이 한다. 그리고 성도들이 질문하는 많은 문제는 신학자들 사이에서도 논쟁이 되고 있다. 이런 시대를 맞이하여 신학자와 목사 그리고 교단의 지도자들이 서로 기도하며 지혜를 모아야 한다. 그리하여 천국과 지옥의 문제에 대한 성경적 진리와 교리를 확정하지는 못한다 해도 용인할 수 있는 범위의 현장 매뉴얼 (F.M. / Field Manual)을 만드는 것이 필요하다.

결 론

우리 시대의 특징 가운데 하나로 죽음학의 대두를 들 수 있다. 죽음학이 많은 사람들의 관심을 끈다는 것은 교회와 기독교 신앙의 기회이며 또한 위기이다. 죽음에 대한 관심은 영생과 구원에 대한 관심이라는 측면에서 신앙의 성장과 영적인 부흥의 계기가 될 수 있다. 그러나 죽음학의 세계관 가운데는 성경과 기독교의 진리에 반(反)하는 것들도 많이 있다. 그러므로 죽음학의 대두가 성도들을 영적으로 혼란에 빠뜨릴 수 있다. 이러한 시대를 맞이하여 목회자가 죽음학의 세계관을 바르게 알아야 한다. 이 일을 위해서는 목회자에 대한 죽음학 교육이 필요하다. 이러한 문제의식에 따라 진행된 본 연구를 다음과 같이 결론 짓고 마무리 하겠다.

(1) 죽음학과 관련된 많은 연구들과 강좌가 나오고 있다. 그리하여 죽음의 문제와 죽음 이후 세상에 대한 안내에서 기독교와 목회자가 가진 주도적인 역할이 많이 흔들리고 있다. 그러므로 목회자는 이러한 시대를 맞아 죽음학에 대한 관심을 더 많이 가져야 한다. 죽음학의 다양한 영역 가운데 먼저 '죽음학의 세계관'을 이해해야 한다. 왜냐하면 죽음학의 세계관은 죽음 후의 구원과 직접적으로 관련되기 때문이다.

(2) 죽음학의 세계관은 다음과 같이 3종류로 분류할 수 있다. ① '죽음 벽(壁) 세계관' : 죽음은 현세의 삶이 끝나는 마지막 벽이지 내세로 가는 문이 아니다. 내세로 가는 문은 없고 죽음의 벽 앞에서 현세의 삶은 끝난다. ② '죽음 다문(多門) 세계관' : 죽음은 내세로 가는 여러 문 가운데 하나이다. 인간은 죽음의 문을 열고 다음 세상으로 가며, 그 세상에서의 삶을 마치면 또 다른 죽음의 문을 열고 그 다음 세상으로 간다. ③ '죽음 일문(一門) 세계관' : 죽음은 내세로 가는 하나의 문이다. 인간은 죽음의 문을 열고 내세로 가면 그 곳에서 이 세상에서의 삶과 관련하여 심판을 받고 천국(낙원)에 가서 영원한 복락을 누리거나 지옥(명부)에 가서 영원한 형벌을 받게 된다. 목회자는 이러한 세 종류 세계관의 특성이 무엇이고 그것이 가진 의미와 문제점을 알아야 한다.

(3) '죽음 벽(壁) 세계관'은 인간을 물질적, 육체적 존재로 보며 인간의 지정의(知情意)와 같은 인격적, 정신적 작용을 물질의 기능으로 본다. 그래서 물질인 육체가 죽으면 인간은 더 이상 존재하지 않는다. 이러한 세계관은 세속화와 과학의 발전을 배경으로 하여 나타났다. 그러나 '죽음 벽(壁) 세계관'은 비성경적이며, 과학이 아닌 과학주의라는 형이상학을 배경으로 하고 있다. 그러므로 목회자의 죽음 세계관 교육을 통해 과학주의가 가진 한계와 문제점을 목회자에게 잘 가르쳐 주어야 한다. 또한 '죽음 벽(壁) 세계관'은 육체와 독립적인 영혼의 현상을 설명하지 못한다. 그러므로 목

회자의 죽음 세계관 교육에서는 육체와 독립적인 정신적, 인격적, 영적 현상에 대한 분명한 이해를 제공해야 한다. 그리고 '죽음 벽(壁) 세계관'은 억울하고 불행한 죽임을 당한 사람의 회복과 다른 사람을 죽인 사악한 인간의 심판의 문제를 해결할 수 없다. 목회자 죽음 세계관 교육에서는 '죽음 벽(壁) 세계관'이 가진 도덕적, 윤리적 문제를 잘 다루어야 한다.

(4) '죽음 다문(多門) 세계관'은 인간을 범신론적 시각에서 본다. 인간 속에 있는 신성은 육체의 죽음을 맞이한 다음에도 새로운 육체를 통해서 계속 이어진다. 죽음과 그 후의 삶은 끊어지지 않고 계속된다. 힌두교나 불교의 윤회설, 뉴에이지 운동을 통해서 '죽음 다문(多門) 세계관'이 널리 퍼지게 되었다. 더욱이 이안 스티븐슨이나 와이스와 같은 정신의학과 교수의 전생 연구를 통해서 많은 사람에게 영향을 주고 있다. 그러나 '죽음 다문(多門) 세계관' 역시 비성경적인 세계관이다. 스티븐슨이나 와이스 교수의 연구를 형이상학이 아닌 경험적 연구로 놓고 접근할 때 그러한 연구가 윤회나 환생을 증명하기에는 매우 취약하다. 그리고 '죽음 다문(多門) 세계관'은 현재의 삶을 과거의 삶의 결과로 이해함으로 운명론에 빠지기 쉽고, 현재의 삶을 유일한 삶으로 보지 않고 앞으로 반복적으로 다가오는 삶을 상정함으로 삶에 대한 도덕적 해이 현상이 나타날 수 있다. 목회자 죽음 세계관 교육에서는 '죽음 다문(多門) 세계관'의 비성경적 측면과 논리적, 도덕적 문제를 목회자들로 하여금 이해할 수 있도록 교육해야 한다. 그리하여 개인주의적인 젊은 세대를 통해 많이 유포되고 있는 뉴에이지 운동과 환생론을 잘 막아낼 수 있도록 해야 한다.

(5) '죽음 일문(一門) 세계관'은 기독교를 비롯한 중요 일신교의 세계관이다. 인간은 하나님의 뜻 가운데서 이 세상에 태어나서 살다가 죽으면 하나님 앞으로 돌아가서 심판을 받고 천국이나 지옥으로 가게 된다. 이 세계관은 성경의 세계관이다. 그리고 교회의 역사 속에서 천국과 지옥을 경험

했다는 사람들이 많이 있다. 그러나 '죽음 일문(一門) 세계관'은 천국과 지옥의 모습이나 속성, 천국이나 지옥으로 가는 길과 방법 등과 같은 구체적인 문제와 관련해서 의견이 일치되지 못하고 있다. 그 결과 성도들은 말할 것도 없고 그들을 인도해야 할 목회자들까지도 혼돈에 빠져 있다.

그러므로 목회자 죽음 세계관 교육에서는 다음과 같은 문제들을 성경적, 신학적, 목회적 측면에서 잘 정리할 수 있도록 해야 한다. ① 구약성경을 통해서 죽음을 이해할 때, 죽음 후의 세상을 스올로 축소하지 말고 조상에게 돌아가는 것 (하나님의 백성에게 돌아가는 것)의 의미를 더 깊이 고찰할 필요가 있다. ② 죽음 후 영혼이 천국의 영광으로 들어가는 것과 부활을 소망하며 안식하는 것의 의미를 잘 이해하고 어느 한 편을 강조할 때 나타날 수 있는 장단점을 정확하게 이해하고 성도들을 잘 이끌어 주어야 한다. ③ 천국과 지옥을 보고 온 사람들의 이야기를 이해하는 방법과 문제점 그리고 그들을 바르게 지도하는 방법을 교육해야 한다. ④ 지옥의 존재, 지옥의 영속성, 복음을 접하지 못한 사람들의 구원, 자살을 한 신도 등의 문제와 관련된 논쟁을 잘 정리하고 이해할 수 있도록 해야 한다. 그리고 그러한 이해가 성경과 기독교의 근본 교리에 어긋나지 않으면서도 설득력 있게 성도들과 믿지 않는 사람에게 전할 수 있는 지혜와 지식을 가질 수 있어야 한다.

참고 문헌

권석만, 『삶을 위한 죽음의 심리학』(학지사, 2019)
김균진, 『죽음의 신학』(서울 : 대한기독교서회, 2002)
김근태, "복음을 들어보지 못한 우리 조상들은 다 지옥에 갔을까?" 『기독일보』 (2010.9.14.)
김도훈, "지옥은 없다? - 롭 벨(Bob Bell)과 마이클 위트머(Michael Wittmer)의 지옥과 관련된 논점을 중심으로" 『장신논단』(제43집)
김상우, 『죽음의 사회학』(부산대출판부, 2005)
김석환, 『말기환자를 위한 목회적 돌봄』(새한기획출판부, 2002)
김성환, "양자역학에 대한 아인슈타인과 보어의 논쟁" 『철학논구』(제38집)
김헌식, "왜 드라마는 전생 환생에 빠졌을까? -환생 전생의 문화 심리" 『오마이뉴스』(2017.2.7.)
다치바나 다카시 (윤대석 역), 『임사체험』(상)(하) (청어람미디어, 2003)
대한예수교장로회 총회, 『헌법』(한국장로교출판사, 2007)
백성호, "제도 종교의 시대 막 내렸다…이젠 종교에서 영성으로" 『중앙일보』 (2020.4.29.)
성영은, "생명은 어떻게 생기는가" 『좋은 나무』(기윤실, 2020.8.18.)
신성종, 『내가 본 지옥과 천국』(크리스챤 서적, 2020)
오덕호, "신자도 자살하면 지옥에 가는가" 『교회의 주인은 사람이 아니다』(규장, 2000)
우성규, "웰다잉 중요한데, 죽음에 대한 연구 부족" 『국민일보』(2018.6.28.)
이미영, "미국 목회자 '지옥은 없다' 주장 논란" 『기독신문』(2011.3.31.)
이에스더, "스티븐 호킹 '천국·사후 세계는 없다'" 『중앙일보』(2011.5.17.)

이원규, 『종교의 세속화』 (대한기독교출판사, 1987)
이종석, 『죽음과 호스피스 케어』 (이레닷컴, 2004)
전명수, "뉴에이지 운동이란 무엇인가?" 『데일리 굿 뉴스』 (2007.7.28.)
전형준, 『장례·추모 예배 이렇게 준비하라』 (아가페, 2000)
정양호, "크리스천의 자살과 구원 논쟁" 『코람데오 닷컴』 (2016.7.5.)
정윤석, "예장 합동측, 스베덴보리 '이단'으로 규정" 『기독교 포털뉴스』 (2017.9.28.)
정현채, 『우리는 왜 죽음을 두려워할 필요 없는가』 (비아북, 2018)
최문규, 『죽음의 얼굴』 (21세기 북스, 2014)
최준식, 『죽음, 또 하나의 세계』 (동아시아, 2006)
최준식, 『죽음학 개론』 (모시는사람들, 2013)
최준식, 『인간은 분명 환생한다』 (서울 : 주류성, 2017)
최준식, 『죽음 가이드북』 (서울셀렉션, 2019)
최창민, "자살은 구원받지 못한다 가르치면 안돼 : 예장합동 총회신학부, 자살에 대한 입장 정리 위한 세미나 개최" 『뉴스 파워』 (2009. 2. 11.)
황명환, 『죽음 인문학』 (서울 : 두란노, 2019)

Alexander Eben, *Proof Of Heaven*,
고미라 역, 『나는 천국을 보았다』 (서울 : 김영사, 2013)
Durkheim E., *Les formes elementaires de la vie religieuse*,
민혜숙, 노치준 역, 『종교생활의 원초적 형태』 (서울 : 한길사, 2020)
Kagan Shelly, *Death*, 박세연 역, 『죽음이란 무엇인가』 (파주 : 엘도라도, 2012)
Kuhn T. S. *The Structure of Scientific Revolutions*,
김명자 역, 『과학혁명의 구조』 (서울 : 까치, 2007)

Kübler-Ross Elisabeth, *On Life after Death*,
    최준식 역, 『사후생』 (대화문화아카데미, 2003)
Kübler-Ross Elisabeth, *On Death and Dying*,
    이진 역, 『죽음과 죽어감』 (서울 : 청미출판사, 2018)
Pascal Blaise, *Pensees*, 최종훈 역, 『팡세』 (서울 : 두란노, 2020)
Ronald Nash et,, *What About Those Who Have Never Heard?*,
    박승민 역 『복음을 듣지 못한 사람 어떻게 되는가』 (서울 : 부흥과개혁사, 2010)
Russell Bertrand A. W., *Why I Am Not a Christian*,
    송은경 역, 『나는 왜 기독교인이 아닌가』 (서울 : 사회평론, 2005)
Swedenborg Emanuel, *Heaven and Hell*, 김은경 역, 『천국과 지옥』 (광주 : 다지리, 2015)
Weiss Brian, *Many Lives, Many Masters : The True Story of a Prominent Psychiartist, His Young Patient and the Past-Life Therapy that Changed Both Their Lives,* 김철호 역, 『나는 환생을 믿지 않았다』 (서울 : 김영사, 2019)
Williamson G. I,, *Westerminster Shorter Catechism*,
    유태환 역, 『웨스트민스터 소요리 문답 강해』 (서울 : 크리스챤 출판사, 2006)

<ABSTRACT>

Thanatology world view education for pastor

Noh Chijun
(Ucclesia church pastor, Doctor Sociology of Religion)

Recently Thanatology receives attention from many people as the South Korean baby boom generation is getting old. A pastor must guide older people to accept death peacefully. Therefore, understanding Thanatology's world view (Weltanschauung) is especially important for pastors. Thanatology's world views mainly consist of the death-wall worldview, death-many-doors worldview and death-one-door worldview.

First of all, according to the death-wall worldview, human beings are physical and material entities. This perspective regards human consciousness, emotion and wills as the outcome of material interaction. Therefore, based on secularization and scientism, it assumes that human beings do not exist when their physical body stops. However, this perspective cannot explain soul phenomena that are independent of the physical body. Moreover, this worldview cannot afford any comfort and hope to people, especially those who met the tragic and injustice death. A death-wall worldview is virtually unable to establish ethical and moral order.

Death-multi-doors worldview stands upon pantheism. This worldview insists that present life, death and the afterlife repeatedly continue. This worldview can be found from the reincarnation doctrine of Buddhism, Hinduism and the New Age Movement. Recently some psychiatry professors, including Brian Weiss and Ian Stevenson, claim reincarnation. However, their assertions lack scientific evidence. Besides, this worldview can fall into fatalism and moral hazard.

A death-one-door worldview can be found in monotheistic religions, including Christianity, Judaism, and Islam. According to this world view, human beings are passing through the death-door and reach an afterlife world; this can be heaven or hell. Bible's position corresponds to this worldview. However, there exist uncompromised opinions within this paradigm so, many people can be confused, and it hampers the understanding of the afterlife. Therefore, pastors should keenly aware of Thanatology worldviews to help church members wish eternal life in heaven.

| Keyword |

Thanatology, world view (Weltanschauung), death-wall worldview, death-many-doors worldview, death-one-door worldview, secularization, scientism, reincarnation doctrine, soul, this life, afterlife, heaven, hell

초 대 논 문 ②

죽음을 어떻게 적합하게 말할 것인가?
-죽음 교육에서 스크루지 효과(Scrooge Effect)에 대한 비판과 죽음학적 전환기(thanatological turn)의 기독교 죽음 교육의 필요성과 방법에 관한 연구

최 성 수(신학박사)[*]
(은현교회 교육목사)

[국문 초록]

죽음에 대한 의식과 태도가 현저히 바뀌었다. 저항하고 배제하고 회피하던 죽음에 대해 사회는 순응하고 포용하고 또 심지어는 적극적으로 환영하려고 한다. 대중매체에서 회자하는 '죽음 인문학'은 죽음에 대한 인간학적 각성을 의미한다. 과거에는 다만 인간학적인 한계로서 죽음의 비극적인 이미지에서 벗어나기 위해 죽음에 관해 생각하고 말했다면, 오늘날 그것은 의미 있는 삶을 위한 매개이다. 행복한 죽음(well dying)을 서슴없이 말할 정도다. '죽음은 삶과 더불어 가치 있고 의미 있는 인생을 구성하는 두 초점'이다. 그리고 행복한 삶을 위해 삶을 중심으로 하는 연구 경향에서 죽음을 중심으로 하는 연구 경향으로 바뀐 것을—"언어학적 전환(linguistic turn)"에 빗대어—'죽음학적 전환(thanatological turn)'이라 말할 수 있겠다.

그런데 죽음의 재발견 물결이 시간이 갈수록 더욱더 거세지는 상황에서 죽음학적 전환기에 합당한 죽음 교육이 없고 또 죽음을 함부로 말하는 일을 만나는 건 이해하기 쉽지 않다. 특히 죽음을 함부로 말하는 일은 일부 정치적 대중

---
*논문 투고일: 2021년 1월 11일   *논문 수정일: 2021년 1월 27일
*게재 확정일: 2021년 3월 2일

집회에서는 흔하고, 대중문화에서나 일상에서도 종종 발견된다. 이는 유족의 마음을 아프게 할 뿐만 아니라 주변 사람들의 눈살을 찌푸리게 한다. 기독교계에서도 예외는 아니다. 죽음을 적합하게 말하지 않고 오히려 함부로 말하는 건 죽음의 의미에 부합하는 행위가 아닐 뿐 아니라 사회 통합을 저해하는 요인이 되고 있다.

일반적으로 사람들은 죽음 교육을 통해 죽음에 대한 불안과 두려움을 삶의 의미로 대체하려고 한다. 이것은 죽음 그 자체가 갖는 신학적 의미를 충분히 반영하지 못할 뿐만 아니라 결과적으로 죽음을 적합하게 말할 필요를 전혀 느끼지 못하게 하는 원인이다.

이에 필자는 삶의 실제적이고 지속적인 변화를 위한 마중물이 되지 못하는 기존의 죽음 교육이 기대고 있는 스크루지 효과와 그것이 미치는 범위에 대해 의문을 품고 죽음 교육을 다시 살펴보게 되었으며, 동시에 죽음의 신학적 의미와 죽음 교육의 방향에 관해 새롭게 생각하게 되었다. 본 글을 통해 필자는 먼저 '스크루지 효과'에 근거한 죽음 교육 곧 삶의 긍정적 변화를 위한 교육으로서의 죽음 교육의 필요성을 인정하면서도 그것의 한계를 밝힐 것이다. 그리고 한계를 극복할 방법으로써 '죽음을 적합하게 말하기'가 왜 죽음학적 전환기의 죽음 교육에 포함되어야 하는지를 기독교 신학적인 맥락에서 설명하고 죽음의 현실에서(임종, 애도, 위로, 발인, 추도, 비신자 가족의 죽음, 어린 자녀의 죽음, 재난 사고사, 병사, 자연사, 억울한 죽음, 의로운 죽음, 희생적 죽음, 폭력적 죽음, 자살, 안락사, 낙태 등) 죽음을 적합하게 말할 조건과 방법을 탐색하려 한다.

| 주제어 |
죽음 교육, 죽음 인문학, 스크루지 효과, 죽음학적 전환, 죽음을 적합하게 말하기

I.
들어가면서

죽음에 대한 의식과 태도에서 변화가 현저하게 나타나고 있다. 저항하고 배제하고 회피하던 죽음에 대해 사회는 순응하고 포용하고 또 심지어는 적극적으로 환영하려고 한다.[1] 죽음을 매개로 인간을 표현하고 인간다움을 드러내려고 한다. 죽음에 관한 생각을 인간을 이해하고 또 삶의 변화를 위한 동기와 근거로 삼는다. 죽음의 의미는 생물학적인 차원을 넘어 실존적 및 철학적으로 새롭게 조명되어, 죽음이 더는 삶의 대적이 아니라 의미 있는 삶을 위해 없어서는 안 되는 것으로 인지되고 있다. 죽음을 말함으로써 삶을 말하고, 죽음에 관해 성찰함으로써 삶의 의미를 심화하고 외연을 확장한다. 죽음을 외면해서는 인간과 세상의 진실을 말하기 힘든 시대가 되었다.

대중매체에서 회자하는 '죽음 인문학'은 죽음에 대한 인간학적 각성을 의미한다. 과거에는 다만 인간학적인 한계로서 죽음의 비극적인 이미지에서 벗어나기 위해 죽음에 관해 생각하고 말했다면, 오늘날엔 의미 있는 삶을 위한 매개로써 죽음에 관해 생각하고 말한다. 죽음에 관한 성찰이

---

[1] 죽음에 대한 태도가 어떤 과정을 거치면서 변화했는지는 죽음 관련 고전으로 읽히는 필립 아리에스의 다음의 책에서 자세히 살펴볼 수 있다. Philippe Ariès, *Essais sur L'Histoire de la Mort en Occident*, 이종민 옮김, 『죽음의 역사』(서울: 동문선, 2016), 특히 212-289. 그리고 Charles A. Corr/ Donna M. Corr, *Death & Dying, Life & Living*, 한림대학교생사학연구소 옮김, 『현대 생사학 개론』(서울: 박문사, 2018).

행복한 삶을 증진한다는 의미에서 행복한 죽음(well dying)을 서슴없이 말할 정도다. 죽음은 삶과 더불어 가치 있고 의미 있는 인생을 구성하는 두 초점이다. 그리고 행복한 삶을 위해 삶을 중심으로 하는 연구 경향에서 죽음을 중심으로 하는 연구 경향으로 바뀐 것을 "언어학적 전환(linguistic turn)"에 빗대어 '죽음학적 전환(thanatological turn)'이라 말할 수 있겠다.

그런데 죽음의 재발견 물결이 시간이 갈수록 더욱더 거세지는 상황에서 죽음학적 전환기에 합당한 죽음 교육이 없고 또 죽음을 함부로 말하는 일을 만나는 건 이해하기 쉽지 않다. 특히 죽음을 함부로 말하는 일은 일부 정치적 대중 집회에서는 흔하고, 대중문화에서나 일상에서도 종종 발견된다. 이는 유족의 마음을 아프게 할 뿐만 아니라 주변 사람들의 눈살을 찌푸리게 한다. 기독교계에서도 예외는 아니다. 예컨대 일본(지진과 후쿠시마 원전 사고)과 호주(산불) 등에서 천재지변으로 인명 및 재산피해가 발생했을 때, 코로나 19가 세계적 대유행(pandemic)이 되었을 때, 적지 않은 수의 그리스도인은 주저하지 않고 '하나님의 섭리' 혹은 '세상에 대한 하나님의 심판'을 언급하였다. 사실 기독교 안에서도 이런 발언을 비난하고 비판하는 글은 많다. 그러나 이것을 방지할 대책에 관한 연구로까지는 이어지지 않고 있다.[2] 죽음을 적합하게 말하지 않고 오히려 함부로 말하는 건 죽음의 의미에 부합하는 행위가 아닐 뿐 아니라 사회 통합을 저해하는 요인이다.

한편, 일반적으로 스크루지 효과[3][4]에 기대어 이루어지는 죽음 교육

---

[2] 다음의 글들은 그나마 사건에 대한 신학적 설명을 시도한 것이다. 장로회신학대학교 편, 『재난과 교회』(서울: 장로회신학대학교출판부, 2020); 박영식, 『그날, 하나님은 어디 계셨는가: 세월호와 기독교 신앙의 과제』(새물결플러스, 2015).

[3] 사람이 죽음 혹은 한계 상황에 직면하면 상대적으로 문화적으로 각인된 선한 가치와 의미를 붙잡는 경향이 발생하는데, 심리학에서는 이것을 가리켜 "스크루지 효과"라 한다. 이는 찰스 디킨스(Charles J. H. Dickens)의 중편 소설 "크리스마스 캐럴"(A Christmas Carol, 1843년 12월 19일 발표)에서 첫 번째로 나오는 이야기의 주인공 스크루지를 모형으로 구성된 개념이다. 그는 크리스마스를 경멸하며 가난한 사람들에게는 수전노다. 그 무엇을 통해서도 변

의 필요성을 강조하는 글들을 살펴보는 중에 필자는 사람들이 죽음 교육을 통해 죽음에 대한 불안과 두려움을 삶의 의미로 대체하려고 한다는 사실을 알게 되었다. 이것은 죽음 그 자체가 갖는 신학적 의미를 충분히 반영하지 못할 뿐만 아니라 결과적으로 죽음을 적합하게 말할 필요를 전혀 느끼지 못하게 하는 원인은 아닐지 의심하게 되었다. 다시 말해서 대부분의 죽음 교육을 통해 얻으려는 건 마땅히 해야 했으나 여러 이유로 그동안 미루었던 일들을 발견하고 그것을 행할 적합한 동기이다. 소위 삶의 의미를 완성하기 위한 '버킷 리스트'를 얻기 위함이다. 이것은 행위를 통해 자아를 인식하고 구성하려는 실용주의적이고 개인주의적 문화와 관습을 드러낸다.

그러나 죽음을 직면하고 있는 사람에게 진정으로 중요한 건 무엇일까? '내가 무엇을 하는가?'일까, 아니면 '내가 누구인가?'일까? 죽음은 한 인격체가 그동안 어떤 존재로서 살아왔는지를 드러내는 시금석이다. 그러므로 기독교 죽음 교육에서 관건은 죽음으로 평가받을 수 있는 삶을 준비하는 것이다. 버킷 리스트는 변화를 실천하기 위한 목록일 뿐이다.

이에 필자는 삶의 실제적이고 지속적인 변화를 위한 마중물이 되지 못하는 기존의 죽음 교육이 기대고 있는 스크루지 효과와 그것이 미치는 범위에 대해 의문을 품고 죽음 교육을 근본적으로 다시 살펴보게 되었으며, 동시에 죽음의 신학적 의미와 죽음 교육의 방향에 관해 새롭게 생각하게 되었다. 본 글을 통해 필자는 먼저 '스크루지 효과'에 근거한 죽음 교육

화되지 않을 것 같은 캐릭터의 소유자였지만, 놀랍게도 그는 크리스마스이브에 꾼 꿈에서 자신의 과거와 현재 그리고 미래의 모습을 본 후에 개과천선한다. 그의 변화를 이끈 건 단연코 자기의 쓸쓸한 죽음을 직접 보게 된 것이었다. 순수했던 어린 시절의 과거는 그가 돌아가야 할 곳이었다. 현재는 그가 얼마나 과거의 순수했던 모습에서 멀어져 있는지를 보여준다. 만일 여기에만 머물러 있다면 그가 미래에 맞이할 수밖에 없는 쓸쓸한 죽음에 대한 각성이 그의 생각과 삶을 변화시킨 것이다. 스크루지가 회복한 삶의 태도는 그가 인정하려고 하지 않았던 전통적인 크리스마스 정신에 상응하는 것이다.

4) Eva Jonas and etc., "The Scrooge Effect: Evidence That Morality Salience Increases Prosocial Attitude and Behavior", Personality and Social Psychology Bulletin 28(10), 2002, 1342-1353.

곧 삶의 긍정적 변화를 위한 교육으로서의 죽음 교육의 필요성을 인정하면서도[5] 그것의 한계를 밝힐 것이다. 그리고 한계를 극복할 방법으로 '죽음을 적합하게 말하기'가 왜 죽음학적 전환기의 죽음 교육에 포함되어야 하는지를 기독교 신학적인 맥락에서 설명하고 죽음의 현실에서(임종, 애도, 위로, 발인, 추도, 비신자 가족의 죽음, 어린 자녀의 죽음, 재난 사고사, 병사, 자연사, 억울한 죽음, 의로운 죽음, 희생적 죽음, 폭력적 죽음, 자살, 안락사, 낙태 등) 죽음을 적합하게 말할 조건과 방법을 탐색하려 한다.

II. 본론

1. 선행연구에 대한 비판적 고찰

1) 스크루지 효과에 근거한 죽음 교육

기독교에서 죽음을 이해하고 또 교육하는 시도는 비록 명백하게 나타나 있지는 않아도 이미 구약성경에서 찾아볼 수 있다는 점에서[6] 기독교

---

[5] 이중표 목사의 "별세신학"은 우리나라 기독교에서는 일종의 '죽음 교육의 실제'로 인지되었다. 그러나 생물학적인 죽음이 아니라 자기를 죽이고 남을 살린다는 취지로 비유적인 의미를 겨냥한다는 점에서 엄밀히 말해서 죽음 교육이라고 말할 수 없다. 죽음 교육은 생물학적인 죽음을 전제하는 교육이다. 이런 점에선 황명환 목사가 죽음 이해를 바탕으로 집필한 『죽음 인문학』(두란노서원, 2019)과 『죽음 인문학 워크북』(두란노서원, 2019)이 기독교적 죽음 교육을 위한 워크북으로서는 처음이라고 볼 수 있다. 그는 죽음 교육 곧 죽음을 생각하는 것의 유익을 세 가지로 말하는데, 첫째는 중요한 인생 공부가 되고, 둘째는 초월을 향한 삶을 도우며, 그리고 셋째는 죽음을 준비할 수 있다는 것이다.

태동 이전부터 있었다고 말할 수 있다. 다만 죽음을 체계적으로 교육하는 일과 관련해서 볼 때 그 필요성과 목표 그리고 프로그램 개발을 위한 연구는 없지 않으나[7] 교육 현장에서는 여전히 영 교육과정(Null-Curriculum)이다.[8]

  삶을 위한 교육으로서의 죽음 교육의 성격을 규정한 결정적인 계기가 된 것은 실존주의 철학이 죽음 교육의 필요성을 인지하여 구체적인 죽음 교육을 주장한 사실이다.[9] 이후로 죽음 교육은 철저하게 삶을 위한 교육에 초점을 맞추어졌다. 1960년대 미국에서 일어난 죽음 각성 운동(death awareness movement)에 고무되어 1963년 미국 미네소타 대학에서 풀턴(Robert Fulton)이 죽음을 주제로 한 최초의 정규 강좌를 개설하면서 죽음 교육이 시작되었지만, 정규 학습 과정으로 정착한 건 1968년 캐나다가 처음이었다.[10] 죽음 교육은 북미에서 시작해 전 세계로 확산하는 중이다.[11] 죽음 교육의 선행연구에서 매우 독보적인 것은 1959년에 다양한 분야 출신 저자의 죽음에 관한 생각을 모아서 책으로 출판한 화이펠(Hermann Feifel)이다.

---

[6] 소형근, "구약성서의 죽음과 사후세계", 「신학과 선교」 55집(2019), 173-200.
[7] 가정호, "기독교적인 죽음교육 연구"(고신대 석사학위논문, 1992); 이영화, "죽음 준비교육 모형개발에 관한 연구"(이화여자대학교 석사학위 논문, 1998); 손원영, "기독교적 죽음 교육의 연구유형과 새 방향", 「한국문화신학회논문집」 7(2004), 233-274; 이은경, "어린이 종교교육의 주제로서 죽음과 죽음교육", 「신학논단」 75(2014), 281-306. 황명환은 죽음교육을 위한 워크북인 『죽음 인문학 워크북』(서울: 두란노서원, 2019)을 출간하여 교회교육으로서의 죽음 교육을 위한 의미 있는 첫걸음이 되었다.
[8] "영 교육과정"은 아이즈너(Elliot Eisner)가 저서 *The Educational Imagination: On the Design and Evaluation of School Programs*, 이해명 옮김, 『교육적 상상력』(서울: 단국대학교출판부, 1999)를 통해 도입한 개념으로 교육과정을 통해 마땅히 학습되어야 할 내용을 소홀히 여기거나 아예 가르치지 않는 지식, 태도, 행동 양식 등을 일컫는다.
[9] 강선보, "실존주의 철학에서 본 죽음과 교육", 「교육문제연구」 19(2003), 1-24, 1-2.
[10] 캐나다는 존 몰건(John Morgan)에 의해 1968년에 대학 과정에 "죽음학(thanatology)"이 개설되었고, 일본은 2002년에 "사생학"이라는 이름의 교과 과정으로 정착했고, 우리나라에는 관련 서적이 번역 소개되면서부터 죽음 교육에 대한 공감대가 확산했음에도 아직도 정규 교과 과정에 포함되지 못하고 있는데, 이는 입시 위주의 교육 풍토 때문이라고 생각한다.
[11] 다음을 참고: 문영석, "해외 죽음학의 동향과 전망", 「종교연구」 39(2005), 293-313.

그가 저자로 참여하면서 편찬한 책은12) 미국에서 죽음학과 죽음 교육을 처음으로 언급한 계기가 되었다. 그의 제자인 카스텐바움(Robert Kastenbaum) 역시 죽어가는 자에 관한 심리학적 연구로 주목받았다. 13) 죽음을 인생의 마지막 성장 과정으로 말한 큐블러-로스(Elisabeth Kübler-Ross)는 죽어가는 자를 대상으로 심리학적인 연구를 하였는데, 그녀는 죽어가는 과정이 다섯 단계를 거친다는 사실을 규명하여 죽음과 죽어감에 대한 사회적인 인식을 확산하고 죽음 교육의 필요성에 대한 공감대를 형성하는 데 크게 공헌했다. 14) 그리고 독일 출신의 예수회 신부로서 일본에서 40여년간 활동하면서 삶을 위한 교육으로서의 죽음 교육이 일본에서 정착하게 된 결정적 계기를 제공한 데켄(Alfons Deeken)의 연구도 죽음 교육에서 높이 평가된다. 그는 큐블러-로스가 말한 죽어가는 다섯 단계에 희망과 기대로 이루어지는 여섯 번째 단계를 추가하였는데15), 이것은 기독교 죽음 교육의 가능성을 제시한 매우 의미 있는 공헌이라고 생각한다. 그는 여러 책을 통해16) 오늘날 많은 죽음 교육에 관한 연구에서 출발점으로 삼고 있는 죽음 교육의 성격을 규정했다. 곧 그는 죽음 교육이 죽음 이해 교육, 죽음에 대해 준비하는 교육, 삶의 의욕을 북돋는 교육, 그리고 비탄과 애도 교육이라는 점을 분명히 했다.

---

12) Hermann Feifel(ed.), *The Meaning of Death*(Princeton: McGraw-Hill, 1959).
13) Robert Kastenbaum and Ruth B. Aisenberg, *The Psychology of Death*(New York: Springer Publishing Company, 1972, 제3판은 2000).
14) Elisabeth Kübler-Ross, *On Death and Dying*, 고계영 옮김, 『죽음의 시간』(서울: 우석, 1998). 그녀는 이 책에서 5단계를 제시한다. 부인, 분노, 타협, 우울, 수용 등이다; 다음의 책도 참고: *The Wheel of Life: A Memoir of Living and Dying*, 강대은 옮김, 『생의 수레바퀴』(서울: 황금부엉이, 2009).
15) Alfons Deeken, *Si To Shi No Kyoiku*, 전성곤 옮김, 『인문학으로서의 죽음 교육』(서울: 인간사랑, 2008), 42-3.
16) 『인문학으로서의 죽음 교육』 외에 오진탁 옮김, 『죽음을 어떻게 맞이할 것인가』(서울: 궁리, 2002); 이송희 옮김, 『행복한 죽음』(서울: 큰산, 1993); 김윤주 옮김, 『제삼의 인생-당신도 노인이 된다』(분도출판사, 2006); 길태영 옮김, 『잘 살고 잘 웃고 좋은 죽음과 만나다: 지혜롭게 죽음을 준비하는 철학적 깨달음』(서울: 예감출판사, 2017).

죽음학(혹은 '생사학' 앞으로는 생사학을 사용)이 도입되기 전에도 죽음 이해와 관련한 연구는 역사와 철학과 심리학 그리고 종교학에서 꾸준히 진행되었다.[17] 웰빙(well-being)에 이어 웰다잉으로 대중적 관심이 옮겨지는 경향에서 볼 수 있듯이, 죽음에 관한 관심은 전 방위적으로 확산하고 있다. 특히 교육학, 보건학, 의학, 복지학 등에서는 죽음의 의미 자체를 성찰하기보다 실천적 과제에 전념하면서 죽음 교육의 필요성을 밝히는 연구가 많다. 그래서 교육의 필요성을 입증하기 위한 설문자료연구 및 죽음 교육의 효과를 검증하는 실험, 그리고 각 세대에 적합한 교육 모델을 개발하기 위한 사례연구에 비중을 두고 있다.[18]

대한민국에서 죽음 교육의 필요성을 강조하는 주장의 공통점을 살펴보면, 죽음 교육 이후에 효과를 확인하기 위해 실시하는 설문조사를 통해 죽음 교육이 삶의 질을 향상하고 삶을 새롭게 보는 안목을 열어준다는 사실을 확인하면서, 죽음 교육의 효과를 입증하려는 연구가 대부분이다. 이는 죽음 교육이 부재하고 또 죽음 교육의 효과를 의심하는 학교 교육 현실을 반영한다. 곧 죽음 교육이 의미 있는 삶을 위해 중요함에도 아직도 정규적인 교과 과정으로 채택되지 않았기에 죽음 교육의 스크루지 효과를 입증함으로써 죽음 교육의 필요성을 설득하려는 교육 공학적 전략이다. 특히 어린이와 청소년에게 죽음을 인지하는 능력이 확인되고, 또 죽음 교육 후에 삶의 의미에 관한 관심이 높아질 뿐 아니라 삶에 대한 태도도 바뀌어 자살 예방에 효과가 있다는 사실이 확인됨으로써 죽음 교육은 평생 교육

---

17) Tod, Art. in: *Die Religion in Geschichte Gegenwart*(RGG) 3. Aufl., Bd.6 (Tübingen, 1986), 908-921; 이은봉, 『여러 종교에서 보는 죽음관』(서울: 가톨릭출판사, 1995); Philippe Ariès, 『죽음의 역사』, 앞의 같은 책; Kagan, Shelly. Death, 박세연 옮김, 『죽음이란 무엇인가』(서울: 웅진씽크빅, 2012); 정동호 외, 『철학, 죽음을 말하다』(서울: 산해, 2004); 김균진, 『죽음과 부활의 신학』(서울: 새물결플러스, 2015).
18) 우리나라 죽음 교육의 역사와 현황에 대해서는 다음을 참고: 장신근, "통전적 기독교 노년 죽음교육의 모색. Fin-Telos 모델을 중심으로", 「장신논단」 50(2018), 327-355, 345.

의 성격을 갖게 되었다.[19]

특히 교육의 성격과 관련해서 볼 때, 죽음 교육은 대개 온전한 삶의 의미를 실현하도록 돕는 "죽음에 대한 준비교육"[20]에 집중되어 있다. 생을 긍정하고 삶의 의미를 실현하며 바른 가치관을 형성하는 데 죽음 교육이 도움이 된다는 판단하에 세대별 적합한 죽음 교육의 프로그램을 개발하기 위한 연구가 대부분이다.[21]

2) 비판적 고찰

기독교를 포함하여 죽음 교육과 관련한 여러 분야의 연구에서 아쉬운 건 죽음 교육의 필요성이 선구적인 저자들이 제시한 것에서 크게 벗어나지 못하는 것이다. 주로 이미 제시된 죽음 교육의 필요성과 관련해서 세대별 임상 연구를 통해 간접적인 죽음 경험에 대한 소위 스크루지 효과를 확인하는 차원에 머무르고 있다. 이는 선행연구를 아무런 비판적 고찰 없

---

19) 곽혜원, 『자살 문제 어떻게 할 것인가?』(서울: 21세기신학포럼, 2011); 오진탁, 『자살예방의 철학』(서울: 청년사, 2014); 이수인 외, 『자살예방과 치유』(서울: 박문사, 2018); 권수빈/윤솔, "어린이죽음교육에 관한 부모의 인식과 태도", 「교육문화연구」 23/5(2017), 373-393; 김도희, "국어 교과서를 활용한 죽음교육. 죽음 모티프 분석을 통한 교육 방법 모색을 중심으로", 「국어교육연구」 46, 2010, 1-30; 이나영, "발달단계별 죽음준비교육 프로그램에 대한 체계적 문헌 고찰", 한국문화융합학회 전국학술대회, 157-178; 박시내, "어린이를 위한 죽음교육의 가능성과 필요성", 「열린교육연구」 19(2011), 53-68; 이은경, "어린이 종교교육의 주제로서 죽음과 죽음교육", 「신학논단」 75(2014), 281-306; 이재영, "청소년들의 죽음에 대한 의식과 종교교육", 「종교교육학연구」 19(2004), 39-56; 정재걸 외, "청소년 죽음교육을 위한 예비적 고찰", 「중등교육연구」 61/3(2013), 537-562.
20) 용어와 관련해서 알폰스 데켄은 '죽음에 대한 준비교육'을 선호한다. 이에 비해 우리나라에서는 '죽음준비교육' 혹은 '죽음예비교육'이 사용되고 있다. 이는 죽음을 앞둔 사람만을 위한 교육이라는 느낌을 준다. 이에 비해 데켄의 표현이 죽음 교육의 범위를 좀 더 포괄하는 감이 있어 필자는 '죽음에 대한 준비교육'을 사용하겠다.
21) 현재 대한민국에서 죽음 및 죽음 교육에 관한 연구 기관은 한림대학교 '생사학 연구소'와 고려대학교 '죽음교육센터'가 있다. 학회는 이화여대 박준식 교수가 설립을 추진하고 있는 '한국죽음학회'가 있다. 한림대 생사학 연구소를 제외하면 뚜렷한 활동이 나타나고 있지 않다. 한림대학교 "생사학연구소"(초대 소장 오진탁)는 2003년 12월에 설립된 후 죽음 문화와 관련해서 다양한 주제로 연구와 교육을 해왔고 또 "생사학 총서" "타나토스 총서" "생사학연구총소" 등의 형태로 책을 출판하였다. 그뿐 아니라 각종 교육과 세미나를 통한 대중적 소통을 꾸준히 해오고 있다. 2015년 제2대 소장(박준식)이 선출된 후 현재까지 계속되고 있다.

이 수용하여 결과를 확인하는 데에만 집중함으로 인해 상대적으로 죽음의 의미에 따라 죽음 교육의 외연을 확장할 수 있는 사실에 관심을 두지 않은 결과이다. 예컨대 모든 연구에서 죽음 교육이 삶을 위한 교육임을 전제하고 있는데, 크게 보면 문제가 될 것은 없다. 그러나 임박한 죽음을 준비하는 사람에게 실시하는 죽음 교육의 효과가 죽음과 거리를 두고 살아가는 사람들에게도 같은지에 관한 비판적 연구가 없다.

사실 인간이라면 누구나 평생 죽음을 생각하며 살아야 하는 이유는 분명하다. 관건은 이것을 실현할 구체적인 방법을 모색하는 것이다. 그런데 삶을 위한 교육으로서의 죽음 교육에서 다뤄지는 죽음과 실존적으로 경험되는 사건으로서의 죽음은 그 의미에서 같지 않다. 전자는 죽음을 생각하고 말하는 자에게 언제나 이미지 형태로 존재하고 가끔 힘으로 작용해 일시적인 영향을 미치는 데 비해, 후자는 성격에서 전혀 다른 현실이다. 이 차이를 간과하면 죽음 교육은 충분한 효과를 얻지 못한다. 충분한 효과를 위해선 죽음과 직접 관련된 사람들(죽어가는 자와 그 가족과 친지 등)의 상황을 고려하고 또 죽음 의미의 차이에 합당한 교육이 요구된다. 그러함에도 불구하고 실험실 같은 환경에서 설문조사를 통해 확인한 죽음 교육의 효과를 임박한 죽음을 준비하는 사람의 경우와 동일시하고 또 그것을 죽음 교육의 효과로 일반화하는 건 문제다. 실제의 삶은 다르기 때문이다. 죽음 교육의 갱신과 외연 확장을 위해선 스크루지 효과에 지나치게 기대고 있는 연구 방식을 지양해야 한다.

필자의 생각에 작금의 죽음 교육에는 세 개의 큰 문제가 있다. 하나는 죽음 그 자체에 직면하기보다 대체물을 찾는 일에 전념하게 하고, 존재 자체보다는 의미 있는 삶과 이것을 실현하기 위한 행위에 중점을 두는 것이다. 그럼으로써 자아가 행위로 구성된다는 잘못된 인상을 각인한다. 문제는 그렇다고 해서 삶의 변화가 일어나는 건 아니라는 것이다.

다른 하나는 죽음 교육을 오로지 삶의 의미를 말할 기회로만 삼음으로써 죽음 상황에서 발생하는 윤리적 문제와 관련해서 올바른 판단을 내릴 수 있도록 돕지 못하는 것이다. 특히 죽음의 개인적인 의미에만 집중하게 함으로써 죽음의 공적 차원과 공동체적 의미를 간과한다. 달리 말해서 오늘 우리의 정치 사회 현실에서 어렵지 않게 경험할 수 있는 억울한 죽음과 의로운 죽음에 관한 생각을 정리하고 또 죽음을 오늘 우리의 삶에서 바르게 기억하는 데 공헌하지 못한다. 억울하게 혹은 부당하게 죽은 자의 죽음에 관해, 자살자의 죽음에 관해, 앞으로 있을 고인의 죽음과 관련해서 가족에게 무엇을 어떻게 말할 것인지, 장례식에서 가족의 죽음에 관해, 비신자의 죽음에 관해, 어린 자녀의 죽음에 관해 무엇을 어떻게 말할 것인지를 알기에도 역부족이다.

마지막 하나는 죽음을 함부로 말하는 태도를 막지 못할 뿐만 아니라 죽음을 적합하게 말할 수 있도록 돕는 데도 역부족이다. 그 결과는 삶과 죽음을 다스리는 하나님을 인지하지 못하는 것이다. 믿음 안에서 죽은 자와의 관계를 정립하지 못한다. 무엇보다 현재의 죽음 교육으로는 죽음을 잘못 말하는지 아니면 적합하게 말하는지를 분별할 능력을 기대하기 어렵다. 죽음을 적합하게 말하는 일은 각종 죽음 상황에 직면해서 혹은 예기치 못한 집단적인 죽음과 관련해서 죽음을 종교적으로 적합하게 말하기 위해서도 필요하지만, 이미 실천된 '종교적 죽음 말하기'를 그 정당성과 관련해서 분별하기 위해서도 필요하다.

3) 죽음을 함부로 말하는 현상과 죽음 교육의 새 방향

죽음 교육의 필요성과 방법을 선행연구를 중심으로 살펴보면서 필자는 죽음을 말하는 일에서 지금까지 간과되어 온 새로운 사실을 알게 되었다. 곧, 타인의 죽음을 함부로 말하여 고인의 죽음을 폄훼하고 무의미하게 만드는 일이 다반사로 일어나는 사회 현상에 대해 속수무책이라는 것이다. 비판적인 문제의식이 없지는 않으나 사자 명예 훼손이라는 법적 대응 외에 다른 해결책을 제시하지 못하고 있다. 이런 현실을 안타깝게 바라보면서 여러 의문에 사로잡혔다. 이런 일은 왜 일어나는 걸까? 죽음 교육을 받지 않아 죽음의 의미를 알지 못했기 때문일까? 자기도 죽을 운명임을 깨닫지 못했기 때문일까?

전혀 그렇지 않다. 죽음을 함부로 말하는 일은 그동안 죽음 교육이 추구해온 것과는 전혀 다른 맥락에서 일어난다. 죽음을 함부로 말하는 일은 죽음 교육의 철학과 내용 그리고 방법을 숙지한다고 해서 해결할 문제가 아니다. 그렇다면 죽음을 함부로 말하는 일은 죽음 교육과 전혀 무관한 것일까? 전혀 무관하다고는 말할 수 없다 해도, 죽음 교육의 범위에서 다룰 일임에도 그동안의 죽음 교육이 미처 인지하지 못했기 때문이다.

죽음을 간접적으로 경험함으로써 삶의 의미를 새롭게 발견하도록 돕는 것이 죽음 교육이 필요한 첫 번째 이유라면, 죽음을 함부로 말하는 일이 다반사로 일어나는 건 오늘 우리 사회에서 죽음 교육이 거듭날 이유이면서 동시에 새로운 방향의 죽음 교육이 필요한 두 번째 이유이다. 다시 말해서 죽음 이해 및 죽음을 맞이하는 태도의 다양성은 죽음 의미의 다양성에서 비롯하고, 또 의미의 다양성은 죽음을 말하는 방식의 다양성과 상응한다. 따라서 죽음을 어떻게 말하느냐에 따라 죽음 인식과 태도가 달라진다고 말할 수 있다. 예컨대, 죽음을 말하는 것이 인간의 절망과 실패와 한계를 환기하기 위한 것이라면, 죽음은 두려움의 대상이지만, 오히려 하나님과의 관계를 바르게 정립하여 삶을 다시 보고, 죽음이 끝이 아니라 오히려 자유의 세계로 나아갈 희망을 보고 또 그러한 기회로 삼는다면 죽음을 말하는 사람은 기대감으로 충만할 수 있다.

죽음을 함부로 말하는 일은 죽음 교육이 그동안 충분히 인지하지 못했던 문제로 구체적으로 의식하지 않으면 죽음 이해가 충분해도 일어난다. 죽음을 함부로 말하면 그동안 받은 죽음 교육마저 무의미해진다. 반대로 죽음을 적합하게 말하길 원하고 이 일을 의식하며 사는 사람은 죽음 교육의 필요성을 절감한다. 죽음을 적합하게 말하기 위한 노력이 죽음을 바르게 이해하도록 이끌 뿐 아니라 의미 있는 삶을 고무하고 또 우리 사회의 통합을 위해 크게 공헌할 수 있기 때문이다. 그러므로 죽음 교육에서 출발점은 죽음을 적합하게 말할 이유를 묻고 또 대답을 모색하는 것이어야 한다. 이렇게 되면 죽음 교육은 대답을 찾아가는 과정이 된다.

그밖에 죽음을 적합하게 말하기는 생명 윤리와 깊은 관계를 갖는데, 생 가운데 죽음을 언제부터 말하는 것이 좋은지를 정하는 일과도 관계가 있다. 다시 말해서 죽음과 관련한 사람이 처해 있는 상황에 따라 달리 말해야 하는 것은 당연하지만, 죽음 교육의 대상과 관련해서 적절한 시기를 고려하는 것은 죽음을 적합한 말하기 위한 숙고에서 비롯한다.[22]

4) 죽음을 적합하게 말하기에 관한 선행연구들

본 연구의 주제인 죽음 교육의 필요성 및 방법과 관련해서 필자가 제시하는 '죽음을 적합하게 말하기'를 명시적인 주제로 삼아 연구한 선행연구는 찾아보기 쉽지 않다. 다만 의료 윤리 혹은 생명 윤리와 관련해서 죽음을 말하는 일이 실천되고 있고[23] 또 죽음을 맞이하는 태도에 따라서 두려움의 대상일 수 있고 삶의 한 부분일 수 있다는 지적만이 있을 뿐이다. 죽음의 불안과 두려움을 극복하려는 노력은 주로 죽음의 의미를 이해하는

---

22) 윤득형, "장 삐아제의 인지발달 단계를 기초로 한 아이들의 죽음인식과 죽음교육", 「신학과 실천」48(2016), 471-496.
23) 김건영 외, 『의사들 죽음을 말하다』(북성재, 2014); Reilly Bredan M., *One Doctor*, 이선혜 옮김, 『의사, 인간다운 죽음을 말하다』(서울: 시공사, 2014); 박충구, 『인간의 마지막 권리: 죽음을 이해하고 준비하기 위한 13가지 물음』(서울: 동녘, 2019).

데에 집중한다.

그나마 필자에게 눈에 띄는 연구는 죽음 정치(Thanatopolitics)의 관점에서 현행의 죽음 교육을 비판하는 것[24]과 죽음 교육을 근대교육의 한계를 넘는 인식의 틀로 삼으려는 시도이다.[25] 서이종은 기존의 죽음 교육이 교양을 갖추기 위한 교육에 집중했음을 지적하면서 동시에 그것의 한계를 지적하였다. 다시 말해서 죽음에 관한 교양 교육의 성격에서 벗어나지 못하는 죽음 교육은 지양하고, 이제는 실제 죽음을 대면하는 과정에서 부딪히는 다양한 결정 과정과 환경 그리고 그 함의를 내용으로 피교육자의 삶의 여정에 맞는 죽음 교육 곧 죽음 정치적 성찰을 기반으로 하는 죽음에 대한 준비교육으로 거듭나야 한다고 주장하였다. 이에 따라 죽음 교육은 피교육자의 상황에 부합해야 하며, 교육방식에서는 개인주의보다는 사회적 맥락을 고려해야 하고, 피교육자 맞춤형 교육이어야 하며, 죽음 사건의 현장성과 사회적 맥락을 고려해야 한다는 것이다. 서이종이 말하는 죽음 교육을 대하는 죽음 정치의 관점은 필자가 주장하는 '죽음을 적합하게 말하기'가 의도하는 것에서 멀지 않다.[26]

김소희는 죽음 교육 자체를 죽음을 이해하고 준비하기 위한 교과목에 한정하지 않고 오히려 새로운 교육 패러다임을 인식하기 위한 경계 넘기의 시도로 삼으려고 한다. 이것은 비록 죽음을 적합하게 말하기를 명시적인 주제로 삼지 않았다 해도, 죽음 이해나 죽음 교육의 효과가 아니라 오늘 우리 시대에 '죽음을 말하기' 자체의 교육학적 의미를 언급했다는 점에서 필자의 관심을 끈다.

---

[24] 서이종, "죽음정치(Thanatopolitics)의 관점에서 본 죽음 교육의 비판적 고찰", 「한국사회학회 사회학대회 논문집」(2015), 91-94.
[25] 김소희, "죽음 교육의 교육철학적 의미", 『종교교육학연구』 제15권, 205-223.
[26] 다음의 글도 참고: 강정인, 『죽음은 어떻게 정치가 되는가』(서울: 책세상, 2017); 이용주, 『죽음의 정치학』(서울: 모시는사람들, 2015); 이영진 외, 『애도의 정치학-근현대 동아시아의 죽음과 기억』(서울: 도서출판길, 2017).

알폰스 데켄 역시 비록 명시적인 주제로 삼지 않았어도 죽음을 적합하게 말하기 위한 단서를 제공했다고 볼 수 있다. 다시 말해서 그는 죽음 교육이 인간 이해를 지향한다는 차원에서 유머의 역할과 중요성을 언급했는데[27], 이것은 죽음을 말할 때 너무 엄숙하게 말하는 것만이 죽음에 적합한 것이 아님을 의미한다. 비록 이것을 웃으면서 죽음을 말해야 한다는 의미로 이해할 순 없어도, 죽음에 대한 준비과정에서 흔히 겪는 긴장감을 완화할 필요가 있다는 의미로 이해하면 좋겠다. 특히 죽음 교육에서 유머를 사용하는 건 예방 의학적인 차원에서 죽음에 대한 준비과정에서 긍정적인 효과를 일으킬 수 있음을 환기한다. 다시 말해서 죽음에 대한 준비교육에서 유머를 사용하라는 말은 죽음을 말하되 긍정적인 태도로 그리고 인간의 희극적인 면을 배려하면서 말하는 것이 죽음을 대하는 태도에 적합하다는 의미로 이해할 수 있다. 그리고 이어서 데켄은 유아부터 고등학생까지의 아이들에게 죽음을 말할 때 어떻게 말해야 하는지를 설명하였다. 죽음을 말할 때는 정직해야 하며, 아이들이 이해할 수 있는 말을 사용해야 하며, 죽음에 대한 불안을 느끼지 않고 안도감을 느낄 수 있도록 말해야 한다는 것이다.[28] 이처럼 죽음을 말하는 일과 관련해서 비록 명시적이진 않아도 전혀 없는 건 아니었다.

나우웬(Henri Nowen)은 자기 죽음을 가장 큰 선물로 여길 뿐만 아니라 죽어가는 자가 죽음을 선물로 인정하도록 돌봄의 필요를 강조하였다. 이를 위해 누구든 자기 죽음을 말할 때는 하나님과의 관계 안에 있음을 확신해야 하고, 무엇보다 그분을 신뢰하며 말해야 한다고 했다. 그리고 죽어가는 자가 죽음을 하나님의 선물로 인정하도록 돕기 위해선 죽어가는 사람들과 공감적으로 연대하며, 일치하며, 그리고 희망하며 죽음을 말해야 할

---

27) 알폰스 데켄, 『인문학으로서의 죽음 교육』, 77-84.
28) 알폰스 데켄, 『인문학으로서의 죽음 교육』, 139.

것도 제안했다.29)

　　구약은 죽음을 말하면서 하나님이 인도하신 삶을 증언하고 또 남아 있는 자를 축복하는 사례들을 소개한다. 신앙인에게 좋은 귀감이다. 사나 죽으나 인생은 하나님의 것임을 인정하고 또 마지막 순간까지 하나님을 증언하며 죽음을 말하고 있기 때문이다. 바울은 죽음을 말하면서 씨의 비유를 사용한다. 씨앗이 죽으면 새것이 나오듯이 사람이 죽어 육의 몸이 사라지면 새로운 형체의 몸 곧 신령한 몸을 입는다는 것이다. 한편으로는 부활을 말하기 위한 비유이지만 다른 한편으로는 비유로 죽음을 말하기의 전형이다. 이것을 통해 사람은 죽음을 하나의 실존 경험으로서 새로운 삶을 위한 조건으로 이해할 수 있다. 신약은 자연적인 죽음 외에도 특히 박해라는 상황에서 일어나는 성도의 죽음도 포함하고 있다. 죽음을 신앙의 맥락에서 이해하게 하는 중요한 단서이다. 곧 신앙은 죽음의 한계 앞에서 좌절하기도 하고 그것을 극복하기도 하는데, 이것을 결정하는 건 부활 신앙 여부에 달려있다. 예수 그리스도를 믿는다고 해도 만일 부활을 믿지 않으면, 죽음은 두려움의 이유가 되지만, 예수의 부활을 믿고 또 그를 믿는 자에게 주어진 부활의 약속을 믿으면, 죽음은 새로운 세상으로 나아가는 통로일 뿐이다. 다시 말해서 신약에서 죽음을 적합하게 말하는 방식은 한편으로는 인간의 죄를 환기하면서 말하고, 다른 한편으로는 예수 그리스도의 약속인 부활을 소망하며 말하는 것이다. 이 소망으로 인해 바울은 죄의 삯이 사망임을 환기하면서도(롬6:23) 사망을 조롱할 수 있었다.

　　"사망아 너의 승리가 어디 있느냐 사망아 네가 쏘는 것이 어디 있느냐"(고전15:55)

---

29) Henri Nowen, *Our Greatest Gift: On Meditation on Dying and Caring*, 홍석현 옮김, 『죽음, 가장 큰 선물』(서울: 홍성사, 1998).

이처럼 비록 명시적이진 않아도 죽음을 적합하게 말하기를 다룬 글은 여러 곳에서 발견된다. 따라서 본 연구는 선행연구에서 비록 명시적이진 않아도 단서로 제시된 것들을 바탕으로 '죽음을 적합하게 말하기'를 기독교 죽음 교육의 과제로 삼기를 제안한다.

사실 이것은 기독교 신학에서 전혀 낯설지 않은 주제이다. 다만 그동안 죽음 교육과 관련해서 충분히 인지되지 못했을 뿐이다. 죽음을 적합하게 말하기는 종말론의 주제 중 하나로 이미 성경에도 나타나 있다. 특히 1960년대 이후부터 종말론이 마지막 일에 관해 서술하기보다는 예수 그리스도를 통해 계시한 하나님의 약속에 근거해서 마지막을 어떻게 말할 수 있는지를 종말론의 질문으로 삼고, 또 이것을 대답하는 것을 종말론의 과제로 삼고 있는 사실은 오늘날 기독교 죽음 교육에서 매우 중요하게 인지되어야 한다.[30]

이어지는 글에서 필자는 죽음 교육에 대해 상술하면서 죽음을 적합하게 말하기가 왜 죽음 교육에서 필요하고 또 죽음 교육의 주제가 되어야 하는지를 살펴볼 것이다.

2. 죽음 교육의 필요성과 방법

1) 죽음 교육의 어려움과 필요성

일상에서 죽음을 말하는 건 쉽지 않다. 여기에 죽음 인식을 심화하고 죽음에 대한 올바른 가치관을 갖도록 체계적인 교육을 구성하고 시행하는 건 훨씬 더 어렵다. 비록 지금이 죽음학적 전환기라 해도 기본적으로

---

[30] 특히 몰트만과 자우터의 종말론은 마지막을 어떻게 말해야 하는가를 주제로 삼는다. Jürgen Moltmann, *Theologie der Hoffnung*, 이신건 옮김, 『희망의 신학』(서울: 대한기독교서회, 2017); Gerhard Sauter, *Einführung in die Eschatologie*, 최성수 옮김, 『소망의 이유를 묻는 이들을 위하여-종말론 입문』(서울: 한들, 1999).

죽음 문화에 대한 거부감이 사회적 정서를 형성하고 있기 때문이다. 유교적 전통에 깊이 각인된 한국에서는 죽음을 터부시했고, 오늘날에는 비록 금기시하진 않아도, 죽음은 생명에 관한 관심에 비하면 크게 환영받지 못하는 주제이다. 과거에는 일상에서 흔히 경험할 수 있어서 삶의 일부로 받아들였던 죽음이 이제는 삶과 분리되어 병원이나 요양원에서 일어나는 일이 되었다.

죽음 교육이 어려운 둘째 이유는 죽음이 보편적인 사실이라도 누구도 직접 경험하지 못하는 사건이기 때문이다. 이런 이유로 공자도 죽음을 말하기를 주저했고, 철학자 비트겐슈타인(Ludwig Wittgenstein)은 알지 못하는 것에 대해서는 침묵해야 한다고 말했다. 죽음은 경험적으로 알 수 없는 것이기 때문에, 죽음을 말한다는 건 불가능하다. 그렇다면 인간의 모든 죽음을 다 알면[31] 삶과 죽음을 대하는 태도에 어떤 변화가 일어날까?

셋째 이유는 죽음 이해가 다원화되어 있기 때문이다. 여러 종교와 문화와 철학이 공존하는 사회에서 죽음 이해에서 일치하지 못하다 보니 일관된 죽음 교육을 시행하기가 쉽지 않다. 죽음 교육이라고 해봤자 종교와 철학과 문화의 차이에 따라 달라지는 죽음 이해의 다양성과 죽음에 대한 다양한 태도를 숙지하고, 이해와 태도에 따라 달라지는 죽음 의식을 비교하는 정도에 머물 수밖에 없다. 죽음을 단지 유물론적으로 이해하는 것과 종교적으로 이해하는 것이나 사후의 세계 혹은 부활 세계에 대한 믿음이 있는 경우와 그렇지 않은 경우를 생각할 때 어느 정도 영향을 미치겠지만, 삶과 죽음을 대하는 태도에 미치는 영향은 죽음의 의미가 아니라 죽음 의식의 정도에 좌우된다.

---

31) Kenneth Kramer, *The Sacred Art of Dying*, 양정연 옮김, 『죽음의 성스러운 기술』(서울: 청년사, 2015); 황명환, 『죽음 인문학』(서울: 두란노서원, 2019); 최현석, 『인간의 모든 죽음』(서울: 서해문집, 2020).

넷째 이유는 죽음은 생명의료 기술의 한계를 말하기 때문이다. 의료과학 기술의 발달로 각종 질병을 예방하고 또 치료하며 노화를 방지하고 인간의 수명을 연장하는 것을 인류의 과제로 삼고 있는 때에 삶의 한 가운데서 죽음을 말한다는 건 의료과학 기술의 한계를 처음부터 포기할 일로 여겨질 수 있다. 의료과학의 발달을 희망하길 원하는 현대인은 죽음을 말하기보다는 의료 윤리 혹은 생명 윤리를 말하길 선호하며, 또한 죽음을 말하기보다는 삶의 무한한 기회와 가능성을 말하는 것을 더 선호한다.

다섯째 이유는 죽음 교육은 출세와 성공과 번영과 혁신을 지향하는 근대교육의 기본정신에 대한 반발로 이해되기 때문이다. 죽음 교육은 삶의 과제 앞에서 조금 물러서서 반성적이고 비판적인 거리를 두는 태도와 교육적 관점을 요구하기 때문에, 죽음 교육은 근대교육의 구도에서 벗어난다. 죽음 교육은 "대안적 가치관의 세계"이며 "근대문명의 안티테제"라고 말할 수 있다.[32] 따라서 죽음 교육을 구체적으로 시도한다면 무엇보다 삶의 진보를 지향하는 근대교육에 익숙해 있는 세대들에게서 오는 거센 저항을 극복해야만 한다.

2) 인간을 이해하는 한 방식으로서의 죽음 교육

여러 어려움에도 불구하고 죽음 교육에 대한 요구는 커지고 있다. 근대과학 기술의 발달에도 생명은 결코 무한할 수 없다는 사실이 받아들여짐에 따라 평균수명 연장이 단지 시간의 연장일 뿐이어서는 안 된다는 인식이 일반화하였기 때문이다. 곧 반드시 죽을 수밖에 없다는 인식에서 인간은 주어진 시간 동안 건강하고 만족한 삶을 누리는 것에 천착하여 죽음을 생각하려고 한다.

---

32) 김소희, "죽음 교육의 철학적 의미", 「종교교육학연구」 15(2002), 205-223, 207.

죽음을 생각할 때, 일상에서 죽음을 흔히 볼 수 있었던 과거의 사람들은 이런 문제들의 성격과 심각성에 대처할 방법을 일상의 경험을 통해 깨달았다. 그러나 과거와 달리 죽음이 일상에서 병원 혹은 장례식장으로 옮겨진 후로 죽음 경험은 더는 자연스럽게 얻을 수 없고 오로지 목적 지향적인 죽음 교육을 통해 얻을 수 있다는 사실이 밝혀지면서, 죽음 연구에 이어 죽음학이 형성되었다.[33] 여기에 더해 죽음을 의도적으로 망각한다고 해서 죽음에 대한 두려움이나 죽음을 둘러싼 각종 문제가 사라지는 건 아니며, 오히려 무지로 인해 두려움과 불안에 사로잡히고 또 죽음과 관련한 상황에서 올바른 판단을 내리지 못하는 등 삶의 질이 떨어질 수 있다는 사실에 대한 심리학적 인지도 한몫을 하였다.[34]

윤리적 측면에서 볼 때 죽음 교육은 죽음과 관련한 윤리적 상황(연명치료 중단, 안락사, 낙태, 환자의 신념에 근거한 수술 혹은 치료 거부로 죽음에 이를 수 있는 상황 등)에서 필요한 판단력 형성을 돕는다. '죽음 인문학'이란 말에서 엿볼 수 있듯이, 죽음을 통해 인간을 이해할 계기를 마련한다. 이 밖에도 죽음 교육을 통해 죽음의 다양한 의미와 죽어가는 과정에서 겪는 마음의 번뇌와 감정의 변화를 숙지하면 임박한 죽음을 앞둔 사람을 공감적으로 도울 수 있다. 항상 그렇지는 않아도 자살을 예방할 수도 있다.

곧 죽음 교육은 미래에 있을 죽음을 선취하고 그것의 실존적인 효력을 받아들여 죽음의 두려움을 극복할 뿐 아니라[35] 죽음에 관한 윤리적 상

---

[33] 처음 미국에서 죽음 각성 운동과 더불어 시작한 죽음학은 주로 죽음에 대한 준비교육, 호스피스, 죽음과 관련해서 겪는 심리적 고통을 완화하는 상담 등을 주요 내용으로 하는 데 비해 정작 기울여야 할 삶의 질에 관한 관심에서는 부족했다. 이것을 아쉬워하며 비판하는 목소리가 커지자 미국에서 활동한 타이완 철학자 푸웨이쉰은 자기의 죽음 연구에서 삶의 차원을 포함하여 종교와 정신의학 분야의 연구를 병행하였다. 이로 인해 그는 '죽음학(thanatology)' 대신에 '생사학(Life-and-Death Studies)'이라는 단어를 사용할 것을 제안하였다. 그 후 죽음학 혹은 생사학은 심리적으로나 실천적으로 죽음에 대해 준비하는 교육, 죽음의 의미에 대한 성찰, 존엄한 죽음의 문제, 장례절차, 애도와 비탄, 그리고 죽음에 이르기까지 진행되는 삶의 문제를 함께 다루는 종합적 연구가 되었다.
[34] 박형국, "죽음의 망각과 기억, 그리고 삶의 완성", 「종교연구」 72(2013), 1-27.

황에서 올바른 판단력 형성을 돕고 또 죽음의 한계 안에서 삶의 의미를 성찰하고 실현하도록 돕는 교육이다.36) 죽음에 관해 생각하고 말하는 건 오직 인간에게 고유한 일이기에 인간을 이해하는 한 방법으로도 여겨진다.

3) 죽음 이해가 요구하는 죽음 교육

죽음 교육은 죽음의 의미를 이해하고 삶의 능력을 향상하며 그리고 죽음을 회피하거나 배제하지 않고 긍정적으로 맞이할 이유와 방법에 전념한다. 그 이유는 그렇게 해야 삶을 새롭게 볼 눈을 얻어 죽음이 불안과 두려움의 대상이 아니라 오히려 삶의 이면을 들여다보고 또 삶의 의미를 새롭게 인식할 기회임을 알 수 있게 해준다고 생각하기 때문이다. 곧, 죽음 교육을 통해 죽음의 의미를 알고 또 죽어가는 과정에서 겪는 고통과 슬픔, 두려움과 불안, 좌절과 절망, 기대와 희망의 원인을 숙지하면, 임박한 죽음을 앞둔 사람을 공감적으로 도울 수 있고 자살을 예방할 수도 있다. 윤리적 상황에서 올바른 판단 능력 형성에 공헌할 수도 있다. 일상에서 죽음을 생각하고 또 말하는 일로서의 죽음 교육은 죽음 이해를 실천하는 것이며 다음의 다섯 가지 이유로 필요하다.

첫째는 죽음 교육을 통해 죽음을 선취하여 실존적 경험의 기회로 삼았을 때, 인간은 더욱 충만하고 의미 있는 삶을 살아갈 가능성이 크다. 이는 이미 스크루지 효과를 통해 잘 알려졌다. 이런 교육의 필요성은 근사체험자(near-death experience)의 증언, 죽음을 성찰하는 것이 어떻게 삶의 의미를 심화할 수 있는지를 묻는 인터뷰, 그리고 죽음 교육 이후 효과에 관한 설문

---

35) 다음을 참고: 푸웨이쉰(傅偉勳), 死亡的尊嚴與生命的尊嚴, 전병술 옮김, 『죽음, 그 마지막 성자』 (서울: 청계, 2001).
36) 그래서 타이완 철학자 푸웨이쉰(부위훈)이 생사학(Life-and-Death Studies)을 주장한 것이고, 알폰스 데켄(Alfons Deeken) 역시 죽음학 대신 생사학을 사용할 것을 제안하였다. 다음의 글에는 죽음을 왜 그리고 어떻게 배워야 하는지가 잘 나타나 있다. Rob Mol, *The Art of Dying*, 이지혜 옮김, 『죽음을 배우다』(서울: IVP, 2014).

조사를 통해 확인되었다.37)

둘째는 임박한 죽음을 기다리는 사람을 공감적으로 도울 수 있고, 상실의 고통을 겪는 유족의 비탄을 위로할 수 있다는 것이다. 헨리 나우웬은 이것을 죽음 맞이 교육과 죽음 돌보기 교육으로 구분하여 말했다.38)

셋째 이유는 죽음이 피할 수 없는 사실이기 때문이다. 한계 상황으로서 죽음은 출생과 더불어 평생 삶과 동행한다. 피할 수 없다면 적절하게 순응해야 하는데, 이와 관련해서 주제로 부각하는 건 좋은 죽음과 그리고 죽음에 이르기까지 누리는 행복한 삶이다. 이것은 특히 죽어가는 자에게 필요한 것으로 여겨진다.

넷째 이유는 필자가 본 연구를 통해 밝힐 주제인데 곧, 정치적인 이유로 죽음을 말하지 않도록 강요받거나 혹은 함부로 말하는 일이 사회문제로 대두되었음에도 죽음 교육의 내용에서 전혀 다뤄지지 않고 있기 때문

---

37) 이런 의미의 죽음 교육이 갖는 문제는 크게 세 가지다. 하나는 죽음이라는 한계 상황에서 삶의 의미를 온전히 이해할 수 있다고 전제한 것이다. 죽음을 생각하며 삶을 돌아본다고 해서 삶의 의미를 알 수는 없다. 사람은 죽은 후에야 비로소 삶의 의미가 밝혀지고, 또 삶의 의미는 내가 규정하기보다 부여되는 것을 받는 것이기 때문이다. 그러므로 죽음 교육을 통해 삶의 의미를 발견하도록 시도하는 건 부분적으로만 옳다.
다른 하나는 아무리 죽음을 생각하고 말해도 죽음의 현실이 마음에 와닿지 않은 사람에게 죽음 교육은, 설령 그것이 무의미하게 여겨지진 않아도, 기대만큼 효과 있게 작용하지 않는 것이다. 죽음 교육의 효과를 정량적으로 파악하기 위한 설문조사에서 응답자의 죽음을 가정하는 일은 삶의 의미와 가치를 강요하는 것과 별반 다르지 않다. 설령 이런 상상을 통한 인식 과정을 통해 기대 효과가 나타난다 해도 대개는 일시적이다. 죽음을 실존적으로 의식하는 단계에 이르기 전까지는 대체로 잊고 지낸다. 엄밀히 말해 이런 사람들에게도 의미 있는 죽음 교육을 고려하는 건 당연하지 않을까?
마지막 하나는 21세기에 몸담고 있으면서 여전히 근대교육의 정신에 매여 있는 것이다. 근대교육은 교육의 현장에서 죽음을 배제하였다. 설령 죽음을 주제로 삼아도 다만 하나의 지식으로만 취급될 뿐 삶 가운데 적절한 자리를 차지하는 존재로서는 다루지 않았다. 곧 비록 죽음을 알고 있다 해도 그것이 삶에 영향력을 미치는 요인으로서는 받아들이지 않은 것이다. 다만 극복해야 할 대상에 불과했다. 근대교육에서 관건은 오직 행복한 삶과 삶의 능력을 향상하는 것이기 때문이다. 그런데 오늘날 죽음 교육 역시 죽음조차도 오직 삶을 생각하고 또 삶의 기능을 향상할 방편으로 삼으려 한다는 인상을 준다. 죽음은 삶의 한계를 환기하는 이미지에 불과할 뿐이다. 죽음 그 자체를 긍정적으로 보는 관점이 필요하다.
38) Henri Nowen, *Our Greatest Gift: On Meditation on Dying and Caring*, 홍석현 옮김, 『죽음, 가장 큰 선물』(서울: 홍성사, 1998).

이다. 이와 관련해서 사회적으로 죽음을 적합하게 말할 필요성이 강력하게 대두되고 있다. 이것은 여론에서 비판적으로 회자하고 있으나 안타깝게도 여전히 죽음 교육의 과제로 여겨지지 않고 있다. 죽음에 관해 침묵을 강요하는 정치적 현실에 저항하거나 죽음을 함부로 말하는 일을 방지하는 것도 죽음 교육이 자신의 과제로 인지할 필요가 있다고 생각하기 때문에 필자는 사회적 통합을 위해 본 논문에서 주제로 삼아 다루려고 한다.

그밖에 기독교 신학이 죽음 교육의 성격과 관련해서 기억해야 할 것은 사도 바울이 고린도 교회에 보낸 편지에 담긴 내용이다. "… 만일 그리스도 안에서 우리의 바라는 것이 다만 이생뿐이면 모든 사람 가운데 우리가 더욱 불쌍한 자리라"(고전15:19) 사도 바울의 말은 기독교 죽음 교육을 이 땅에서 잘 살기 위한 것으로만 보려는 태도에 경종을 울린다. 다시 말해서 기독교 죽음 교육은 이생에서 행복한 삶을 위해서 필요할 뿐 아니라 죽음 자체의 신학적 의미를 위해 필요하다. 그리스도인의 인생에는 삶과 죽음의 틀을 넘어 제3의 가능성(부활의 삶, 영생)이 있다는 사실은, 죽음 교육이 부활(생명) 교육이어야 한다는 사실을 역설한다. 이것이 죽음 교육의 필요성에 대한 다섯째 이유이다.

지금까지 제시한 죽음 교육이 필요한 여러 이유를 정리하면 다음과 같다. 죽음을 인지하기 시작하는 때부터 죽음에 대한 바른 이해가 필요하며, 높은 자살률의 현실에서 자살을 예방하고, 삶의 또 다른 측면으로서 혹은 삶의 동반자로서 죽음에 대한 불안과 두려움을 줄이고 가치를 실현하는 삶을 충실하게 살기 위해 곧 생명존중 사상을 함양하고, 올바른 가치관을 형성하며, 사별에 따른 상실감을 극복하도록 돕고 죽음에 대한 도덕적 윤리적 이해를 높여 판단력을 형성하기 위해 죽음 교육의 필요성을 강조하는 것도 공통된 견해다.[39)40)] 그러니까 죽음 교육은 알폰스 데켄이 주장한 대로 주로 죽음에 대한 준비교육이었고 비탄을 위로하거나 애도를 위한 교육이었으며 그다음에는 삶의 의미를 발견하고 실천하며 죽음에 직면해서도 희망하기 위한 동기를 부여하기 위함이었다. 그러므로 이런 교육을 통해 자살 예방 효과를 기대하는 것은 자연스러운 결과이다. 필자는 이런 죽음 준비교육만으로는 해결하기 어려운 문제를 고려할 때, 넷째와 다섯째의 이유를 죽음 교육에 포함해야 한다고 주장한다.

4) 신학적 문제로서 죽음 교육

필자가 죽음 교육의 필요성에 관한 주장을 접한 후에 그 정당성에 의문을 제기하면서 죽음 교육 자체를 신학적 문제로 보고 새 방향을 고민한 까닭은 기존의 죽음 교육이 전제하고 있거나 주장하는 것과 관련해서 기독교 신학자로서 쉽게 수긍할 수 없는 것들이 있기 때문이다.

첫째는 신학적 관점에서 스크루지 효과를 아무 조건 없이 받아들일 수 없다. 곧 삶의 한계로서 죽음을 성찰한다고 해서 반드시 삶의 의미를 알 수 있거나 보람된 삶을 실천하는 건 아니다. 죽음 교육에서 관건은 철저한 변화라고 했는데, 일시적인 변화의 계기는 될 수 있을지 몰라도 지속적인 변화로 이어지는 건 드문 일이다. 게다가 죽음으로 모든 것이 끝난다고 생각하는 사람 중에는 의미와 보람을 자기를 중심으로 이해하고 오직 자기 삶에만 전념하는 사람이 많다.

게다가 삶의 의미는 한 사람의 인생 전체를 두고 평가할 때 비로소 말

---

39) 알폰스 데켄, 『죽음을 어떻게 맞이할 것인가』.
40) 정재걸 외, "한국 청소년 죽음교육 모형 개발: 일본 청소년 죽음교육 모형과의 비교를 중심으로", 「사회사상과 문화」 18/2(2015), 325-356, 342-343. 기독교에서 죽음 관련 연구를 하는 "이폴연구소(Eternal Perspective of Life)"를 설립하고 목회 사역의 하나로 교회에서 해마다 죽음 세미나를 개최하여 죽음 교육을 실천하고 있는 황명환은 여기에 죽음이 세상에서 가장 보편적인 원리 곧 피할 수 없는 일이라는 사실을 덧붙인다. 황명환, 「죽음인문학 워크북」, 15.

할 수 있는 것이라 죽은 후에야 비로소 밝혀진다. 삶의 의미를 말하기 위해서 삶뿐 아니라 죽음과 죽음 이후까지도 고려해야 한다는 말이다. 다시 말해서 죽음은 단지 한계만이 아니라 삶이라는 초점과 더불어 인생을 구성하는 또 다른 초점이다. 그러므로 아직 죽음을 경험하지 않은 상태에서 단지 방법적으로 죽음을 상상한다고 해서 삶의 의미를 알 수 있는 것은 아니다. 성경(요일3:2, "사랑하는 자들아 우리가 지금은 하나님의 자녀라 장래에 어떻게 될지는 아직 나타나지 아니하였으나 그가 나타나시면 우리가 그와 같을 줄을 아는 것은 그의 참모습 그대로 볼 것이기 때문이니")이 말하는 삶의 의미는 주께서 다시 오시는 때에 비로소 밝히 드러난다. 이로 인해 삶은 물론이고 죽음을 함부로 말하는 일은 삼가야 한다.

둘째는 앞의 질문과 연결되어 있는데, 아무리 죽음을 생각하고 말해도 죽음의 현실이 마음에 와닿지 않은 사람에게 죽음 교육은-설령 그것이 무의미하진 않아도-기대만큼 효과 있게 작용하지 않는다. 삶의 변화, 정체성의 변화로 이어지는 경우가 드물다. 그 이유는 죽음을 현실이 아니라 단지 지식으로만 받아들이는 경향에서 찾을 수 있다. 물론 전혀 안 하는 것보단 낫겠지만, 죽음 교육을 통해 죽음의 의미를 성찰하게 하고 또 그것을 상상하도록 해서 혹은 대중매체를 통해 선취하여 느껴보게 하고, 그 후에 삶의 의미와 가치에 관한 생각이 어떻게 변했는지를 물은 후 대답하도록 하는 것은 지극히 인위적이다. 설령 그렇게 해서 의미를 깨달았어도 질문에 대답할 필요에 의해 강요된 혹은 질문에 함의된 것이 주입된 의미에 불과하다. 이렇게 해서는 죽음 교육을 통해 기대하는 변화는 일어나지 않는다. 관건은 죽음을 실존의 문제로 느끼며 사는 사람뿐 아니라 아직 멀게만 느끼는 사람들에게도 삶 자체가 죽음과 함께 사는 일임을 깨닫게 하는 죽음 교육이 되게 하는 것이다.

셋째는 삶을 알차고 보람있게 산다고 해서 행복한 죽음을 맞이할 것이라는 기대가 신학적으로 얼마나 정당한지 의문이다. 그리스도인에게 행복한 죽음은 단지 의미 있는 삶을 살았기에 얻어지는 것이 아니라 그리스도 안에서 죽은 자에게 주어지는 은혜이기 때문이다. 믿음 없이 죽은 사람을 생각한다면, 의미 있고 보람된 삶으로 죽음의 의미를 정당화할 수 없다. 그러므로 행복한 죽음을 맞이할 목적을 위해 필요하다고 주장되는 죽음 교육은 신학적으로 수용하기가 쉽지 않다.

넷째는 기독교 신학 개념으로서 죽음과 부활은 서로를 밀어낸다. 성경에서 죽음은 죄의 결과이며 하나님의 심판으로 이해된다. 엄밀히 말해서 죽음은 비록 피할 수는 없다 해도 환영할 만한 것은 결코 아니다. 성경에서 죽음이 긍정적으로 언급되는 때는 언제나 하나님의 구원과 용서의 은혜를 말하는 맥락에서다. 이런 맥락에서 죽음은 희생(sacrifice)이며 계시(revelation)다. 그러므로 관건은 충만한 삶의 의미를 얻기 위해 죽음을 긍정적으로 맞이하는 것과 '예수께서 원수인 죽음을 이기고 부활하셨다'라고 고백하는 부활 신앙이 그리스도인의 삶에서 통합되는 방법을 찾는 것이다.

다섯째는 죽음의 의미에 대한 포괄적인 이해를 바탕으로 구성된 죽음 교육프로그램이 일반 학교 교과 과정으로 채택되지 않았을 뿐 아니라 또한 기독교 안에서도 찾아보기 어렵기 때문이다. 특히 기독교에서 죽음 교육을 위한 커리큘럼이 없는 건 매우 위중하게 생각해야 한다. 한계 상황으로서 죽음의 문제는 인간에게 매우 심각한 문제들을 제기한다. 이는 기독교 복음은 죽음의 문제와 깊이 연결되어 있고, 또한 기독교는 죽음의 문제에 직면한 사람들에게 죽음을 적합하게 말함으로써 그들이 희망이 있는 삶을 살 수 있도록 도울 책임을 사명으로 인지하기 때문이다. 그런데 만일 이것에 관해 기독교가 적합한 대처방안을 준비조차 하지 못한다면 타인의 죽음을 함부로 말하거나 아니면 책임을 유기하는 일이 벌어지는 건 충분히 예상할 수 있는 일이다.

여섯째는 하나님의 행위로서 존엄하게 여겨져야 할 죽음이 남용되고 있다. 죽음이 상업적 이익을 위해 부당하게 소비되는 것은 물론이고, 죽음을 생각하고 또 말하는 일이 행복한 죽음은 물론이고 의미 있는 삶을 가능하게 한다는 이유로 죽음은 실체에서 한참 벗어난 이미지로 탈바꿈했다. 의미 있고 보람된 삶을 위한 매개로 대상화되었다. 특히 죽음을 자기 편의에 따라 소비함으로써 죽음의 공동체적 의미가 상실되었다. 그러나 만일 죽음을 하나님의 행위로 여기고 또 죽음의 의미를 개인적 차원 및 사회적 배경뿐 아니라 죽음을 말하는 사람과의 관계를 고려하여 이해한다면, 혹시 다른 분야에서는 몰라도 적어도 기독교에서는 지금처럼 함부로 말하지 못할 것이다. 41)

필자는 이상의 여섯 가지 이유로 죽음 교육을 신학적 문제로 인지하고 연구의 과제로 삼을 것을 제안한다. 특히 마지막에 언급한 죽음의 오용과 남용의 문제와 관련해서 제기되는 질문 곧 '죽음을 어떻게 적합하게 말할 수 있는가'를 죽음학적 전환기의 기독교 죽음 교육을 위한 새 과제로 제안한다. 과제의 필요성을 깊이 이해하기 위해 '죽음을 적합하게 말하기'에 관해 조금 더 상술해보자.

---

41) 이것을 조금 더 상술한다면, 대한민국 사회에서 죽음을 말하는 방식과 관련해서 나타나는 불편한 현실이 떠올려진다. 하나는 죽음 교육과 관련한 죽음 이해의 문제에서 죽음을 비신학적 인문학의 범위에 한정시키는 관행이며, 다른 하나는 타인의 죽음을 함부로 말하여 고인의 삶과 죽음을 무의미하게 만드는 일이 다반사로 일어나는 것이다. 여기서 함부로 말한다는 건 비윤리적/비도덕적으로 말하는 것은 물론이고, 정당한 근거도 없이 죽음의 의미를 평가하거나, 죽음 이해에서 허용되지 않은 방식으로 말하는 것이다. 죽음은 자본주의 사회에서는 문화 상품으로 전락하고 과학 의료 기술에 의해선 삶의 현실에서 배척받고 있다. 정치 현실에선 정치적인 이해관계에 따라 죽음이 평가된다. 기독교에서는 공적 차원을 배제한 채 공감할 수 없는 방식으로 죽음을 해석한다. 빈부의 차이에 따라 혹은 사회적 인지도에 따라 죽음을 소통하는 방식이 다르다. 죽음을 마치 객관적으로 말할 수 있는 것처럼 여기면서 설명하려고 한다.

5) 죽음을 적합하게 말해야 할 이유

죽음 교육은 일반적으로 죽음에 대해 준비하고, 죽음의 의미를 이해하고, 유족의 비탄을 위로하고 애도하는 교육, 죽어가는 자를 돌보는 의료인을 준비시키는 교육, 죽음과 관련해서 발생하는 윤리적 상황에서 올바른 판단을 할 수 있도록 돕는 교육, 그리고 죽음의 공포와 불안에 대응하는 교육으로 이루어진다.[42] 이것이 중요하다는 사실은 모두가 인정한다.

그러나 이런 교육으로는 오늘 우리 사회에서 타인의 죽음과 관련해서 수면 위로 떠 올라 눈살을 찌푸리게 할 뿐 아니라 사회적 통합을 방해하는 문제를 인지하지도 또 해결하지도 못한다. 곧 여론에서 자주 회자하는 타인의 죽음을 함부로 말하는 태도를 염두에 두고 하는 말이다. 유족들에겐 흡사 부관참시로 여겨질 정도로 이것이 가져오는 충격과 또 사회적으로 미치는 부정적인 영향을 생각할 때, 죽음 교육과 관련해서 반드시 비판적으로 검토할 문제이다.

예컨대 자살에 관한 사회적 요인을 배제하고 오로지 현실도피로만 이해하거나, 타인의 죽음을 비인격화하여 보도하거나, 이유 없는 무차별 살해 피해자인 여성의 죽음을 성차별의 시각으로 보는 태도, 노동자의 죽음을 구조적으로 보지 않고 단순히 개인의 부주의로 인한 사고로만 여기는 태도, 그리고 광주민주화운동 희생자나 세월호 침몰 사건 희생자 등의 죽음을 오로지 정략적 이해관계만을 바탕으로 말함으로써 죽음의 의미를 아전인수적으로 해석하고 고인의 명예를 훼손하는 것은 물론이고 유족에

---

[42] 알폰스 데켄은 죽음 교육 내용으로 총 12개 항목을 제시했다. 죽음에 이르는 과정에 대한 이해, 인간답게 죽는 법을 생각하기, 죽음의 터부 없애기, 죽음의 공포와 불안에 대처하기, 자살 방지, 병명 통지와 영혼돌봄, 호스피스, 안락사, 장기이식, 장례식에 어린이 참석시키기, 유머교육의 권장, 사후 세계에 대한 고찰 등. 죽음을 생각하고 준비하는 일에서 매우 중요한 사안이지만 이것만으로는 죽음을 적합하게 하는 문제를 해결하기 어렵다. 주목할 만한 항목은 죽음 교육에서 유머의 중요성이 강조된 것인데, 이것은 죽음을 말하는 방식과 관련해서 시사하는 바가 있다.

게 큰 상처를 주는 일들이 우리 사회에서 자주 일어나고 있다. 게다가 죽음을 함부로 말하는 일은 이것을 지켜본 사람들로 자기 죽음 후에도 같은 비난이 쏟아질 수 있다고 생각하게 해 죽음을 두려워하게 만드는 요인이 된다.

망언에 가까운 이런 식의 발언은 왜 일어나는 걸까? 죽음 이해가 부족했던 까닭일까? 체계적인 죽음 교육이 없었기 때문일까? 그런 면이 전혀 없진 않으나 필자의 관찰에 따르면 더 큰 이유는 다른 데 있다. 무엇보다 삶과 죽음을 다스리는 하나님을 생각하지 않고 또 인간의 존엄성을 반영하지 않고 말한 것이며, 이와 더불어 죽음을 말할 때 함께 고려해야 마땅한 배경 상황 및 인물에 대한 공감과 역사의식이 부재했기 때문이다. 죽음 자체의 의미와 공적 차원의 맥락 그리고 인간 존엄성이 배제되었다는 말이다. 존엄성을 무시하고 공감적 상황이해가 결여하고 또 역사의식의 부재는 죽음을 대상화함으로써 남용하게 하며, 또한 죽음 이해가 아무리 풍부하다 해도 죽음을 적합하게 말하지 못하게 한다. 죽음은 보편적이라도 죽음을 말하는 일은 상황에 따라 달라지기 때문이다. 사실 죽음을 말하는 방식은 공적으로 결정되기도 하지만[43], 기억이라는 매개[44]를 통하기도 한다. 대부분은 인간의 선택이다. 인간이 죽음을 말하는 건 죽음을 어떻게 이해하느냐에 따라 달라진다. 같은 죽음이라도 어떤 선택과 결정 과정을 매개로 말하느냐에 따라 그 의미는 달라진다. 두려움을 유발하는 요인일 수 있고 희망의 계기일 수도 있다. 하찮은 죽음일 수 있고 의미와 가치가 있는 죽음이 될 수 있다. 조롱일 수 있고 숭고한 의미와 보편적 가치를 부

---

[43] 국가 기념식에서 국가를 위해 죽은 자를 기리며 그들의 숭고한 죽음의 의미를 되새기며 말하는 방식은 공적으로 결정되어 있다. 이것은 교육을 통해 혹은 문화적으로 학습된다.
[44] 예컨대, 4.3 사건, 여순반란사건, 양민학살 사건, 과거 광주사태로 불렸던 사건, 세월호 침몰 사건 등 정치적인 이유로 국가적으로 공인받지 못했다는 이유로 국가기념 행사에서 배제된 사건들에 대한 기억 등.

여하는 것일 수 있다. 생의 마지막일 수 있고 새로운 삶의 시작일 수 있다.

그러나 아무리 죽음을 깊이 이해한다고 해도 적합하게 말하기를 고려하지 않고 자기 편한 대로 함부로 말하고 또 이해관계에서 자기 생각과 뜻을 관철할 목적으로 남용하는 데 익숙해지면, 이것은 죽음을 성찰하고 말함으로써 얻는 개인의 성숙한 인격 형성을 방해할 뿐 아니라 한층 더 나아가서 사회 통합의 길을 요원하게 한다. 게다가 죽음을 고인의 인격과 유족의 애도를 고려하지 않고 오직 정치적 사회적 경제적 이해관계에 따라서만 평가하면 죽음의 의미를 바로 파악하지 못할 뿐 아니라 결과적으로는 삶이 천박해진다. 게다가 오늘 우리에게도 일어날 수 있는 죽음에서 의로운 죽음은 기꺼이 수용하되 불의한 죽음은 강렬하게 저항하는 일에 대해 아무런 대책을 세우지 못하게 한다. 연쇄적인 죽음(유족이나 관련된 사람의 자살)을 유발하는 요인이 되기도 한다.

삶을 안다고 해서 삶에 대한 바른 태도를 보일 수 있는 것이 아니고 또 하나님을 안다고 해서 하나님을 바르게 말하고 예배할 수 있는 것이 아니듯이, 죽음의 양태를 알고 또 그 의미를 이해하고 있다고 해서 죽음을 제대로 말하거나 죽음에 대한 태도를 바르게 보일 수 있는 건 아니다. 하나님을 바르게 알고 또 바르게 말할 때 비로소 하나님 인식이 진정성을 얻고 또 하나님을 바르게 말하는 것이 하나님의 영광에 합당한 예배이듯이, 죽음을 적합하게 말해야 할 이유를 성찰하고 또 이를 얻기 위한 진지한 노력을 통해서만이 죽음에 대한 바른 태도를 준비할 수 있고 죽음 교육의 진정성을 얻을 수 있다.

이를 위해서는 죽음을 삶의 현실에서 배제하기보다 오히려 삶과 죽음을 인생의 두 초점으로 삼는 일이 필요하다.[45] 두 초점으로서 삶과 죽음

---

[45] 두 초점 이론에 관해서는 다음을 참고: 최성수, "탈 교회 시대에 목회 비평의 필요에 관한 연구",「장신논단」52/2(2020), 261-287.

이 죽음 교육에서 전제되어야 할 이유는 삶과 죽음은 상반된 에너지를 갖고 있으나 서로를 완전히 배제하지 않기 때문이다. 삶은 미지의 미래를 향한 에너지이고 죽음은 미래로부터 오는 힘이다. 인간은 두 힘 사이의 긴장 관계에서 살아가는데, 균형을 유지할 때 안정된 삶을 살게 된다. 그러므로 삶은 죽음을 떠나서는 바르게 말할 수 없고, 죽음 역시 삶 없이 바르게 이해할 수 없다. 인간을 총체적으로 이해하기 위해선 삶과 죽음을 타원형의 두 초점으로 여겨야 한다.

곧, 죽음을 적합하게 말하는 방식을 성찰하는 것이 죽음 교육의 과제가 되어야 할 이유는 첫째, 타인의 죽음을 함부로 말하여 고인의 죽음을 평가절하하면 유족에게 씻을 수 없는 큰 상처를 안겨 주기에 이것을 예방할 대책이 필요하고, 둘째, 이런 일로 인해 사회적 통합이 방해받는 것을 막아야 하기 때문이다. 이런 일들을 예방하려면 죽음을 적합하게 말하기 위한 교육으로서의 죽음 교육이 필요하다. 셋째, 죽음을 적합하게 말하는 일이 사회적 과제가 될 때, 의미 있는 삶을 위한 자극을 받으며, 넷째, 이러한 경험을 통해 자기 죽음에 대해서도 비슷하게 말해질 수 있다는 불안과 염려로 자기 죽음에 대한 두려움을 갖게 해 삶의 의미를 돌아보게 되고, 다섯째는 죽음을 포괄적으로 이해해야 죽음을 적합하게 말할 수 있기에 죽음의 이해가 편협해지는 것을 막을 수 있기 때문이다. 그리고 여섯째는 죽음을 적합하게 말하는 길이 삶과 죽음을 다스리는 하나님을 바르게 말하는 길이기에 그렇다. 죽음을 적합하게 말하길 원하는 사람은 죽음의 의미는 물론이고 죽음을 둘러싼 배경에 관한 지식, 그리고 하나님 지식을 포괄하는 죽음 교육의 필요성을 절감한다.

그러므로 죽음 교육에서 출발점은 죽음을 적합하게 말하기의 필요성을 발견하고 또 이를 위한 방법을 모색하는 것이다. 스크루지 효과에 전적으로 기대는 죽음 교육은 교육 대상자를 바람직한 결과로 이끌지 못한다.

이에 비해 자기 죽음을 상상할 때나 타인의 죽음을 말할 때 '죽음을 적합하게 말하기'는 언제나 암묵적으로 실천되기 때문에, 만일 이것을 과제로 삼는다면, 특별한 계기를 통해 강요된 방식이 아니라 일상에서 타인의 죽음에 관한 소식을 접할 때마다 죽음을 생각하며 사는 일은 가능해진다.

6) 죽음의 의미와 교육방식의 상관관계

죽음을 함부로 말하는 일은 죽음을 말하는 것을 오직 이해관계를 따지려는 방편으로 삼은 결과이다. 각종 이해관계에 얽혀 각종 사건과 재난 사고로 죽은 자들의 죽음을 말하는 현상과 관련해서 드러나는 부조리하고 불평등하고 심지어 폭력적인 현실을 안타깝게 바라보면서 올바른 죽음 교육의 필요성을 말하지 않을 수 없다.

죽음의 문제는 죽음 그 자체에 있기도 하지만, 때로는 어떤 죽음인지가 문제의 핵심으로 작용하기도 한다. 이것은 죽음의 의미를 안다고 해서 해결될 일이 아니다. 죽음을 함부로 혹은 정치적 이해관계에 따라 혹은 종교적 신념에 따라 혹은 성과 인종에 따라 차별적으로 혹은 정당한 근거 없이 말하는 일은 그동안 죽음 교육이 추구해온 것과는 전혀 다른 맥락에서 일어났다. 사실 오늘날 누구나 쉽게 접하는 대중문화(소설, 영화, TV, 만화 등)에서 죽음은 다양한 방식으로 소비되고 있는데, 때로는 비현실적으로 미화되고 때로는 폭력적으로 소비되고 있다. 따라서 어느 정도 죽음에 대한 이런 태도에 영향을 받았다고 볼 수 있다.[46] 그렇다고 대중문화의 탓으로만

---

46) 영상미디어를 통한 죽음 교육을 제안한 글에 대해서는 다음을 참고: 강진구, "영상미디어에 나타난 죽음 이미지와 교육적 대안", 「생명연구」 Vol. 15(2010), 9-45; 김건, "영화를 통해 본 아름다운 삶의 마무리, 웰 다잉", 「문학과 영상」 14(2013), 641-664; 강효: "죽음교육을 위한 애니메이션의 활용", 「한국애니메이션학회학술대회지」, 2016, 22-23. 문학을 이용한 죽음 교육은 김지혜, "현대소설을 통한 죽음교육 연구", 「문학과 환경」 17(3), 2018, 93-124; 박태진, "죽음 제재 관련 시 창작을 통한 죽음 교육의 의의 모색 - 황동규의 「비가」와 「풍장」 창작의 치료와 성장을 사례로", 「문학교육」 vol. 36(2011), 287-320.

돌릴 수는 없다. 이 문제는 지금까지 해온 죽음 교육의 철학과 내용 그리고 방법을 숙지한다고 해서 해결될 일이 아님을 깨닫게 한다. 죽음 앞에서 침묵을 강요하고 또 죽음을 함부로 말하는 일은 비록 죽음 이해가 충분했어도 일어났기 때문이다. 심지어 죽음을 함부로 말하면 그동안 받은 죽음 교육마저 무의미해지는 것을 보았다. 그렇다면 죽음을 함부로 말하는 일은 죽음 교육과 전혀 무관한 것일까? 혹시 죽음 교육의 범위에서 다룰 일임에도 그동안의 죽음 교육이 미처 인지하지 못한 결과는 아닐까? 죽음 그 자체와 죽음 교육에서 다뤄지는 죽음(한계에 대한 이미지)은 의미에서 차이가 있는 건 아닐까?

이런 의문을 기독교 신학적으로 성찰하면서 필자는 죽음의 의미를 전혀 새롭게 보아야 할 필요를 느꼈다. 죽음을 단지 "마지막" 혹은 "한계" 혹은 "죄의 삯"으로만 보는 방식으로는 죽음의 긍정적인 면을 설명하기 어려웠다. 죽음을 적합하게 말하는 일이 기독교 신학적으로 정당성을 얻는다면, 무엇보다 먼저 해야 할 일은 죽음의 의미를 재정의하는 것이다. 그 이유는 출구가 막혀 있는 한계 상황 내지는 마지막이라는 이미지로서의 죽음의 의미에 근거한 죽음 교육은 죽음을 적합하게 말하는 일을 성찰하는 데 부족할 수밖에 없기 때문이다. 다시 말해서 단지 출구가 없는 한계로서의 마지막이라는 이미지를 넘어 죽음을 바르게 이해하고 또 말하도록 이끈다면, 죽음 교육은 죽음의 존엄성을 인정하는 것은 물론이고 죽음의 공적인 차원을 드러내어 우리 사회의 통합을 위해 크게 공헌할 수 있으며 또한 지속적인 죽음 교육의 가능성도 실현할 수 있다. 그리고 죽음을 매개로 하나님과의 관계를 생각하게 한다는 점에서 죽음을 적합하게 말하기로서 죽음 교육은 일종의 영성 교육으로서 가능하며 또 부활 신앙과도 충분히 조화할 수 있다.

"… 만일 그리스도 안에서 우리의 바라는 것이 다만 이생뿐이면 모든 사람 가운데 우리가 더욱 불쌍한 자리라"(고전15:19)

부활을 강조할 의도에서 했던 바울의 말은 죽음을 배제하고 삶에 더 비중을 두는 의미로 이해해서는 안 된다. 부활 신앙은 기독교 죽음 교육을 단지 이 땅에서 잘 살기 위한 것으로만 보려는 태도에 경종을 울린다. 그렇다고 부활 신앙이 사후세계로의 도피를 조장하는 건 아니다. 성경은 삶과 죽음의 틀에서 벗어날 수 없다고 믿는 사람들에게 부활 신앙 곧 영생에 대한 신앙으로 얻는 제3의 길이 있음을 역설한다. 이는 삶과 죽음을 벗어나 하나님과 동행하여 얻은 에녹의 삶을 말하고 또한 예수 그리스도를 믿음으로써 선물로 주어지는 영생을 의미한다(요5:24, "내가 진실로 진실로 너희에게 이르노니 내 말을 듣고 또 나 보내신 이를 믿는 자는 영생을 얻었고 심판에 이르지 아니하나니 사망에서 생명으로 옮겼느니라", 6:47, 17:3).

다시 말해서 기독교 죽음 교육은 한계 상황에서도 하나님과 동행하는 삶 그리고 죽음으로 끝나지 않는 삶을 위한 것 곧 부활 교육이기도 하다. 죽음을 대하면서 실망하거나 절망하지 않고 오히려 하나님과의 관계를 재정립하고, 하나님의 뜻과 행위를 인식할 뿐 아니라 하나님의 행위로서 죽음을 수용하도록 돕는다는 점에서 죽음 교육은 영성 교육이다.[47] 그동안 삶을 위한 교육으로서의 죽음 교육에서 철저히 배제된 것은 엄밀히 말해서 삶과 죽음을 다스리는 하나님이다. 하나님은 삶과 죽음의 주님이시기 때문에 죽음을 말할 때 결단코 배제되어서는 안 된다. 이를 위해선 다양한 죽음 교육과 관련해서 기독교 죽음 교육의 정당성을 입증하여, 그

---

[47] 이런 측면의 기독교 영성의 성격에 관해서는 다음을 참고: 최성수, 『대중문화 영성과 기독교 영성』(대전: 글누리, 2010).

결과 삶의 현장에서 죽음을 적합하게 말하기와 관련해서 왜 삶과 죽음의 주인으로서 하나님을 말해야 하는지가 밝혀져야 할 것이다.

기독교적으로 죽음을 적합하게 말하기 위한 필요조건인 죽음의 의미를 필자 나름대로 재정의하면 다음과 같다.

> 죽음은 죄를 찾으시는 하나님을 만날 때 일어나는 사건으로서 하나님 행위의 한 방식이다. 다가오는 것으로서 죽음은 믿는 자에게는 예수 그리스도의 의로 인해 하나님의 생명으로 이어지는 단계적 사건으로서의 은혜의 의미를 갖고 때로는 하나님의 뜻을 알리는 계시의 의미를 갖지만, 예수 그리스도를 통해 계시한 하나님의 생명을 스스로 인정하지 않아서 받아들이지 못한 자에게 죽음은 하나님의 마지막 심판으로 경험된다. 인간은 개인 종말 사건으로서 죽음을 만나는데, 죽음의 순간에 믿는 자와 믿지 않는 자의 운명은 갈린다. 죽음 교육은 죽음을 하나님의 행위로 이해하도록 도와주어 죽음을 함부로 말하지 않도록 예방하며 죽음 문화를 순화하고, 죽음의 두려움으로 인해 인격이 무너지지 않도록 하고, 또 생명의 하나님을 신뢰하도록 해서 죽음으로 끝나지 않는 삶을 기대할 수 있도록 돕는다. 다가오는 하나님의 행위를 소망하면서 부활 약속의 성취를 기대하는 건 죽음을 적합하게 말할 조건이다.

7) 죽음을 적합하게 말하기는 어떻게 가능한가?

지금까지는 죽음 교육이 필요성과 관련해서 '죽음을 적합하게 말하기'를 다루었다면, 이곳에서는 그것이 어떻게 가능한지에 대해 방법적인 측면에서 살펴보도록 하겠다.

(1) 죽음을 적합하게 말하기 위한 기대 지평으로서 부활

　죽음을 적합하게 말하기 위한 기대 지평은 부활이다. 따라서 먼저 부활의 의미에 대해 생각해보자. 부활을 생각할 때 흔히 범하는 오류는 생물학적인 몸이 다시 산다는 것으로 이해하는 것이다. 몸의 부활은 신령한 몸, 영화의 몸(glorified body)으로의 변화를 의미한다. 우리가 상상할 수 없는 형태이며 오직 복음서와 바울의 증거를 통해서만 그것이 약속된 것임을 알고 또 그것의 실제를 믿을 수 있을 뿐이다. 부활의 다른 말은 영생 곧 하나님의 생명을 사는 것이다. 하나님을 대면하여도 죽지 않는 삶이다. 더는 죽음을 염두에 둘 필요가 없는 삶이다. 영생은 원래 에덴동산에서는 일상에서 누릴 수 있는 것이었지만 타락 후에는 예수 그리스도를 믿음을 가진 자에게 주어지는 하나님의 선물이며 또 삶과 죽음의 굴레에서 벗어나 성령으로 다시 태어나는 자가 누리는 제3의 삶이다. 성경은 이것의 실제를 에녹과 엘리야 그리고 예수 그리스도를 통해서 계시하고 있다. 요한복음은 이것이 오직 물과 성령으로 거듭나는 일이라고 말하고 있다. 믿는 자에게는 살아 있을 때 뿐만 아니라 믿음 안에서 죽은 자에게 주어진 하나님의 선물이다. 부활 곧 영생은 오직 믿음 안에서 물과 성령으로 다시 태어나는 자만이 경험할 수 있다.

　부활 곧 영생은 믿음의 삶에서 부분적으로 경험된다. 부활은 세상의 구원을 위해 희생(sacrifice)하고 또 하나님 나라의 현실을 부정한 인간에 의해 희생된 자로서(victim) 죽은 예수가 하나님의 능력에 따라 죽음의 권세를 물리치고 다시 살아난 사건이다. 종말론적인 사건으로서 몸의 부활은 우리가 알 수 없는 방식으로 일어나겠지만, 예수의 부활을 일상에서 경험하는 건 하나님과 동행할 때, 내 삶을 통해 하나님의 뜻이 구현되도록 할 때 일어난다. 곧 예수의 부활을 통해 입증된 죽은 자를 살리신 하나님의 능력은 인간의 한계 상황에 직면해서도 하나님의 뜻이 이루어지길 기대하면서 순종하는 자에게 나타나고 또 예수 그리스도 안에서 일하시는 하나님을 믿는 자에게 주어진 부활 약속은 순종하는 자에게 부분적으로 성취된다. 그러므로 하나님의 뜻이 자기에게 일어나도록 하며 그리고 그 뜻이 자기를 통해 이루어지게 하는 순종만이 일상에서 영생을 경험하도록 이끈다.

바울이 말한 '나는 죽고 내 안에서 그리스도가 산다'라는 표현은 일상에서 얻는 영생의 경험을 의미한다. 결과적으로 삶의 변화는 죽음의 위협에도 불구하고 순종할 때 일어난다고 말할 수 있다. 이런 순종을 통해 영생을 경험할 때, 삶은 충만해지고 삶의 변화는 일어난다. 죽음을 염두에 두고 살 때가 아니라 죽음의 위협에도 굴하지 않고 혹은 죽음의 순간에도 하나님의 뜻에 순종할 때 영생의 삶으로의 변화는 일어난다. 그러므로 죽음 교육은 죽음의 의미를 학습하는 방식에서 벗어나 부활 교육이어야 하며, 궁극적으로는 죽음 앞에서 하나님의 뜻을 인정할 뿐 아니라 그 뜻에 순종하는 삶을 위한 교육이어야 한다.

(2) 공적 차원에서 사회적 연대 의식을 갖고 죽음을 말하기

무엇보다 현실적인 면에서 사회적으로 의로운 죽음으로 판명이 난 경우, 그래서 사회적으로나 국가적으로 기억할 만한 가치가 있다고 여겨진 죽음을 말하는 일에서 적합하게 말할 이유는 쉽게 찾아진다. 희생(sacrifice)으로서 이런 죽음은 고귀한 것이며 칭송받기에 합당하다고 공적으로 인정받기 때문이다. 또한, 희생(victim)으로서 죽음은, 비록 정치적인 이해관계에 따라 논란이 있고 또 죽음을 함부로 말하는 일이 다른 경우보다 더 많이 발생하기도 하지만, 예컨대, 2020년 미국에서 Black Lives Matter(BLM) 운동을 촉발한 흑인의 죽음이나 각종 차별로 인한 죽음, 부실한 노동환경과 조건으로 인한 죽음, 사회적 약자의 죽음 등과 같이 사회적

인 연대감을 촉발한 경우 역시 죽음을 적합하게 말하는 일은 그렇게 어렵지 않다. 아니 엄밀히 말해서 이들 연대 운동은 죽음을 적합하게 말하는 일을 실천하는 것이다. 이것은 어떻게 가능한 일일까?

　사회적 연대감을 형성하는 일에서 핵심은 기독교 정신에 기초한 가치의 실현을 위한 헌신이며, 특히 공감 능력 향상과 적극적인 참여를 위한 용기를 발휘하기 위한 꾸준한 학습이다. 잘못된 제도를 바꾸어 사회적 관습과 행태에 변화가 일어나길 원하는 노력은 죽은 자에 대한 생생한 기억과 연대감을 통해 가능하다. 죽은 자를 생생하게 기억하면서 각종 차별행위와 제도가 빚어내는 비극의 실상을 알리고, 인간의 존엄성을 숙지케 하고, 정의와 평등과 공존을 사회적 가치로 삼는 삶의 비전을 알리는 교육은 죽음의 의미를 더욱더 깊이 숙고할 기회를 제공하며, 무엇보다 타인의 죽음을 함부로 말하는 것을 예방한다. 사회적 연대감은 희생(victim)으로서의 죽음을 적합하게 말할 필요조건이다. 이는 학교와 교회에서 죽음의 공적 차원을 숙지케 하는 교육 특히 죽음을 적합하게 말하기 위한 교육이 필요한 이유이다.

　공적 차원에서 죽음을 적합하게 말하기는 죽음이 단지 존재의 소멸 혹은 부재 이상을 의미할 때 가능하다. 이런 의미에서 죽음은 끝이 아니고 새로운 시작이다. 공권력에 의해 혹은 강자에 의해 억압되고 배제된 죽음을 기억하여 말하면서 부활을 기대하는 사람도 있다. 이런 기억은 그 자체로 불의에 대한 저항이며 희생자의 죽음을 기리는 방식이다. 만일 이런 죽음을 기억하고 또 말하면서 생각과 태도와 삶에서 철저한 변화가 일어난다면, 그건 부활을 경험하는 것이며 부활의 선취라고 말할 수 있다. 달리 말해서 공적 차원에서 죽음을 적합하게 말하기는 희생자를 기억하고 사회적 변화에 헌신하는 것으로 시작한다. 변화에 저항하면서 타자(희생자)의 죽음을 말하는 건 무의미하다.

(3) 하나님의 다스리는 행위로서 죽음을 말하기

한편, 죽어가는 자 당사자에게 죽음을 예고하며 말하는 일이나 사랑하는 가족의 죽음을 말하는 일, 특히 어린 자녀들에게 부모의 부재가 죽음 때문이라는 사실을 말하는 일은 쉽지 않다. 더군다나 자연재해나 교통사고 피해로 죽었거나, 원치 않는 질병으로 인한 죽음, 자살로 죽었거나 자의적 안락사로 죽은 경우, 그리고 원인이 밝혀지지 않은 사건으로 혹은 공권력에 의해 죄인으로서 죽었으나 죽음의 원인이 은폐 혹은 조작된 경우, 그래서 사회적인 비난을 받아 기억조차 거부당하는 자의 죽음을 적합하게 말하는 일은 몹시도 힘겨운 일이다. 여기에 더해 아직 요원하게만 느껴지는 나의 죽음을 적합하게 말하는 건 어떻게 가능한가? 어떻게 말해야 적합한 것일까?

그리스도인에게서 죽음을 적합하게 말하기에서 핵심은 죽음이 '오시는 하나님'의 행위에 따른 결과라는 사실에서 출발하는 것이다. 비록 확실하게 말하기는 어렵다 해도 이 사실을 부정할 수는 없다. 설령 죽음의 이유가 밝혀지지 않았어도 혹은 그것이 희생(victim의 의미에서)으로서 억울한 것이라 여겨진다 해도 죽음은 하나님의 행위에 따른 결과이다. 다만 죽음의 의미에서 죄에 대한 심판과 구원의 은혜 혹은 희생(타자를 살리기 위한 죽음이라는 의미에서 sacrifice) 그리고 계시(하나님의 숨겨진 뜻을 드러내는 의미에서)를 가르는 건 믿음이다. 문제는, 인간은 인식의 한계로 인해 누구의 죽음에 대해서도 단정하여 말할 수 없는 것이다. 믿는 자라도 자기 죽음을 하나님의 은혜라고 단정할 수 없고, 설령 믿지 않는 자의 죽음이라도 하나님의 심판이라 단정하여 말할 수 없다. 하나님은 사람의 중심을 보시기 때문이다.

무엇보다 죽음을 적합하게 말하기가 어려운 것은 '숨어계신 하나님'으로 인해 혹은 하나님 인식에서 인간학적인 한계로 인해 하나님을 적합하게 말하기가 쉽지 않은 것과 같다. 인간은 다만 하나님의 행위로서 죽음을 경험할 뿐이어서 타인의 죽음을 애도하며 혹은 유족을 위로하며 말할 수는 있어도 죽음을 정당화할 수는 없다. 더구나 살아서는 죽음을 경험할 수 없으니 공감적으로 죽음을 말하고 또 적합하게 말한다는 건 어려울 수밖에 없다. 이점을 고려하지 않고 자신의 관점이나 이해관계에 따라 죽음을 말한다면, 함부로 말하는 잘못을 저지를 수밖에 없다.

어떤 죽음이든 죽음을 말하는 일에서 함부로 말하지 않기 위해서는 죽음을 다스리고 생명을 주관하는 하나님을 생각해야 한다. 죽음을 적합하게 말하기 위해서는 숨어계신 하나님의 긍휼과 자비를 구하면서 죽음을 말하는 것이다. 믿지 않고 죽은 자라도, 죄인으로 죽은 자라도, 그들의 죽음을 말하면서 하나님의 자비와 긍휼을 구하는 건 교리에서 벗어나는 일이 결코 아니다. 하나님의 행위로서 죽음을 적합하게 말하기 위해서는 하나님의 자비와 긍휼을 기대하는 마음으로 죽음을 말해야 한다.

III.
결 론

죽음을 적합하게 말하는 일은 기독교적 죽음 교육을 강하게 요청한다. 그 이유는 첫째, 하나님의 행위에 대한 인간의 반응에서 관건은 적합하게 말하는 것에 있기 때문이다. 죽음을 적합하게 말하기 위해선 먼저 죽음의 의미를 맥락적으로 이해할 필요가 발생하다. 둘째, 죽음을 적합하게 말하길 노력할 때 자기중심적 죽음 이해에서 벗어나고 또 죽음 교육과 생명 교육의 혼돈에서 벗어날 수 있기 때문이다. 그리고 셋째, 특히 대한민국 사회에서 죽음과 관련해서 겪는 문제 가운데 하나로 시급하게 해결해야 할 일은 타인의 죽음을 부적절하게 말하는 방식이며 또한 함부로 말하는 태도이기 때문이다. 사자 명예 훼손이라는 형태로 법적으로 해결하기 전에 먼저 죽음을 적합하게 말할 수 있도록 돕는 의미에서 죽음 교육의 필요성을 생각했다.

죽음을 적합하게 말하는 문제는 이미 태동 단계에서부터 죽음과 부활을 말해 온 기독교에서 중시되었다. 그러나 누구보다도 죽음의 문제를 핵심으로 숙지하고 있어서 죽음을 적합하게 말할 수 있을 것이라 여겨지지만, 예상외로 그렇지 않은 일들이 자주 발생한다.

필자의 소견에 따르면, 이런 발언 역시 죽음 이해 자체에 문제가 있었다기보다는 본질에서 죽음의 공적 차원을 외면했기 때문이고 또 세상을 다스리시는 하나님에 대한 이해가 왜곡했기 때문이다. 양자는 서로 밀접한 관계에 있다. 곧 하나님의 다스림과 하나님의 심판에 대한 오해와 왜곡은 죽음을 공적으로 이해하고 수용하는 일은 물론이고 말하는 일에서 잘못된 방식을 유발한다.

본 논문은 바로 이점을 기독교 죽음 교육의 과제로 삼아 연구할 것을 주장했다. 곧 그리스도인이 죽음을 적합하게 말하기 위한 조건을 탐색하는 것이 죽음 교육의 필요성에 포함됨을 밝히고 또 이와 더불어 기독교적 죽음 교육을 위해 신학적으로 적합한 방법을 제안했다.

끝으로 기독교 죽음 교육은 인생의 마지막 순간을 준비하는 교육으로 이해하는 경향에서 과감하게 벗어날 필요가 있다. 이것이 필요한 일이긴 하나 이것에 제한해서는 안 된다. 기독교 죽음 교육은 신앙의 종말론적인 지평 때문에 단지 죽음 전후의 문제를 해결하는 일만을 과제로 삼을 수 없다. 종말론적인 지평으로 인해 기독교 죽음 교육은 하나님 나라의 삶을 실천하고 하나님 나라의 존재를 증언하기 위한 삶의 교육이다. 이것은 죽음 교육이 먼저는 부활(생명) 교육이어야 함을 환기하고 또 이 땅에서 살아내야 하는 하나님 나라의 삶을 위한 교육이어야 함을 역설한다. 본 논문은 이것이 어떻게 가능한지를 살펴보았다.

참고문헌

사전

Tod, Art. in: Die Religion in Geschichte und Gegenwart(RGG) 3. Aufl., Bd.6(Tübingen, 1986), 908-921

논문 및 서적

가정호. "기독교적인 죽음교육 연구". 고신대 석사학위논문. 1992.
강선보. "실존주의 철학에서 본 죽음과 교육". 「교육문제연구」 19(2003), 1-24.
강정인. 『죽음은 어떻게 정치가 되는가』. 서울: 책세상, 2017.
강진구. "영상미디어에 나타난 죽음 이미지와 교육적 대안". 「생명연구」 15(2010), 9-45.
강효은. "죽음교육을 위한 애니메이션의 활용". 「한국애니메이션학회학술대회지」(2016), 22-23.
곽혜원. 『자살 문제 어떻게 할 것인가?』. 서울: 21세기신학포럼, 2011.
권수빈/윤솔. "어린이죽음교육에 관한 부모의 인식과 태도". 「교육문화연구」 23/5(2017), 373-393.
김건. "영화를 통해 본 아름다운 삶의 마무리, 웰 다잉". 「문학과 영상」 14(2013), 641-664.
김건영 외. 『의사들 죽음을 말하다』. 서울: 북성재, 2014.
김광환 외. "의료진 대상 웰 다잉 교육프로그램 개발을 위한 모델링에 관한 연구". 「한국산학기술학회논문지」 15/10(2014), 6231-6241.
김균진. 『죽음과 부활의 신학』. 서울: 새물결플러스, 2015.

김도희. "국어 교과서를 활용한 죽음교육. 죽음 모티프 분석을 통한 교육 방법 모색을 중심으로". 「국어교육연구」46(2010), 1-30.

김선예 외. "죽음준비교육이 요양보호사의 DNR에 대한 태도, 피로, 수면의 질에 미치는 효과". 「한국산학기술학회논문지」17/10(2016), 647-654.

김성희 외. "노인죽음교육의 효과 분석: 생활만족도 및 심리적 안녕감에 미치는 영향과 죽음불안의 매개역할". 「보건사회연구」 33(2013), 190-219.

김소희. "죽음 교육의 교육철학적 의미", 『종교교육학연구』 제15권(), 205-223.

김숙남 외. "죽음교육이 대학생의 죽음에 대한 태도와 생의 의미에 미치는 효과". 「보건교육건강증진학회지」12/2(2005), 141-153.

김순희 외. "간호대학생의 죽음에 대한 태도, 죽음관련 교육경험과 교육요구도". 「한국간호교육학회지」 17/3(2011), 405-413.

김영계. "기독교 죽음 이해와 죽음 교육에 대한 목회적 고찰". 「칼빈논단」 36(2016), 81-110.

김영선. 『삶을 위한 죽음 이해』. 서울: 대한기독교서회, 2018.

김지혜. "현대소설을 통한 죽음교육 연구". 「문학과 환경」 17(3), 2018, 93-124.

김혜숙. "영적 안녕감과 죽음 준비도 그리고 내세관이 죽음의 태도에 미치는 영향". 「한국콘텐츠학회논문지」 16(2016), 492-503.

김홍연. "죽음과 기독교교육. 죽음을 통한 삶의 의미를 교육하기". 「신학과 목회」 28(2007), 305-331.

문영석. "해외 죽음학의 동향과 전망". 「종교연구」 39(2005), 293-313.

박시내. "어린이를 위한 죽음교육의 가능성과 필요성". 「열린교육연구」 19(2011), 53-68.

박영식. 『그날, 하나님은 어디 계셨는가: 세월호와 기독교 신앙의 과제』. 서울: 새물결플러스, 2015.

박충구. 『인간의 마지막 권리: 죽음을 이해하고 준비하기 위한 13가지 물음』. 서울: 동녘, 2019.

박태진. "죽음 제재 관련 시 창작을 통한 죽음 교육의 의의 모색 - 황동규의 「비가」와 「풍장」 창작의 치료와 성장을 사례로". 「문학교육」 36(2011), 287-320.

박형국. "죽음의 망각과 기억, 그리고 삶의 완성". 「종교연구」 72(2013), 1-27.

부위훈(傅偉勳). 死亡的尊嚴與生命的尊嚴. 전병술 옮김. 『죽음, 그 마지막 성자』. 서울: 청계, 2001.

서이종. "죽음정치(Thanatopolitics)의 관점에서 본 죽음 교육의 비판적 고찰". 「한국사회학회 사회학대회 논문집」(2015), 91-94.

소형근. "구약성서의 죽음과 사후세계". 「신학과 선교」 55(2019), 173-200.

손원영. "기독교적 죽음 교육의 연구유형과 새 방향". 「한국문화신학회논문집」 7(2004), 233-274.

송현동 외. "대학생들의 죽음 교육 전과 후의 웰다잉 인식과 결정에 관한 연구". 「한국산학기술학회논문지」 19/1(2018), 300-310.

윤득형, "쟝 삐아제의 인지발달 단계를 기초로 한 아이들의 죽음인식과 죽음교육", 「신학과 실천」48(2016), 471-496.

이나영. "발달단계별 죽음준비교육 프로그램에 대한 체계적 문헌 고찰". 한국문화융합학회 전국학술대회, 157-178.

이영진 외. 『애도의 정치학-근현대 동아시아의 죽음과 기억』. 서울: 도서출판 길, 2017.

이용주. 『죽음의 정치학』. 서울: 모시는사람들, 2015.

이윤주 외. "죽음 교육 모형 탐색".「아시안교육연구」7/3(2006), 121-140.
이은경. "어린이 종교교육의 주제로서 죽음과 죽음교육".「신학논단」75 (2014), 281-306.
이은봉.『여러 종교에서 보는 죽음관』. 서울: 가톨릭출판사, 1995.
이영화. "죽음 준비교육 모형개발에 관한 연구". 이화여자대학교 석사학위 논문, 1998.
이원일. "죽음에 대한 노년기 기독교 교육".「기독교교육정보」26(2010), 353-378.
이재영. "청소년들의 죽음에 대한 의식과 종교교육".「종교교육학연구」19 (2004), 39-56.
장로회신학대학교 편.『재난과 교회』. 서울: 장로회신학대학교출판부, 2020.
장신근. "통전적 기독교 노년 죽음교육의 모색. Fin-Telos 모델을 중심으로".「장신논단」50(2018), 327-355.
정동호 외.『철학, 죽음을 말하다』. 서울: 산해, 2004.
정재걸 외. "청소년 죽음교육을 위한 예비적 고찰".「중등교육연구」61/3 (2013), 537-562.
정재걸 외. "한국 청소년 죽음교육 모형 개발: 일본 청소년 죽음교육 모형과의 비교를 중심으로".「사회사상과 문화」18/2(2015), 325-356.
조성희/정영순. "죽음준비교육이 노년기 죽음불안에 미치는 영향. 자아통합감의 매개효과를 중심으로".「노인복지연구」70(2015), 319-347.
최성수.『대중문화 영성과 기독교 영성』. 대전: 글누리, 2010.
_____. "탈 교회 시대에 목회 비평의 필요에 관한 연구".「장신논단」52/5 (2020), 261-287.
최현석.『인간의 모든 죽음』. 서울: 서해문집, 2020.
홍은미 외. "암 병동 간호사의 죽음에 대한 인식, 죽음불안, 임종 환자 간호 태도". 「Asian Oncology Nursing」 13/4(2013), 265-272.

현은민. "노인 죽음준비교육 프로그램 개발에 관한 연구". 「한국가족관계학회지」 10(2005), 31-56.

황명환 외. 『과학은 죽음을 극복할 수 있는가?』. 서울: 이폴출판사, 2019.

황명환. 『죽음 인문학 워크북』. 서울: 두란노서원, 2019.

_____. 『죽음 인문학』. 서울: 두란노서원, 2019.

Ariès, Philippe. *Essais sur l'histoire de la mort en Occident*. 이종민 옮김. 『죽음의 역사』. 서울: 동문선, 2016.

Bowker, John. *The Meaning of Death*. 박규태 옮김. 『죽음의 의미』. 서울: 청년사, 2005.

Cassel, Eric J.. *The Nature of Suffering and the Goals of Medicine*. 강신익 옮김. 『고통받는 환자와 인간에게서 멀어진 의사를 위하여-고통의 본질과 의학의 목적』. 서울: 들녘, 2002.

Deeken, Alfons. 오진탁 옮김. 『죽음을 어떻게 맞이할 것인가』. 서울: 궁리, 2002.

_____. 전성곤 옮김. 『인문학으로서 죽음 교육』. 서울: 인간사랑, 2008.

_____. 길태영 옮김, 『잘 살고 잘 웃고 좋은 죽음과 만나다: 지혜롭게 죽음을 준비하는 철학적 깨달음』. 서울: 예감출판사, 2017.

_____. 오진탁 옮김, 『죽음을 어떻게 맞이할 것인가』. 서울: 궁리, 2002.

_____. 김윤주 옮김, 『제삼의 인생-당신도 노인이 된다』. 분도출판사, 2006.

_____. 이송희 옮김, 『행복한 죽음』. 서울: 큰산, 1993.

Eisner, Elliot. *The Educational Imagination: On the Design and Evaluation of School Programs*. 이해명 옮김. 『교육적 상상력』. 서울: 단국대학교출판부, 1999.

Feifel, Hermann(ed.). *The Meaning of Death*. Princeton: McGraw-Hill, 1959.

Jonas, Eva. and etc.. "The Scrooge Effect: Evidence That Morality Salience Increase Prosocial Attitude and Behavior", Personality and Social Psychology Bulletin 28(10), 2002, 1342-1353.

Kagan, Shelly. *Death*. 박세연 옮김. 『죽음이란 무엇인가』. 서울: 웅진씽크빅, 2012.

Kastenbaum, Robert. and Aisenberg, Ruth B.. *The Psychology of Death*. New York: Springer Publishing Company, 1972, 제3판은 2000.

Kramer, Kenneth. *The Sacred Art of Dying*. 양정연 옮김. 『죽음의 성스러운 기술』. 서울: 청년사, 2015.

Kübler-Ross, Elisabeth. *On Death and Dying*. 고계영 옮김. 『죽음의 시간』. 서울: 우석, 1998.

_____. *The Wheel of Life: A Memoir of Living and Dying*. 강대은 옮김, 『생의 수레바퀴』. 서울: 황금부엉이, 2009.

Lewis, C.S.. *A Grief Observed*. 강유나 옮김. 『헤아려 본 슬픔』. 서울: 홍성사, 2004.

Mol, Rob. *The Art of Dying*. 이지혜 옮김. 『죽음을 배우다』. 서울: IVP, 2014.

Moltmann, Jürgen. *Theologie der Hoffnung*. 이신건 옮김, 『희망의 신학』. 서울: 대한기독교서회, 2017.

Nowen, Henri. *Our Greatest Gift: On Meditation on Dying and Caring*. 홍석현 옮김. 『죽음, 가장 큰 선물』. 서울: 홍성사, 1998.

Reilly, Bredan M.. *One Doctor*. 이선혜 옮김, 『의사, 인간다운 죽음을 말하다』. 서울: 시공사, 2014.

Sauter, Gerhard. *Einführung in die Eschatologie*. 최성수 옮김.『소망의 이유를 묻는 이들을 위하여-종말론 입문』. 서울: 한들출판사, 1999.

How To Talk Properly Of Death?
Criticism of the Scrooge Effect in death education, and study on the necessity and method of christian death education in the period of thanatological turn

CHOI, Sung-Soo(Dr.theol.)
(Assistant Pastor/Systematic Theology)

The consciousness and attitude of dealing death have changed significantly. Societies, in which death has been resisted, excluded and avoided, now tries to adapt, embrace and even actively welcome death. The 'humanities of death' spoken by mass-media means anthropological awakening. While it has been thought and said about death in order to escape from the tragic image of death as an anthropological limitation in the past, it is now the medium for a meaningful life. We even speak about well dying without hesitating. Death, accompanied with life, is one of the two focuses constructing valuable and meaningful life. So the change from a life-centered research tendency to a death-centered one for the sake of happy life could be called 'Thanatological turn'. ― in comparison to 'Linguistic turn'.

But it is not easy to accept the fact that we still have no death education corresponding to this period of thanatological turn and also situations where death is mentioned mindlessly. This occurs commonly in political public gathering, as well as in mass culture and daily life. This not only hurts the bereaved's heart, but also makes people frown on. The christian world is not an exception. Speaking of death in an improper manner is not only unsuitable with the meaning of death, but also disturbs social integrity.

People normally want the meaning of life as a substitute for fear and anxiety of death through death education. However, this is not sufficient to reflect the theological sense of the death itself, and also makes people feel that there is no need to speak of death properly.

Therefore, I questioned the scrooge effect and the extent of its impact, where the existing death education is depending on, which failed to be a priming water for practical and continuous changes in life. Accordingly, I took a close look at the death education again, and came to rethink about the theological meaning of death as well as the direction of death education. In this article, I will first acknowledge the necessity of death education based on the "scrooge effect', that is, education for positive change in life, while clarifying its limitation. And as a way to overcome the limitation, I will explain the reason of why 'speaking of death properly' should be included in death education in this period of thanatological turn in terms of christian theology. Then, it will be followed by an exploration to seek the condition and method of speaking of death properly in real situations of death(dying, mourning, consolation, funeral, memorial, death of non-christians family member, death of young children, catastrophic death, death from disease, natural death, victimised death, righteous death, sacrificial death, violent death, suicide, euthanasia, abortion, etc.).

| Keyword |

death education, humanities of death, Scrooge Effect, thantological turn, properly talk of death

특별기고

곽혜원 • 죽음교육을 통한 영성회복·인성회복·사회회복

노영상 • 죽음의 시점을 정하는 문제와 뇌사판정

특별 기고 ①

죽음교육을 통한
영성회복·인성회복·사회회복

곽 혜 원*
(21세기 교회와 신학포럼 대표)

[국문 초록]

    오늘날 반생명적·반인륜적 사회 에토스(etos)가 한국 사회를 지배하고 있다. 자살과 살인이 서로 연계되어 발생하는 추세 속에서 친족을 대상으로 한 반인륜적 패륜범죄가 지속적으로 증가하고 있다. 과거엔 사이코패스나 범할법한 극악무도한 흉악범죄가 최근엔 우리 주변의 평범한 이웃에 의해 자행됨으로써, 범죄의 일상화, 소시민의 범죄화라고 해도 과언이 아닐 만큼 우리 국민이 범죄에 압도당한 상황이다. 더욱 우려스러운 문제는 한국 개신교인들이 이따금 흉악범죄의 구심점에 놓임으로써, 한국 교회의 공신력(公信力)이 나날이 추락하는 일이다.
    이러한 상황 속에서 우리 그리스도인의 영성을 어떻게 새롭게 할 수 있는지, 심각하게 훼손된 우리 국민의 인성을 어떻게 회복시켜야 하는지, 반생명적이고 반인륜적으로 치닫는 우리 사회를 어떻게 회복시켜야 하는지 많은 이들이 문제 제기하고 있다. 이에 대해 필자는 죽음교육(=죽음준비교육)이 영성회

---

*논문 투고일: 2021년 2월 18일   *논문 수정일: 2021년 2월 28일
*게재 확정일: 2021년 3월 2일

복과 인성회복, 사회회복을 실현할 중요한 밑거름이 될 수 있다고 답변하고자 한다. 죽음교육은 모든 무가치한 것을 버리고 가치있는 것을 추구하게 하고, 모든 거짓된 것을 버리고 참되고 영원한 것을 동경하게 함으로써, 우리의 영성을 새롭게 회복시킬 수 있다.

훼손된 인성을 회복시키는 일은 현재 한국 사회에서 매우 중차대한 과제인데, 죽음교육은 생의 마지막을 준비하면서 사랑과 용서와 감사와 축복의 중요성을 일깨움으로써 인성의 회복에 기여한다. 또한 반생명적·반인륜적 사회 분위기가 확산되는 우리 사회를 새롭게 회복시키는 일도 최대 과제인데, 죽음교육을 통해 이를 실현할 수 있다. 죽음교육은 남에게 해악을 끼치려는 행동을 제어하는 데서 한 걸음 더 나아가 누군가를 도우려는 연민과 배려, 이타심과 인내심, 평등의식과 평화주의도 키워줌으로써 비인간적으로 치닫는 우리 사회를 회복시킬 발판을 마련하기 때문이다.

그동안 한국 사회는 물론 한국 교회도 죽음교육에 대해 매우 미온적 반응을 보여 왔는데, 이것이 조속히 시정되어야 할 것이다. 또한 많은 인명이 희생당한 비극적 대참사를 반면교사로 삼지 못하고 무의미하게 흘려보냈는데, 이것이 단지 불행한 사건에 그치지 않고 오히려 이를 통해 전 국민이 삶과 죽음에 대해 심사숙고하면서 생사관(生死觀)에 전환적 분기점을 마련할 수 있도록, 죽음교육이 학교교육과 평생교육 차원에서 제도적으로 정착되어야 할 것이다.

| 주제어 |
죽음의 성찰, 죽음교육, 영성회복, 인성회복, 사회회복, 신학교육, 교회교육

1.
반생명적·반인륜적 사회 에토스가 지배하는 한국사회

언제부턴가[1] 반생명적·반인륜적 사회 에토스(etos)가 한국 사회를 지배하게 되었다. 특별히 생명과 죽음(生死)을 둘러싼 우리 사회의 기류가 심상치 않다. 생존의 벼랑 끝에서 스스로 목숨을 끊는 사람들이 나날이 늘어나고, 잔혹한 살인이 서로 맞물려서 끊임없이 일어나고 있다. 나를 죽이지 않으면 남을 죽이는, 즉 자살처럼 자신을 죽이는 공격적 충동과 살인처럼 남에게 겨누는 공격적 충동이 우리 사회 안에 무섭게 확산하고 있는 것이다. 많은 전문가는 나를 살해하는 자살과 남을 살해하는 살인 사이에 일말의 상호 연관성이 있다는 진단을 내놓고 있다.[2]

현재 우리나라는 OECD(경제개발협력기구) 자살률 1위를 무려 20년째 유지하는 비상 상황이다. 언론에서는 통계청 발표에 따라 OECD 자살률 1위가 2003년부터라고 보도하지만, 경찰청 통계에 따르면 IMF(국제통화기금) 외

---

[1] 이 시기는 현대 한국사에서 가장 큰 위기이자 '현대판 흉년'으로 거론되는 IMF 외환위기가 일어났던 1997년 이후로 추정된다. 한국개발연구원(KDI)에 따르면, 1990년대까지 1만건 수준을 유지하던 강력범죄는 1997년을 전후로 급증하기 시작해 2014년 3만4000건을 넘어섬으로써 24년 만에 세 배 넘게 늘어났다.
[2] 윤대현 서울대 정신건강의학과 교수는 "마음의 분노가 외부로 표출되면 '무차별 범죄'가 되고, 내부로 향하면 자살로 표출된다"고 주장한 바 있다. SBS TV프로그램 '그것이 알고 싶다'(2012.9.8) 역시 "우리 사회에서 증가하는 무차별 범죄와 세계 최고 수준의 자살률의 뿌리가 같다"고 진단한다. 이런 맥락에서 자살은 나를 겨누고 살인은 남을 겨누지만 똑같은 폭력이므로 양자를 '폭력 치사'라고 일컫기도 한다: J. Gilligan/이희재 옮김, 『왜 어떤 정치인은 다른 정치인보다 해로운가』(서울: 교양인, 2012), 6ff., 65.

환위기가 일어났던 그 이듬해인 1998년부터 시작되었다. 우리나라 자살통계는 통계청과 경찰청에서 이원적으로 발표되는데, 이미 1998년 경찰청 통계 수치가 OECD 자살률 1위를 기록했기 때문이다.[3] 더욱이 우리나라 자살자 수는 법의학 체계의 미비와 자살에 대한 인식 부족 등으로 인해 실제보다 20~30퍼센트 정도 누락(축소)되어 발표될 뿐 아니라,[4] 자살 시도자는 자살로 목숨을 잃은 사람의 20~30배(자살을 생각하는 사고자는 100배 이상)에 달하는 상황이다.

설상가상으로 우려스러운 현실은, 자살과 살인이 서로 연계되어 발생하는 추세 속에서 친족을 대상으로 한 반인륜적 패륜범죄가 지속적으로 증가하는 일이다.[5] 자신의 근본인 부모나 조부모를 죽이는 천인공로할 존속살해, 인생의 오랜 세월 함께 해로했던 부부지간에 일어나는 배우자 시신훼손, 자녀 학대로 인한 구타 사망, 영유아 살해사건 등은 우리 모두를 경악케 한다. 제아무리 도덕과 윤리가 땅에 떨어진 세상이라고 하더라도 존비속을 살해하는 일은 짐승세계에서도 좀처럼 일어나기 힘든 일이어서 인면수심(人面獸心)이라는 말조차 부끄러운 참괴한 세태이다. 대검찰청의 '범죄분석통계'에 따르면, 국내 살인사건의 3분의 1은 가족관계에서 발생하는 패륜범죄인데, 이는 거의 세계 최고 수준인 것으로 알려져 있다.[6]

---

3) Cf. 곽혜원, 『자살문제, 어떻게 할 것인가?』(서울: 21세기교회와신학포럼, 2011), 28ff.
4) 시체 감식능력을 독보적으로 갖춘 법의학자나 법의관이 아닌 경찰이나 형사가 사망사건 현장에서 사망원인 미상(未詳)이나 불상(不詳)으로 표기한 변사체 중 대략 20%는 자살로 추정된다. 문제는 우리나라에 법의학자와 법의관이 모두 30명 안팎인 상황 속에서 자살자 수가 누락될 수 있다는 사실이다. 또한 자살자 유가족 중에는 사랑하는 가족이 자살로 생을 마감한 사실을 은폐하는 경우가 비일비재하기 때문에 자살통계는 축소·은폐될 수밖에 없다: 위의 책, 32f.
5) 경찰청이 국회에 제출한 자료에 따르면, 2008~2012 5년간 친족 대상 패륜 범죄자는 10만 명을 넘어섰는데(10만2948명), 특히 존속범죄(존속살해·상해·폭행)는 매년 증가일로에 있다.
6) 서울지방경찰청 과학수사계 정성국 박사의 연구에 따르면, 우리나라에서 일어나는 전체 살인사건 중 가족 간 살해 비율이 5% 가량 되는데, 이는 다른 국가들(미국 2%, 영국 1% 등)과 비교할 때 세계적으로 가장 높은 수치에 해당한다. 존속살해는 매년 지속적으로 증가하지만, 비속살해는 증가세에도 불구하고 공식통계에 제대로 안 잡히는 경우가 많아 문제의 심각성을 드러낸다.

더욱이 과거엔 사이코패스나 범할법한 극악무도한 흉악범죄가 최근엔 우리 주변의 평범한 이웃에 의해 자행되는 점에서 문제의 심각성을 드러낸다. 가히 범죄의 일상화, 소시민의 범죄화라고 해도 과언이 아닐 만큼 우리 국민이 범죄에 압도당한 상황이다. 우리 사회 어느 곳 하나 범죄와 폭력이 난무하지 않는 영역이 없을 정도여서 가정에서 학교로, 마을로, 군대로, 일터로, 사회로 퍼지는 범죄와 폭력의 전염 현상은 이미 위험 수위를 넘어섰다. 이것은 이상(異常) 동기 범죄, 곧 불특정 다수를 대상으로 한 묻지 마 범죄를 유발할 수 있는 정신질환이 최근 10여 년간 최대 5배 가까이 증가한 현실에서도 그 원인을 짐작할 수 있다.[7] 이로 인해 우리 국민 10명 중 8명은 자신도 범죄의 피해자가 될지 모른다는 불안감을 느끼는 것으로 보고된다.

근래에 우리를 더욱 참담하게 한 것은, 한국 교회가 부지불식간에 잔혹한 흉악범죄의 구심점에 놓인 일이다. 주지하듯이, 2016년 우리는 급기야 목사와 전도사, 신학생 출신이 흉악한 살인범죄를 저지른 가공할 사건에 맞닥트리고야 말았다. 여중생 딸을 가혹하게 폭행한 뒤 숨진 백골시신을 집안에 방치했던 이모 사건, 어버이날에 아버지를 잔혹하게 살해했던 문모 사건, 강남역 인근에서 여성을 살해하여 온 국민의 공분을 샀던 김모 사건, 이들 사건 외에도 신학교육을 받았던 이들에 의한 강력범죄는 모두 다 거론할 수 없을 만큼 적잖은 상황이다. 그야말로 사역자가 사람을 죽이는 참담한 현실 앞에서 망연자실하지 아니할 수 없다.

개신교인들에 의해 저질러진 흉악범죄는 이뿐만이 아니다. 사역자는 물론 평신도들이 저지른 흉악범죄도 일일이 열거하기 힘들 만큼 대단히 심각해서 가뜩이나 바닥을 치고 있는 한국 교회의 공신력(公信力)은 끝 모

---

7) "정신질환자들… 강력범죄 비율, 일반범죄자의 10배", 「동아일보」(2016.07.19).

를 나락으로 추락하고 있다. 최근 양가 목회자 자녀이자 기독교 사학 명문대 출신이 저지른 입양아 학대 사망 사건으로 인해 전 국민적 추모와 공분이 들불처럼 일어나면서 그 비판의 향방이 개신교인을 향하고 있다. 나날이 흉악해지는 사회 속에서 어둠을 깨치는 빛처럼, 부패한 곳을 정화하는 소금처럼 그 역할을 다해야 하는 그리스도인이 오히려 생명을 해치는 범죄의 주범으로 전락한 것이다. 작금의 현실은 단지 외적인 현상의 문제가 아니라, 내적인 본질이 곪고 문드러져 그 썩은 환부가 적나라하게 드러난 문제라고 보는 게 옳을 것이다.

그토록 강인한 생명력으로 격동의 세월을 헤쳐왔던 우리 국민이 어쩌다가 이렇게 깊은 절망의 수렁에 빠져 반생명적으로 치닫게 되었는지, 절대빈곤 속에서도 서로가 끈끈하게 유대관계를 맺으며 살아왔던 우리 국민이 어쩌다가 이렇게 인륜을 저버리게 되었는지 나날이 피폐해져 가는 하나님의 피조물을 바라보면서 하나님의 긍휼과 자비를 구하지 않을 수 없다. 그토록 우리나라의 근현대사에서 고난당하는 우리 민족과 운명을 같이하면서 새 역사를 일궈냈던 한국 교회가 어쩌다가 이렇게 범죄의 온상이 되어 세인들에 짓밟히게 되었는지, 사랑과 섬김과 희생과 헌신으로 목양했던 사역자들이 어쩌다가 이렇게 인성이 파괴되어 흉악범죄의 나락으로 떨어지게 되었는지 하나님의 용서와 사죄를 구하지 않을 수 없다.

현재의 암울한 상황을 타개하기 위해선 문제의 시발점을 짚어내는 일이 급선무인데, 우리는 이 문제를 어디서부터 풀어가야 하는가? 먼저 우리가 직시해야 할 현실은, 우리 민족이 엄청난 역사적 질고를 헤쳐 오면서 영혼이 피폐해질 대로 피폐해졌다는 사실이다. 숱한 고난과 역경, 가난과 치욕의 험난한 역사를 혹독하게 겪어온 우리 민족은 서구세계가 장구한 세월 동안 이룩했던 산업화·근대화·민주화를 최단기간에 성취한 대가로

그만큼 심신이 고단해지고 정신이 병들게 되었다. 경제가 숨 가쁘게 성장하는 그 이면에 우리 국민은 영적·도덕적·정신적 위기에 빠지게 된 것이다.[8] 그러므로 엄청난 역사적 격랑과 사회변동을 겪어오면서 황폐해진 우리 국민의 영혼을 돌보고 마음을 치유하는 일이 급선무임은 아무도 이의를 제기하지 못할 것이다.[9]

그렇다면 우리는 반생명적·반인륜적으로 치닫는 우리 사회를 어떻게 회복시킬 것인가? 심각하게 훼손된 우리 국민의 인성을 어떻게 회복시킬 것인가? 이 질문에 대해 필자는 죽음에 대한 깊은 성찰이 나날이 비인간적으로 치닫는 한국 사회의 에토스를 근본적으로 변화시킬 원동력을 제공한다고 답변하고자 한다. 현재 우리 사회에선 세계 최고의 자살률을 위시하여 무수히 많은 비인간적 죽음(그러나 예방할 수 있는 죽음)이 일어나는데, 단언컨대 죽음의 성찰은 이 상황을 반전시킬 핵심적 대안이 될 수 있다. 왜냐하면 매순간 자신의 삶을 반추하고 죽음을 묵상하는 영적·정신적 풍토가 조성되면, 개인의 인성은 물론 사회적 에토스도 변화될 수 있기 때문이다. 삶의 마지막을 깊이 사유하면서 살아가는 개인과 사회는 절대로 누군가를 부당하게 괴롭히거나 경거망동하지 않는다. 그러므로 죽음의 성찰은 우리 국민의 인성을 순화시킬 뿐만 아니라, 우리 사회의 반생명적·반인륜적 에토스도 본질적으로 변화시키는 밑거름이 될 수 있다.

---

8) 최근 5년간 존속범죄가 꾸준히 발생하는 가운데 정신질환이 존속범죄의 중요 원인으로 확인되었다. 경찰청에 따르면, 존속살해의 범행동기가 1위인 '가정불화'(49.3%)에 이어 '정신질환'(34.1%)이 2위를 차지했다. 이에 전문가들은 정신질환이 패륜범죄로 이어지는 일이 많으므로, 지역사회 차원에서 정신질환 치유 인프라가 확장되어야 한다고 한목소리로 주장한다.
9) 곽혜원, 『자살문제, 어떻게 할 것인가』, 226f.

2.
죽음의 성찰에서 얻을 수 있는 삶의 교훈

생로병사(生老病死)가 우리 인생의 참모습이지만, 많은 사람은 오락과 안락, 쾌락과 향락을 즐기면서 오로지 삶에만 관심을 기울이는 경향이다. 죽음에 대해 깊이 성찰할지라도 죽음의 현실을 변경할 수 없으므로, 인간의 힘으로 어쩔 수 없는 죽음을 미리 생각하여 불필요한 슬픔에 빠질 필요가 없다고 생각하기도 한다. 즉 죽음의 성찰은 삶의 기쁨과 의욕을 손상시킬 뿐 삶에 아무런 유익을 주지 못한다는 것이다. 혹자는 당장 해결해야 할 중요한 문제는 죽음이 아닌 삶의 문제라고 말하면서 삶의 문제도 해결하지 못하는데 죽음의 문제까지 생각할 필요가 없다고 항변하기도 한다. 이런 생각은 그리스도인도 예외가 아니어서 진지한 사고를 기피하는 포스트모던 세계의 그리스도인은 죽음을 망각하는 세속의 흐름에 함몰된 듯하다.[10]

비록 많은 사람이 죽음의 성찰을 거부한다고 해도, 인간은 예외 없이 언젠가 죽을 수밖에 없는 유한한 존재임은 아무도 부인할 수 없다. 사람들은 평소엔 죽음과 대면하기를 회피하다가 불현듯 죽음에 맞닥트리면 엄청난 공포감 속에서 죽어간다. 죽어가는 사람은 사랑하는 모든 것과 영원

---

10) 곽혜원, 『존엄한 삶, 존엄한 죽음』(서울: 새물결플러스, 2014), 7ff.

히 이별해야 한다는 서러움과 함께 사후에 대한 두려움을 느끼면서 고통스러운 경험을 한다. 사람들은 인생의 여정에서 여러 위기에 대비해 철저한 준비를 하지만, 정작 인생사에서 가장 중요한 죽음의 순간에는 준비 안 된 죽음을 당하는 경우가 대부분이다. 이런 어리석은 인생에게 성서는 죽음이 삶 한가운데 있는 현실임을 인정함으로써 지혜로운 마음을 얻을 것을 권고한다: "우리에게 우리 날 계수함을 가르치사 지혜로운 마음을 얻게 하소서"(시 90:12). 내일을 미리 내다보고 오늘을 준비하는 것이 지혜롭다면, 삶의 마지막을 이정표(里程標) 삼아 오늘의 삶을 살아감으로써 우리는 귀중한 삶의 교훈을 얻을 수 있다.[11]

1. 생사(生死)의 주관자이신 하나님의 면전에서 살아감 – 우리가 흙으로 돌아갈 수밖에 없는 유한한 존재임을 의식할 때, 죽음의 한계를 넘어선 영원한 존재인 하나님을 상고하게 된다. 하나님은 천상의 영원한 존재인 반면, 인간은 제아무리 높아진다고 해도 하나님처럼 될 수 없고 죽음으로 제한된 존재다. 하나님의 영원 앞에서 인간의 삶의 시간은 일순간이어서(욥 10:5), 죽음 앞에서 인간이 소유한 모든 것은 무의미하다. 이것을 깨닫는 사람은 세상 현실에 탐닉하면서 죽음을 망각하지 않고, 생사의 주관자이신 하나님의 면전에서 살아간다(전 12:1, 5-7). 이런 하나님과의 관계는 죽음으로 인해 인간의 모든 관계가 단절될지라도 죽음의 한계를 넘어 영원히 지속된다. 하나님과의 긴밀한 관계 속에서 죽음 이후 누릴 영원한 생명에 대한 확실한 믿음이 있을 때, 우리는 죽음을 터부시하지 않고 오히려 내적인 자유와 평화와 위로 속에서 죽음을 맞이할 수 있을 것이다. 영원한 생명에 대한 믿음은 점점 엄습해 오는 죽음으로 인한 당혹감, 좌절감, 착잡함을

---

11) 김균진, 『죽음과 부활의 신학』(서울: 새물결플러스, 2015), 107ff.

진정시키고 평화로운 죽음을 가능케 한다. 더 나아가 우리는 모든 거짓과 죄악에도 불구하고 지금까지 누릴 수 있었던 삶에 대해 하나님께 감사하면서 복된 죽음을 맞이할 수 있다. 그러므로 피할 수 없는 죽음의 한계상황에 직면한 인간에게 하나님과의 긴밀한 관계는 죽음에 대한 가장 본질적 준비다.

2. 교만한 인간이 겸손한 인간으로 변화 – 죽음이 삶 속에 현존하고 자신이 언젠가 죽을 수밖에 없음을 깨닫는 사람은 인간이 보잘 것 없는 미물에 불과함을 절감한다.[12] 한 줌의 재로 변해버린 사랑하는 사람의 모습을 바라보면서 자신도 언젠가 그 자리에 있게 될 것을 깨닫는다면, 겸허하게 남은 시간을 계수하게 된다. 결국 모든 사람이 시신이 누울 한 평 정도의 땅만을 필요로 할 뿐임을 직시한다면, 허망하게 스러져버릴 부귀영화에 얽매이지 않게 된다. 특별히 죽음을 성찰하는 사람은 모든 사람이 죽음 앞에서 동일한 운명이라는 사실을 뼈저리게 절감한다. 죽음 앞에선 부자도 빈자도 없고, 지위가 높은 사람도 비천한 사람도 없다. 죽음은 이 세상에서 삶을 영위하는 모든 생명이 결코 피할 수 없는 현실이기에, 어느 누구에게도 특혜를 주지 않는 '성스러운 칼', 샛길이 없는 오직 하나의 외나무다리이다.[13] 모든 사람이 빈손으로 이 세상에 왔듯이 빈손으로 떠나기에, 모든 이에게 공평한 것이 바로 죽음인 것이다. 이처럼 죽음 앞에서 모든 사람은 동등하다는 사실을 깨달을 때, 우리는 아무것도 자랑하지 않고 하나님과 이웃 앞에서 자신을 겸허하게 낮출 수 있다.

3. 매순간을 충실하고 의미있게 살아감 – 우리가 삶 속에서 죽음을 성찰

---

12) N. Basiliadis/박용범 옮김, 『죽음의 신비』(서울: 정교회출판사, 2010), 2f.
13) 위의 책, 200.

할 때, 삶의 순간은 한 번 지나가면 다시는 되돌아오지 않는 불가역적인 것임을 깨닫게 된다. 우리는 죽음으로 마감하는 삶의 매순간이 얼마나 소중한가를 재차 인식하고, 다시는 돌이킬 수 없는 인생의 시간을 좀 더 충실하고 의미있게, 인간답게 살아가려고 노력하게 된다. 사실 삶의 순간순간은 매우 짧기 때문에 그냥 흘러보내기 쉽다. 그러나 삶은 거꾸로 되돌릴 수 없기에 한 번 지나간 순간은 다시는 돌아오지 않으며, 삶은 반복될 수 없기에 순간이 지날 때마다 삶의 끝, 곧 죽음이 다가온다. 그렇다면 삶의 한 순간이야말로 우리에게 단 한 번밖에 없는 영원한 가치를 가진다. 오늘은 무한히 지속되는 무의미한 시간이 아니라, 잠시만 부여된 엄청난 축복의 시간인 것이다. 이에 지극히 평범하고 일상적인 하루의 의미를 최고의 가치로 깨닫고 살아가게 된다. 결국 죽음을 생각할 때 지금 주어진 삶의 가치를 더욱 분명하게 느끼고 오늘의 삶을 향유하면서 후회없이 살아갈 수 있게 된다. 어제도 내일도 아닌, 바로 지금 이 순간이 내게는 가장 귀중한 시간이고, 지금 내게 주어진 기회가 내 인생에서 가장 값진 기회이며, 지금 내가 하고 있는 일이 가장 중요한 일이라는 사실을 명심한다면, 그리하여 순간을 영원처럼 살아간다면, 우리는 단 한 번 주어진 인생을 후회 없이 살아갈 것이다. 이런 삶의 마지막에 죽음이 임할 때, 우리는 기꺼운 마음으로 죽음을 맞이하게 될 것이다.

4. 참되고 영원한 것을 추구하며 살아감 – 우리의 삶이 언젠가 죽음으로 끝날 수밖에 없다는 사실을 유념할 때, 우리가 소유한 모든 것에 대해 자랑하지 않고, 참으로 가치 있는 일, 영원한 의미를 부여할 수 있는 일에 대해 눈을 뜨게 된다. 우리가 죽음을 성찰할 때, 무가치한 것을 버리고 가치 있는 것을 찾으며, 모든 거짓되고 일시적인 것을 버리고 참되고 영원한 것을 동경하게 된다. 일시적이고 비본질적인 것을 벗어버리고 영원하고 본질적인

것이 무엇인가를 생각하면서 그것을 구하게 된다. 참되고 영원한 것, 우리의 제한된 삶에 영원한 의미를 부여할 수 있는 '하늘의 영원한 것'을 추구하는 삶은 무한한 소유에 집착하고 생물학적 삶의 시간을 연장하고자 온갖 노력을 기울이는 데 있는 것이 아니라, 이웃에게 자신의 삶을 내어주며 모든 인간적 조건을 떠나 인간으로서 사랑하는 데 있다. 더 나아가 자연의 피조물에게도 의와 긍휼과 자비를 베푸는 데 있다. 이를 통해 하나님 나라를 널리 확장하는 데 참으로 가치 있는 삶, 영원한 삶이 있을 것이다.

5. 존재 자체를 감사하며 살아감 – 죽음이 도저히 피할 수 없는 한계상황임을 성찰할 때, 우리는 존재한다는 사실 그 자체에 감사하는 마음을 갖게 된다. 또한 죽음과 함께 이 세상의 모든 것을 떠날 수밖에 없음을 의식할 때, 모든 존재 자체를 새삼 감사하게 된다. 죽음을 성찰할 때, 존재하는 모든 것이 허무한 것임을 깨닫는 동시에 실로 소중함을 발견한다. 사실 우리 인생은 하루하루의 삶에 허덕이느라 살아있다는 자체가 좋은 일임을 느끼기 어렵지만, 서서히 다가오는 죽음을 감지할 때 생명 그 자체만으로도 참으로 감사한 일임을 절실히 깨닫는다. 그러므로 죽음을 목전에 둔 사람들은 살아있음을 원망하는 사람들에게 생명, 곧 살아있다는 그 자체가 좋은 일이라고 강권적으로 말하는 것이다. 우리가 인생을 살아가면서 때때로 슬픈 일과 괴로운 일을 만나 절망의 심연을 헤맬 수도 있지만, 절대로 죽을 때까지 내내 고통스럽지는 않을 것이다. 고통의 한복판에 있을 때는 죽을 것처럼 힘들고 절망스럽지만, 언젠가 반드시 고통의 날은 지나가고 새 날이 다가올 것이기 때문이다.[14] 그러므로 살아있는 날 동안에 죽음을 성찰하면서 삶을 충만히 향유하고 감사하게 살아가는 것은 살아있는 자

---

14) 곽혜원, 『자살문제, 어떻게 할 것인가』, 238f.

가 반드시 행해야 할 의무다.

 6. 비정한 사회가 인간적인 사회로 변화 – 우리는 자신의 죽음을 성찰할 때, 이웃이 당하는 고통에 눈을 뜨고 그들이 당하는 죽음의 위협을 함께 느끼게 된다. 우리가 자신의 죽음의 불안을 의식할 때 다른 존재가 느끼는 죽음의 불안과 두려움을 이해하게 된다. 우리 자신의 죽음에 민감해지고 의미있는 삶이 무엇인가를 고민할 때, 타인이 당하는 삶의 고난과 죽음에 대해선 물론 연약한 피조물의 고난과 죽음에 대해서도 민감해진다. 오늘날 우리 사회는 누군가 억울하게 죽임을 당하고 자연의 피조물이 몰사당해도 마음 아파하지 않는 무감각한 사회·비정한 사회가 되어가지만, 죽음을 성찰하는 사람은 죽임을 당한 존재에 대해 깊은 연민을 갖는다. 억울하고 부당한 죽음, 폭력적이고 강제적인 죽음을 초래한 악한 세력에 분노하고 저항하면서 궁극적으로 이를 제거하고자 혼신의 힘을 기울이게 된다. 이것은 인간 사회의 변화와 발전을 향한 중대한 행보로 작용함으로써, 결론적으로 죽음의 성찰은 비정하고 냉혹하고 비인간적인 사회가 인간적인 사회로 변화할 수 있는 길을 열어준다.[15]

---

15) 김균진, 『죽음과 부활의 신학』, 123.

3.
죽음을 성찰하는 기독교 전통을 회복해야 할 한국 교회

　우리가 죽음을 성찰함으로 귀중한 삶의 지혜를 얻어 참되고 가치 있는 삶을 살아갈 수 있다면, 죽음의 성찰은 한국 기독교가 모든 교인에게 독려해야 할 매우 중대한 과제일 것이다. 그러나 유감스럽게도 인간의 죽음은 한국 기독교에서 예나 지금이나 중심적 테마가 아니다. 그동안 죽음문제는 주로 기독교 교리의 구원사적인 테두리 안에서 예수 그리스도의 죽음과 부활에 집중되었고, 인간의 죽음에 대해선 도외시된 경향이다. 주지하듯이, 개신교는 한국에 먼저 정착한 기존의 전통종교들(무교·불교·유교 등)과 죽음이해를 둘러싸고 오랜 세월 불편한 관계에 있기 때문에 죽음에 대해 예민한 반응을 보여왔다. 한국 교회는 세계 종교사에 거의 유례가 없을 만큼 다종교적인 사회에 몸담고 있는데, 우리 국민이 전통종교들의 죽음이해에 상당한 영향을 받다 보니 개신교 입장에선 기독교의 정체성을 수호하기 위해 이들 종교들과 불가피 충돌할 수밖에 없었던 것이다.
　상황이 이렇다 보니, 한국 개신교계에서 삶과 죽음에 관해 연구하는 죽음학 및 생사학(生死學)은 여전히 관심영역 밖의 생소한 학문분야로 간주된다. 또한 아름다운 마무리를 위한 죽음교육 및 생사교육(生死教育)도 사회의 다른 영역에서보다 훨씬 뒤처진 상황이다. 그 뼈아픈 결과물은 그리스도인이 타종교인이나 비종교인에 비해 죽음의 질이 낮은 현실로 나타난다. 그렇지 않아도 대한민국의 죽음의 질은 세계적으로 하위 수준인데,[16] 한국 개신교인의 죽음의 질은 그 보다 더 낮다고 볼 수 있다. 이것이 단순한 기우가 아닌 것을 우리는 오늘날 대한민국의 자살문제가 바로 한국 교회의 문제라는 대내외적인 지적이 만만치 않을 만큼 개신교인 중에 스스로 생명을 끊는 이들이 많은 사실을 통해 알 수 있다. 또한 개신교인이 무의미한 연명의료를 받는 실태도 타종교인이나 비종교인에 비해 더 심각해서,[17] 상당수 교인이 의술을 너무 과도하게 사용한 연후에야 비로소 몹시 힘겹게 죽음을 맞이한다는 우려가 나오고 있다.

그런데 한국 교회가 처한 정황을 충분히 고려한다고 해도 왜 이토록 개신교인의 죽음의 질이 낮은지 의문점이 남는다. 사실 죽음이란 이 세상에서 삶을 영위하는 모든 생명체가 결코 피할 수 없는 현실이기에 이론의 여지없이 죽음은 우리 삶의 과정이자 그 결과이며, 인생사와 세상사의 일부분이다. 하루가 낮과 밤으로 구성되는 것처럼 인간의 생애는 삶과 죽음으로 이뤄짐으로써, 죽음은 모든 생명체가 지닌 그림자인 것이다. 그렇다

---

16) 2010년 OECD 40개국을 대상으로 한 죽음의 질 조사결과에 따르면, 세계 최고 수준의 의료기술을 자랑하는 우리나라의 죽음의 질은 최하위인 32위(3.7점)에 불과했다. 2015년 조사에서 대한민국은 80개국 중 18위를 점함으로써 죽음의 질이 많이 개선되었다고 볼 수도 있지만, 내용 면에서 보면 여전히 미흡하다. 왜냐하면 국제 경쟁력을 갖춘 우수한 건강보험제도와 의료인력으로 인해 순위가 상향 조정되었지만, 치료의 질과 완화의료 및 헬스케어 측면에서는 33위를 기록함으로써 우리 국민의 상당수가 여전히 고통스러운 죽음을 당하기 때문이다.

17) 이에 대한 우리나라의 자료가 없어 미국의 한 연구자료를 참고하면, 개신교인은 회복에 도움이 되지 않음을 알면서도 공격적인 연명의료를 선택하는 경향이 비종교인에 비해 무려 세 배나 높은 경향이다. 그 주된 이유는 적극적인 연명의료로 수명을 연장하는 동안 기적 같은 치유가 일어나기를 간절히 기대하기 때문이라는 것이다. 이러한 상황 속에서 상당수 개신교인은 본인이나 가족은 물론 다른 사람이 중병으로 인해 몹시 힘들어 할 때 충분히 공감하지 못하기도 해서, 심지어 중병을 앓는 환자를 향해 믿음이 부족하다고 꾸짖거나 죄로 인한 질병이라고 정죄하는 교인도 부지기수라는 우려가 제기되고 있다: M. Balboni, "More on the Christians/Aggressive Measures Study"〈http://blog. christianitytoday. com/ctliveblog/archives/2009/03/more_on_the_chr. html〉(2014.11.11).

면 생로병사에 순응하는 것은 모든 생명체의 숙명이다. 더욱이 죽음을 극복한 부활의 종교를 믿는다는 그리스도인이 왜 이토록 생로병사에 순응하지 못하는지 의구심을 갖지 않을 수 없다. 필자는 그 원인을 오늘날 한국 교회가 눈에 보이는 현실에 지나치게 집착하는 세속의 흐름에 함몰되어 죽음을 성찰하는 기독교의 귀중한 전통을 포기했기 때문이라고 진단한다. 무엇보다도 죽음에 대한 성서적 이해가 한국 교회 안에 깊이 뿌리내리지 못함으로 인해 교인들이 확고한 부활 신앙을 잃어버리고 죽음에 대한 그릇된 이해를 갖기 때문이기도 하다.

오늘날 한국 교회가 죽음에 대한 성찰을 거부하는 것과 달리, 우리는 기독교 역사를 통해 죽음을 성찰하는 전통이 연면히 이어져 내려왔음을 알 수 있다. 교회의 태동부터 그리스도인은 임종의 자리가 예수 그리스도의 십자가 길을 실천할 수 있는 마지막이자 가장 중요한 장소라고 확신했다.[18] 초대기독교에는 죽음을 성찰하는 귀중한 전통이 있어서, 초대교인은 죽음에 맞서 싸워야(투병) 한다고 생각하기보다 오히려 일평생 죽음을 깊이 묵상하면서 살아갔다. 그들은 죽음을 인생사에서 가장 중대한 사건, 철저한 준비가 필요한 영적 사건, 영생의 모든 것이 걸린 심오한 사건으로 믿는 가운데 죽음이라는 신성한 순간을 위해 오랫동안 준비했다. 삶의 매 순간마다 항상 죽음을 떠올리면서 허망하게 스러져갈 이 세상의 부귀영화에 마음을 빼앗기지 않고 평생 영원을 염두에 두고 살아갈 수 있었던 것이다. 죽음의 성찰의 중요성을 독려하고 자신의 죽음을 통해 다른 사람에게 삶의 변화와 신앙적 교훈을 남기기 위해 초대교회에서는 공개적으로 임종을 맞이하는 일도 빈번하게 일어났다.[19]

---

18) J. Fenestil, *Mrs. Hunter's Happy Death: Lessons on Living from People Preparing to Die* (New York: Random House, 2006) 53, 147.
19) 본래 죽음은 무척 슬프고 끔찍스러운 사건이지만, 복된 죽음이 공개적으로 일어나면 얼마든지 아름답고 감동적인 추억이 되어 오히려 슬픔을 거둬가는 사건이 될 수도 있다고 한다. 그

기독교 역사 내내 그리스도인은 죽음을 성찰하는 한편으로, 환자나 죽음을 앞둔 임종자를 헌신적으로 돌보면서 예수 그리스도의 죽음과 부활을 실천할 수 있는 방법을 모색하기도 했다. 당시 이교도는 영혼불멸설을 신봉했기 때문에 영혼만이 고결하고 육체는 무가치하게 여기면서 환자를 무관심하게 방치했지만,[20] 그리스도인은 예수의 죽음과 부활을 믿는 신앙으로 환자를 헌신적으로 보살폈고 임종자의 장례를 정성스럽게 치러주었다. 그들은 "죽은 자와 산 자의 주님이신 예수 그리스도"(롬 14:9)를 목숨 바쳐 신앙했기 때문에 비(非)그리스도인과는 전혀 다른 방식으로 살아갈 수 있었던 것이다. 또한 죽음을 앞두고 영성이 깊어지는 임종자가 영생으로 들어가는 모습을 목도하면서 복된 죽음으로 향하는 필수요건을 터득할 뿐만 아니라, 내세, 곧 천국을 엿보기도 했다.[21] 그리하여 환자와 죽음을 앞둔 이를 돌보는 일은 헌신된 그리스도인의 오랜 전통에 속하는 거룩한 사역이 되었는데,[22] 바로 이것이 초대교회가 급성장하는 데 커다란 밑거름이 되었다.

과거에 교인들이 죽음을 성찰하고 임종자를 돌보았던 또 다른 이유는, 당시 남녀노소 할 것 없이 갑작스러운 질병으로 죽는 사람이 다반사였기 때문이다. 워낙 많은 사람이 갑자기 죽어가는 모습을 지켜보다 보니, 당시 성도들은 인생의 여정을 언제든 일순간에 맞이할 수밖에 없는 죽음에 대비하는 과정으로 생각하면서 죽음에 대한 준비를 모든 사람의 의무

리하여 가족과 주변 사람들이 복된 죽음을 맞이하기가 한결 수월해진다고 한다: 곽혜원, 『존엄한 삶, 존엄한 죽음』, 203f.
20) 고대 로마의 대다수 의사는 불치병이나 난치병 환자들을 돌보기를 꺼려했는데, 이로 인해 결국 환자들은 안락사를 택하는 것 외에 다른 선택의 여지가 없었던 것으로 전해진다. 이런 연유로 고대사회에서는 안락사나 조력자살이 다반사로 행해졌다: I. Daubigin/신윤경 옮김, 『안락사의 역사』(서울: 섬돌, 2007), 27.
21) 임종 시에는 영적으로 특별한 현상이 일어난다고 전해지는데 이에 대해 곽혜원, 『존엄한 삶, 존엄한 죽음』, 202-209 참조.
22) N. Basiliadis, 『죽음의 신비』, 319.

로 여기게 되었다. 그들은 평생에 걸쳐 그리스도인의 정체성을 지키며 신실하게 살아가면서 삶의 최우선 순위에 마음의 중심을 모을 수 있었다. 그리하여 그리스도인답게 올바른 삶을 영위한 사람은 자연스레 그리스도인답게 올바른 죽음을 맞이할 수 있었던 것이다. 이것은 복된 죽음에 필요한 영적인 준비가 하루아침에 이루어지는 것이 아니라, 평생에 걸쳐 쌓아가야 한다는 사실을 보여준다. 이러한 사회 분위기 속에서 노인만큼이나 죽음에 빈번히 노출되었던 어린아이에게도 기독교 신앙과 가치관에 기반한 복된 죽음을 준비시키게 되었다.

사실 기독교 역사를 보면, 복된 죽음에는 준비가 필요하다는 사실이 분명하다. 예수는 공생애 기간 내내 자신의 죽음을 의식하셨는데, 특히 십자가를 지기 전날 밤 자신의 죽음을 준비함은 물론 제자들에게도 죽음을 준비시키셨다(마 26:17-46; 마 14:12-42; 눅 22:14-46 etc.). 하지만 성서는 죽음 이후의 세계가 어떤 곳인지, 또한 예수께서 우리를 데려가겠다고 약속한 말씀(요 14:2-3, "내가 너희를 위하여 거처를 예비하러 가노니, 가서 너희를 위하여 거처를 예비하면 내가 다시 와서 너희를 내게로 영접하여 나 있는 곳에 너희도 있게 하리라")의 정확한 의미가 무엇인지 상세히 알려주지 않기 때문에, 천국의 삶을 소망하는 그리스도인에게도 죽음의 과정은 여전히 두려운 과정임을 부인할 수 없다. 성서는 우리가 궁극적으로 구원받을 운명임을 확실히 약속하지만, 우리는 연약한 인생이기에 거기까지 가는 과정이 두려운 것이다.

그러나 우리 앞서 살았던 믿음의 선배들, 특히 종교개혁자들은 인간이 죽음을 두려워하는 것이 인지상정이라고 말하면서도, 죽음이라는 영적인 과정이 예수께서 십자가에서 거두신 승리를 믿고 평안을 누리는 과정이라는 사실 또한 강조했다.[23] 마르틴 루터(M. Luther)는 "죽음 준비에 관

---

23) R. Moll, 『죽음을 배우다』, 87.

한 설교"(Sermon on Preparing to Die)에서 죽음을 앞둔 이들이 겪는 두려움에 공감하는 한편으로, "하나님께 가는 길에 기쁘고 담대하게 발을 내디디라"고 독려했다.[24] 그러면서 그는 임종현장이 악의 세력과 싸우는 곳이 아니라, 오히려 그리스도 안에서 안식하는 장소, 이 세상에서 내세로 우리의 관심을 옮기는 영적인 과정이라고 주장했다. 또한 임종 시에 사제가 동반했는지 여부와 무관하게 믿음이 있는 자들에게 역사하는 그리스도의 죽음은 여전히 유효하다고 역설하기도 했다. 그러므로 급작스럽게 맞이하는 죽음이든, 서서히 평온하게 진행되는 죽음이든 참된 그리스도인은 하나님의 평안과 소망 가운데 죽음을 맞이할 수 있다고 주장했다.

죽음의 성찰과 임종자의 돌봄은 이후 서구 유럽 기독교 사회에서 '죽음의 기술', 곧 '아르스 모리엔디'(ars moriendi)[25]라는 전통으로 정착되었다. '죽음의 기술'은 19세기까지 다양한 형태로 지속되면서 기독교의 중요한 전통이 됨으로써 그리스도인에게 죽는 법을 가르치는 문서가 되었을 뿐만 아니라, 임종 시 필요한 실천으로 자리잡게 되었다. 그러나 20세기 들어와 의학이 급속도로 발달하면서 기독교의 이 귀중한 전통은 급격히 설 자리를 잃어가게 되었다. 임종의 장소가 '집'에서 '병원'으로 옮겨지고,[26]

---

24) A. Reinis, *Reforming the Art of Dying: The Ars Moriendi in the German Reformation*(1519-1528) (Surrey, U.K.: Ashgate, 2007), 51에서 재인용.
25) 본래 '죽음의 기술'은 온 유럽에 죽음이 산재하던 14세기 당시 대량사망(흑사병으로 유럽 인구의 1/3이 사망)으로 인해 임종을 동반해줄 성직자가 절대적으로 부족한 상황 속에서 제작된 목판화다. 많은 사람이 홀로 죽음을 맞이할 수도 있었기에 교회에서는 교인들에게 죽는 법을 가르칠 수밖에 없었는데, 이때 '죽음의 기술'이 널리 보급되어 사제 역할을 대신 감당했던 것이다. 그리하여 교인들은 '죽음의 기술'을 보면서 죽음 이후 일어날 부활을 소망하는 마음으로 죽음의 과정을 큰 두려움 없이 잘 견뎌낼 수 있었다: 곽혜원, 『존엄한 삶, 존엄한 죽음』, 197ff.
26) 과거엔 집 밖에서 사망하는 객사가 상당히 기피되었지만, 오늘날엔 우리 국민의 대다수가 병원에서 죽음을 맞이한다. 1990년 자료에 의하면, 집에서 임종하는 사람이 80%로, 병원에서 임종하는 사람이 10%대였는데, 지난 20년 사이 완전히 역전되어 현재는 병원에서 사망하는 사람이 90%에 가깝고 집에서 임종하는 사람이 10% 정도다. 임종장소가 집에서 병원으로 변화된 추이를 보면, 우리 국민의 변화된 임종환경을 확연히 알 수 있다: 윤영호, 『나는 한국에서 죽기 싫다』(서울: 엘도라도, 2014), 43ff.; 한국종교문화연구소 기획/이용범

'생로병사'의 순리에 따라 죽음을 준비하던 과정이 '무의미한 연명의료' 시스템에 의해 오염되고, 상장례(喪葬禮)에서 교회 공동체의 역할이 상업적인 상조업체에 대폭 이관되면서 기독교의 아름다운 전통은 그 의미가 퇴색되어갔다. 예수 그리스도의 죽음과 부활을 믿는 신앙으로 죽음의 과정을 견뎌냈던 유구한 신앙의 전통도 뒷전으로 밀려나게 되었다. 오늘날 기독교가 오랜 세월 이어내려 왔던 옛 비전(vision)을 포기한 것은 참으로 애석하고 유감스러운 일이 아닐 수 없다.

4. 성서에 기반한 죽음교육이 요청되는 신학교육·교회교육

죽음에 대한 성찰을 거부하는 세속의 흐름에 함몰된 것은 목회자와 신학자도 예외가 아니다. 오늘날 대다수 젊은 목회자는 인생사에서 가장 중대한 사건이자 철저한 준비가 필요한 영적인 사건인 죽음에 대해 진지하게 성찰해 본 적이 거의 없어 보인다. 시신을 만진 경험이라든가, 죽음이 서서히 진행되는 과정, 곧 한 사람의 영혼이 임종을 앞두고 이생에 대한 소망의 끈을 놓는 모습을 곁에서 지켜본 적은 더더욱 없는 것 같다. 상황이 이렇다 보니, 임종과 죽음에 대해 전혀 무지한 상태에서 목회자가 되는 경우가 대부분이라는 우려의 목소리가 나오고 있다. 그러므로 많은 목회자

엮음, 『죽음의례·죽음·한국 사회』(서울: 모시는사람들, 2013), 169ff.

는 죽음을 앞둔 교인과 그 가족을 영적으로 돌볼 뿐만 아니라, 그리스도인의 정체성을 지키면서 맞이하는 복된 죽음에 대해 가르쳐야 할 중차대한 소임을 감당하지 못하고 있다고 해도 과언이 아닌 상황이다.

목회자가 임종과 죽음에 문외한이 된 것은 신학교의 책임이 크다. 유감스럽게도 오늘날 신학자는 노년기 사목에 대해 거의 가르치지 않음으로써 목회자로 하여금 죽음을 앞둔 환자와 고령층 성도에 대한 영적 케어를 방만하게 한 직접적 원인이 되고 있다.[27] 우리나라에는 수많은 신학교들이 있지만, 죽음을 앞둔 임종자를 위한 영적 돌봄을 가르치는 교과목이 개설된 곳은 거의 전무하다. 교과과정에 장례식 집전에 대한 예전적(禮典的) 측면에서의 전문지식을 제공하는 수업은 있지만, 죽음 그 자체와 죽음 이후의 문제, 죽음을 앞둔 이의 고뇌를 영적으로 케어하고 복된 죽음을 준비시키는 일에 관해 심도있게 강의하는 세미나가 진행된 적이 없다.[28] 미국에선 모든 일반 대학생이 죽음학 및 생사학을 교양과목으로 배우고 죽음교육 및 생사교육을 이수받는데, 우리나라에선 생사의 경계선에서 사역해야 할 예비 성직자에게 죽음을 가르치지 않는 것이다.[29] 그러므로 우리나라 신학교육에서 성직 후보생에게 죽음을 가르쳐야 할 책임에 대해 진지하게 논의해야 할 시점이다.[30]

죽음을 목전에 두고 살아가는 노인이나 환자가 신학교에서 소외당하는 이유는, 대다수 신학생과 목회자가 주력하는 사역의 중심이 신체적으로 건강한 청소년이나 경제활동이 왕성한 중장년층에 집중돼 있기 때문

---

27) M. A. Kimble 외 3인 공저/노인사목연구위원회·김열중·이순주 공역, 『노화·영성·종교』(서울: 소화, 2011), 146, 149-166.
28) 정현채, "죽음을 보는 의사의 시각", 한국죽음학회 엮음, 『죽음맞이』(서울: 모시는사람들, 2013), 63f.
29) Cf. 곽혜원, 『존엄한 삶, 존엄한 죽음』, 37-51; 최철주, 『이별서약』(서울: 기파랑, 2014), 135-140.
30) Cf. M. A. Kimble 외 3인 공저, 『노화·영성·종교』, 151.

이기도 하다. 많은 교파에선 주로 아동과 청소년 대상 사역을 위한 특별강습을 개설하지만, 고령층과 관련된 수업은 거의 개설하지 않는다. 또한 65세 이상 교인을 사역할 목회자 훈련 프로그램도 거의 진행하지 않음으로써, 노인과 죽음을 앞둔 이들의 영적 필요를 다루는 사역 프로그램이 부재한 실정이다. 그러므로 요양원의 고령층 환자나 죽음을 앞둔 이들은 교회와 목회자의 관심사에서 밀려나는 경우가 많은데, 이는 고령자와 중환자의 사회적 소외를 방조하는 현실과 직간접으로 연관되어 있다. 그러나 기독교 역사에서 노인은 그리스도의 몸된 교회를 이루는 중요한 지체였으며, 죽음을 앞둔 이들을 돌보는 사역은 항상 교회의 기본 기능이었다는 사실을 우리는 잊지 말아야 한다.[31]

죽음을 앞둔 고령자와 중환자들은 온갖 비극적 감정의 풍랑이 소용돌이치는 망망대해에서 자기 자신만 혼자 무기력하게 난파당한 것처럼 절망감을 느끼고 서러운 눈물을 흘리는 경우가 많다. 이러한 상황 속에서 사역자가 이들을 영원한 생명으로 인도하는 참으로 신뢰할만한 좋은 안내자가 되어주어야 함은 아무리 강조해도 지나침이 없을 것이다. 물론 교인들이 하나님의 은혜로 치유되어 다시 건강하게 살아갈 수 있도록 기도하고 돕는 것은, 사역자가 감당해야 할 대단히 중요한 직무임이 분명하다. 그러나 모든 수단과 방법을 총동원하여 치병에 힘씀에도 불구하고 언젠가 죽음에 맞닥트릴 수밖에 없는 것이 모든 인간의 숙명이라는 사실을 직시할 때, 사역자는 교인들이 하나님의 은혜와 평강 안에서 복된 죽음을 맞

---

[31] 성서에는 마지막까지 믿음으로 충만한 인생을 살다가 말년에 하나님께 쓰임받은 노인이 많이 등장한다(눅 2:29, 36-38). 특별히 사도 바울은 나이 든 그리스도인에게 젊은 교인에 대한 영적인 책임을 짊어지게 함으로써 교회 내에서 각별한 지위를 부여했다(딤전 5:10; 딛 2:3-5). 이는 그가 나이 든 교인이 젊은이에게 훌륭한 그리스도인으로 살아가는 법을 가르칠 수 있다고 확신했기 때문이다. 그러므로 기독교 역사상 교회들은 노인과 죽음을 앞둔 이를 적극적으로 교회에 통합시킴으로써 이들로 하여금 삶의 마지막 순간까지 사명을 감당하도록 독려했다: 곽혜원, 『존엄한 삶, 존엄한 죽음』, 215ff.

이할 수 있도록 잘 인도해야 할 것이다.

　사실 사역자도 인간이기에 죽음 앞에서 두려움을 갖는 것은 인지상정일 수 있지만, 교인들을 영적으로 케어해야 할 막중한 책임을 짊어진 위치에서 죽음에 대한 성찰이 부족하여 사역을 제대로 감당하지 못하는 것은 결코 용납될 수 없기도 하다. 특별히 인간의 죽음을 직간접으로 대면할 수밖에 없는 사역자는 죽음에 대해 확실한 인식을 갖고 있어야 죽음을 앞둔 성도를 제대로 도울 수 있는데, 만약 사역자 자신이 죽음을 두려워하고 임종을 앞둔 이를 기피한다면 하나님께서 맡기신 사명을 제대로 감당할 수 없을 것이다. 이처럼 사역자는 특별히 죽음과 관련하여 매우 중차대한 사명을 감당해야 하기 때문에 삶과 죽음에 대해 폭넓고도 심도있는 신학교육을 반드시 받아야 하고, 또한 평소에도 인간의 죽음에 대해 깊은 성찰을 해야 한다.

　여기서 우리가 짚고 넘어가야 할 것은, 죽음교육이 필요한 사람이 단지 사역자만은 아니라는 사실이다. 즉 평신도도 교회교육을 통해 죽음교육을 받아야 한다. 우리 모두 인정할 수밖에 없듯이, 삶의 시간이 제한되어 있고 죽음이 예고 없이 누구에게나 언제든 갑자기 찾아올 수 있기에, 삶을 유의미하게 살아가고 복된 죽음을 맞이할 수 있기 위해선 모든 연령층이 건강할 때부터 죽음을 준비해야 한다. 특별히 죽음교육에는 반드시 조기교육이 필요한데, 젊었을 때 아무 생각 없이 살다가 늙고 병들어 죽음의 그림자가 다가온 후에 죽음을 준비하려고 하면, 죽음을 피하고 싶고 삶에 더욱 집착하기 때문이다. 죽음에 대한 조기교육을 시행해야 할 또 다른 이유는, 죽음교육이 단지 죽음에 대해서만 가르치는 것이 아니라 삶에 대한 교육도 되기 때문이다.

　삶과 죽음은 항상 같이 가게 되어 있어서 죽음교육을 하는 것은 삶에 대한 교육이 되기도 한다.[32] 마치 이정표처럼 죽음을 통해 삶의 방향을 결정할 수 있기에, 어찌 보면 죽음을 생각하지 않는 삶은 목적의식 없이 무작정 인생길을 걸어가는 것과도 같다. 따라서 죽음을 통해 삶을 바라보지 않으면 삶의 궁극적 의미를 발견하지 못한다고 말할 수도 있다. 혹자는 죽음이 인생의 동반자(同伴者)이기도 한데, 그럼에도 죽음을 의식하지 않는다면 우리의 삶은 동식물의 삶과 다름없다고 말하기도 한다.[33] 특별히 임종을 앞둔 이들은 이구동성으로 증언하기를, 젊고 건강할 때부터 죽음을 염두에 두고 살아가면 올바른 삶의 방향을 설정할 수 있고, 또 그렇게 하다 보면 총체적으로 삶을 완성해 갈 수 있다고 말하는 점에서도, 우리는 죽음에 대한 조기교육의 당위성을 발견할 수 있다.[34]

그렇다면 한국 교회가 교인들에게 일찌감치 건강할 때부터 죽음을 준비할 수 있도록 죽음교육을 시행함은, 참된 인생을 살아가고 복되게 인생을 마무리하게 하는 원동력이 될 수 있다. 이에 아동기·청소년기·청년기·중년기·장년기·노년기 등 연령별로 적합한 죽음교육을 통해 삶과 죽음에 대한 올바른 이해를 도모하는 장을 마련하는 일이 시급하다. 필자가 한국 교회에서 가장 안타깝게 생각하는 부분 중 하나가 바로 죽음에 대한 비성서적 이해이기 때문이다. 뜻밖에도 많은 교인이 죽음에 대해 비성서적으로(심지어 미신적으로) 생각하는 가운데 때로는 죽음을 지나치게 터부시하거나, 죽음을 미화하는 그릇된 모습을 보이기도 한다. 그러므로 필자가 죽음교육을 시행함에 있어서 가장 중점을 두는 부분이 바로 죽음에 대한 균형 잡힌 올바른 이해이다.

오늘날 많은 그리스도인이 하나님을 '죽은 자와 산 자 모두의 주님'으로 신앙하지 않고, 오직 '산 자만의 주님'으로 잘못 인식하고 있다. 죽음의

---

32) 최준식, 『죽음학 개론』(서울: 모시는 사람들, 2013), 13ff.
33) N. Basiliadis, 『죽음의 신비』, 24f.
34) 최준식, 『너무 늦기 전에 들어야 할 죽음학 강의』(서울: 김영사, 2014), 11f.

세계는 명백히 하나님께서 통치하시는 주권 영역이며,[35] 죽은 자가 역사의 종말에 임할 부활을 소망하는 존재[36]라는 초대교회의 신앙[37]에 대해서도 확신을 갖지 못하는 경향이다. 그리스도의 십자가 죽음과 부활을 결정적 분기점으로 해서 모든 믿는 이들에게 부활의 생명이 임함으로써 죽음과 죽음의 세계, 죽은 자를 새롭게 이해할 수 있는 결정적 근거가 마련되었음에도 불구하고, 여전히 많은 그리스도인이 죽음에 대해 극도의 두려움을 갖고 있다.[38]

하지만 사도 바울은 롬 14:8-9에서 "우리가 살아도 주를 위하여 살고 죽어도 주를 위하여 죽나니 그러므로 사나 죽으나 우리가 주의 것이로다. 이를 위하여 그리스도께서 죽었다가 다시 살아나셨으니, 곧 죽은 자와 산 자의 주가 되려 하심이라"고 말씀함으로써 하나님이 '죽은 자와 산 자 모두의 주님'이심을 분명히 선언한다. 또한 벧전 3:19; 4:6은 예수께서 죽음의 세계로 내려가심으로써 저주받은 죽음의 땅을 하나님이 임재하는 생명의 땅으로 만드신 것을 선포한다. 그리하여 하나님과 우리 사이에 맺은 관계가 죽음의 한계를 초월하여 영원히 존속한다는 사실을 확증한다.

사실 죽음은 인간의 죄악으로 인해 유입된 존재, 사도 바울의 표현대로 "맨 나중에 멸망받을 마지막 원수"(고전 15:26)기 때문에 역사의 종말에 하나님에 의해 폐기(계 20:14; 21:4)될 부정적 존재이다. 그럼에도 불구하고 이미 예수의 죽음과 부활을 통해 그 위력을 상실한 죽음은 그리스도인에게 있어서 오히려 유익하게 섭리될 수 있다고, 초대 교부들은 역설한다. 특히

---

35) G. Kittel, *Befreit aus dem Rachen des Todes. Tod und Todesüberwindung im Alten Testament*, Göttingen 1999, 23.
36) J. Moltmann/김균진 옮김, 『오시는 하나님』(서울: 대한기독교서회, 1997), 69.
37) 초대교회는 부활을 기다리며 무덤에 누워있는 죽은 자들도 영원히 교회의 구성원으로 간주했다. 이런 연유에서 기독교 역사 내내 죽은 신자들의 시신을 교회건물 지하나 벽 또는 교회 묘지에 매장했는데, 이를 통해 죽은 신자와 살아있는 신자 사이에 생사(生死)를 넘어선 부활 공동체가 형성되었다: 곽혜원, 『존엄한 삶, 존엄한 죽음』, 118ff., 184ff.
38) 곽혜원, 『존엄한 삶, 존엄한 죽음』, 93.

요한 크리소스톰(J. Chrisostom)은 죽음이 본래 아담의 범죄에 대한 형벌로 인해 인류에게 도래했지만, 예수께서 인류를 위해 몸소 죽으셔서 죽음을 선한 것으로 변화시키고 우리를 하늘로 인도하기 때문에, 결국 하나님의 은혜와 자비로 섭리될 거라고 결론짓는다.[39] 이러한 연유에서 그는 죽음이 인생의 온갖 질고에서 벗어나게 하고 육체의 모든 고통에 종지부를 찍게 함으로써 힘겹게 살아가는 모든 이를 위로하는 은혜로운 사건이라고 강조한다.[40] 이로써 죄의 형벌로 부과되었던 죽음은 예수의 죽음을 결정적 분기점으로 인류의 구원을 위해 유익하게 역사한다는 것이다.

다만 우리는 죽음이 지닌 양면성, 곧 생명의 자연스러운 종결로서의 죽음(창 25:8; 35:29; 대상 29:28; 욥 42:17; 전 3:1-4 etc.)과 죄의 결과로서의 죽음(창 2:17; 신 30:15-16; 삼상 2:31-33; 잠 10:27; 겔 18:20-21; 롬 5:12; 6:23; 약 1:15 etc.), 죽음의 자연성과 비자연성을 깊이 유념하여 죽음에 대한 균형 잡힌 올바른 시각을 갖는 일이 중요하다. 왜냐하면 우리가 죽음을 삶의 자연스러운 끝으로만 받아들일 경우, 자칫 죽음이 지닌 치명성을 간과할 수도 있어서 이 세상에서 일어나는 온갖 형태의 억울한 죽음, 폭력적 죽음, 강제적 죽음에 대해 무감각한 태도를 취할 수도 있기 때문이다. 반면 우리가 죽음을 비자연적인 것으로만 인식할 경우, 삶 속에서 죽음을 거부하는 부작용도 있지만 잘못된 죽음에 저항하는 자세를 취할 수 있기 때문이다.[41] 이를 고려할 때, 죽음이 지닌 이중성은 각자 나름의 의미를 내포하고 우리에게 중요한 과제를 부과한다는 사실을 알 수 있다. 그러므로 우리는 한편으론 삶의 영역

---

[39] 요한 크리소스톰의 Εἰς Ψαλ, Ὁμ, 31, 3 PG 57, 374에 수록된 글과 요한 크리소스톰의 Εἰς τοὺςσάγίοους πάντας…, 1 PG 50, 707에 수록된 글을 N. Basiliadis, 『죽음의 신비』, 78, 90에서 재인용.
[40] "죽음은 은혜이다. 왜냐하면 고생스러운 삶의 노고로부터 우리를 쉽게 해 주기 때문이다! 아픔, 슬픔, 삶의 굴곡이 이 땅에서 마침내 멈추기 때문이다! … 형제들이여, 죽음은 나쁜 것이 아니라 유익한 것이다": 요한 크리소스톰의 Περί ὑπομονης, PG 60, 725에 수록된 글을 위의 책 88에서 재인용.
[41] 김균진, 『죽음과 부활의 신학』, 273ff.

에서 죽음의 존재를 인정해야 하지만, 다른 한편 그 폐해 또한 직시해야 할 것이다.

최근 신학계에선 비자연적 죽음에 대해 문제제기해야 한다는 공감대가 확산하고 있다. 왜냐하면 역사상 인류의 죄는 개인의 사적 영역에선 물론 조직화·합법화된 형태로 나타남으로써, 불의한 정치·경제·사회적 구조를 통한 생명의 파괴가 비일비재하기 때문이다. 즉 많은 사람이 자신의 죄악된 삶의 마지막 결과로서 죽음을 당하기도 하지만, 타인의 죄를 위시한 구조적·조직화된 범죄로 인해 억울한 죽음, 폭력적 죽음, 강제적 죽음을 당하는 일이 다반사로 일어나기 때문이다. 이러한 문제상황에 봉착하여 최근 신학자들은 세계 도처에서 여러 다양한 형태로 일어나는 비자연적 죽음·존엄하지 못한 죽음에 저항하는 가운데 인류를 위시한 자연의 피조물이 하나님께서 부여한 충만한 삶을 향유하다가 자연적 죽음·존엄한 죽음을 맞이할 수 있는 삶의 존엄, 죽음의 존엄이 구현된 세상을 형성할 것을 촉구한다.[42]

이처럼 성서에 기반하여 삶과 죽음에 대한 건전하고 심도있는 교육을 받게 되면, 인생사에서 불가피 맞닥뜨리는 생로병사 과정을 좀 더 성숙하게 감내할 수 있다. 죽음을 성숙하게 맞대면한 이들은 한목소리로 주장하길, 생로병사 과정을 잘 견뎌내면, 죽음은 마지막으로 성장할 수 있는 기회, 이전과는 비교할 수 없을 만큼 영적으로나 정신적으로 높이 고양하는 계기가 된다고 한다. 특히 죽음의 과정을 신앙적으로 잘 극복하면, '하나님의 존엄한 형상'을 간직한 그리스도인은 죽음 앞에서 마지막 순간까지 영적으로 충만한 변화를 겪는다고 한다. 이러한 일생일대 큰 깨달음은 임종 직전에 극대화되는데, 이 깨달음이 너무 커서 이를 알지 못했던 건강

---

[42] 곽혜원, 『존엄한 삶, 존엄한 죽음』, 130.

한 상태보다 비록 임종단계라 해도 깨달음에 이른 현재의 상태가 더 소중하다고 말하는 임종자들도 있다. 그러므로 한국 교회는 죽음을 넘어선 부활을 소망하는 공동체라는 자부심을 갖고 교인들로 하여금 죽음에 이르는 여정을 차근차근 잘 준비할 수 있도록 기폭제 역할을 감당해야 할 것이다.

5.
죽음교육과
영성회복, 인성회복, 사회회복

죽음교육(=죽음준비교육)은 1960년대 미국에서 시작된 이래 전 세계적으로 활발하게 전개되고 있다. 죽음교육을 초등학교에서 대학교에 이르기까지 학생의 성장과정에 맞게 실시하는 학교교육과 아울러 일반인을 대상으로 평생교육 차원에서 시행함에는 두 가지 목적이 있다. 1. 삶의 시간이 제한되어 있음을 유념하면서 현재의 삶의 방식을 진실하게 되돌아보고 좀 더 의미 있는 삶을 영위케 한다. 2. 평소에 죽음을 성찰하여 갑자기 죽음이 찾아오더라도 평온한 마음으로 죽음을 맞이할 수 있도록 준비케 한다. 이러한 맥락에서 죽음교육은 이 세상에서의 삶을 유의미하게 살아가도록 돕는 삶의 교육이자 아름다운 마무리를 위한 죽음준비교육이다.[43] 자살예방이 절실한 상황 속에서 죽음교육은 '존엄한 삶·존엄한 죽음'을 지향하는 생명존중 교육이자 자살예방 교육이기도 하다. 특별히 우

---

43) 오진탁, 『삶, 죽음에게 길을 묻다』(서울: 종이거울, 2010), 79.

리 사회 현실에서 죽음교육이 절실히 요청되는 것은, 죽음교육이 영성회복과 인성회복, 사회회복을 실현할 중요한 밑거름을 부여할 수 있기 때문이다.

1. **죽음교육과 영성회복** – 죽음교육은 참되고 가치있고 영원한 것을 지향케 함으로써 왜곡되고 혼탁해진 영성을 회복시키는 계기를 마련한다. 현재 한국 교회가 봉착한 가장 근본적 위기는 영성(靈性)의 위기에 기인하는데, 특히 염려스러운 것은 교회 안에 예수 그리스도의 십자가 영성이 사라진 현실이다. 이러한 상황 속에서 영적 실용주의에 매몰된, 십자가 없는 무속적·상업적 성령운동을 통해 인간의 탐욕을 채우고 헛된 영광을 부추기는 일이 한국 교회를 깊은 영적 수렁으로 몰아넣고 있다.[44] 여기에 축복 및 성공지향주의, 성장제일주의, 경제중심주의 같은 지극히 세속적 가치를 내세우는 승리주의 이데올로기가 가세하여 한국 교회의 영성을 더욱 혼탁케 한다. 예수께서 보여주신 영성은 비천한 곳에 성육신하셔서 가난하고 소외된 불쌍한 자들과 동고동락하시고 일평생 하나님과 겸손하게 동행하신 영성인데, 작금의 한국 교회는 예수를 따르기보다 물질과 성공, 명예와 권력을 향해 전력질주하고 있다.[45] 입으로는 거룩한 영성을 외치지만, 실제로는 일반 세상과 똑같이 이기심과 사리사욕에 빠져 세속적 가치를 좇아간다는 비판을 받고 있다.

오늘날 한국 교회가 그토록 사회적 지탄을 받고 신앙의 본질을 잃어가는 것은, 세속에 함몰되어 눈에 보이는 현실에만 집착하는 현실과 긴밀한 관련이 있다는 것이 필자의 진단이다. 하나님과 맞대면하게 될 죽음을

---

44) 박영돈, "무속적·상업적 성령운동에 대한 비판적인 고찰", 『한국 교회, 개혁의 길을 묻다』 (서울: 새물결플러스, 2013), 119f.
45) "MB 시대의 개신교: 한국 교회 예수 버리고 권력 탐하다", 「시사IN」제104호(2009.9.7), 37; cf. 최형묵, 『한국 기독교와 권력의 길』(서울: 로크미디어, 2009).

매순간 묵상하면서 하나님의 영원을 품고 살아가면, 교회와 성도로서 마땅히 가져야 할 참된 신앙의 본질을 결코 저버릴 수 없을 것이기 때문이다. 이에 죽음교육은 한국 교회의 체질을 근본적으로 변화시킴으로써 영성을 회복시키는 결정적 계기를 마련할 수 있다. 죽음교육은 삶이 언젠가 죽음으로 끝날 수밖에 없다는 사실을 일깨워줌으로써 허망하게 스러질 세상 현실에 일희일비하지 않도록, 부귀영화에 얽매어 마음을 빼앗기지 않도록 우리의 영성을 견고하게 붙잡아 줄 수 있다. 죽음의 순간 우리는 모든 것을 버려두고 이 세상을 떠나기에,[46] 소유한 모든 것이 허무한 것임을 깨닫는다. 사실 우리는 천만년 살 것처럼 세상 것 다 가지려 고군분투하지만, 이 세상의 모든 것은 결국 영원한 것이 아닌 일시적인 것이요, 본질적인 것이 아닌 비본질적인 것임을 깨닫는다. 이로써 죽음교육은 모든 무가치한 것을 버리고 가치있는 것을 찾게 하고, 모든 거짓되고 일시적인 것을 버리고 참되고 영원한 것을 동경하게 함으로써 영성을 새롭게 회복시킬 수 있다.

 죽음교육을 통해 우리 삶을 되돌아보면, 우리 삶이 하나님의 영원과 맞닿아 있음을 깨닫게 된다. 죽음은 우리가 광대한 영원의 바다 속에서 표류하는 보잘 것 없는 존재임을 알게 하며, 이 세상에 한 번 왔다 가는 우리 인생이란 영원 속에서 점 하나의 흔적도 채 못 남기는 미미한 것임을 인식케 한다. 죽음은 풀꽃처럼 지천에 널려 있고 우리 삶은 바람처럼 흘러 잠시 왔다 돌아가는 삶이기에, 우리 수명의 길고 짧음과 무관하게 인생이란 실로 덧없다는 사실을 뼈저리게 느끼게 된다. 이에 죽음은 우리 인간이 왜

---

46) 우리가 소유했던 모든 것은 결국 다른 사람의 것이 된다고 시편 기자는 이렇게 고백한다: "어떤 사람이 부자가 되더라도, 그 집의 재산이 늘어나더라도, 너는 스스로 초라해지지 말아라. 그도 죽을 때에는 아무것도 가지고 가지 못하며, 그의 재산이 그를 따라 내려가지 못한다. 비록 사람이 이 세상에서 흡족하게 살고 성공하여 칭송을 받는다 하여도 그도 마침내 자기 조상에게로 돌아가고 만다. 영원히 빛을 보지 못하게 된다. 사람이 제아무리 위대하다 해도 죽음을 피할 수 없으니 멸망할 짐승과 같다"(49:16-20).

질풍노도처럼 교만하다가 먼지처럼 땅에 흩어져버리는지, 왜 화염처럼 정열적으로 타오르다가 연기처럼 사라져버리는지, 왜 아름답게 단장한 꽃처럼 뽐내다가 마른 풀처럼 시들어버리는지에 대한 해답을 찾아가도록 우리를 촉구한다.[47] 오직 단 한 번뿐인 우리의 인생, 수고와 희망과 두려움으로 엮어진 우리의 나날이 속히 지나가고 어느 날 홀연히 하나님이 부르시면 순종하며 가야 할 그 길을 우리가 항상 기억한다면, 우리 안의 추하고 더러운 것 다 털어 버리고 아름답고 깨끗한 영혼으로 하나님 앞에 갈 수 있도록 영원을 준비하면서 살아가게 될 것이다. 이처럼 죽음교육은 우리를 하나님의 영원과 접목시키기에, 이 세상에 대한 과도한 집착과 탐욕에 휘둘려 우리의 영성이 이지러질 때마다 죽음을 성찰해야 할 것이다.

2. 죽음교육과 인성회복 – 죽음교육은 삶의 마지막을 준비하면서 사랑과 용서와 감사와 축복의 중요성을 일깨움으로써 훼손된 인성을 회복하도록 돕는다. 오늘날 우리가 살아가는 현실에서 영성의 회복 못지않게 중대한 과제가 바로 인성(人性)의 회복인데, 이는 아무리 강조해도 지나침이 없을 것이다. 우리 주변에서 일어나는 모든 문제의 기저에는 파괴된 인성으로 말미암은 불상사가 가로놓여 있기 때문이다. 이로 말미암아 교육시스템을 새롭게 짜고 사회 전반에 걸쳐 올바른 인간성 회복을 위한 사회운동을 전개해야 할 만큼 인성회복이 매우 절실한 상황이다. 특별히 짚고 넘어가지 않을 수 없는 것은 바로 한국 개신교인의 인성 회복 문제이다. 오늘날 한국 개신교가 사회적 공신력을 잃고 안티기독교 세력으로부터 혹독한 비난을 당하는 주된 원인은 잘못된 영성 못지않게 도덕성의 실패, 곧 인성의 문제에 기인하기 때문이다. 평신도는 차치하고 상당수 사역자들이

---

47) 요한 크리소스톰의 의 *Εἰς τὸ Πλήν μάτην ταράσσεται πᾶς ἄνθρωπος...*, 1 PG 55, 559에 수록된 글을 N. Basiliadis, 『죽음의 신비』, 24에서 재인용.

잘못된 인성으로 말미암아 각종 일탈과 범죄에 연루된 일은 한국 교회의 추락을 더욱 가속화시켰다고 볼 수 있다.[48] 이와 관련하여 제기되는 중요한 문제는 바로 신앙과 인성의 상관관계인데, 즉 양심과 인성 면에서 그리스도인과 비(非)그리스도인 사이에 그다지 큰 차이가 없다는 견해가 지배적이다.

　이러한 상황 속에서 한국 개신교인의 인성 회복은 매우 중차대한 과제가 아닐 수 없는데, 죽음교육은 훼손된 인성을 회복시키는 데 결정적으로 기여할 수 있다. 물론 오늘날 신학교육과 교회교육에 있어서 경건과 인성, 성품을 함양하는 영성교육을 강화해야 함은 매우 중요한 일이다. 그러나 이와 동시에 유념할 것은, 신앙이 인성에 그리 큰 영향을 미치지 못하는 현실은 병든 내면의 치유가 급선무라는 사실을 시사한다. 인성이 훼손되는 가장 중대한 원인 중 하나는 얽히고설킨 인간관계 속에서 치유되지 않은 상처와 한맺힌 원한 등으로 인한 좌절과 분노가 쌓여 내면세계가 파탄난 것인데, 죽음교육은 삶의 마지막에 해야 할 일을 일상 속에서 실천함으로써 내면의 치유와 관계의 회복을 가져올 수 있다. 바로 코앞으로 다가온 죽음 앞에 서면 그동안 자기중심적으로 살아왔거나 무책임하게 저지른 행동에 대해 사죄하고 싶어지고, 모든 가식을 벗고 진실해지고 싶은 욕구를 느끼는 게 인지상정이다. 특별히 죽음을 목전에 둘 때 많은 사람은 자신에게 가장 귀중한 자산이 바로 사람이라는 사실을 절감하지만, 그럼에도 불구하고 소중한 사람과의 깨어진 관계를 만회하기엔 너무 때늦었다고 생각하여 깊은 회한 속에서 임종하는 경우가 많다. 인생의 종착점에 다다라서야 비로소 인생의 진리를 발견하지만, 문제를 매듭짓지 못하고 상처받은 마음을 대물림한 채 세상을 떠난다는 것은 참으로 안타까운 일이 아

---

48) Cf. 곽혜원, "한국 교회에 대한 한국 사회의 인식", 제2종교개혁연구소 엮음, 『제2종교개혁이 필요한 한국 교회』(서울: 기독교문사, 2015), 177ff.

닐 수 없다.

우리는 만성질환으로 오래 앓다가 죽음에 이를 수도 있지만, 뜻밖의 사고나 갑작스런 병환으로 전혀 예기치 못한 순간에 죽음을 맞이하기도 한다. 그렇다 보니 응어리진 인간관계를 청산하고 세상을 하직하는 경우가 많지 않은 것 같다. 사실 사랑하고 용서하고 감사하고 축복하는 마음으로 작별인사를 하기 위한 때가 정해져 있는 것은 아니어서, 꼭 해야 할 말을 때가 너무 늦었다고 포기하거나 아직 때가 이르다고 뒤로 미루지 말아야 할 것이다. 그러므로 죽음교육을 이수하여 죽기 전 반드시 해야 할 마지막 말을 평소에 실천하면서 맺힌 감정을 풀어간다면, 우리가 인생을 살면서 맺는 많은 관계를 좀 더 원만하게 이끌어갈 수 있을 뿐만 아니라, 우리의 인성도 좀 더 따뜻하고 인간적인 모습으로 변화될 것이다. 사랑과 용서와 감사와 축복을 담은 말을 하는 사람도, 이 말을 듣는 사람도 모두 서로에게 인간에 대한 새로운 믿음을 싹틔우며 인생에 대한 희망의 불꽃을 지펴줄 수 있기 때문이다. 죽음은 가장 진지한 삶의 표현이요 가장 경건한 삶의 완성이기에 삶의 매순간을 마지막처럼 살아간다면, 인생 전반이 극적으로 변화되고 모든 것이 제자리를 찾아가면서 인간으로서의 기본 성품도 회복되어갈 것이다.

3. 죽음교육과 사회회복 – 죽음교육은 사회구성원의 전반적인 인생목표와 가치체계를 재(再)설정함은 물론 누군가를 배려하는 이타심을 키워줌으로써 비인간적인 우리 사회를 회복시킬 수 있는 발판을 마련할 수 있다. 오늘날 우리가 살아가는 한국 사회에서는 생존경쟁의 격전지에서 도태된 사회구성원의 자살이 급증하는데, 우리 사회가 거대한 자살현상을 겪고 있음은 살아남은 우리 모두에게도 이 사회가 살아가기에 버거운 사회로 되어감을 뜻한다. 우리 사회는 삶에 대한 의욕과 활력을 잃어버리고

암울한 죽음의 기운이 지배하는 사회, 따뜻한 인정의 그물망이 사라지고 강자의 약육강식이 생존모델로 정당화되는 사회, 서로가 서로를 더 이상 신뢰하지 않는 사회, 사람이 무섭고 사람이 싫어지는 사회, 한 마디로 민심이 갈수록 흉흉해지는 사회로 변해가면서 우리 국민의 삶에 대한 사랑과 의지가 소멸되어가고 있다. 기질적으로 삶을 사랑하고 생명을 존중하는 우리 민족은 가족에 대한 애정은 물론 이웃 간에 정이 넘치는 민족인데, 자살과 살인, 흉악범죄가 서로 맞물리면서 반생명적·반인륜적으로 치닫는 오늘의 현실은 우리에게 과연 어떠한 메시지를 던지는지 고민하지 않을 수 없다.

이러한 상황 속에서 우리 사회를 새롭게 회복시키는 일은 이 시대의 최대과제라고 해도 과언이 아닌데, 필자는 죽음교육을 통해 이를 실현할 수 있다고 확신한다. 물론 현재 우리 사회가 봉착한 제반 문제를 근본적으로 해결하기 위해선 공정하고 정의로운 사회, 공존하고 상생하는 사회를 반드시 구현해야 한다. 왜냐하면 공정과 공존, 정의와 상생의 가치가 실현되지 않고선 우리 사회의 악순환의 고리를 끊을 수 없기 때문이다. 그러나 필자는 죽음을 연구하는 신학자로서 죽음교육을 통해 문제해결 방안을 찾고자 한다. 먼저 우리 사회에서 죽음을 성찰하고 논의하는 자리가 좀 더 많아져야 한다. 사실 과거에 비해 우리 사회에서 죽음에 대한 터부가 완화되었다고는 하지만, 여전히 죽음과 관련된 대화를 불편해하는 분위기이다. 그래서 죽음에 관해 많이 거론하면 사회가 우울하고 염세적이 되지 않을까 우려하는 이들도 있지만, 현실은 그렇지 않다. 오히려 죽음을 공론화하는 사회적 풍토가 조성되면, 매순간의 삶을 반추하면서 더욱 참되고 가치있게 살아가도록 유도함으로써, 사회구성원의 삶에 긍정적인 변화를 가져온다는 것이 필자의 지론이다.

일상에서 죽음을 숙고하는 경험은 전반적 인생목표와 가치체계의 우선순위를 다시 설정하여 새로운 각오를 다지고 가족에 대한 애틋함을 갖게 함으로써, 건강을 돌보고 음주·흡연율을 낮추고 이혼율도 떨어트린다는 미국의 연구보고서가 발표된 바 있다. 특별히 이 보고서에서 주목할 것은, 죽음의 성찰이 자신과 남에게 해악을 끼치거나 공격하려는 행동을 삼가도록 제어하는 데서 한 걸음 더 나아가 누군가를 도우려는 연민과 배려심, 인내심, 평등의식, 평화주의도 동기부여한다는 사실이다.[49] 또한 긍정적 이미지의 죽음을 인격적으로 자주 접하면, 우리 삶에 상당히 좋은 영향을 미칠 거라는, 특히 이타심을 높여준다는 국내의 연구보고서도 제기되었다.[50] 이것은 죽음교육을 통해 비인간적인 사회를 인간적인 사회로 변화시키려는 구상이 실현가능성이 매우 높다는 사실을 시사하는데, 실제로 죽음교육에는 세상을 인간화하기 위한 교육내용이 다수 포함되어 있다. 그뿐만 아니라 죽음교육을 통해 심리적 건강이 향상되고 올바른 죽음이해를 갖게 됨으로써, 자살충동을 느끼거나 자살을 시도했던 사람들이 변화된 사례도 상당수 보고된다.[51] 그동안 한국 사회는 물론 한국 교회도 죽음교육에 대해 매우 미온적 반응을 보여 왔는데, 이것이 조속히 시정

---

49) 2012년 미국 미주리 대학의 심리학자 케네스 베일은 "죽음이 삶에 유익할 때"(When Death is Good for Life)라는 논문에서 이같은 내용의 실험보고서를 발표하면서, 일반적으로 공동묘지를 정기적으로 산책하는 사람은 낯선 타인에 대한 배려를 더 많이 한다는 견해도 피력했다. 시인 롱펠로는 "쓸데없는 고민에서 벗어나려면 … 조용히 무덤을 산책해 보라"고 조언한 바 있다. 건축가 승효상은 "우리는 묘지가 일상 가까이에 없어서 도시가 경건하지 못하다"라고 주장하기도 했다: cf. 정현채 외 2인, 『의사들, 죽음을 말하다』, 188f.; "윤희영의 News English: 공동묘지 걷기", 「조선일보」(2012.04.26.).
50) EBS방송의 제작팀과 중앙대 심리학과 연구팀이 국내 최초로 죽음이 기부에 미치는 영향을 실험한 결과, 죽음에 관한 포스터가 붙어있는 곳에서 기부금이 다른 곳보다 4배 정도 더 많이 모아졌다는 결론을 도출했다. 죽음이 기부에 영향을 준다는 사실을 발견한 것이 이번이 처음은 아니어서, 찰스 디킨스의 소설 『크리스마스 캐롤』에서 구두쇠 스크루지가 꿈에서 죽음을 경험한 후 거액의 기부를 한 것을 견주어 '스크루지 효과'라고 일컫기도 한다: EBS데스제작팀, 『죽음』(서울: 책담, 2014), 71-78.
51) Cf. 오진탁, 『삶, 죽음에게 길을 묻다』, 125-233; 오진탁, 『자살, 가장 불행한 죽음』(서울: 세종서적, 2008), 173-250; 오진탁, 『자살예방, 해법은 있다』(서울: 교보문고, 2013); 오진탁, 『자살예방의 철학』(서울: 청년사, 2014).

되어야 할 것이다. 또한 많은 인명이 희생당한 비극적 대참사를 반면교사로 삼지 못하고 무의미하게 흘려보냈는데, 이것이 단지 불행한 사건에 그치지 않고 오히려 이를 통해 전 국민이 삶과 죽음에 대해 심사숙고하면서 생사관(生死觀)에 전환적 분기점을 마련할 수 있도록, 죽음교육이 학교교육과 평생교육 차원에서 제도적으로 정착되어야 할 것이다.[52]

---

52) 곽혜원, 『존엄한 삶, 존엄한 죽음』, 54ff.

참고 문헌

곽혜원. 『자살문제, 어떻게 할 것인가』, 서울: 21세기교회와신학포럼, 2011.
_____. 『존엄한 삶, 존엄한 죽음』, 서울: 새물결플러스, 2014.
_____. 『현대 세계의 위기와 하나님의 나라』, 서울: 한들, 2008.
_____. "그리스도 안에 있는 산 자와 죽은 자의 연대성에 관한 연구" 「조직신학논총」 제10집(2004.10).
_____. "글로벌 팬데믹 시대 속에서 생사교육의 당위성에 대한 제언", 「한국문화융합학회지」 제43권 2호(2021.02).
_____. "사회 양극화 현상으로서의 자살에 대한 신학적 성찰", 「신학논단」 제59집(2010.03).
_____. "존엄한 죽음과 의료인의 책임적 과제", 『과학은 죽음을 극복할 수 있는가?』, 서울: 이폴출판사, 2019.
_____. "죽음의 존엄성과 한국 교회의 책임적 과제", 『이상원교수 은퇴기념논문집』, 서울: 솔로몬, 2021
_____. "존엄한 죽음, 어떻게 실현할 것인가?", 『우리는 왜 죽음을 두려워하는가?』, 서울: 이폴출판사, 2021.
_____. "한국 교회에 대한 한국 사회의 인식", 제2종교개혁연구소 엮음, 『제2종교개혁이 필요한 한국 교회』, 서울: 기독교문사, 2015.
김균진. 『죽음과 부활의 신학』, 서울: 새물결플러스, 2015.
박지선·최인철. "죽음에 대한 생각이 우리를 훌륭한 시민으로 만드는가?", 「한국심리학회지: 사회 및 성격」 제16권 제1호(2002.03).
서울대학교중세르네상스연구소 엮음, 『중세의 죽음』, 서울: 산처럼, 2015.
오진탁. 『삶, 죽음에게 길을 묻다』, 서울: 종이거울, 2010.

_____.『자살, 세상에서 가장 불행한 죽음』, 서울: 세종서적, 2008.

_____.『자살예방 해법은 있다』, 서울: 교보문고, 2013.

윤영호.『나는 죽음을 이야기하는 의사입니다』, 서울: 컬처그라퍼, 2012.

_____.『나는 한국에서 죽기 싫다』, 서울: 엘도라도, 2014.

이경신.『죽음연습』, 서울: 동녘, 2016.

정현채 외 2인.『의사들, 죽음을 말하다』, 서울: 북성재, 2014.

최준식.『너무 늦기 전에 들어야 할 죽음학 강의』, 서울: 김영사, 2014.

_____.『죽음, 또 하나의 세계』, 서울: 동아시아, 2006.

_____.『죽음학 개론』, 서울: 모시는사람들, 2013.

한국자살예방협회 엮음.『자살의 이해와 예방』, 서울: 학지사, 2008.

한국죽음학회 엮음.『죽음맞이』, 서울: 모시는사람들, 2013.

황명환.『죽음, 새로운 삶의 시작』, 서울: 섬, 2013.

EBS데스제작팀.『죽음』, 서울: 책담, 2014.

푸웨이쉰(傅偉勳)/전병술 옮김.『죽음, 그 마지막 성장』, 서울: 청계, 2001.

Ariés, P./고선일 옮김.『죽음 앞의 인간』, 서울: 새물결, 2004.

Basiliadis, N./박용범 옮김.『죽음의 신비』, 서울: 정교회출판사, 2010.

Byock, I./곽명단 옮김.『아름다운 죽음의 조건』, 서울: 물푸레, 2010.

Cave, S./박세연 옮김.『불멸에 관하여』, 서울: 엘도라도, 2015.

Daubigin, I./신윤경 옮김.『안락사의 역사』, 서울: 섬돌, 2007.

Deeken, A./오진탁 옮김.『죽음을 어떻게 맞이할 것인가』, 서울: 궁리, 2002.

Fenwick, P.·Fenwick, E./정명진 옮김.『죽음의 기술』, 서울: 부글북스, 2008.

Gawande, A./김희정 옮김,『어떻게 죽을 것인가』, 서울: 부키, 2015.

Gese, H., *Zur biblischen Theologie. Alttestamentliche Vorträge*, Tübingen 1983.

Gilligan, J./이희재 옮김.『왜 어떤 정치인은 다른 정치인보다 해로운가』, 서울: 교양인, 201

Joiner, T./지여울 옮김.『자살에 대한 오해와 편견』, 서울: 베이직북스, 2011.

Kimble, M. A.외 3인 공저/노인사목연구위원회·김열중·이순주 공역.『노화·영성·종교』, 서울: 소화, 2011.

Kittel, G., *Befreit aus dem Rachen des Todes. Tod und Todesüberwindung im Alten Testament*, Göttingen 1999.

Kübler-Ross, E./이진 옮김.『죽음과 죽어감』, 서울: 이레, 2008.

_____./이주혜 옮김.『죽음 그리고 성장』, 서울: 이레, 2010.

Küng, H.·Jens, W./원당희 옮김.『안락사 논쟁에 대한 새 지평』, 서울: 세창미디어, 2010.

Mischler, G./유혜자 옮김.『자살의 문화사』, 서울: 시공사, 2002.

Moll, R./이지혜 옮김.『죽음을 배우다』, 서울: IVP, 2013.

Moltmann, J./김균진 옮김.『오시는 하나님』, 서울: 대한기독교서회, 1997.

_____./곽혜원 옮김.『희망의 윤리』, 서울: 대한기독교서회, 2012.

NHK무연사회프로젝트팀/김범수 옮김.『무연사회: 혼자 살다 혼자 죽는 사회』, 서울: 용오름, 2012.

Nuland, S. B./명희진 옮김.『사람은 어떻게 죽음을 맞이하는가』, 서울: 세종서적, 2010.

Nouwen, H. J. M./홍석현 옮김.『죽음, 가장 큰 선물』, 서울: 홍성사, 2001.

Schultz, R./노선정 옮김.『죽음의 에티켓』, 서울: 스노우폭스북스, 2019.

Townsend, L./박선규 옮김.『자살: 자살에 대한 목회적 반응』, 서울: 순전한나드, 2009.

Restoration of spirituality, human nature, and social recovery through death education

Kwak, Hyewon
(Forum for Church & Theology in 21C)

Today, anti-life and anti-human social etos dominate Korean society. Amid the trend that suicide and murder are linked to each other, crimes against humanity against relatives continue to increase. In the past, psychopaths and brutal atrocious crimes were committed by ordinary neighbors around us, and the Korean people were overwhelmed by crime, which is no exaggeration to say that it is a dailyization of crime and a criminalization of ordinary citizens. A more worrisome problem is that the Korean Protestants are sometimes placed at the center of heinous crimes, and the public credibility of the Korean churches is declining day by day.

In this situation, many people are raising questions about how to renew the spirituality of our Christians, how to restore the humanity of our people, which has been severely damaged, and how to restore our society, which is becoming anti-life and anti-human. To this, I answer that death education (= death preparation education) can be an important foundation for spiritual recovery, character recovery, and social recovery. Death education can restore spirituality by throwing away all worthless things and pursuing what is worth, by throwing away all false things and admiring the true and eternal things.

The restoration of a damaged personality is a very important task in Korean society today, and death education contributes to the restoration of personality by awakening the importance of love, forgiveness, gratitude, and blessing while preparing for the end of life. In addition, the biggest task is to restore our society, where the anti-life and anti-humanitarian social atmosphere spreads, which can be realized through death education. Death education is a step further from controlling behavior that tries to harm others, and it also builds compassion and consideration to help others, altruism and patience, equality and pacifism, laying the groundwork for restoring our inhumane society.

| Keyword |

Reflection on death, death education, spiritual restoration, personality restoration, social restoration, theology education, church education

특별기고 ②

죽음의 시점을 정하는 문제와 뇌사판정

노 영 상*
(총회한국교회연구원장)

[국문 초록]

    인간의 죽음을 탐구하는 방법은 두 가지다. 먼저는 인간의 죽음을 정의하는 것이고, 다음은 죽음의 시점을 결정하는 것이다. 인간의 죽음은 전통적으로 두 가지로 결정되었다. 심폐 기능의 소실과 의식의 소실이다.

    이 두 가지의 결정 지표는 모두 뇌사와 연관된다. 일반적으로 뇌사는 전뇌사(전체의 뇌사)를 의미하는데, 전뇌사는 두 가지의 뇌의 죽음을 포괄한다. 대뇌사와 뇌간사다. 이에 있어 대뇌는 인간의 의식을 관장하는 부분이고, 뇌간의 심폐기능과 같은 인간의 장기를 기능하게 하는 것과 연결되어 있다.

    일반 의학에 있어 뇌사라 함은 대뇌와 뇌간이 모두 죽었을 때를 의미하는데, 그것은 인간의 의식과 심폐기능의 소실과도 연결된다. 하지만 최근 의료기술의 발달로 인해, 뇌간이 죽었어도 심폐기능이 별도로 기능하게 할 수 있는 연명 장치들이 개발되어 있어, 뇌간의 죽음이 꼭 심폐기능의 소실이라고도 말할 수 없게 되었다. 하지만 뇌간사는 우리의 모든 장기들의 활동중지로 필연 가게

---

*논문 투고일: 2021년 2월 27일 *논문 수정일: 2021년 3월 2일
*게재 확정일: 2021년 3월 20일

되는 것으로, 우리는 이 뇌간사를 심폐기능의 실제적 중지라 하여도 될 것이라 생각한다.

　이런 각도에서 우리는 인간이 죽는 시점을 결정하는 일을 전뇌의 죽음의 시점이라고 하여도 무방할 것이다. 이에 있어 가톨릭은 이 같은 전뇌사를 인정하며 장기이식의 결정을 용이하게 터주고 있는 반면, 개신교는 여러 이유로 이 같은 뇌사를 죽음의 시점으로 결정하는 데에 있어 주저함을 나타내고 있는 상황으로 이에 대한 더 깊은 성찰이 요청되는 중이다.

| 주제어 |
죽음의 시점에 대한 정의, 뇌사, 심폐사, 세포사, 안락사, 대뇌사, 뇌간사, 전뇌사, 장기이식

1.
죽음의 시점을 정하는 문제

1) 죽음의 시점을 정하는 문제의 중요성

영화에서 보면 어떤 사람의 죽음을 정하는데, 있어 보통 세 가지의 행동을 하는 것을 보게 된다. 숨을 쉬고 있는지, 맥박은 뛰고 있는지, 의식이 있는지를 살피는 것이다. 숨을 쉬고 있는 것은 코 밑에 가벼운 솜털을 놓아 날리면 숨을 쉬는 것이고, 날리지 않으면 죽은 것으로 판정한다. 어떤 때는 숨 쉬고 있는지 안 쉬고 있는지를 거울을 코 밑에 두어 살피기도 한다. 다음으로 손목을 쥐어보면 그 사람의 맥박이 뛰고 있는지, 안 뛰고 있는지를 파악할 수 있다. 마지막으로 그 사람이 의식이 있느냐 없느냐는 말을 시켜 보면 될 것이라 본다. 최근에는 이러한 세 가지가 잘 작동하고 있는지를 기계적 장치를 통해 점검한다. 숨을 쉬고 있는지, 맥박을 뛰고 있는지, 뇌파가 나타나고 있는지를 컴퓨터 화면상에서 체크하는 것이다. 이 세 가지를 알려주는 파동 모양의 움직임이 동시에 평탄하여질 때, 우리는 그 사람이 죽었음을 판정하는 것이다.

이 같은 죽음의 시점은 의학적, 법적, 사회적, 종교적 제 측면에서 아주 중요하다. 유언의 집행 및 병자성사(anointing for the sick) 또는 종부성사(extreme unction)[1] 등에 죽음의 시점을 정하는 문제는 중요한 사항이 된다. 오늘날 장기이식 수술 문제로 이 죽음의 판정 문제가 더욱 민감해졌다. 의학계는 뇌사를 죽음으로 인정하는 편이며, 종교계는 이에 반대하고 있다. 신장이나 골수는 살아있는 사람으로부터 적출이 가능하고, 뼈, 혈관, 각막 등은 사체로부터 이식시킬 수 있지만, 심장, 간, 폐, 췌장 등과 같은 중요한 장기는 뇌사상태에 빠진 사람으로부터 취하는 것이 현재로는 유일한 방법이다. 또한 심폐소생술 등의 생명유지 의술의 발달로 인하여, 뇌 기능은 정지되었지만 인공적으로 호흡과 심장은 그 기능을 유지할 수 있는 환자가 발생하게 됨으로써, 죽음을 정하는 문제는 더욱 복잡해지게 되었다. 현재 대한의학협회가 마련한 죽음에 대한 정의는 "심장기능 및 호흡기능과 뇌반사의 불가역적 정지 또는 소실이 죽음이라 한다"고 되어 있다. 이에 있어 의협은 다시 뇌파판정 기준을 마련하였는바, 1) 외부의 자극에 반응이 없는 깊은 혼수상태 2) 호흡정지 상태 3) 모든 뇌반사 손실 4) 이상의 상태로 12시간 이상 경과되었을 때로 규정하고 있다.[2]

2) 여러 종류의 죽음

죽음이란 생명체의 완전한 변화를 의미하는바, 생명에 있어 본질적으로 중요한 특성들이 회복될 수 없을 정도로 상실된 상태를 말한다. 우리는 죽음을 다음과 같은 여러 형태로 세분할 수 있다. 인간의 세포는 뇌와 심폐기능이 멈춘 후에도, 그것들의 활동이 정지되지 않는 것으로, 죽음을 판정받은 사람에게 있어서도, 머리카락과 손톱 등이 자라는 것을 보게 된다. 이와 같은 인간의 모든 세포가 죽는 세포사(cellular death)를 진정한 의미의 개체사(somatic death)로 보아야 한다는 설을 주장하는 사람들도 있다. 이

---

1) 최근 가톨릭은 '병자성사'란 용어를 더 선호한다.
2) 한국 가톨릭 의사협회 편, 『의학윤리』(서울: 수문사, 1997), 220.

에 있어 모든 세포가 죽을 때까지 기다린다는 것에 문제가 있으므로, 사람들은 실용주의적인 입장에서 심폐사를 보통 죽음을 판정하는 기준으로 사용하여 왔다. 그러나 최근 심폐소생술의 발달로 인해, 심장과 폐가 멈춘 후에도 다시 소생시킬 수 있게 되었는바, 이에 심폐사를 죽음의 기준으로 판정하는 데에 많은 어려움을 갖게 되었다. 이에 어떤 사람들은 뇌사를 실용주의적인 입장에서의 진정한 죽음으로 인정하여야 한다고 주장한다. 심장과 폐는 완벽한 것은 아니지만 다른 것으로 대체할 수 있는 기술이 발견되어 심폐사를 죽음으로 정하는 것엔 많은 문제가 야기된다. 그러나 뇌는 아직은 대체할 수 없는 부분으로서 이에 뇌사가 오늘의 죽음을 정하는 데에 더 유리하다는 입장이 많다. 그러나 이 같은 뇌사를 죽음의 기준으로 취하는 데에 대한 각국의 의견은 상이한 상태이다.[3] 우리는 이러한 세포사와 심폐사와 뇌사의 기준을 가지고 죽음을 다음과 같이 구분할 수 있다.

(1) **임상적 죽음**(clinical death): 뇌와 심폐의 기능이 모두 정지된 상태를 임상적 죽음의 상태라고 그러나 현대의학의 심폐소생술로 인하여 죽음의 시점을 정하기 어렵게 되었다. 임상적 죽음은 심폐사와 뇌사가 동반되는 죽음이다.

(2) **생물학적 죽음**(biological death): 임상적인 죽음 후 나타나는 유기체의 와해로서 세포사를 의미한다.

(3) **사회적 죽음**(social death): 자신과 주위의 자극에 대하여 무의식, 무반응한 상태에 있는 인간으로, 이른바 지속적인 식물인간의 상태이다. 이것은 의식의 죽음을 말한다.

(4) **신학적 죽음**(theological death): 한 생명체의 모든 기능이 완전히 정지되어 원형대로 회복될 수 없는 상태에서 인간의 생명이 그것의 원천

---

3) 문국진, 『생명의료윤리』(서울: 여문각, 1999), 153-154.

인 하나님께 귀의하는 것을 말함.

3) 죽음의 개념, 죽음의 부위, 죽음의 기준

비츠(Rober M. Veatch)는 죽음의 개념을 죽음의 부위와 관련하여, 아래의 표와 같이 구분한 바 있다. 비츠는 죽음에 대해 정의하기를, 본질적으로 살아있는 현실재의 특징을 결정하는 그 특징들의 불가역적 상실에 의해, 살아있는 현실재의 상태가 완전히 변화하는 것이라고 하였다.[4] 이러한 비츠의 죽음에 대한 입장은 다음의 몇 가지의 내용을 포함한다. 1) 생체액 유동기능의 불가역적 정지 2) 육체로부터 영혼의 불가역적 이탈 3) 신체적 통합능력의 불가역적 정지 4) 사회적 상호작용 능력 곧 의식의 불가역적 정지의 네 가지이다. 1) 번의 입장은 심폐소생술을 통해 죽음의 정의로 인증되기 어려운 점이 있다. 2) 번은 그것이 이탈하는 때를 정확히 정하기 어려우므로 정의로 사용하기 쉽지 않다 3) 번의 경우도, 뇌기능의 정지로 뇌사상태에 있다고 할지라도, 심폐의 기능을 유지될 수 있어 논란의 여지가 있다. 4) 번 역시 갓 태어난 아이나 회복 불가능한 정신병자의 예외가 있어 보편적 정의로 사용하기 어려운 점이 있다. 비츠는 아래와 같이 죽음을 정의하는 문제를 분석하였으나, 그것 또한 정확한 정의가 되기 어려움을 지적하였다. 그러면 우리는 R 죽음을 어떻게 정의하여야 하는가? 그 문제를 다음의 '뇌사와 심폐사'의 설명에서 검토하여 보고자 한다.

---

4) 김중호, 『의학윤리란 무엇인가』 (서울: 바오로딸, 1998), 90-92.

〈표7〉 죽음의 정의에 대한 여러 차원들(Robert M. Veatch)

죽음의 개념(concept)	죽음의 부위(locus)	죽음의 기준(criteria)
죽음에서 본질적으로 중요한 변화가 무엇인가에 대한 철학적 혹은 신학적 판단들	죽었는지의 여부를 결정하기 위하여 확인해야 할 부분	의사나 공직자들이 한 사람이 죽었는지의 여부를 결정하기 위하여 사용하는 측정치. 이는 과학적 경험적 연구에 의해 결정된다.
1. 혈액과 호흡이 회복될 수 없을 정도로 정지된 상태	심장과 폐(심폐사라 부름)	1. 반사경을 사용하여 호흡상태를 눈으로 관찰 2. 심전도의 도움을 받아 맥박을 측정
2. 영혼이 육체로부터 회복될 수 없을 정도로 이탈된 상태	(데카르트에 의하면) 송파선, 기관지	호흡의 관찰?
3. 신체적 통합과 사회적 상호작용 능력이 회복될 수 없을 정도로 중단된 상태	두뇌(뇌사라 부름)	1. 비수용성과 무반응성 2. 운동과 호흡의 중단 3. 반사작용의 결핍 4. 뇌전도의 계기판이 편평함을 계속 지속(24시간 이상)
4. 의식 혹은 사회적 상호작용 능력이 회복될 수 없을 정도로 상실된 상태	뇌의 신피질	뇌전도

2.
뇌사와 심폐사

1) 들어가는 말

뇌사와 심폐사에 대한 더 자세한 설명이 필요할 것이다. 대한의학협회는 얼마 전 의료윤리지침을 발표하며, 뇌사(brain death)를 인정하는 입장을 천명한바 있다. 일각에서는 이러한 전뇌사로서의 뇌사에 대한 인정이 소극적 안락사(passive euthanasia)의 길을 터주는 것이라 하며, 반대의 목소리를 내고 있다. 과연 뇌사를 죽음으로 인정하여도 되는 것인가? 현재 전 세계의 반 정도의 국가가 법률적으로 전뇌사로서의 뇌사를 인정하고 있다. 미국(45주), 대만, 프랑스, 스페인, 캐나다, 이탈리아, 체코 등은 뇌사를 인정하고 있으며, 한국, 일본, 이집트, 인도, 영국, 스위스, 독일 아프리카의 나라들은 뇌사를 법률적으로 인정하지 않고 있다. 우리나라의 의학협회에서도 뇌사를 잠정적으로 인정하는 입장이었으나, 2003년 11월 의료윤리지침 속에서 뇌사를 포함한 몇 가지의 논쟁적 사안들을 확정하여 발표하였던 것이다. 물론 이러한 지침이 강제력이 있는 것이 아니며, 하나의 가이드라인이라고 의협은 말한다. 그러나 그것이 실정법을 어기게 되는 것이어서 그 귀추가 주목된다.

　뇌사는 크게 세 가지로 구분된다. 우리의 사고 작용을 담당하는 대뇌의 작용이 멈추는 것으로서의 대뇌사, 그리고 혈액순환과 호흡 및 무의식적 반응을 담당하는 뇌간의 죽음으로서의 뇌간사와 이 양자의 활동중지를 포괄하는 전뇌사(whole brain death)이다. 이에 있어 뇌간의 죽음은 대뇌의 죽음에 이어지므로, 뇌간사는 전뇌사로 귀결되는 것으로 보통 여기고 있다. 대뇌가 죽었다 하더라도 인간의 심장과 폐는 제 기능을 할 수 있는바, 대뇌사를 죽음으로 정의하는 것은 곤란하다는 것이 지배적인 의견이다. 대뇌가 죽어 혼수상태에 있는 사람들을 우리는 식물인간이라 부른다. 이에 있어 대뇌사를 법률로 인정하는 나라는 없다. 하지만 인간의 의식의 기능을 통합하는 대뇌의 기능과 함께 심폐를 움직이게 하는 뇌간의 작용도 멈춘 사람들은, 당분간 심폐가 기능한다고 하더라도 죽은 것이 아니냐는 의견이다. 보통의 경우 모든 뇌가 죽었을 때에는, 인공적인 생명연장의 보조기술을 사용하지 않을 시, 어느 정도 생명을 연장할 가능성은 있으나, 다시 살아날 가능성은 희박한 것으로 보고 있다.[5]

　죽음의 시점을 정하는 문제는 장기이식 때문에 더욱 심각한 문제가 된다. 장기이식을 위해서는 그 죽음의 시점을 정확히 할 필요가 있다. 이에 우리나라의 법률은 장기이식을 위한 뇌사는 인정하면서도,[6] 그 이외의 경우에는 뇌사의 판정을 해서는 안 됨을 법률적으로 정하고 있다. 장기이식이라는 인도주의적 행동을 위해, 전문의 3명을 포함한 7-10인의 위원회가 장기를 제공하려는 사람의 뇌사를 판정하게 하여야 한다고 그 법률은 언급한다. 그러나 인공적 연명술의 발전이 죽음을 정하는 문제를 더욱 어렵게 하고 있다. 인공호흡 등으로 심폐를 강제로 기능하게 하는 기술의 발전은, 인간의 죽음에 대한 정의를 복잡하게 한다. 그대로 내버려 두면 심폐의 기능까지도 자동적으로 정지하지만, 인공적인 보조기구들에 의해 심폐의 기능을 상당 기간 연장할 수 있다는 것이 문제이다. 이에 심폐의 기능에 의거한 죽음의 정의는 오히려 죽음을 모호하게 한다.

　　뇌사를 인정할 경우, 생명의 연장을 위한 인공적 기구들을 제거할 수 있게 된다. 이제까지의 법에서는 뇌사자에 부착한 인공호흡기를 제거할 근거를 주지 못하였다. 이러한 인공적 생명연장 기구들의 제거는 간접적 안락사(passive euthanasia)의 문제로서 논란이 많았던 사안이다. 말기 환자에게 약물 등을 투여하여, 그의 생명을 종식시키는 것이 적극적 안락사라면, 그러한 생명 연장장치를 제거하여 자연의 상태에서 죽음을 맞이하게 하는 것은 소극적 안락사로 구분된다. 우리의 현행법에 있어 장기를 제공하려는 경우엔 뇌사가 인정되어, 간접적 안락사의 행위를 취할 수 있도록 되어 있으나, 장기이식의 사안이 아닌 경우엔 뇌사로서 판정할 수 없게 되어 있다. 곧 우리 법률의 죽음에 대한 판정은 이중적 잣대에 의해 시행되고

---

5) 뇌사는 보통 전뇌사를 의미하는데, 뇌사자는 보통 14, 15일이 지나면 인공적으로 유지되던 호흡과 순환이 완전히 정지되는 것이 보통이다. 그러나 전뇌사의 경우에 있어, 심폐의 기능이 인공적 장치에 의해 상당히 오래도록 유지되었다는 기록도 있다. [김중호, 『의학윤리란 무엇인가?』, 97.]
6) 지난 2000년부터 시행된, '장기 등 이식과 관한 법률' 제3절 '뇌사의 판정'에서는 장기 이식에 있어 뇌사판정의 과정에 대해 설명하고 있다. [문국진, 『생명윤리와 안락사』, 192-193.]

있는 것이다. 뇌사를 인정하지 않을 경우, 환자의 가족은 많은 의료비를 분담하여야 하며, 아울러 뇌사자 자신도 강제의 호흡을 하며 여러 보조 장치를 달고 죽어가야 하는 어려움이 있다.

그러면 이러한 뇌사를 인정하는 것에서 야기되는 문제는 무엇인가? 먼저는 뇌사의 판정하고 간접적 안락사를 시키는 주체에 대한 물음이다. 그러한 결정을 내리는 측이 일방적으로 의사라고 한다면, 여러 가지의 저항요인이 있게 될 것이 분명하다. 의사가 환자의 가족과 의논 없이 일방적으로 환자의 생명연장 장치를 제거한다는 것엔 문제가 있다. 물론 뇌사의 판정은 일반인이 쉽게 할 수 없는 것으로, 상당한 전문적인 지식이 요구된다. 인공호흡기의 제거는 뇌사의 판정과는 또 다른 문제이다. 뇌사가 판명된 후에라도 인공호흡기를 제거할 것인가 말 것인가의 문제는 환자나 그의 가족의 몫이어야지, 의사가 정할 문제는 아닐 것이다. 문제는 의사와 환자 사이의 충분한 대화의 분위기가 보장되는 상황에서 이러한 조치들이 취해져야 한다는 데 있다. 대화가 없는 권위주의적인 병실의 분위기 속에서 뇌사자에 대한 판정과 조치를 내리는 것에는 무리가 있다고 본다. 또한 뇌가 죽은 것에 대한 판정 자체의 정확성에 대한 의학계에서의 논란도 마무리되지 않은 상태인바, 뇌가 충분히 죽었다는 것에 대한 바른 시험적 결론이 내려진 상태에서, 뇌사의 판정을 해야 한다는 일각의 의견도 무시할 수 없는 실정이다.

이러한 여러 가지의 정황들에서 검토하여 볼 때, 아직 우리나라의 의료 윤리적 수준에서는 뇌사를 인정하는 것이 시기상조라 여겨진다. 뇌사의 판정을 위해선, 대다수의 의료기관이 신중한 판정을 할 수 있는 장치를 가지고 있어야 한다. 이에 있어 이 문제에 대해선 별 문제는 없을 것 같다. 뇌사를 판정하는 것이 의학적으로 어려운 기술이 아니며, 오늘의 대다수의 병원들을 이것을 위한 장치를 충분히 갖고 있기 때문이다.[7] 다만 문제되는 것은 의료기관에 죽음의 결정권을 맡기는 것에 대한 국민 대다수의 거부감이다. 국민들을 어느 정도 의료비가 들더라도, 의사가 환자의 생명을 위해 최후까지 노력하여 줄 것을 대부분 바라고 있다. 생명에 대한 경외심의 사회적 분위기가 더욱 무르익고, 의사의 환자에 대한 사랑이 지금보다 더 증진될 때, 뇌사의 법률적 인정이 가능한 듯싶다.

2) 죽음의 시점으로서의 뇌사

인간의 죽음은 크게 두 가지의 기준에 의거 정의되어 왔다. 하나는 심폐사이며 다른 하나는 뇌사이다. 심폐사는 심장과 폐의 활동이 불가역적으로 멈추는 것이며, 뇌사는 뇌의 기능이 멈추는 것을 말한다. 심폐사와 주요 장기의 정지를 의미하며 뇌사는 뇌기능으로서의 의식의 정지를 의미한다. 심폐사는 생물학적 죽음을 의미하는 것이라면, 뇌사는 철학적이며 인간적 죽음을 의미한다. 전통적으론 생물학적 죽음으로서의 심폐사가 죽음의 기준이었지만, 오늘날 의학계에선 인간적 죽음으로서의 뇌기능의 정지 곧 대뇌사로서의 뇌의 신피질 기능의 소실을 죽음의 시점으로 간주하려는 경향이 있다. 오늘날의 죽음의 정의에 문제에 있어 잠정적 합의점은 이 두 가지의 죽음을 모두 인정하는 것이다. 오늘의 의학계에서는 인간의 심폐 기능과 뇌기능이 모두 소실되었을 때를 죽음의 시점으로 본다는 것을, 이미 앞에서 언급한바 있다.[8]

(1) 뇌사(brain death)

심장 이식, 폐의 이식 등은 가능하나, 뇌의 이식을 아직 가능하지 않

---

7) 구영모 편, 『생명의료윤리』(서울: 동녘, 1999), 110.
8) 김일순, N. 포션 편역, 『의료윤리』(서울: 연세대학교출판부, 1982), 130-138.

다. 그러므로 뇌사가 가장 확실한 죽음의 판정기준이 되고 있다. 심장과 폐는 기능을 멈추게 하였다가 다시 작동시킬 수 있다. 우리나라는 1993년 대한의학협회에서 뇌사에 의한 사망기준을 선포한 바 있으나, 아직 입법 화되지는 않았다.

뇌의 구성: 대뇌는 의식을 관장하는 부분으로, 운동이나 감각을 지배하는 중추신경이 있으며, 기억 사고 의지 정서 언어 등의 정신활동이 이루어지는 기관이다. 피질(회백질)과 수질(백질)로 구분되는데, 피질은 정신활동의 중추이며, 수질은 신경섬유가 분포되어 흥분을 전도한다. 소뇌는 운동중추조절이 있어 몸의 평형을 유지하고 활동을 원활하게 하는 기능을 한다. 뇌간은 중뇌와 연수 합해, 인공적 보조 장치 없어도 혈액순환, 호흡, 자극에 대한 무의식적 반응을 담당한다. 온몸의 모든 장기기능을 통합 조절하는 신경중추와 반사의 중추가 있다. 호흡과 순환의 일을 관장하는 중추이다.

① 대뇌사(cerebrum death)의[9] 문제

대뇌사를 인정하면 자발적으로 호흡하는 자를 매장하게 된다. 또한 대뇌의 기능에 대해서도 학자들 사이의 논란의 여지가 있다. 이에 대뇌사는 수용되기 어려운 입장이다. 무뇌아의 경우는 뇌간은 지니나 대뇌의 피질이 없다. 무뇌아는 식물인간과 비슷하다. 이 경우 대뇌사를 받아들이면 무뇌아는 죽은 사람이 되고, 전뇌사를 받아들이면 무뇌아는 산 사람이 된다. 이 대뇌사를 죽음으로 추천한 경우는 있으나, 대뇌사를 죽음으로 인정하는 나라는 현재는 없다.

---

[9] 대뇌사(cerebrum death)는 고등뇌사(higher brain death), 뇌피질사(neocortical death), 식물인간(persistent vegetative state, PVS)으로 불려지는 바, 불가역적 혼수상태(irresistable coma)를 의미한다.

② **뇌간사(brain stem death)**: 전뇌사의 생리학적 정수(physiological kernel)라고 보는 입장에는 아직도 회의적인 데가 있다. 학자에 따라서는 뇌간은 죽었으나, 대뇌는 살 수도 있다고 주장하기도 한다. 그렇게 될 경우는 의식이 있는 사람을 죽이게 된다.

③ **전뇌사(whole brain death)**: 뇌 전체 기능 정지가 불가역적으로 있게 된 환자는 심장의 박동이 길어야 2-10일 정도 계속될 수 있다. 이 때 유지장치를 제거하면 심폐사로 이어질 것이 명백하다. 그러나 최근의 연구결과 뇌사상태에서 수개월 동안 생물학적으로 살아있게 하는 것이 가능하다고 한다. 뇌사의 임상적 기준과 전뇌사의 개념정의 사이에 간격이 있다. 임상적으로 전뇌사를 정한다는 것이 쉽지 않다는 것이다. 모든 뇌의 기능이 정지된 후에도 심장과 폐가 작동할 수 있는가? 이러한 생명유지 의술로서의 심폐소생술의 발달로 인하여, 뇌 기능은 정지되었지만 인공적으로 호흡과 혈액 순환시키는 인공적 연명술을 통하여 그 기능을 유지할 수 있는 환자가 발생할 수 있다.

〈표8〉 뇌사(brain death)의 종류

뇌사의 종류	다른 이름	영문 이름	설명	상황
대뇌사(cerebrum death)	고등뇌사	(higher brain death)	의식을 관장하는 대뇌만의 기능이 멈춤	현재 대뇌사를 죽음으로 인정하는 나라는 없다.
	뇌피질사	(neocortical death)		
	식물인간상태	(persistent vegetative state, PVC)		
뇌간사(brain stem death)			호흡과 순환의 중추인 뇌간 기능의 정지	
전뇌사(whole brain death)	보통의 뇌사판정은 이 전뇌사를 의미한다.		대뇌, 뇌간뿐 아니라, 운동중추인 소뇌를 포함한 전뇌의 기능정지	이 전뇌사를 법률적으로 인정하는 나라도 있고, 그렇지 않은 나라도 있다. 우리나라에선 장기이식을 할 경우에만 전뇌사를 죽음으로 인정한다.

3) 뇌사의 판단 기준

모든 뇌조직이 손상되어 전 뇌기능이 소실되었으면서도 인공호흡이 유지되고, 심장의 자동능력에 의하여 당분간 심장박동과 맥박, 혈압, 체온이 유지되면서도 정신기능은 완전히 소실되어 깊은 혼수상태이고 전혀 운동하지도, 감각을 느끼지 못하는 상태를 뇌사라고 한다. 반유동체의 뇌조직은 일단 손상, 파괴되면 절대로 재생되지 않아 회생시킬 수 없음으로 현대의학에선 어떤 치료방법을 다 한다고 하더라도 소생시킬 수 없다. 그러므로 뇌사란 전뇌의 모든 기능이 불가역적으로 소실된 상태라고 정의할 수 있다.

뇌기능의 불가역적 소실을 죽음으로 인정하는 견해로서는 1967년 말 남아프리카 케이프타운 대학의 버나드(N. C. Bernard)에 의한 세계 최초의 심장 이식수술을 계기로 본격적으로 논의되기 시작하여 1968년 8월, 호주 시드니에서 개최된 제 23회 세계의학총회에서 세계 각국의 의학협회가 뇌사설을 지지하는 선언을 하게 되었는데, 이곳에서는 뇌사를 다음과 같이 정의하였다.

첫째, 외부로부터의 자극, 의도적으로 허용 가능한 아픈 자극을 주어도 전혀 무반응일 것. (의식)

둘째, 모든 자발적 근육 운동, 특히 호흡의 결여상태-만일 인공호흡기를 사용 중이면 호흡의 유무를 가리기 위하여 3분간 호흡기의 스위치를 끌 수 있다.

셋째, 각종 반사의 소실상태.

넷째, 평탄한 뇌파 또는 뇌파의 손실상태 등을 뇌사의 정의로 하고 있다.

또한 1968년 하버드 의과대학에서 발표한 뇌사기준은 다음과 같다.

첫째, 불수용성과 무반응성(unreceptivity and unresonsivity) 둘째, 무운동과

무호흡(혼수상태) 셋째, 무반사(눈에 빛을 비춰 봄, 산대된 동공)-24시간 간격을 두고 다시 조사 후 판정

다음은 대한의사협회의 뇌사판정 기준이다.[10] 대한의사협회는 뇌사를 판정키 위해, 신경과, 마취과 및 뇌사판정의 능력이 있는 전문의 2인과 담당의사가 판정하여야 한다고 하였다. 이 경우 장기이식하려는 의사는 배제되어야 한다(장기이식 분리원칙, separation principle of organ transplantation).

첫째, 선행조건: 1) 치료될 가능성 없음 2) 자발호흡 없고, 인공호흡기로 호흡이 유지됨 3) 치료 가능한 증거가 없어야 한다. 4) 저체온상태가 아니어야 한다. 5) 심장마비(shock) 상태가 아니어야 한다. 둘째, 판정기준: 1) 외부자극에 전혀 반응이 없는 깊은 혼수상태 2) 자발호흡의 비가역적 소실 3) 양안 동공의 확대고정 4) 뇌간 반사의 완전소실 5) 자발운동이 나타나지 않음 6) 무호흡 검사 * 1)-6)의 검사를 6시간 경과 후 재확인 7) 뇌파검사, 평탄뇌파 30분 이상이다. 8) 6세 이하의 소아의 판정기준은 별도로 하였다.[11] 성인에서는 6시간 경과 후 재확인 하지만, 소아의 경우엔 24-48시간 경과 후[12] 재확인하는 것이 상이하다. 이러한 여러 기준들에 따라 우리나라 보건복지부는 1999년 1월 26일 '장기 등 이식에 관한 법률' 제16조(뇌사의 판정 등) 제2항의 별표로 '뇌사판정기준'을 정한 바 있다. 그 내용은 대한의사협회가 제시한 판정안과 비슷하다.[13]

4) 뇌사에 대한 교회의 입장

(1) 뇌사에 대한 가톨릭의 견해

---

10) 문국진, 『생명윤리와 안락사』, 159-160.
11) 대한의사협회, "대한의사협회 뇌사판정기준," (1996).
12) 생후 2개월-1년 사이는 48시간, 1-5세 사이의 소아는 24시간 경과 후 재확인하도록 하였다.
13) 문국진, 『생명윤리와 안락사』, 160-161.

가톨릭 신학자들은 뇌기능에 의거한 죽음의 개념을 대체적으로 받아들이고 있다. 오늘날 심장과 폐기능은 인공적 보조수단으로 유지되므로, 뇌의 기능이 정지되었을 때를 보다 확실한 죽음의 증거로 보고 있다. 예를 들어 가톨릭 신학자들인 헤링(Bernard Häring), 맥파렌(C. McFaren) 교수 등은 뇌사 인정한다. 또한 교황 요한 바오로 2세도 1985년 교황청 학술원에서 주최한 세미나에서, "의사들은 생명의 주인도 아니고 또 죽음을 정복할 수 있는 사람들도 아니다. 죽음은 인간 생애의 불가피하고 필연적인 것이므로 이것을 피하는 방법은 그 사람의 조건에 따라 신중히 생각하고 처리되어야 한다."고 하였다.[14]

가톨릭교회는 뇌사에 대해 공식적인 천명을 한 적은 없다. 그러나 역대 교황의 말씀과 가톨릭교회의 신학자 및 윤리학자들의 의견을 종합할 때, 뇌사를 죽음의 정의로 받아들이고 있다고 볼 수 있다. 뇌사를 인정하는 것은 인간의 존엄성을 무시하는 것이 아니다. 더 이상 회복이 불가능한 상태에 있는 뇌사자에게 계속 연명치료를 한다는 것은 본인이나 가족들에게 큰 고통과 부담이 될 수 있다. 우리는 이들이 당하는 정신적 고통과 경제적 부담을 모르는 바가 아니다. 또한 가톨릭교회는 죽을 때 다른 사람에게 자신의 장기를 기증하는 것을 고귀한 일로 권장하고 있는바, 뇌사를 인정함을 통하여 이러한 장기이식을 수월하게 하는 것을 의미 있는 일로 받아들이고 있는 것이다.[15]

(2) 뇌사에 대한 개신교의 견해

개신교는 오히려 뇌사를 인정하는 것에 부정적인 면이 있다. 그러나

---

14) Carlos Chagas, *The Artificial Prolongation of Life and the Determination of the Exact Moment of Death*, Oct. 19-21, 1985, Pontificia Academia Scientiarum, 23. 김중호, 『의학윤리란 무엇인가?』, 101에서 재인용.
15) 김중호, 『의학윤리란 무엇인가?』, 102-103.

램지(Paul Ramsey), 플레처(Joseph Fletcher)는 뇌사를 인정하는 입장을 견지하였다. 대부분의 개신교 신학자들은 뇌사를 인정하면, 장기기증의 숭고한 의미가 약화된다고 언급한다. 또한 뇌사를 법적으로 인정할 경우, 오용될 위험이 많다는 것이 그들의 주장이다. 장기기증의 시점의 문제는 환자나 그들의 친족이 정할 문제이지, 의사 등이 정할 문제가 되어서는 안 된다는 것이다. 이런 의미에서 뇌사에 대한 법률화는 반대된다. 의사에 대한 불신, 장기이식의 상업화가 문제가 뇌사를 반대하는 그들의 주요한 이유들이다.

3.
마치는 글

죽음의 시점은 의학적, 법적, 사회적, 종교적 제 측면에서 아주 중요하다. 유언의 집행 및 병자성사(anointing for the sick) 또는 종부성사(extreme unction) 등에 죽음의 시점을 정하는 문제는 중요한 사항이 된다. 오늘날 장기이식 수술 문제로 이 죽음의 판정 문제가 더욱 민감해졌다.

이러한 죽음에 대한 입장은 다음의 몇 가지 내용을 포함한다. 1) 생체액 유동기능의 불가역적 정지 2) 육체로부터 영혼의 불가역적 이탈 3) 신체적 통합능력의 불가역적 정지 4) 사회적 상호작용 능력 곧 의식의 불가역적 정지의 네 가지이다. 1) 번의 입장은 심폐소생술을 통해 죽음의 정의로 인증되기 어려운 점이 있다. 2) 번은 그것이 이탈하는 때를 정확히 정하기 어려우므로 정의로 사용하기 쉽지 않다 3) 번의 경우도, 뇌기능의 정지로 뇌사상태에 있다고 할지라도, 심폐의 기능을 유지될 수 있어 논란의 여지가 있다. 4) 번 역시 갓 태어난 아이나 회복 불가능한 정신병자의 예외가 있어 보편적 정의로 사용하기 어려운 점이 있다.

위와 같은 입장을 종합하여 오늘날 죽음의 정의 하는 데에 있어 잠정적 합의점은 심폐 기능과 뇌기능이 전부 상실되었을 때를 죽음으로 인정한다는 것이다. 오늘의 의학계에서는 인간의 심폐 기능과 뇌기능이 모두 소실되었을 때를 죽음의 시점으로 보는 것이다.

이러한 죽음의 정의는 뇌사를 정하는 문제와 깊이 연관되어 있다. 뇌사는 크게 세 가지로 구분된다. 우리의 사고 작용을 담당하는 대뇌의 작용이 멈추는 것으로서의 대뇌사(cerebrum death), 그리고 혈액순환과 호흡 및 무의식적 반응을 담당하는 뇌간의 죽음으로서의 뇌간사(brain stem death)와 이 양자의 활동중지를 포괄하는 전뇌사(whole brain death)이다. 이에 있어 뇌간의 죽음은 대뇌의 죽음에 이어지기 때문에, 뇌간사는 전뇌사로 귀결되는 것으로 보통 여기고 있다. 대뇌가 죽었다 하더라도 인간의 심장과 폐는 제 기능을 할 수 있는바, 대뇌사를 죽음[16]으로 정의하는 것은 곤란하다는 것이 지배적인 의견이다. 곧 대뇌사로서의 의식의 소실과 뇌간사로서의 심폐기능의 소실 여부가 죽을이 대한 정의에 중요한 것이다.

이에 있어 대뇌사를 법률로 인정하는 나라는 없다. 하지만 인간의 의식의 기능을 통할하는 대뇌의 기능과 함께 심폐를 움직이게 하는 뇌간의 작용도 멈춘 사람들은, 당분간 심폐가 기능한다고 하더라도 죽은 것이 아니냐는 의견이다. 보통의 경우 모든 뇌가 죽었을 때에는, 인공적인 생명연장의 보조기술을 사용하지 않을 시, 어느 정도 생명을 연장할 가능성은 있으나, 다시 살아날 가능성은 희박한 것으로 보고 있다.

---

[16] 대뇌가 죽어 혼수상태에 있는 사람들을 우리는 '식물인간'(person in a vegetative state)이라 부른다.

가톨릭 신학자들은 뇌기능에 의거한 죽음의 개념을 대체적으로 받아들이고 있다. 오늘날 심장과 폐기능은 인공적 보조수단으로 유지되므로, 뇌의 기능이 정지되었을 때를 보다 확실한 죽음의 증거로 보고 있다. 가톨릭교회는 뇌사에 대해 공식적인 천명을 한 적은 없다. 그러나 역대 교황의 말씀과 가톨릭교회의 신학자 및 윤리학자들의 의견을 종합할 때, 전뇌사를 죽음의 정의로 받아들이고 있다고 볼 수 있다.

개신교는 오히려 뇌사를 인정하는 것에 부정적인 면이 있다. 대부분의 개신교 신학자들은 뇌사를 인정하면 장기기증의 숭고한 의미가 약화된다고 언급한다. 또한 뇌사를 법적으로 인정할 경우, 오용될 위험이 많다는 것이 그들의 주장이다. 장기기증의 시점 문제는 환자나 그들의 친족이 정할 문제이지, 의사 등이 정할 문제가 되어서는 안 된다는 것이다. 이런 의미에서 그들은 뇌사에 대한 법률화는 반대된다. 의사에 대한 불신, 장기이식의 상업화가 문제가 뇌사를 반대하는 그들의 주요한 이유다.

이에 있어 최근 소극적 안락사 논쟁과 장기이식 문제로 인해, 죽음의 시점을 정하는 문제가 첨예화하였었는데, 이에 대한 보다 신중한 논의들이 있어야 할 것이라 생각한다. 서구에 있어 소극적 안락사를 인정한 많은 나라의 경우, 가정의(사) 제도가 발달한 나라들로서, 환자와 의사 사이의 교감이 많은 나라들인 것이다. 그러나 우리나라의 경우엔 환자와 의사가 평소 친밀한 관계를 유지하고 있는 것이 아니라서, 이런 죽음 및 안락사 판정을 할 때엔 서구의 나라들에서 보다 더욱 세심한 안전장치의 마련이 필요할 것이라 생각한다.

참고 문헌

구영모 편.『생명의료윤리』. 서울: 동녘, 1999.

김일순, N. 포션 편역.『의료윤리』. 서울: 연세대학교출판부, 1982.

김중호.『의학윤리란 무엇인가』. 서울: 바오로딸, 1998.

문국진.『생명의료윤리』. 서울: 여문각, 1999.

한국 가톨릭 의사협회 편.『의학윤리』. 서울: 수문사, 1997.

Chagas, Carlos. *The Artificial Prolongation of Life and the Determination of the Exact Moment of Death*, Oct. 19-21, 1985, Pontificia Academia Scientiarum.

<ABSTRACT>

The Matter of Deathtime and Pronouncing the Death of Brain

Ro, Youngsang
(Chairman of Korea Soongsil Cyber University)

The investigation of human death has focused on two questions: (1) What is human death? and (2) How can we determine that it has occurred? Clinical standards for human death are the traditional cardiopulmonary standard and the whole-brain standard.

The death of brain is composed with three deaths. They are cerebrum death, brain stem death and whole brain death. Todays brain death is referred as whole brain death, the complete loss of brain function, which includes cerebrum death related with the loss of human consciousness and brain stem death led to the loss of human cardiopulmonary function. So the recent definition of death is made of these two elements of brain death.

But the widespread dissemination in the 1960s of such technologies as mechanical respirators and defibrillators to restore cardiac function highlighted the possibility of separating cardiopulmonary and neurological functioning. In spite of this situation, we think brain stem death must be led to the complete loss of cardiopulmonary function.

Hereupon catholic church, agreeing with human organ transplantation, accepts the determination of brain death positively. However protestant church disagrees with it generally.

| Keyword |

Definition of Death, Brain Death, Cell Death, Cardiopulmonary Death, Euthanasia, Cerebrum Death, Brain Stem Death, Whole-brain Death, Organ Transplantation

기획논문

황명환 · 자립대상교회 자립을 위한 1억 지원
수익사업 공모전 평가와 분석

기획논문

자립대상교회 자립을 위한 1억 지원 수익사업 공모전 평가와 분석

황 명 환 박사
(이폴연구소장)

[목차]

I. 서론
1. 연구의 배경 및 목적
2. 1억 공모전의 필요성
3. 연구의 범위

II. 본론
1. 34개 공모작 평가와 분석
   가. 사업유형
   나. 사업비용
   다. 자립역량

2. 심사기준과 선정과정
   가. 심사기준
   나. 심사과정
   다. 심사위원 위원 소감

3. 최종선발 대상교회 분석 및 선발 이유
   가. 사업내용
   나. 선발이유
   다. 자립전망

III. 결론
1. 결과 요약
2. 보완 사항 및 개선 방향
3. 발전적 제언

부록 공모작 34건 목록

Ⅰ. 서 론

1. 연구의 배경 및 목적

수서교회는 2021년 "한국 자립대상교회[1] 자립을 위한 1억 지원, 수익사업 공모전"을 실시하였다. 공모 목적은 자립대상교회의 자립을 위한 수익사업을 발굴 및 지원한다는 것이었다. 참여 가능한 교회는 대한예수교장로회(통합)[2] 자립대상교회이었고, 공모분야는 교회(목회자)가 주도하는 수익사업이었다. 지원 금액은 최대 1억 원을 한 교회에 최대 3년 기간 내에 지원하는 것이었다. 공모내용은 한국기독공보 8월 15일자에 최초[3] 광고하였고 접수마감은 9월 29일이었다. 24개 노회 34교회의 공모작이 접수되었고 심사를 통해 12월 25일 성탄절에 최종 당선작을 발표하였다. 본 연구는 공모전의 출품작품을 소개하고 심사기준과 심사과정을 밝히고, 그리고 최종선발 작품에 대한 제반사항 등을 알림으로써 "단 하나의 교회라도 자립했으면"하는 마음을 전하고자 하는데 있다.

---

1) 통상적으로 '미자립교회'라고도 하지만 정식명칭인 '자립대상교회'를 사용하기로 하였다.
2) 선발과 지원과정에 여러 가지 유무형의 지원이 필요하기 때문에 수서교회가 속한 대한예수교장로회(통합)에 한정하게 되었다.
3) 1억 공모전과 관련하여 한국기독공보에 3회(흑백1회, 칼라2회) 전면광고와 결과발표 광고를 하였다.

2. 1억 공모전의 필요성

교단 내에는 자립대상교회가 3천여 개가 있다. 교단 총회 내의 동반성장위원회는 매년 150억에서 200억 정도의 지원금을 제공하고 있다. 10년을 넘게 이 사업을 펼쳐왔지만 결과는 별로 없었다. 오히려 도움을 요청하는 곳이 더 많아지게 될 전망이다. 뿐만 아니라 앞으로 어려운 교회를 도와줄 힘이 교회들 안에 계속 유지될 수 있는지는 장담할 수가 없다. 그러므로 지금보다 더 나은 방법이 필요하다는 문제 인식을 갖게 되었다. 자립교회 기준은 1년 예산이 3천만원 미만이다. 현재 다소간의 수입이 있을 것이니 그것을 합하여 3000만원까지 끌어올려야 한다. 물고기를 주는 대신 물고기 잡는 법을 가르쳐주어 자립하는 교회가 되도록 하려는 것이 본 사업이 추구하려는 것이다. 그렇게 하기 위해서는 자립대상교회는 자립하기 위한 몸부림이 필요하고 다른 교회를 도울 수 있는 교회들은 어떻게 도와야 할 것인가 대안을 제시하려는 의도도 있다.

3. 연구의 범위

본 연구는 공모지원서에서 요구한 신청서류를 모두 갖춘 34건[4]에 한정하였다. 34건 외에도 접수기간이 지나 접수된 작품도 몇 건이 있었고, 지원대상교회가 아닌 곳에서 공모한 것도 여럿 있었다. 본고를 위해 서론에서는 연구의 배경과 목적, 1억 공모전의 필요성 및 연구의 범위를 다룬다. 본론에서는 첫째, 34건의 공모작의 사업유형, 사업비용, 자립역량에

---

[4] 34건의 공모작은 부록에 접수순으로 정리하였고, 고유번호(품번)를 매겼다. 이후 공모작을 본 고에서 논의 할 때는 기본적으로 품번을 사용할 것이다. 품번을 통해 공모작의 사업유형, 사업비용, 자립역량등을 평가 및 분석할 것이다. 그 외 구체적인 공모작 내용에 대해서는 susovision10@hanmail.net 을 통해 문의할 수 있다.

대해서 다루고, 둘째, 심사기준과 심사기준에 따른 선정과정을 다루고 심사위원들의 소감을 다루고자 한다. 셋째, 최종선발 대상교회의 사업내용, 선발이유, 자립전망에 대해서 다루고자 한다. 결론에서는 요약과 보완사항 및 개선 방향과 발전적 제언으로 마무리하고자 한다.

II.
본 론

1. 34개 공모작의 평가와 분석

34개의 공모작을 사업유형(표1~3), 사업비용(표4~6), 자립역량(표7~9)으로 분류하였다. 사업유형은 유형사업(표1), 무형사업(표2), 기타사업(표3)으로, 사업비용은 1억원(표4), 1억원 이상(표5), 1억원 미만(표6)사업으로, 그리고 자립역량은 자립가능성(표7), 자립(표8), 미연관성(표9)으로 세분화하였다.

가. 사업유형

유형사업이란 고구마, 배추, 된장 등 수익을 창출하는 것이 제품에 초점이 되는 것을 말한다. 무형사업이란 악기연주, 공부법, 방역기술 등 보이지 않는 것을 뜻한다. 기타사업이란 두 분류에 속하지 않는 버스, 건축,

설비 등을 포함한다. 34건 중 유형사업은 10건(표1)이었고, 무형사업은 9건(표2)이었고, 기타사업은 15건(표3)이었다.

1). 유형사업

〈표1〉 유형사업 : 10건

NO	품번	사업명	수익사업
1	3	건강기능보조식품	순식물성 식이유황
2	6	내 친구 반려동물(장수풍뎅이, 도롱뇽, 도마뱀 분양사업)	장수풍뎅이, 도롱뇽, 도마뱀
3	11	재래식 간장 된장 제조 사업	간장, 된장
4	13	식용 곤충사업(쌍별 귀뚜라미)	쌍별 귀뚜라미
5	17	식품가공 공장 신축	절임 배추, 각종 장아찌
6	18	보나광덕협동조합	누룽지, 도토리 떡
7	21	친환경 우렁이 양식	우렁이
8	23	고구마 농장을 위한 부지 구입 자금	고구마
9	26	마을과 함께하는 한우물 농장 구축	번식육, 육우
10	30	한우 육성 사업	한우

2). 무형사업

〈표2〉 무형사업 : 9건

NO	품번	사업명	수익사업
1	2	교회문화센터	악기문화센터(악기레슨), 콘서트 등
2	5	아동 청소년 그룹 홈	지역 아동 청소년 돌봄 프로그램
3	8	농촌교회 자립 및 자연 성장을 위한 "삶 교육 복음" 프로젝트	다음세대 사역, 전세대 신앙교육, 시니어 사역, 귀농귀천 사역
4	10	자기성장훈련과 바른 신앙 회복을 위한 '행복키움 연구소'운영	진로교육, 상담, 진로코칭, 가족상담, 직무교육, 실버복지, 신앙회복프로그램
5	12	낮은 곳으로 행동하는 교회의 자립을 위한 방역사업	방역전문교육을 통한 방역사업
6	24	나섬 요양보호사 교육원	요양보호사 양육으로 수익 창출
7	25	그 나무 아트 스페이스	문화예술교육 프로그램 연구와 운영
8	32	창의 디자인 텐트 메이커	창의 디자인 수공예 제품 생산
9	34	군인교회와 지역교회를 연계한 민족복음화 방안	청년사역과 15년 간 청년 사후 관리

3). 기타사업

〈표3〉 기타사업 : 15건

NO	품번	사업명	수익사업
1	1	무챙이 푸드트럭	푸드 트럭 물건 판매를 통한 수익
2	4	스메싱존 운영(스크린 배드민턴)	스크린 배드민턴 운영
3	7	실버 스마트 팜 영농공동체 구축	드론 등 스마트 팜 운영을 통한 수익
4	9	복합건물 지원	복합 힐링센터, 낚시꾼대상 사업, 숙박
5	14	장사리 마을버스 운영 사업	마을 주민을 위한 버스 구매 요청
6	15	자활형 '노숙인쉼터'	전반적인 사회복지 서비스
7	16	꿈 찾는 콜롬버스(bus)	청소년사역, 도서관과 공부방, 호떡전도, 진로상담 및 진학 컨설팅 운영
8	19	알려지지 않는 선교 이야기	선교사역이야기를 교육교재로 개발
9	20	인성QT 보급 및 훈련	강사료, 서적 판매비
10	22	유기농산물 저장용 저온창고 신축	유기농산물 저장을 위한 신축비 요청
11	27	지역아동센터	지역민을 위한 아동센터 운영
12	28	어울림 재가 복지센터(방문 요양, 방문 목욕)	교인 직업 창출을 통한 수익
13	29	스터디 카페	카페 이용료
14	31	하나님나라 마을공동체를 일구어갈 토기장이 커뮤니티 센터 건립	선교사역을 위한 공간 마련 자금 요청
15	33	마을행복 스튜디오	스튜디오 운영을 통한 수익 창출

나. 사업비용

1억 원을 지원하는 수익사업 공모전임에도 불구하고 공모작에 따라서 1억원 미만도 1억원 이상도 있었다. 1억원 이상은 사업규모가 워낙 방대하고 커서 1억원이라도 지원해 주면 좋겠다는 입장이었고, 사업 규모상 1억원 미만이어도 사업이 가능한 공모작이었다. 34건 중 1억원은 15건(표4)이었고, 1억원 이상은 11건(표5)이었고, 1억원 미만은 8건(표6)이었다.

1). 1억원

〈표4〉 1억원 : 15건

NO	품번	사업명	주요 지출내용
1	3	건강기능보조식품	제품구입비, 홍보비, 통신비
2	6	내 친구 반려동물(장수풍뎅이, 도롱뇽, 도마뱀 분양 사업)	시설비, 반려동물 구입비
3	11	재래식 간장 된장 제조 사업	원자재(콩, 소금, 용기), 버너, 인건비
4	12	낮은 곳으로 행동하는 교회의 자립을 위한 방역사업	인건비, 장비구입, 광고비, 임대료
5	13	식용 곤충사업(쌍별 귀뚜라미)	사육장 설치비, 운영관리비, 비품비
6	15	자활형 '노숙인쉼터'	시설보강비, 인건비, 비품비
7	16	꿈 찾는 콜롬버스(bus)	시설장비구축비, 사업비, 인건비, 행정비
8	21	친환경 우렁이 양식	시설비, 인건비, 임대비, 관리비
9	26	마을과 함께하는 한우물 농장 구축	송아지 낳을 소 구입비, 임대비, 사료비
10	27	지역아동센터	프로그램사업비, 급식비, 사무비, 시설비
11	28	어울림 재가 복지센터(방문 요양, 방문 목욕)	목욕차량, 노무비, 운영비
12	31	하나님나라 마을공동체를 일구어갈 토기장이 커뮤니티 센터 건립	건축비
13	32	창의 디자인 텐트 메이커	강사비, 홍보비, 재료비, 설비비
14	33	마을행복 스튜디오	인테리어비, 영상설비, 음향설비, 인건비
15	34	군인교회와 지역교회를 연계한 민족복음화 방안	장병 간식비, 운영비, 방문경비

2). 1억원 이상

〈표5〉 1억원 이상 : 11건

NO	품번	사업명	주요 지출내용
1	1	무챙이 푸드 트럭	1톤 트럭 구매, 유지비, 세금, 운영비
2	7	실버 스마트 팜 영농공동체 구축	인건비, 판매관리비, 임대료, 잡비
3	8	농촌교회 자립 및 자연 성장을 위한 "삶 교육 복음" 프로젝트	교재비, 인건비, 식비, 부대시설비
4	9	복합건물 지원	건축비(사업장, 게스트하우스)
5	10	자기성장훈련과 바른 신앙 회복을 위한 '행복키움 연구소'운영	임대 및 관리 운영비, 인건비
6	17	식품가공 공장 신축	건축 공사비
7	18	보나광덕협동조합	임대료, 설비구축비, 인건비, 운영비
8	24	나섬 요양보호사 교육원	임대료, 설비비, 비품관리비, 강사료
9	25	그 나무 아트 스페이스	인건비, 교육비, 홍보비, 악기 임차비
10	29	스터디 카페	제반관리비, 인건비
11	30	한우 육성 사업	한우 구입비, 운영비

3). 1억원 미만

〈표6〉 1억원 미만 : 8건

NO	품번	사업명	주요 지출내용
1	2	교회문화센터	센터 설립 지원금, 악기레슨비
2	4	스메싱존 운영(스크린 배드민턴)	임대료(월세), 가맹비, 인건비, 관리비
3	5	아동 청소년 그룹홈	식비, 인건비, 도서비, 임대료
4	14	장사리 마을버스 운영 사업	차량구입, 보험, 수리, 인건비, 서무비
5	19	알려지지 않는 선교 이야기	고정자산 매입비, 운영비, 사업비
6	20	인성QT 보급 및 훈련	강사비, 홍보비, 행정비
7	22	유기농산물 저장용 저온창고 신축	저온저장고 건축비
8	23	고구마 농장을 위한 부지 구입 자금	고구마 재배 협동농장 부지 구입비

다. 자립역량

자립대상교회로서 1억 수익사업의 가능성이 있는 공모작과 이미 자립교회라고 평가 할 수 있는 공모작, 그리고 이번 공모전과 무관하게 보이는 공모작으로 분류하였다. 34건 중 자립가능성은 12건(표7)이었고, 자립은 8건(표8)이었고, 미관련성은 14건(표9)이었다.

1). 자립가능성

〈표7〉 자립가능성 : 12건

NO	품번	사업명	자립역량
1	1	무챙이 푸드 트럭	예산2800만원, 46명, 부동산 종교부지
2	6	내 친구 반려동물(장수풍뎅이, 도롱뇽, 도마뱀 분양사업)	예산1000만원, 성도15명
3	7	실버 스마트 팜 영농공동체 구축	1400만원, 성도15명, 부지445평
4	10	자기성장훈련과 바른 신앙 회복을 위한 '행복 키움연구소'운영	예산1300만원, 성도26명, 동산350만원
5	11	재래식 간장 된장 제조 사업	예산970만원, 성도23명, 건평55평
6	13	식용 곤충사업(쌍별 귀뚜라미)	예산2천만원, 성도35명, 대지300평
7	17	식품가공 공장 신축	예산2천만원, 성도20명, 부지1309m^2
8	18	보나광덕협동조합	예산2천만원, 성도15인, 부지3000만원
9	21	친환경 우렁이 양식	예산4천만원, 성도28명, 부지412평
10	22	유기농산물 저장용 저온창고 신축	예산6백만원, 성도11명, 부지705평
11	23	고구마 농장을 위한 부지 구입 자금	예산1천만원, 성도16명, 부동산2억원
12	26	마을과 함께하는 한우물 농장 구축	예산1800만원, 성도25명, 교회/사택

2). 자립

〈표8〉 자립 : 8건

NO	품번	사업명	자립역량
1	2	교회문화센터	2년 전부터 자립교회, 성도80명
2	3	건강기능보조식품	예산4500만원, 성도45명
3	4	스메싱존 운영(스크린 배드민턴)	땅258평(예배당26평), 성도30명, 예산4500만원
4	12	낮은 곳으로 행동하는 교회의 자립을 위한 방역사업	예산6500만원, 땅2억원, 성도35명
5	24	나섬 요양보호사 교육원	땅1억2천만원, 성도34명
6	31	하나님나라 마을공동체를 일구어갈 토기장이 커뮤니티 센터 건립	농지578평, 성도21명
7	32	창의 디자인 텐트 메이커	부동산9000만원, 성도25명
8	33	마을행복 스튜디오	개척10년차, 부동산 1000, 성도22명

3). 미관련성

〈표9〉 미관련성 : 14건

NO	품번	사업명	자립역량
1	5	아동 청소년 그룹홈	예산900만원, 성도10명, 재산75평
2	8	농촌교회 자립 및 자연 성장을 위한 "삶 교육 복음"프로젝트	예산1700만원, 성도28명, 재산2989m²
3	9	복합건물 지원	성도20명, 건물35평(사업장, 숙박)
4	14	장사리 마을버스 운영 사업	예산1700만원, 성도14명, 교회/사택
5	15	자활형 '노숙인쉼터'	예산1천만원, 성도15명, 교회/사택
6	16	꿈 찾는 콜롬버스(bus)	예산2100만원, 성도15명
7	19	알려지지 않는 선교 이야기	예산1500만원, 성도15명, 동산6백만원
8	20	인성QT 보급 및 훈련	예산3천만원, 성도44명, 부동산43평
9	25	그 나무 아트 스페이스	예산3천만원, 성도17명, 부동산144m²
10	27	지역아동센터	예산480만원, 성도12명, 상가주택
11	28	어울림 재가 복지센터(방문 요양, 방문 목욕)	예산2900만원, 성도15명
12	29	스터디 카페	예산2천만원, 성도7명, 담보대출15억
13	30	한우 육성 사업	후원금5천만원, 사육소
14	34	군인교회와 지역교회를 연계한 민족복음화 방안	예산1500만원, 청년30명, 교회50평

2. 심사기준과 선정과정

　심사는 34건에서 11건으로, 11건에서 5건으로, 5건에서 3건으로, 3건에서 최종 1건으로 진행되었다. 지원서에 제시된 심사기준을 바탕으로 매 시기마다 강조점과 주안점이 있었고, 심사위원들의 오랜 토론이 있었다. 물론 매 심사결과는 각 심사위원들의 점수를 합산해서 선발대상작을 선정하였다.

가. 심사기준

1) 1차 심사 기준

　1차 심사 기준 항목은 다음과 같다. 심사위원 8명이 각자의 전문지식과 경험을 바탕으로 항목을 제안했고, 제안된 항목에 대한 충분한 논의를 통해 최종 10개 항목을 선정하였다.

〈표10〉 1차 심사 기준 : 10개 항목

No	평가항목	No	평가항목
1	사업타당성(적합성/수익성)	6	참여인력의 전문성
2	예산편성 타당성	7	성실성과 열의
3	혁신적이고 창의성	8	타교회 전파가능성
4	교회의 신뢰성과 재정의 투명성	9	선교성
5	지역사회 기여도	10	사업지속가능성

2) 2차 심사 기준

　2차 심사 기준은 1차 심사 기준을 바탕으로 좀 더 수익 사업이라는 부분에 주안점을 두고 만들었다.

〈표11〉 2차 심사 기준 : 5개 항목

No	항목	구분	
1	목적성	생계형, 사업확장형, 선교형	
2	사업성	판매가능성, 수익성, 지속성, 안전성	
3	투자의 타당성	고정자산	토지, 건물매입, 공장, 창고신축, 기계, 장비신설, 인테리어
		변동자산	임대료, 원재료구입, 인건비, 시장개척비 광고비
4	타교회 전파성	기술(노하우), 판로개척, 투입자금의 규모, 인적구성	

3) 3차 심사 기준

3차 기준은 공모 당사자가 직접 심사위원들 앞에서 발표를 한다는 점을 고려하여 만들었다. 수익사업을 추진할 때에 꼭 점검해야 될 내용들로 7개 항목을 구성하였다. 또한 심사위원들이 직접 현장을 방문하면서 느꼈던 점을 충분히 심사에 반영하여 자립이 가능할 수 있느냐에 주안점을 두고 문항을 구성 하였다.

〈표12〉 3차 심사 기준 : 7개 항목

No	항목	구분
1	사업수행능력	사업 참여인력의 인적구성, 경험, 능력, 기술 수준 -전문가의 도움을 받고 있는지, 직접 경험 여부, 경영관리 계획
2	시장성 분석	판매처 확보 및 매출 추정 -고정된 판매처 유무, 이미 판매한 실적 유무 등 매출 추정 근거 유사 또는 타사 제품 시세 생산 및 공급능력, 제품 품질 -자사 제품의 품질 수준, 경쟁우위 요소 등
3	약점 및 위협	제약요소 : 인허가 문제, 이해관계자 민원 위험요소 : 병충해, 천재지변, 동역자와의 불화 -제약과 위험을 극복하기 위한 방법은?
4	지속가능성	중장기 전망 -사업의 향후 전망
5	외부 영향	선교사업 접목, 수익사업 모델로써 전파 가능성
6	투자의 안전성 (특약조항)	설비 투자 물품 구매 후 처분 시에 동의 절차 필수 매입이나 임대 등 시설물에 대한 설명 및 동의 없이 매매 불가
7	투자의 수익성	수입(년도별 판매매출, 후원, 대출)[5] 지출(설비, 토지, 재료비, 인건비, 유지관리, 설비 감가상각, 대출이자)

나. 심사과정

1) 1차 심사과정

1차 심사 기준에 의해서 34건을 11건으로, 11건을 5건으로 선발하는 과정이 진행되었다. 각 항목당 100점 만점에 최고점은 724점이었고, 609점 동점이 두 곳이었다.[6] 그 결과 선정 11곳(품번 6, 7, 11, 12, 13, 17, 18, 21, 22, 23, 26)이 선정되었다. 11곳을 다시 심사하여 5곳(품번 11, 17, 18, 21, 23)을 선정하였다.

2) 2차 심사과정

선정된 5개 곳을 1박 2일로 위원들이 직접 방문하였다.[7] 다섯 곳은 모두 주민 이탈과 인구 고령화로 마을은 물론 교회 존립도 어려운 형편이었다. 목회자가 성도들과 함께 각각 친환경 우렁이 양식, 고구마 농장 운영, 재래식 간장 된장 제조, 절임배추 가공, 누룽지 도토리떡 생산 등을 이어가며 자립을 위해 온몸으로 뛰고 있었다. 각 현장 방문은 1시간을 기준

---

5) 수입 및 지출 항목별 상세 내역 필요 시 별도 작성하고, 아래를 참조하여 수입과 지출의 항목을 명확히 구분 작성할 것을 요청해야 함.
 - 판매매출 : 매출 품목별 판매량, 판매단가, 추정 근거별도 명시
 - 기타(후원) : 수서교회 지원금 포함, 후원금액 명시
 - 투자(설비, 토지) : 설비, 건축, 토지 등 구입비용 명시
 - 재료비 : 제품생산을 위한 원재료 항목 및 필요량 별도 명시
 - 인건비 : 고정인건비, 임시 외부 용역비, 본인포함여부
 - 유지관리 : 임차료, 공과금, 시설보수 등
 - 감가상각 : 설비 수명을 기준으로 정액 기입, 토지는 필요 없음
  - 예시) 1천만원 설비구입 후 수명을 10년 예상할 경우 감가상각비 1백만원/년
 - 대출이자 : (예시) 5%의 이율로 1억대출시 3년 거치 5년 분할상환일 경우
  3년차까지 연간 이자비용 5백만원, 4년차 5백만원(이자)+2천만원(원금상환),
  5년차 4백만원(이자)+2천만원(원금상환)
6) 처음에는 최고점과 최저점을 제외시키고 순위를 매기자고 했으나 최고점과 최저점을 포함시켜도 결과가 같아서 큰 문제없이 심사가 진행되었다.
7) 현장방문을 먼저할 것인가 아니면 사업발표를 먼저할 것인가에 대한 논의가 있었으나 현장실사를 먼저 한 후 세 곳을 선정한 것이 탁월한 선택이었다는 위원들의 일치된 의견이 있었다.

으로 하였고, 어떤 편의도 제공 받지 않았고, 상품 및 선물은 일체 사절하였다. 방문 후 토론과정을 거친 후 2차 심사기준에 의해 세 곳(품번 11, 17, 23)을 선정하였다.

<표13> 2차 심사 결과

NO	품번	사업명	수익사업
1	11	재래식 간장 된장 제조 사업	간장, 된장
2	17	식품가공 공장 신축	절임 배추, 각종 장아찌
5	23	고구마 농장을 위한 부지 구입 자금	고구마

3) 3차 심사과정

선정된 3곳의 대표자들[8]이 직접 참여하여 수익사업 내용을 구체적으로 설명하였다. 설명 후에 심사위원들의 질의가 있었다. 발표자들에게 균등한 시간[9]과 서로 동선이 겹치지 않도록 배려하였다. 장소도 교회가 아닌 수서역 근처의 발표 전용 공간에서 진행하였다. 세 곳의 발표가 끝나고 각 심사위원들의 순위표를 집계하여 최종 한 곳(품번11)을 선정하였다.

다. 심사위원 소감

1) 심사위원 소개

본 사업을 위해 수서교회 당회는 비전위원회를 결성하고 장로 1인을 비전위원장으로 임명하였다. 선교부장과 사회봉사부장을 당연직 심사위원으로 위촉하였다. 심사위원 추가 5인은 주보를 통해 본 사업의 취지와

---

8) 실제 참석자를 3인 이내로 한정하였고, 그에 준하는 교통비를 지급하였다.
9) 각 공모작 당 1시간 기준으로 발표와 질의응답을 하였다.

목적을 설명하고 이를 수행하고자 하는 대상이 자발적으로 지원하도록 하였다. 이러한 과정을 걸쳐 5명의 추가 위원이 참여하게 되었다. 총 8명으로 구성된 위원들은 경영 컨설턴트, 대기업 임원, IT기업 대표, 법조인, 건축업, 회사원 등의 직업을 갖고 있었다. 처음 위원회가 구성되어 현재 시점까지 총14차의 위원회 모임(표14)이 있었다.

〈표14〉 비전위원회 회의

회차	일시	주요 안건
1	6.14 13:00	공모전 진행 사항 및 기본 취지 설명, 대상에 도시 자립대상교회 포함
2	6.29 12:50	공모전 기획안 검토, 심사위원 5명 위촉하기로 함, 공모전 광고 결정
3	7.19 12:50	추가위원 환영(5명), 공모전 기획안 발제 후 토론, 광고문안 작성
4	7.26 13:10	당선발표일 12월 25일로 결정, 공모신청서 내용 구성 논의
5	8.2 13:15	취지 문안 내용 수정, 신문광고 광고일 확정, 심사 기준표 초안 작성
6	9.6 11:20	심사기준 10개 항목으로 결정, 9월 23일부터 접수 후 현황 공지
7	10.4 11:40	심사 사례 발표, 1차 심사 진행, 행정 및 진행예산 계획 작성
8	10.18 13:10	점수 결과에 따라 11곳 선정, 11곳에서 5곳으로 추가 심사 진행키로
9	11.1 13:15	5곳 선정 및 통보, 1박 2일로 5개 교회 현장 방문하기로 함
10	11.22 13:15	5곳 현장 방문 후 개 교회별 특징 점검, 심사 결과로 3곳 확정함
11	12.5 14:00	3곳 수서역 전문회의실에서 사업계획 설명 및 질의응답 실시함
12	12.13 08:50	우선 협상대상교회 협약 체결을 위한 조건 및 리스크 자체 검토
13	12.19 13:00	최종선발교회와 몇 가지 사안 점검 및 업무협약서 최종안 작성
14	2.21 13:20	선발교회의 지출계획서 확인 후 예산 집행 하기로 함

2) 심사위원 소감

심사위원들의 소감은 첫째 이런 기회를 경험해보지 못했으므로 바로 응답하기는 어려웠을 것이라고 생각하였다. 둘째 응모한 경우에도 새로운 수익사업에 대한 공모작보다는 이미 시작된 사업이나 수익사업에 대한 지원요청이 대부분이었다. 셋째 공모 내용을 충분히 이해하지 못한 경우가 많았으며, 그 결과 현실적인 계획이 나오지 못했다. 더 나아가 대부분의 교회는 제안한 내용을 충분히 실행할 능력이 있다고 판단되지도 않았다. 이런 점에서 볼 때 차후에는 주최하는 쪽에서는 공모전의 목적과 내용을 충분히 시간을 두고 알려야 하고, 자립대상 교회는 어떻게 우리가 자립해야 하는지에 대한 꿈과 계획을 가지고 있어야 한다고 보았다.

3. 최종선발 대상교회 분석 및 선발 이유

가. 사업내용

지난 12월 25일에 공식적으로 "자립대상교회 자립을 위한 1억 지원, 수익사업 공모 결과"가 발표되었다. 마을에서 재배한 콩으로 목회자와 성도들이 함께 땀 흘려 재래식 된장과 간장을 제조해서 판매하는 임불교회(이현용 목사)가 선정되었다. 수서교회는 생산량 증대를 위한 설비 구축 및 원료 구매에 3년간 1억원을 지원하기로 했다.

나. 선발이유

80~90대 성도 13여 명과 지적장애인 몇 명으로 구성된 임불교회는 지난 31년간 지역농민들을 돕기 위한 선교적 목적에서 콩을 구입 및 가공하여 도시교회에 판매해왔다. 초대 목사 때부터 현재 3대 목사 때까지 31년째 교회가 재래식 된장과 간장 사업을 해오고 있었는데, 최근 원재료의 상승으로 수지 타산이 맞지 않아 사업을 접을 위기에 처해 있었다. 그럼에도 불구하고 섬김의 자세로 상품 가격을 올리지 않고 사업을 해왔다. 이러한 역사적 배경을 갖고 있는 임불교회는 10개 항목으로 평가하는 1차 심사에서 최고점을 받았고, 7개 항목으로 심도 있게 평가했던 최종 심사에

서도 심사위원들로부터 최고의 점수를 받았다.

다. 자립전망

임불교회 이현용 목사는 "이 사업을 놓아야 하나 하는 고민에 빠져 있던 차에 이번 수서교회 공모에 선정되어 지원금이 투자될 예정이어서 교회가 새로운 전환기를 맞이할 수 있게 되어 감사하다." 라고 당선 소감을 말하였다. 심사위원들의 예리한 분석과 판단을 통해 모든 평가에서 고득점을 획득했다손 치더라도 정작 그것을 이끌어갈 목회자의 리더십이 부재하다면 수익사업은 큰 의미를 갖지 못할 수 있다. 하지만 어려운 환경에서 주어진 기회를 전환기로 삼아 재도약의 꿈과 비전을 갖고 나아가려는 리더십과 3대째 이어온 노하우가 있기에 자립 전망은 밝다고 보여 진다.[10]

III. 결 론

본 장에서는 내용을 요약정리하고 보완 사항 및 개선 방향, 발전적 제언으로 마무리하고자 한다.

---

10) 임불교회 사업에 대한 경제성 분석 및 전망에 대한 구체적인 자료는 susovision10@hanmail.net 을 통해 문의할 수 있다.

1. 결과 요약

　본 고의 배경으로 수서교회가 진행한 자립대상교회 개요를 소개하였고, 연구의 목적으로 또 하나의 자립대상교회가 자립교회가 되었으면 하는 마음을 전하고자 하는데 있었다. 이어 왜 1억 공모전을 하게 되었는지에 대한 필요성을 제시하였다. 본론에서는 공모에 참여한 34개 자립대상교회 공모작을 분석하였다. 공모작을 사업유형별로 유형의 공모작이 10건, 무형의 공모작이 9건, 기타사업이 15건이었다. 공모작의 비용면에서 1억원이 15건이었고, 1억원 이상이 11건, 1억원 미만이 8건이었다. 자립역량으로 볼 때 자립가능성은 12건이었고, 이미 자립한 교회는 8건이었고, 미관련성은 14건이었다. 세 차례에 걸친 심사기준을 제시하였고, 그에 따른 심사과정을 소개하였다. 그 결과 선정된 공모작의 사업내용, 선발이유, 그리고 자립전망에 대해서 평가 분석하였다.

2. 보완 사항 및 개선 방향

　수서교회는 1억 공모전에 앞서 2019년 10억 공모전을 실시하였다. 그 때 차후 보완사항 및 개선 방향으로 제시했던 부분 중에 하나가 좀 더 구체적으로 공모 내용을 제시하자는 것이었다. 그래서 1억 수익사업을 시행할 때에 공통적이고 통일된 서류를 제출할 수 있도록 '공모신청서' 양식을 제공하였다. 이번 1억 공모전의 몇 가지 보완사항과 향후를 위한 개선 방향은 다음과 같다. 첫째, 자립대상교회라고 할 때에 농촌교회뿐만 아니라 도시에 있는 자립대상교회도 공모가 가능하였다. 하지만 실제로 신청한 곳은 대부분 농촌교회였다. 이 점은 앞으로 좀 더 보완이 되어야 할 필요가 있다. 둘째, 사업계획서에 포함되어진 성도 수, 연간예산, 교회 재산

부분이 투명하지 않았다. 특히 연간 예산에는 목회자가 개별적으로 지원받은 금액도 교회 통장을 통해 예산으로 편성된 후 목회자 사례로 지출하여 예산의 투명성을 확보해야할 필요가 있다. 셋째, 개 교회는 생산에 집중하고 이것을 관리하는 시스템의 도입이 필요할 것으로 보인다.

3. 발전적 제언

본 연구자는 우리는 하나님의 것을 흘려보내는 통로일 뿐이며 여기에 뜻있는 개인과 힘 있는 교회들이 자립대상교회의 자립에 동참하는 역사가 일어나길 기도하는 마음으로 1억 공모전을 시행했다. 또한 코로나 19 시대를 맞아 사역비 지원 등의 소극적 방식에서 벗어나 자립을 위해 애쓰는 작은 교회를 더 큰 규모의 자금과 컨설팅을 통해 실제 자립까지 이끌어내자는 의도였다. 본 연구자가 바라는 바는 수익사업을 위한 자금이 주어졌을 때 이것을 가지고 무엇인가 하고자 하는 의욕과 치밀한 계획과 실천능력이 있어야 한다는 점을 강조하고 싶다. 수동적이며 습관화된 체질을 과감하게 벗어던지고 직접 목회자가 일어서지 않으면 어떤 결과도 만들어 낼 수 없다는 정신으로 도전하는 교회들이 많아졌으면 좋겠다는 마음이 간절하다. 이런 변화의 노력들이 계속된다면 수서교회는 물론 많은 교회들도 동참할 것이고 뜻있는 성도들도 그 일을 위해 적극 발 벗고 나서게 될 것이라고 믿는다.

부록-공모작 34건 목록(응모접수순)

품번	사업명	사업유형	사업비용	자립역량
1	무챙이 푸드 트럭	기타	1억 이상	자립가능성
2	교회문화센터	무형	1억 미만	자립
3	건강기능보조식품	유형	1억	자립
4	스메싱존 운영(스크린 배드민턴)	기타	1억 미만	자립
5	아동 청소년 그룹홈	무형	1억 미만	미관련성
6	내 친구 반려동물(장수풍뎅이, 도롱뇽, 도마뱀 분양사업)	유형	1억	자립가능성
7	실버 스마트 팜 영농공동체 구축	기타	1억 이상	자립가능성
8	농촌교회 자립 및 자연 성장을 위한 "삶 교육 복음"프로젝트	무형	1억 이상	미관련성
9	복합건물 지원	기타	1억 이상	미관련성
10	자기성장훈련과 바른 신앙 회복을 위한 '행복키움연구소'운영	무형	1억 이상	자립가능성
11	재래식 간장 된장 제조 사업	유형	1억	자립가능성
12	낮은 곳으로 행동하는 교회의 자립을 위한 방역사업	무형	1억	자립
13	식용 곤충사업(쌍별 귀뚜라미)	유형	1억	자립가능성
14	장사리 마을버스 운영 사업	기타	1억 미만	미관련성
15	자활형 '노숙인쉼터'	기타	1억	미관련성
16	꿈 찾는 콜롬버스(bus)	기타	1억	미관련성
17	식품가공 공장 신축	유형	1억 이상	자립가능성
18	보나광덕협동조합	유형	1억 이상	자립가능성
19	알려지지 않는 선교 이야기	기타	1억 미만	미관련성
20	인성QT 보급 및 훈련	기타	1억 미만	미관련성
21	친환경 우렁이 양식	유형	1억	자립가능성
22	유기농산물 저장용 저온창고 신축	기타	1억 미만	자립가능성
23	고구마 농장을 위한 부지 구입 자금	유형	1억 미만	자립가능성
24	나섬 요양보호사 교육원	무형	1억 이상	자립
25	그 나무 아트 스페이스	무형	1억 이상	미관련성
26	마을과 함께하는 한우물 농장 구축	유형	1억	자립가능성
27	지역아동센터	기타	1억	미관련성
28	어울림 재가 복지센터(방문 요양, 방문 목욕)	기타	1억	미관련성
29	스터디 카페	기타	1억 이상	미관련성
30	한우 육성 사업	유형	1억 이상	미관련성
31	하나님나라 마을공동체를 일구어갈 토기장이 커뮤니티 센터 건립	기타	1억	자립
32	창의 디자인 텐트 메이커	무형	1억	자립
33	마을행복 스튜디오	기타	1억	자립
34	군인교회와 지역교회를 연계한 민족복음화 방안	무형	1억	미관련성

※ 응모해 준 모든 분께 감사드리며 이 제안들이 하나님의 은혜 가운데 꼭 이루어지길 기도합니다.

부록

- ◆ 1~6차 죽음세미나 광고
- ◆ 1~3차 죽음워크북세미나 광고
- ◆ 제1회~4회 논문현상공모 광고
- ◆ 10억/1억 공모전 & 1억 공모전 결과발표
- ◆ 수서문화재단 & 이폴연구소 소개

1차 죽음세미나

- **날짜** : 2017년 11월 14일, 21일, 28일(화)
  오전 10시 ~ 오후 4시 30분
- **장소** : 수서교회(강남구 수서동 592)
- **대상** : 목회자 및 모든 성도들, 죽음에 관심이 있는 분들
- **회비** : 사전등록 5만원(당일 6만원/교재·식사제공)
- **사전등록일** : 11월 7일까지
- **계좌번호** : 농협 356-0672-7362-73 (이승연)
- **문의** : 이승연 팀장(☎ 010-5252-4798 epolsuso@gmail.com)
- **주최** : 수서문화재단 부설 EPOL(eternal perspective of life)연구소

날짜	죽음 바라보기 11.14(화)	죽음 느끼기 11.21(화)	죽음 풀어내기 11.28(화)
10:00-10:30	인사 및 오리엔테이션	움직임을 통한 소통 김상만 목사 (예술심리치료 전문강사)	상실과 미술치료 김상만 목사 (예술심리치료 전문강사)
10:30-12:30	영화를 통한 죽음만나기 윤상철 목사 (쉼힐링센터장)	연명법과 병원에서의 죽음 이해 장경희 연구원 (웰다잉융합 연구센터)	기독교 죽음의 이해 황명환 목사 (수서교회)
12:30-13:30	점심식사	점심식사	점심식사
13:30-15:00	왜 죽음을 알아야 하는가? 이승연 팀장 (EPOL연구소)	임종환자 어떻게 돌볼 것인가? 박남규 목사 (한국교회 호스피스 회장)	임종체험 진영훈 목사 (죽음·장례목회 전문강사)
15:00-16:30	나는 어떻게 기억되길 원하는가? 박재연 강사 (한국웰다잉교육원)	죽음의 신체적 과정이해 김문실 교수 (이대 명예교수)	죽음에 대한 Q & A 황명환 목사 외 강사

※ 세미나 이후 교회 5층 카페에서 자유로운 만남의 시간을 가지실 수 있습니다.(커피 제공)

2차 죽음세미나

- **날짜** : 2018년 3월 12일, 19일, 26일(월)
  오전 10시 ~ 오후 4시 30분
- **장소** : 수서교회(강남구 수서동 592)
- **대상** : 죽음에 관심이 있는 분들
- **회비** : 사전등록 5만원(당일 6만원/교재・식사제공)
- **사전등록일** : 3월 5일까지
- **계좌번호** : 농협 356-0672-7362-73 (이승연)
- **문의** : 이승연 팀장(☎ 010-5252-4798 epolsuso@gmail.com)
- **주최** : 수서문화재단 부설 EPOL(eternal perspective of life)연구소

날짜	죽음 바라보기 3.12(월)	죽음 느끼기 3.19(월)	죽음 풀어내기 3.26(월)
10:00-13:00	무신론적 죽음이해 황명환 목사 (이폴연구소장)	범신론적 죽음이해 황명환 목사 (이폴연구소장)	유신론적 & 기독교적 죽음이해 황명환 목사 (이폴연구소장)
	버킷리스트와 미술치료 김상만 목사 (예술심리치료 전문강사)	상속과 유언 전재중 변호사 (소명 대표)	호스피스의 이해 황애란 교수 (연세암병원 완화의료센터)
13:00-14:00	점심식사	점심식사	점심식사
14:00-16:30	한국인의 죽음이해 정상기 교수 (웰다잉 전문강사)	남은자의 돌봄 윤상철 목사 (쉼힐링센터장)	춤 테라피 김애자 목사 (춤테라피 전문강사)
	질의 & 응답 진행 : 이승연 팀장	질의 & 응답 진행 : 이승연 팀장	나의 죽음관 발표 이승연 팀장 (이폴연구소)

※ 세미나 이후 교회 5층 카페에서 자유로운 만남의 시간을 가지실 수 있습니다.(커피 제공)

3차 죽음세미나
- 죽음논문공모 당선자 시상 및 논문발표 -

- **날짜** : 2018년 11월 19일(월) 오전 10시 ~ 오후 3시 30분
- **장소** : 수서교회(강남구 수서동 592)
- **대상** : 죽음에 관심이 있는 분들
- **회비** : 사전등록 2만원(당일 3만원/교재·식사제공)
- **사전등록일** : 11월 17일(토)까지
- **계좌번호** : 농협 356-0672-7362-73 (이승연)
- **문의** : 이승연 팀장(☎ 010-5252-4798 epolsuso@gmail.com)
- **주최** : 수서문화재단 부설 EPOL(eternal perspective of life)연구소

- **심사위원장** : 황명환(이폴연구소장)
- **심 사 위 원** : 곽혜원(21세기 교회와 신학포럼 대표), 노영상(백석대 교수)
  유영권(연세대 교수), 정종훈(연세대 교수)
- **최우수상(200만원)** : 최성수 "생명과 죽음의 통합과 상호효과"
- **우 수 상(100만원)** : 이정희 "하나님의 형상, 인간의 영혼과 죽음의 문제"
- **장 려 상 (50만원)** : 심수빈 "포스트휴먼 시대의 죽음에 대한 신학적 고찰"
  윤상철 "기독교인은 죽음문제를 어떻게 극복할 것인가"

시간	일정
10:00-10:15	개회예배(찬송 435장) & 논문공모 당선자 시상
10:15-10:45	강연제목: 과학은 죽음을 극복할 수 있는가? -기독교 죽음이해를 중심으로- 강사: 황명환 소장
10:45-11:00	코이노니아 & 다과
11:00-12:30	시상자 논문발표 & 논찬 발표1: 최성수 / 발표2: 윤상철 논찬: 노영상 교수
12:30-13:30	점심식사(교회 옆 건물 2층 행복한국수집)
13:30-15:00	시상자 논문발표 & 논찬 발표3: 이정희 / 발표4: 심수빈 논찬: 곽혜원 교수
15:00-15:30	질의 & 응답 / 단체 사진 촬영

※ 세미나 이후 교회 5층 카페에서 만남의 시간을 가지실 수 있습니다.(커피 제공)

4차 죽음세미나

- **날짜** : 2019년 3월 18(월), 19(화) 오전 10시 ~ 오후 4시 30분
- **장소** : 수서교회(강남구 수서동 592)
- **대상** : 죽음에 관심이 있는 분들
- **회비** : 사전등록 4만원(당일 5만원/교재・식사제공)
- **사전등록일** : 3월 13일까지
- **계좌번호** : 농협 356-0672-7362-73 (이승연)
- **문의** : 이승연 팀장(☎ 010-5252-4798 epolsuso@gmail.com)
- **주최** : 수서문화재단 부설 EPOL(eternal perspective of life)연구소

날짜	3.18(월)	3.19(화)
10:00-13:00 (3H)	**뉴에이지 죽음이해** 황명환 소장 (이폴연구소)	**기독교 죽음이해** 황명환 소장 (이폴연구소)
	주제 강연에 따른 **소그룹 워크숍1** 김상만 목사 (상담코칭 전문강사)	주제 강연에 따른 **소그룹 워크숍2** 김상만 목사 (상담코칭 전문강사)
13:00-14:00	점심식사	점심식사
14:00-16:30 (2H 30')	**춤과 치유** 김현진 센터장 (살래 표현예술치유센터)	**영화로 본 죽음이해** 백광훈 원장 (문화선교연구원)
	백세시대 심리학 이상억 교수 (장신대 목회상담학)	**죽음과 집단치유** 윤상철 목사 (쉼힐링센터장)

※ 세미나 이후 교회 5층 카페에서 자유로운 만남의 시간을 가지실 수 있습니다.(커피 제공)

5차 죽음세미나

◆ 일 시 : 2019년 10월 28(월) ~ 29(화) 10 : 00 ~ 16 : 30
◆ 장 소 : 수서교회 1예배실(B1F)
◆ 주 최 : 수서문화재단 부설 EPOL(eternal perspective of life) 연구소

시 간	10.28(월)	10.29(화)
10:00~10:15	인사 및 개회기도	2회 죽음논문공모전 당선자 시상 10:00~10:30
10:15~11:15 (60분)	우리는 왜 죽음을 두려워하는가? 황명환 박사 (이폴연구소장)	논문발표1 (장려상 심영보) 죽음의 미학 - 죽음은 예술이다 - 10:30 ~ 11:15
11:15~11:30	Break Time 15분	Break Time 15분
11:30~13:00 (90분)	죽음을 앞둔 가족과의 대화 김도봉 박사 (샘병원 전인치유교육원 고문, 한국호스피스협회 사무총장)	논문발표2 (우수상 최성수) 죽음을 두려워할 이유와 두려워하지 않을 이유 11:15~12:00
		'죽음인문학' '죽음인문학 워크북' 죽음교재 발간 총론 황명환 박사(이폴연구소장)
13:00-14:00 (60분)	봉평막국수 매생이굴국밥, 불고기뚝배기	행복한 잔치국수 황태국밥, 청국장, 반계탕
14:00~15:20 (80분)	환자들의 영적 돌봄 최형철 목사 (세브란스병원 원목)	논문발표3 (최우수상 박인조) 불멸을 통한 죽음의 두려움 극복에 대한 비판적 고찰 14:00~14:50
		논찬1 : 곽혜원 교수 (21세기 교회와 신학포럼 대표) 14:50~15:20
15:20~15:30	Break Time 10분	Break Time 10분
15:30~16:30 (60분)	주제 강연에 따른 **소그룹 워크숍** 김상만 박사 (연세대 상담코칭학)	논찬2 : 곽혜원 교수 (21세기 교회와 신학포럼 대표) 15:30~16:00
		질의 & 응답 이승연 팀장 (이폴연구소)

교회 5층 카페에서 자유로운 만남의 시간을 가지실 수 있습니다.(커피 제공)

※ 진행시간과 일정은 여러 사항에 따라 다소 변경 가능합니다.

6차 죽음세미나

제3회 죽음논문공모 당선자 시상 및 논문발표

- ◆ **일 시** : 2020년 10월 20(화) 10:00 ~15:30
- ◆ **장 소** : 수서교회 1예배실(B1F)
- ◆ **대 상** : 시상자 & 관계자만
- ◆ **문 의** : 이승연 팀장 (010-5252-4798/epolsuso@gmail.com)
- ◆ **주 최** : 수서문화재단 부설 EPOL(eternal perspective of life) 연구소

시 간	10.20(화)
10:00~10:20 (20분)	**개회인사** **3회 죽음논문공모 당선자 시상**
10:20~11:00 (40분)	**장려상 : 박인조 목사** 기독교 교육과정에 따른 신앙교육으로서의 죽음교육
	Break Time
11:20~12:00 (40분)	**장려상 : 이숙희 목사** 인간의 유한성과 죽음교육
12:00~13:00 (60분)	점심식사
13:00~13:40 (40분)	**우수상 : 박미경 목사** 죽음교육을 실천하는 교회의 교육목회 커리큘럼
13:40~14:30 (50분)	**최우수상 : 김영효 목사** 공적신앙을 위한 죽음준비교육
	Break Time
14:50~15:30 (40분)	**심사총평** 심사위원장 황명환 목사

교회 5층 카페에서 자유로운 만남의 시간을 가지실 수 있습니다.(커피 제공)

※ 진행시간과 일정은 여러 사항에 따라 다소 변경 가능합니다.

《죽음 인문학》 저자인 황명환 목사와 함께하는

죽음 워크북 세미나

죽음과 삶을 이해하는 12가지 이야기를 통해
목적과 방향이 담긴 삶을 살 수 있습니다
장년 교육, 노인대학, 호스피스, 죽음 관련 교육 담당 교역자 등
기독교적 죽음에 관심이 있는 모든 분들을 환영합니다

일시

1차 죽음 워크북 세미나	2차 죽음 워크북 세미나
2019. 11. 26(화) 오전 10시~오후 4시	2019. 12. 3(화) 오전 10시~오후 4시

장소　　수서교회
사전등록　2만 원(워크북, 식사 포함)
현장등록　3만 원(워크북, 식사 포함)
문의　　010-5252-4798(이승연 팀장), epolsuso@gmail.c
계좌번호　농협 356-0672-7362-73(이승연)
안내　　수서교회 홈페이지(susoch.com)
주최　　수서문화재단 부설 EPOL(Eternal Perspective Of Life) 연

《죽음 인문학》 저자인 황명환 목사와 함께하는

죽음 워크북 세미나

하나님의 은혜와 목회자분들의 성원에 힘입어
1·2차 죽음 워크북 세미나가
풍성하고 의미 있게 치러졌습니다.
이후 많은 분들의 간절한 요청이 있어
3차 세미나를 추가 진행키로 하였습니다.
많은 분들이 참여하셔서
기독교적 죽음에 관한 깊고도 명쾌한 지혜와
지식을 얻어 가시길 바라며, 정중히 초청합니다.

일시   3차 **죽음 워크북 세미나**
2020. 1. 21(화) 오전 10시~오후 5시

대상   목회자, 사역자, 장년 교육, 노인대학, 호스피스, 죽음 관련 교육 담당자,
기독교적 죽음과 삶에 관심이 있는 모든 평신도

장소	수서교회
사전등록	3만원 (워크북, 식사 포함)
현장등록	4만원 (워크북, 식사 포함)
계좌번호	농협 356-0672-7362-73 (이승연)

문의	010-5252-4798 (이승연 팀장), epolsuso@gmail.com
안내	수서교회 홈페이지 (susoch.com)
주최	수서문화재단 부설 EPOL(Eternal Perspective Of Life) 연구소

대한예수교장로회 수서교회

제1회 이폴연구소 논문공모

수서문화재단 부설 이폴연구소(Eternal Perspective of Life)에서는 죽음 관련 연구와 논문 발표의 장을 마련하여 죽음에 대한 관심과 연구 풍토를 고취하고, 축적된 연구결과가 사회 전반에 유익이 되게 하기 위하여 아래와 같이 논문 공모를 실시하오니 많은 참여 바랍니다.

1. **대상** : 죽음에 관심 있는 누구나
2. **주제** : 과학은 죽음을 극복할 수 있는가? (제목은 자유)
3. **분량** : A4 20매 내외
4. **규정** : 학술지, 잡지, 저서 등에 게재되지 않은 논문으로 연구자윤리 규정을 준수
    (위항에 의거한 학위 논문을 분량에 맞춰 제출 가능)
5. **기준** : 수서교회 홈페이지(www.susoch.com)
    수서문화재단 내 게시글
6. **접수** : **2018년 10월 15일(월)까지** E-mail 접수
    E-mail : epolsuso@gmail.com
7. **발표** : 2018년 11월 5일 수서교회 홈페이지 발표 및 개별통지
8. **심사위원** : 황명환(이폴연구소장), 유영권(연세대), 정종훈(연세대)
    곽혜원(21세기 교회와 신학포럼 대표), 노영상(백석대)
9. **시상** : 11월 19일(월) 논문발표 및 시상
    - 최우수상 1명 (상금 200만원)
    - 우수상 1명 (상금 100만원)
    - 장려상 2명 (상금 각 50만원)
10. **특전** : 시상자 논문을 책자로 발간
11. **문의** : 이폴연구소 이승연 팀장(010-5252-4798)

수서문화재단 부설 이폴연구소
소장 : 황명환 목사

제2회 이폴연구소 논문공모

수서문화재단 부설 이폴연구소(Eternal Perspective of Life)에서는 죽음 관련 연구와 논문 발표의 장을 마련하여 죽음에 대한 관심과 연구 풍토를 고취하고, 축적된 연구결과가 사회 전반에 유익이 되게 하기 위하여 아래와 같이 논문 공모를 실시하오니 많은 참여 바랍니다.

1. **주제** : 우리는 왜 죽음을 두려워 하는가? (제목은 자유)
2. **대상** : 죽음에 관심 있는 누구나
3. **분량** : A4 20매 내외
4. **규정** : 학술지, 잡지, 저서 등에 게재되지 않은 논문으로 연구자윤리 규정을 준수
   (위항에 의거한 학위 논문을 분량에 맞춰 제출 가능)
5. **기준** : 수서교회 홈페이지(www.susoch.com)
   수서문화재단 내 게시글
6. **접수** : **2019. 10월 10일(목)까지** E-mail 접수
   E-mail : epolsuso@gmail.com
7. **발표** : 2019년 10월 21일 수서교회 홈페이지 발표 및 개별통지
8. **심사위원** : 곽혜원(21세기 교회와 신학포럼 대표), 노영상(백석대),
   유영권(연세대), 정종훈(연세대), 황명환(이폴연구소장)
9. **시상** : 2019년 10월 28일(월) 논문발표 및 시상
   - 최우수상 1명 (상금 200만원)
   - 우수상 1명 (상금 100만원)
   - 장려상 2명 (상금 각 50만원)
10. **특전** : 시상자 논문을 책자로 발간
11. **문의** : 이폴연구소 이승연 팀장(010-5252-4798)

수서문화재단 부설 이폴연구소
소장 : 황명환 목사

제3회 이폴연구소 논문공모

수서문화재단 부설 이폴연구소(Eternal Perspective of Life)에서는 죽음 관련 연구와 논문 발표의 장을 마련하여 죽음에 대한 관심과 연구 풍토를 고취하고, 축적된 연구결과가 사회 전반에 유익이 되게 하기 위하여 아래와 같이 논문 공모를 실시하오니 많은 참여 바랍니다.

1. **주제** : 죽음교육의 필요성과 그 방법에 관하여 (제목은 자유)
2. **대상** : 죽음에 관심 있는 누구나
3. **분량** : A4 20매 내외
4. **규정** : 학술지, 잡지, 저서 등에 게재되지 않은 논문으로 연구자윤리 규정을 준수
   (위항에 의거한 학위 논문을 분량에 맞춰 제출 가능)
5. **기준** : 수서교회 홈페이지(www.susoch.com)
   수서문화재단 내 게시글
6. **접수** : **2020. 9월 19일(토)까지** E - mail 접수
   E-mail : epolsuso@gmail.com
7. **발표** : 2020년 10월 12일(월) 수서교회 홈페이지 발표 및 개별통지
8. **심사위원** : 곽혜원(21세기 교회와 신학포럼 대표), 노영상(백석대),
   유영권(연세대), 정종훈(연세대), 황명환(이폴연구소장)
9. **시상** : 2020년 10월 20일(화) 논문발표 및 시상
   - 최우수상 1명 (상금 200만원)
   - 우수상 1명 (상금 100만원)
   - 장려상 2명 (상금 각 50만원)
10. **특전** : 시상자 논문을 책자로 발간
11. **문의** : 이폴연구소 이승연 팀장(010-5252-4798)

수서문화재단 부설 이폴연구소
소장 : 황명환 목사

제4회 이폴연구소 논문공모

수서문화재단 부설 이폴연구소(Eternal Perspective of Life)에서는 죽음 관련 연구와 논문 발표의 장을 마련하여 죽음에 대한 관심과 연구 풍토를 고취하고, 축적된 연구결과가 사회 전반에 유익이 되게 하기 위하여 아래와 같이 논문 공모를 실시하오니 많은 참여 바랍니다.

1. **주제** : 사람은 왜 죽는가? (제목은 자유)
2. **대상** : 죽음에 관심 있는 누구나
3. **분량** : A4 20매 내외
4. **규정** : 학술지, 잡지, 저서 등에 게재되지 않은 논문으로 연구자윤리 규정을 준수
   (위항에 의거한 학위 논문을 분량에 맞춰 제출 가능)
5. **기준** : 수서교회 홈페이지(www.susoch.com) "논문작성기준"
6. **접수** : **2021. 9월 18일(토)까지** E-mail 접수
   E-mail : epolsuso@gmail.com
7. **발표** : 2021년 10월 11일(월) 수서교회 홈페이지 발표 및 개별통지
8. **심사위원** : 위원장 황명환(이폴연구소장)
   위   원 곽혜원(21세기 교회와 신학포럼 대표)
         노영상(백석대) 유영권(연세대) 정종훈(연세대)
9. **시상** : 논문발표 및 시상(추후 일정 공지)
   - 최우수상 1명 (상금 200만원)
   - 우수상 1명 (상금 100만원)
   - 장려상 2명 (상금 각 50만원)
10. **특전** : 시상자 논문을 책자로 발간
11. **문의** : 이폴연구소 이승연 팀장(010-5252-4798)

수서문화재단 부설 이폴연구소
소장 : 황명환 목사

한국교회 발전을 위한 아이디어 공모전

2018. 12. 8.(토) ~ 2019. 2. 28.(목)

▶ 공모대상 : 예장(통합) 소속 단체, 교회, 개인 누구나
▶ 공모접수 : 이메일(susovision10@daum.net)
▶ 공모문의 : 이메일로만 받습니다.
▶ 당선발표 : 2019. 4. 1.(예정)

이 헌금을 꼭 필요한 곳에 적절히 사용할 방법은?

"10억원을 가장 가치 있게 사용할 방법을 공모합니다."
"한국교회를 섬기고, 교회를 세우는 가치 있는 방법을 공모합니다."

수서교회는 2018년 7월1일(주일) 봉헌예배를 드리며, 교회 건축비(약 100억)의 십일조(10억)에 해당하는 금액을 한국교회를 위하여 의미 있게 사용하기로 결의하고, 비전위원회를 구성했습니다.

수서교회는 이전에도 교회의 건축 및 토지 구입 시 비용의 십일조에 해당하는 금액을 선교 및 교회를 세우는데 사용했습니다. 2004년 중국 오상시 흥광교회, 2008년 캄보디아 쁘레익슬라잉 교회를 건축했습니다.

한국 교회와 한국 사회를 섬기기 위해서 우리 교회가 꼭 해야 할 것은 무엇이며 대한민국의 교회들이 해야 할 일이 무엇인지를 발견하는 계기가 되기를 바랍니다. 섬김의 모델을 찾고, 그것을 이루어가기 위한 방법이 제시되고, 그것이 일회적으로 끝나지 않고, 지속적으로 펼쳐져 갈 수 있길 바라며 공모합니다. 이 일에 마음을 같이 하고, 아이디어를 모아주시기를 부탁드립니다.

*자세한 내용은 수서교회 홈페이지(www.susoch.com)참조

| 주관 | 수서교회 비전위원회

대한예수교장로회 **수서교회**

오늘 사랑하는 분의 품에 안겨
위로부터 내리는 은혜로만 살 수
있다는 것을 고백하는 교회

한국 자립대상교회 자립을 위한 1억 지원, 수익사업 공모

건강한 교회로의 미래자립을 위한 맞춤형 수익사업을 발굴지원하여 지속가능한
복음사역의 선순환 구조를 마련하고 한국교회의 생태계 복원을 위해 다음과 같이 공모합니다.

1. 공모 개요

- ♥ 공모목적 : 자립대상교회의 자립을 위한 수익사업 발굴지원
- ♥ 참여대상 : 대한예수교장로회(통합) 소속 자립대상교회
- ♥ 공모분야 : 교회(목회자)가 주도하는 수익사업
- ♥ 지원금액 : 최대 1억원
- ♥ 선정대상 : 1교회
- ♥ 지원기간 : 최대 3년
- ♥ 선정방법 : 수서교회 비전위원회 심사를 통해 최종 선정

2. 공모 내용

- ♠ 접수기간 : 2020년 9월 23일(수) ~ 29일(화)
- ♠ 공모방법 : 이메일(susovision10@daum.net) 접수
- ♠ 당선발표 : 2020년 12월 25일(금)
- ♠ 공모문의 : 이메일로만
- ♠ 공모신청서 : 수서교회 홈페이지(www.susoch.com)에서 다운로드

※ 별도의 설명회를 진행하지 않습니다.
※ 기타 자세한 사항은 공모신청서를 확인하여 주시고 궁금하신 점들은
  메일을 통해 문의하시기 바랍니다.

1억 공모전 결과발표

자립대상교회 자립을 위한
1억 지원, 수익사업 공모 선정 발표

수서교회가 시행한 자립대상교회 자립을 위한 1억 지원, 수익사업 공모에
'진주노회 임불교회' 가 선정되었습니다.

사업내용 : 재래식 된장 및 간장
(지역사회에서 생산한 콩을 가지고 만든 재래식 된장 간장 사업)

※ 기타 자세한 사항은 수서교회 홈페이지(www.susoch.com) 참조

수서문화재단

수서문화재단은 문화와 예술을 통해 지역사회의 발전에 기여하고, 구체적인 문화의 장소를 제공하며, 문화를 통하여 서로 만나고, 문화 역량을 극대화하여 아름다운 사회를 만들어 가기 위하여 다음의 사업을 합니다.

1. 수서지역의 문화 창달 및 발전을 위한 지원 사업
2. 수서 및 서울 동남부의 문화예술인의 발굴 및 지원
3. 문화예술의 육성과 신장 및 그 관련 산업의 지원
4. 미술관 또는 문화관의 설립운영
5. 기타 본 재단의 목적 실현에 필요한 사업

이사장 : 황명환
사무국장 : 문성윤
이사 : 김옥미, 이경득, 이방실, 이양경, 이효철, 정병렬, 최명룡
홈페이지 : www.susocf.com

이폴연구소

이폴연구소(Eternal Perceptive of Life : EPOL)는 성경말씀을 중심으로 신앙과 신학의 근간이 되는 기독교의 죽음과 영원한 생명에 대한 올바른 정립을 토대로 기독교인으로서의 건강한 삶을 살도록 죽음과 천국에 대한 연구와 교육을 통해 한국 교회와 사회발전에 기여하며 관련 단체들과 교류협력하고 회원들과의 유대감과 전문성을 높이는데 있습니다. 본회는 위에 언급한 목적을 달성하기 위해 다음과 같은 사업을 합니다.

1. 죽음과 천국에 관한 논문공모, 학술 연구 세미나, 심포지움 개최
2. 죽음과 천국에 대한 출판
3. 죽음과 천국을 위한 교육 세미나 및 임상사례 세미나 개최
4. 국내외 관련기관과 정보 및 지도력 교환
5. 죽음과 천국에 관련된 봉사 사업
6. 기타 본 회의 목적에 부합하는 사업

소장 : 황명환
팀장 : 이승연
심사위원 : 곽혜원, 노영상, 유영권, 정종훈
운영위원 : 김상만, 윤상철, 이승연
이메일 : epolsuso@gmail.com